成长春　徐长乐　叶　磊　孟越男　王桂玲　杨凤华／著

长江经济带
协调性均衡发展指数报告（2021~2022）

THE REPORT OF COORDINATED BALANCED DEVELOPMENT INDEX
IN THE YANGTZE RIVER
ECONOMIC BELT
(2021-2022)

社会科学文献出版社
SOCIAL SCIENCES ACADEMIC PRESS (CHINA)

主要作者简介

成长春 管理学博士，博士生导师，江苏长江经济带研究院院长、教授。主要从事区域经济、流域经济开发与管理研究。近年来主持研究阐释党的十九届六中全会精神国家社会科学基金重大项目1项、教育部哲学社会科学研究重大课题攻关项目1项、国家社科基金重点项目1项、中宣部马克思主义理论研究和建设工程重大项目子课题1项，主持完成国家自然科学基金、教育部规划基金等省部级及以上项目10项，先后在《光明日报》等报刊发表学术论文100余篇，其中被《新华文摘》、人大复印报刊资料等转载或索引30余篇，著有《赢得未来：高校核心竞争力研究》《江苏沿海港口、产业、城镇联动发展研究》等论著20余部，两次荣获江苏省哲学社科优秀成果二等奖，10余篇咨询研究报告得到原国家领导人和江苏省委、省政府主要领导的批示。被聘为国家社科基金项目通讯鉴定专家库专家，江苏沿海发展研究基地首席专家，南通大学"江苏省中国特色社会主义理论体系研究基地"主任、首席专家。

徐长乐 华东师范大学教授，人文地理学、区域经济学、人类（生态）学硕士生导师，人文地理学博士生导师，上海市注册咨询专家。长期从事上海市、长江三角洲及长江流域区域发展战略、流动人口问题、城市灾害减防等领域的教学科研与决策咨询工作。先后主持各类科研及决策咨询项目78项，其中主持省部级及以上纵向项目32项，获上海市科技进步奖、上海市哲学社科优秀成果奖、上海市政府决策咨询奖等省部级奖励7项。

前　言

　　"长江经济带"这一概念最早见于 1987 年 10 月发布的《全国国土总体规划纲要》（试行）中提出全国以"T"字形为主轴线进行重点开发与布局、19 个综合开发的重点地区和城市化及城镇格局的战略构想，即以我国东海、黄海、渤海等黄金海岸带为线，以长江黄金水道沿岸地区为轴，构成引领全国的两条一级发展轴线。从地理位置来看，长江经济带横跨我国东中西三大自然经济区域，覆盖上海、江苏、浙江、安徽、江西、湖北、湖南、重庆、四川、贵州、云南等 9 省 2 市，其空间范围、经济体量和人口覆盖率在世界内河经济带中首屈一指，是推动我国东中西协调发展、沿江沿海沿边全方位开放的重要支撑带。2013 年 7 月 21 日，习近平总书记在考察湖北时指出，长江流域要加强合作，发挥内河航运作用，把全流域打造成黄金水道。2014 年 9 月 25 日，国务院发布《关于依托黄金水道推动长江经济带发展的指导意见》（国发〔2014〕39 号），2016 年 3 月 25 日审议通过《长江经济带发展规划纲要》，长江经济带正式上升为国家重大战略区域，在中国式现代化的发展进程中发挥着越来越重要的支撑作用。截至 2022 年末，长江经济带 9 省 2 市有常住人口 6.08 亿人，占全国人口总量的 43.0%；全年实现地区生产总值 56 万亿元、社会消费品零售总额 20.7 万亿元、货物进出口总额 19.3 万亿元，分别占全国的 46.3%、47.0%、46.0%；优良水质比例达到 94.5%；对全国经济增长的贡献率提升至 50.5%。

　　习近平总书记一直心系长江经济带的发展，亲自谋划、亲自部署、亲自推动，多次深入长江沿线考察调研，多次对长江经济带发展作出重要指示批示，多次主持召开专门会议并发表重要讲话，从中华民族长远利益出发，为推动长江经济带高质量发展把脉定向。2016年1月，习近平总书记在上游重庆市主持召开推动长江经济带发展座谈会，强调要增强系统思维，统筹各地改革发展、各项区际政策、各领域建设、各种资源要素，使沿江各省市协同作用更明显，促进长江经济带实现上中下游协同发展、东中西部互动合作，把长江经济带建设成为我国生态文明建设的先行示范带、创新驱动带、协调发展带。2018年4月，习近平总书记在中游武汉市主持召开深入推动长江经济带发展座谈会，指出推动长江经济带发展需要正确把握五大关系，树立"一盘棋"思想，把自身发展放到协同发展的大局之中，实现错位发展、协调发展、有机融合，形成整体合力。2020年11月，习近平总书记在下游南京市主持召开全面推动长江经济带发展座谈会，进一步强调了要加强协同联动，强化山水林田湖草等各种生态要素的协同治理，推动上中下游地区的互动协作，增强各项举措的关联性和耦合性。党的二十大报告、《长江经济带发展规划纲要》、《中共中央　国务院关于建立更加有效的区域协调发展新机制的意见》及《中华人民共和国国民经济和社会发展第十四个五年规划和2035年远景目标纲要》等也都提出了一系列相应要求及政策举措。因此，推动长江经济带协调发展、高质量发展是当前及今后相当长一段时期内确定未来发展战略、制定发展政策和实施宏观调控的基本出发点。

需要特别指出的是，习近平总书记在深入推动长江经济带发展座谈会上从发展战略认识、生态环境形势、协同保护体制机制、发展不平衡不协调问题、主观能动性等方面对长江经济带面临的困难挑战和突出问题进行了系统梳理和总结，其中"流域发展不平衡不协调问题突出"的深刻概括，成为本报告开展长江经济带协调性均衡发展指数研究的重要指南。

通过深入学习习近平总书记关于区域协调发展的系列讲话和指示批示精神，我在《南通大学学报》（社会科学版）2015年第1期上发表了《长江经济带协调性均衡发展的战略构想》一文，首次提出了"区域协调性均衡发展"的概念，认为"区域发展存在'低水平均衡—非均衡—协调性均衡'动态演进过程"。而区域协调性均衡发展，就是在区域发展高级阶段形成的一种高水平、高效率、融合共生的区域发展模式，旨在增强区域发展的协调性、均衡性和可持续性，提高区域的配置效率，促进区域高质量发展。在后续承接的国家社科基金重点项目（"长江经济带协调性均衡发展研究"，2016）和教育部哲学社会科学研究重大课题攻关项目（"推动长江经济带发展重大战略研究"，2017）的研究中，又进一步丰富和拓展了区域协调性均衡发展的理论体系及整体分析框架。研究发现，当前长江经济带正处于向更高水平均衡——"协调性均衡"演进的起步阶段，但流域发展依然存在资源利用效率有待提高、生态环境压力大、综合立体交通体系发展不协调、产业结构仍需优化、中心城市间分工不尽合理、体制机制有待完善等突出问题。为此，在新发展格局背景下，长江经济带应在畅通黄金水道、完善交通网络、推动产业创新、提升城镇化质量、增创开放优势、建设生态廊道、创新社会治理、加强区域合作、推进载体建设等过程中，使市场在资源配置中起决定性作用和更好发挥政府作用，努力加快形成协调性均衡发展格局，推动区域内不同地区之间形成融合发展态势、不同经济主体之间以及人与自然之间形成互利共生关系，实现长江经济带更有效率、更加公平、更可持续发展。

《长江经济带协调性均衡发展指数报告（2020~2021）》依据协调性均衡发展的基本内涵，以长江经济带110个地级及以上城市为研究对象，通过构建涵盖协调度指数、均衡度指数和融合度指数三大维度的30项指标，对2019年长江经济带的协调性均衡发展水平展开多方位的科学测度与系统分析。结果发现，整个长江经济带协调性均衡发展总指数呈现"下游表现出色，中上游除部分中心城市外总体指数相对偏低"的态势。《长江经济带协调性均衡发展指数报告（2021~2022）》将在基本沿用上年度报告的评价指标体系的前提下，基于2020年长江经济带110个城市相关数据，从协调性均衡发展总指数及协调度、均衡度和融合度等方面对长江经济带协调性均衡发展水平展开系统评价，并同上一版指数结果展开对比分析，判断在过去一年时间内长江经济带各城市为实现协调性均衡发展的投入和成效，以及在协调性均衡发展维度依然存在的薄弱环节，进而提出有针对性的对策建议。

报告共分八章。第一章详细介绍了协调性均衡发展的基本概念和内涵，论述了近二十年来国内外学者界对协调发展和均衡、非均衡发展的理论探索，进一步阐明开展长江经济带协调性均衡发展研究的重要意义。第二章简要介绍了长江经济带发展的历史沿革，厘清发展态势，解析关键指标，总结沿江11省市"十四五"时期推进长江经济带协调性均衡发展的重要举措。第三章进一步细化协调度指数、均衡度指数、融合度指数三大指数，具体分解为人民生活水平、基本公共服务、基础公共设施、产业协调、城镇协调、社会协调、人与自然协调、生态优美、交通顺畅、经济协调、市场统一和机制科学12个二级指标，构建协调性均衡发展指数评价指标体系，并详细阐释指标体系的构建思路、主要过程、评价方法等。第四章结合评价结果，系统分析了2020年地级市尺度下长江经济带协调性均衡发展现状与水平，从协调度指数、均衡度指数和融合度指数等方面进行了全面分析，并与2019年的相应指数展开对比研究。第五章基于地级市尺度，重点对长江经济带上中下游2020年与2019年的协调性均衡发展指数三大分项进行了深入分析，并对包括上游三省一市、中游三省和下游三省一市的发展特征进行总结。第六章基于前述实证分析结果，探讨当下长江经济带协调性均衡发展在基本公共服务、基础公共设施、生态优美和人民生活水平等维度仍存在薄弱环节。第七章基于前述问题，提出未来进一步推动长江经济带协调性均衡发展的对策建议。第八章是江苏长江经济带研究院在长江经济带协调性均衡发展领域的部分最新研究成果，从理论拓展、高质量发展、绿色发展与协同发展、文化与创新发展等方面予以介绍。

总之，江苏长江经济带研究院团队将通过持续发布《长江经济带协调性均衡发展指数报告》推进长江经济带协调性均衡发展指数研究，并在系统研究中不断深化对协调性均衡发展的理论认知和实践认知，不断优化评价指标体系与方法，为推动长江经济带协调性均衡发展提供智力支撑。

成长春

2023年2月1日

目 录 ⮌

第一章 协调性均衡发展的
概念与理论基础

第一节 协调性均衡发展概念

长江经济带发展在城市功能定位、经济发展质量与生态环境保护等方面面临许多挑战，从本质上来讲，这些都是长江经济带发展不均衡、不协调的突出表现。为应对上述挑战，长江经济带协调性均衡发展指数研究课题组创造性地构建区域协调均衡发展理论框架并将其运用于指导解决长江经济带发展不平衡、不协调问题，以期为长江经济带实现要素投入少、资源效率高、环境成本低和社会效益好的高质量发展提供智力支撑。

一 协调性均衡发展理论缘起与概念界定

"区域协调性均衡发展"的概念最早是由成长春教授于 2015 年发表的学术论文《长江经济带协调性均衡发展的战略构想》中提出的。他指出，改革开放以来长江经济带区域经济发展大体经历了低水平均衡、梯度性非均衡、调整中趋衡三个阶段，当前正处于在区域协调发展理念指引下形成的地区之间经济交往密切、空间相互作用程度大，以及发展中关联互动、优势互补、分工协作的高水平、高效率、共生型均衡的新阶段，即协调性均衡发展阶段。[①] 在《协调性均衡发展——长江经济带发展新战略与江苏探索》中，成长春等在深入分析市场（均衡）与政府（调控）之间关系的基础上，将"区域协调性均衡发展"界定为"以推动区域经济更有效率、更加公平、更

---

① 成长春：《长江经济带协调性均衡发展的战略构想》，《南通大学学报》（社会科学版）2015年第 1 期。

可持续发展为核心，使市场在区域资源优化配置中起决定性作用和更好发挥政府的调节作用，促进区域间协调发展、协同发展、共同发展，同时保持其经济、人口、生态三者空间均衡，最终形成不同地区之间公共服务大体均等、生活条件大体均等、生活水平大体均等、经济分布与人口分布大体均衡、经济和人口分布与当地资源环境承载能力相协调的状态"。①

在充分肯定和认同上述分析观点的基础上，本报告认为，不论是从侧重数量、状态分析的均衡、非均衡视角，还是侧重彼此联系、互动关系分析的协调、不协调视角，都不足以反映与诠释区域发展全貌，对于地大物博、区情省情复杂多样的我国区域发展而言尤为如此。因此，本报告尝试从区域协调与区域均衡、非均衡的理论及其内在关系出发，围绕区域协调性均衡发展探寻既覆盖"协调性"又涵盖"均衡性"的新视角。其中，协调性侧重于区域内外的联系，均衡性则强调区域众多要素的分布及其发展状态。两者既可以在水平与结构、体量与质量、内在与外在、静态与动态、等级与次序等不同视域下独自展开，又可以在"融合共生"的耦合机制下实现辩证统一，形成"一体两面"的综合研究分析框架。

二 社会主要矛盾的变化与理论分析和实践政策体系的转变

长期以来，区域经济学、发展经济学研究主要聚焦如何促进发展中国家和欠发达地区经济发展问题，所形成的实现手段、路径和范式构成了以均衡发展与非均衡发展为主的两大流派观点和系统理论成果。这些都是基于促进发展目标而进行的理论和政策探讨。然而，伴随着我国经济从高速增长阶段向高质量发展阶段转变，我国新时代社会经济的主要发展任务已不再是追求"发展本身"而是追求"怎样的发展"：是高质量发展还是低质量的发展，是协调发展还是不协调的发展，是可持续发展还是不可持续的发展，任务目标体系的转换，需要理论和实践政策体系也随之转变。

---

① 成长春、杨凤华等：《协调性均衡发展——长江经济带发展新战略与江苏探索》，人民出版社，2016。

随着我国新时代任务目标体系的转变，我国区域发展的理论与实践应当从注重"均衡、非均衡"的分析视角转向注重"协调、不协调"的分析视角。在实证分析中，要把我国区域发展以及人与生态环境之间不协调、非均衡的矛盾，作为我国社会经济现象的基本特征之一，并且作为这一阶段"人民日益增长的美好生活需要和不平衡不充分发展的矛盾"在区域空间上的映射和响应，把促进区域协调发展作为从区域空间结构优化视域解决新时代我国社会主要矛盾的重要抓手和政策工具。

三　推动长江经济带协调性均衡发展的战略要求

在中国共产党带领全国各族人民意气风发向着全面建成社会主义现代化强国的第二个百年奋斗目标迈进的今天，长江经济带形成协调性均衡发展的新格局，不仅有利于将各流段相互独立的区域发展单元融合为一个整体，而且有利于更好地解决各流段人民日益增长的美好生活需要和不平衡不充分的发展之间的矛盾。

（一）融合发展

长江经济带协调性均衡发展，是区域内相互独立的地区单元、产业部门、经济主体等融合成为一个具有整体性和层次性等特征的复杂系统的过程，融合发展是长江经济带协调性均衡发展的本质特征。作为典型的流域经济形态，长江经济带在历经多年发展后仍未很好地形成一体化大格局，非均衡化、碎片化发展痕迹十分明显。[①] 因此，长江经济带协调性均衡发展的重要抓手就是以推动实现融合发展为导向，促进各地在经济规划、基础设施、产业发展、城镇建设和环境保护等领域加强协调、联通和联合，使地区经济在一个更大的区域尺度上提升资源要素的配置效率。

（二）共生发展

推动长江经济带协调性均衡发展，就是要促进区域内各经济利益主体之间以及人与自然、生态之间，以追求共生利益为动力，以共生资源利用

---

① 彭劲松：《长江经济带区域协调发展的体制机制》，《改革》2014 年第 6 期。

方式对区域资源进行整体性、系统性综合开发和利用为原则，以兼顾实现经济价值和生态价值的共生价值为追求目标，将长江经济带各单元之间从被动的他组织融合行为转向主动的自组织共生行为，构建起科学、合理、互惠的地域分工、地域运动和地域组织管理体系，恢复曾因行政区划而被切断了的资源共生本性，使各单元之间不断消除区域内耗，持续放大共生乘数效应。

（三）协调发展

党的十九大报告中提到"过去五年我国区域发展协调性增强，长江经济带发展成效显著"以及"共抓大保护"，习近平总书记在长江经济带发展座谈会上提出五大关系，这些都明确指出长江经济带要实现高质量发展，必须遵循协调性发展的方向。与此同时，长江经济带的高质量发展必须立足协调性，真正把握整体推进和重点突破、生态环境保护和经济发展、总体谋划和久久为功、破除旧动能和培育新动能、自我发展和协同发展的关系，离开协调性一切都无从谈起，要紧抓协调性，促进高质量发展。[①]

（四）均衡发展

长江经济带发展的核心问题是城乡之间、省市之间、东西之间以及人与自然之间不平衡不充分的发展，这种不平衡性不充分性仍有加剧的趋势，如何实现长江经济带均衡发展，也成为当前亟须解决的一大问题。[②] 当前，在我国黄河、长江、珠江、淮河、海河、辽河和松花江七大流域经济带中，长江经济带位居中国流域经济之首，但长江经济带人均 GDP 仅排第 6 位，不均衡不充分问题十分突出。然而，长江经济带也蕴藏着巨大的流域经济均衡发展空间和动力，加快长江经济带均衡发展绝不是要拔苗助长，而应因势利导。

[①] 陈鸿宇等编著《协调发展理念研究：新时代全面发展的制胜要诀》，社会科学文献出版社，2020。

[②] 成长春：《长江经济带协调性均衡发展的战略构想》，《南通大学学报》（社会科学版）2015年第 1 期。

第二节　国内外相关研究进展

区域协调发展是习近平总书记立足于我国区域发展新形势提出的重大命题，是破解新时代区域发展中不平衡、不充分问题的关键，是缩小区域间经济差距、实现共同富裕的有力措施和治本之策，也是中国特色社会主义伟大理论与实践在中国广袤大地上的深刻响应与生动映射。本节将从区域协调发展的理论内涵、区域协调发展的评判标准、区域协调发展的影响因素、区域协调发展的调控思路、长江经济带区域协调发展研究等方面进行相关文献述评。

一　文献综述

（一）区域协调发展的理论内涵

从不同学派来看，不同学者对区域协调发展的理解是不同的。人类对区域协调发展的理论认知起源于对人地关系的理解与认识。西方近代地理学在关于人地关系的探索过程中形成了许多不同的学派，如德国地理学家拉采尔的环境决定论、法国"人地学派"创始人白兰士首倡的或然论（可能论）、美国学者巴罗斯提出的适应论等。[①] 关于人地关系，国外学术界主要有两种不同的观点：以马尔萨斯为代表的悲观论认为，在不考虑受战争、饥荒、疾病等不可控因素影响的情况下，人口的几何级数增长远快于生活资料供应的算数级数增长；而持乐观论的学者认为，当今全球性的资源环境问题并不会如悲观论学者所认为的那么严重，技术进步等外部因素能够拓展全新的资源利用方式，能够解决困扰人类的环境问题。

从时间跨度来看，区域协调发展是随着时代的发展而变化的。党的十六大指出要从物质层面、政治层面和精神层面实现协调发展；党的十七大提出

[①]　金其铭、张小林、董新编著《人文地理概论》，高等教育出版社，1994；马振宁、米文宝：《人地关系论演变的历史轨迹及其哲学思考》，《城市地理》2016年第12期。

"五个统筹"，要从区域、经济社会、人与自然、城乡、国内国外等方面实现协调发展；党的十八届五中全会后，习近平总书记的"创新、协调、绿色、开放、共享"新发展理念为协调发展增加了新的内容；党的十九大报告进一步将区域协调发展战略上升为统领性战略，使之成为新时代解决"不平衡不充分"社会主要矛盾的重要锁钥；随后，习近平总书记在《中共中央关于党的百年奋斗重大成就和历史经验的决议》中进一步强调了区域协调发展在我国经济建设领域的重要价值。目前，实施区域协调发展的理论探索和战略实践日臻成熟，成为解决新时代人民日益增长的美好生活需要和不平衡不充分的发展之间的矛盾的关键途径。

从不同视角来看，区域协调发展内涵具有明显的差异性。第一，基于发展速度，相关学者从区域经济学的视角出发，认为协调发展就是指区域经济方面的协调发展，其目的就是缩小区域经济差距；[①] 第二，基于空间开发和功能定位的视角，学者认为区域协调发展是各要素相互促进、相互协调的过程，区域发展是否协调表现在区域内部不同地区的人口、经济、资源与环境等多个方面；[②] 第三，基于工业化、城镇化和农业现代化协调的视角，学者指出区域协调发展是城乡之间形成良性互动、协调发展的局面；[③] 第四，基于不同模式的视角，学者认为现有研究主要包括均衡发展观、非均衡发展观和动态协调发展观等；[④] 第五，基于研究本质的视角，学者认为区域协调发展的根本是实现公平与效率的协调。[⑤]

目前，区域协调发展理论研究已经引起了学者们的高度关注，但由于不

---

① 王琴梅：《区域协调发展内涵新解》，《甘肃社会科学》2007 年第 6 期。
② 陈秀山、杨艳：《区域协调发展：回顾与展望》，《西南民族大学学报》（人文社科版）2010 年第 1 期。
③ 肖金成：《十六大以来区域政策的成效与促进区域协调发展的政策建议》，《西南民族大学学报》（人文社科版）2008 年第 2 期。
④ 李晓西：《西部地区大开发新思路的探讨与阶段分析》，《中国统计》2000 年第 10 期；吴殿廷、何龙娟、任春艳：《从可持续发展到协调发展——区域发展观念的新解读》，《北京师范大学学报》（社会科学版）2006 年第 4 期；陈秀山、杨艳：《区域协调发展：回顾与展望》，《西南民族大学学报》（人文社科版）2010 年第 1 期。
⑤ 蒋清海：《区域协调发展：对区域差距的分析与思考》，《贵州社会科学》1995 年第 2 期。

同学科领域和视角的局限性，主要存在以下不足之处：一是基于共同富裕、中国式现代化等视角的研究还未真正破题；二是对于均衡与非均衡、协调与不协调两两之间的相互关系，以及从不均衡发展到均衡发展再到协调发展的演变机理、内在逻辑，缺乏系统深入研究；三是基于基本公共服务均等化、基础设施比较均衡、人民生活水平大体相当三大目标导向的区域协调发展内涵的研究成果不多。

（二）区域协调发展的评判标准

从评价体系来看，现有关于区域协调发展的研究主要基于经济发展、民生发展、生态环境及综合发展四个视角来构建评价指标体系。第一，基于经济发展视角，现有研究大多认为区域经济发展目标是总量不断增长，但区域间经济差距缩小，在选取指标时主要侧重于经济差异、经济联系、经济增长、发展效率、发展速度等方面；[①] 第二，基于民生发展视角，学者从基础文化与设施服务、基础教育医疗、基础设施通达度、人民基本生活保障水平等方面构建区域协调发展评价指标体系；[②] 第三，基于生态环境视角，多数学者从资源利用、资源可持续、环境保护、环境治理、环境健康、管理支持等方面选取指标，构建生态环境质量协调评价指标体系；[③] 第四，基于综合发展视角，现有研究大多考虑资源、环境、经济、社会、创新、服务等从而构建区域协调发展评价指标体系。[④]

从指标赋权来看，目前，主要有主观赋权法、客观赋权法和组合赋权法三种类型的指标权重确定方法。首先，主观赋权法包括层次分析法、德尔菲法、平均赋权法和几何平均法等。该方法的优点是专家是基于客观实际和知

---

①　覃成林、郑云峰、张华：《我国区域经济协调发展的趋势及特征分析》，《经济地理》2013年第1期。

②　刘传明、张春梅、任启龙等：《基本公共服务与经济发展互动耦合机制及时空特征——以江苏省13城市为例》，《经济地理》2019年第4期。

③　Hao C. X., Ge C. Z., Qin J. L., et al., "Research on Environmental Quality Evaluation System of Coordinated Development of the Beijing-Tianjin-Hebei Region," *IOP Conference Series Earth and Environmental Science*, 2020 (13).

④　刘强、徐生霞：《中国区域协调发展及空间演进》，《统计与决策》2021年第1期。

识经验来确定权重，缺点是具有较强的主观随意性。其次，客观赋权法包括熵值法、最大偏差法、主成分分析法等，该方法是基于原始数据之间的关系来确定权重的，因此，具有较强的数学理论依据，但通用性较差。最后，组合赋权法包括三种类型：主观与客观赋权法结合、客观与客观赋权法结合、主观与主观赋权法结合，其中，第一种类型结合了主客观赋权的优点，应用最为广泛。Chen 和 Zhao 建立了新的产业结构与生态环境评价指标体系，并综合运用层次分析法（AHP）和信息熵权法（IEW）确定各指标的权重，保证了分析结果的真实性与可靠性；① Liu 等基于物元方法对经济—社会—生态子系统进行评价，并运用模糊层次分析法（FAHP）和熵值法（EM）确定相应的指标权重，以避免在确定模型边界时存在主观性。②

从评价模型来看，确定区域协调发展评价模型是对区域协调发展程度进行科学评价的关键，学术界现有的区域协调发展评价模型主要有三大类。第一类是发展度模型，该模型以区域发展为研究对象，重点是定量分析区域综合发展状况，计量结果表现为对整个系统的综合评价，但忽略协调度。其中，主成分分析是常用的评价区域发展程度的模型。刘翔和曹裕基于2006~2008 年的经验数据，运用主成分分析法进行综合评价，整体评估了长株潭城市群各市域经济、资源、环境与社会发展的差异性，分析发展现状及其存在的不足，并提出了相关的政策建议。③ 第二类是协调度模型，主要侧重于定量分析系统之间或系统内要素之间协调状况，但忽略区域发展度。常见的主要有离差系数模型、隶属度函数模型、数据包络模型等，王满银等对比发现不同的协调度模型存在以下共同点：一是需要对理想情况进行假设；二是

---

① Chen Y. Q., Zhao L. M., "Exploring the Relation between the Industrial Structure and the Eco-environment Based on an Integrated Approach: A Case Study of Beijing, China," *Ecological Indicators*, 2019, 103 (AUG.).

② Liu Y. Q., Xu J. P., Luo H. W., "An Integrated Approach to Modelling the Economy–Society–Ecology System in Urbanization Process," *Sustainability*, 2014, 6 (4).

③ 刘翔、曹裕：《两型社会视角下的区域协调发展评价研究——基于长株潭城市群的实证分析》，《科技进步与对策》2011 年第 6 期。

要定量测度已有状态与理想状态间的距离。① 但学者直接用区域协调度模型来衡量区域协调发展度仍存在很多问题。第三类是协调发展度模型，主要有欧式距离模型、耦合协调度模型、动态耦合协调度模型等，其中，耦合协调度模型应用最为广泛。刘洁等通过耦合协调度函数，系统分析京津冀城市群产业、人口和空间的整体水平及耦合协调发展的时空特征。② 此外，有部分学者通过人地关系演进评价模型定量分析资源环境基础、人口密度、经济密度等状态，探究人地关系及其构成要素的空间差异，以揭示区域人地关系随时空变化递次演进的机制问题。③

目前，关于区域协调发展的评判标准研究颇为丰富，但仍存在以下不足之处：第一，区域协调发展评价体系涵盖的指标较为相近，其差异主要表现在维度的不同，有待进一步延伸、优化；第二，现有文献中采用主客观赋权法对区域协调评价指标进行研究的相对较少，且部分综合评价方法并不完全适用于区域协调发展评价。

（三）区域协调发展的影响因素

从报酬递增与累积循环机制角度，学者们指出区域间发展差异是在循环累积的过程中逐渐形成的，因此，资源禀赋、资源条件、固定投资、产业基础等是影响区域发展趋向的主要因素。郝寿义提出了"自然资源禀赋—社会资源条件—要素集聚能力—产业发展选择—区域发展态势"的分析框架，认为自然资源禀赋和社会资源条件差异决定了区域发展的差异程度；④ Wei 提出固定投资不均衡是导致地区间和产业间非均衡发展的显著因素，而良好的初始条件和区位优势是积累更多的资本、取得更高投资回报的前提。⑤ Golley 认为产业发

---

① 王满银：《协调度模型的比较与选用》，《统计与决策》2022 年第 38 期。
② 刘洁、姜丰、栗志慧：《京津冀城市群产业—人口—空间耦合协调发展研究》，《中国软科学》2021 年第 S1 期。
③ 赵兴国、潘玉军、丁生：《云南省区域人地关系及其空间差异实证研究》，《云南地理环境研究》2010 年第 4 期；王晓云、范士陈：《区域开发人地关系时空演进研究——以近现代海南岛为例》，《生产力研究》2012 年第 9 期。
④ 郝寿义：《区域经济学原理》，格致出版社，2007.
⑤ Wei Y. D., "Investment and Regional Development in Post‐Mao China," *Geography Journal*, 2000, 51（3）.

展水平决定了一个地区发展的速度和质量，一个地区的某类产业发展速度若快于其他地区，则会形成集聚经济，产生马太效应；[1] 张魁伟认为促进区域产业结构优化能够快速提升城镇化水平，缩小区域间差距，进而实现协调发展。[2]

从要素投入角度，大多学者认为人力资本、劳动力、技术创新等是影响区域协调发展的主要因素。Becker 提出人力资本相对丰裕的区域发展速度快于人力资本相对匮乏的区域，而且人力资本丰裕度与区域经济增长具有循环累积性；[3] Segerstrom 认为区域协调发展水平以及空间差异程度取决于不同企业的创新速度，北方企业创新速度快，因此，产品更新换代的周期较快，进而北方经济增长速度更快，南方企业则相反。[4] 蔡昉和都阳通过实证分析得出人力资本初始禀赋与人均收入增长率呈现显著正相关关系，因此，增加人力资本的投入对加快西部地区发展而言至关重要。[5] 孙军和高彦彦认为劳动力流动是地区间资源配置的重要途径，提出要建立高级劳动力流动与区域协调发展协同机制，通过引导高级劳动力流入，推动江苏区域协调发展。[6] 蒋欣娟等基于我国 285 个地级市面板数据分析得出技术专业化分工对中西部地区、中等规模城市等的区域协调发展有先阻碍后促进的作用，而地区创新能力在深度与广度上的动态演化构成了该效应发挥作用的中介渠道。[7]

从地理环境及外部社会环境角度，部分学者认为特殊的地理环境是区域

---

[1] Golley J. , "Regional Patterns of Industrial Development during China's Economic Transition," *Economics of Transition*, 2002, 10 (3).

[2] 张魁伟：《产业结构与城市化、区域经济的协调发展》，《经济学家》2004 年第 2 期。

[3] Becker G. S. , "Health and Human Capital: The Inaugural T. W. Schultz Lecture," *Review of Agricultural Economics*, 2010, 28(3).

[4] Segerstrom P. S. , "The Process of Creative Destruction and Stochastic Games," University of Rochester, 1985.

[5] 蔡昉、都阳：《中国地区经济增长的趋同与差异——对西部开发战略的启示》，《经济研究》2000 年第 10 期。

[6] 孙军、高彦彦：《劳动力流动、增长极培育与区域协调发展——以江苏省为例》，《经济体制改革》2014 年第 2 期。

[7] 蒋欣娟、孙倩倩、吴福象：《技术专业化分工、地区创新能力演化与区域协调发展》，《城市问题》2022 年第 1 期。

间差异存在的客观因素之一，如陈栋生指出西部地区脆弱的生态环境以及生态安全的需要在一定程度上影响了经济发展水平。[①] Demurger 认为地理位置、交通运输、通信设备等导致省际经济增长存在差异性。[②] 也有学者认为国际市场接近程度、市场化开放程度等外部环境水平影响一个地区的发展水平。Zhang 等认为随着中国各省国际贸易参与程度的提升，国内贸易不断减少，80%以上的贸易和 FDI 集中在沿海地区，因此，沿海地区经济发展水平相对较高，区域差异相对较小。[③] 赵家章认为区域信任、规范、社会网络、社会结构等社会资本各因素影响国际和国内贸易，进而影响着我国区域经济发展水平，并基于综合理论分析框架，为促进中国区域协调发展提出了相应的战略性建议。[④]

从相关制度与政策角度，国外学者侧重于对宏观经济政策的区域效应的研究，财政政策、金融政策、收入分配和就业政策等的实施对不同地区产生的影响和效果是有差异的。从 20 世纪 30 年代起，美国政府高度重视区域政策的实施，通过财政杠杆来扶持落后地区，并取得了明显的效果。威廉姆森主张实施差别化的政府宏观调控、货币政策，矫正市场偏差，修正倒 "U" 形曲线轨迹。英国相关学者通过比较弱区域政策期与强区域政策期内开发区域和非开发区域内各类产业的就业增长情况提出，实施积极的区域就业政策能够在一定程度上提升就业率。而国内学者从国家层面、省域层面等不同尺度对区域政策与区域协调发展展开相关研究。魏后凯指出 1992 年以来中国不同阶段实施的一系列政策有力地促进了中西部地区的发展，但区域差异仍存在；[⑤] 陆大道指出 2000~2015 年我国实施区域发展战略与政策的同时，应

---

① 陈栋生、王崇举、廖元和主编《论区域协调发展》，经济科学出版社，2005。
② Demurger S., "Infrastructure Development and Economic Growth: an Explanation for Regional Disparities in China," *Journal of Comparative Economic*, 2001, 29.
③ Zhang X., Zhang K. H., "How Does Globalization Affect Regional Inequality within a Developing Country? Evidence from China," Palgrave Macmillan UK, 2006.
④ 赵家章：《社会资本、贸易与中国区域协调发展：理论分析及战略思考》，《经济社会体制比较》2014 年第 5 期。
⑤ 魏后凯：《改革开放 30 年中国区域经济的变迁——从不平衡发展到相对均衡发展》，《经济学动态》2008 年第 5 期。

建立配套政策体系以覆盖不同区域；① 张莹强调了体制、政策和组织机构对区域的统筹和协调作用，从市场建设制度、落后地区扶持制度和区域指向性制度三个方面阐述了制度设计的思路。②

综上所述，目前，对区域协调发展的影响因素研究存在以下不足之处：首先，现有研究基于不同的角度进行了探究，但对区域发展不协调的成因认识得不够深入、系统；其次，区域内部发展与区域之间发展是相互影响、相互作用的，但大多数学者的研究聚焦区域内差异成因的分析，相关成果较多，而少有学者将区域差异和区际关系同时纳入区域协调发展的研究框架，所以，在一定程度上降低了对策建议的参考价值。

（四）区域协调发展的调控思路

国外关于区域协调中政府调控作用的理论研究源于 1929 年资本主义经济危机，欧美各国开始意识到放任自由主义的不可行性，纷纷干预经济，先后制定和出台了一系列影响区域经济发展的政策，并由此加强了对政府调控作用的理论创建和案例研究。20 世纪 60 年代以来，美国成立了大都会政府理事会，以提供适当的区域协调政策支持；欧洲各国也在区域治理领域开展了广泛实践，包括 1964 年的荷兰大鹿特丹政府、1965 年的英国大伦敦政府和 1974 年的西班牙巴塞罗那联合政府等。在保守主义盛行的 20 世纪 80 年代，在受到公共选择理论支持者的攻击后，欧美区域协调机构和政府部分职能一度被撤回。③ 20 世纪 90 年代以来，区域主义发展模式逐渐成为主流，形成了三种比较常见的区域协调机构：一是由地方自发形成的自愿性区域机构，如美国的区域委员会④；二是由地方约定俗成的约束性区域机构，这类机构在美国普遍存在⑤；三是各级政府部门主导设立的区域管理组织，如田

---

① 陆大道：《地理国情与国家战略》，《地理科学进展》2020 年第 35 期。
② 张莹：《区域协调发展：战略演化、影响因素、绩效评价与政策设计》，《科技管理研究》2022 年第 17 期。
③ 许丰功、易晓峰：《西方大都市政府和管治及其启示》，《城市规划》2002 年第 6 期。
④ Miller D. Y., "The Regional Governing of Metropolitan America," *Boulder Colorado*：*Westview Press*, 2002.
⑤ 〔美〕尼古拉斯·亨利：《公共行政与公共事务》（第 7 版），项龙译，华夏出版社，2002。

纳西河流域管理局①。

　　自"九五"计划后，我国开始逐渐重视区域发展不平衡问题，并提出了一系列促进区域协调发展的调控政策。相关学者也基于区域经济与社会发展的需求，对区域协调发展的调控思路展开了一系列研究。部分学者认为要通过加快创新驱动与产业转移，支持落后地区的科技资金投入和资源配置，促进落后地区产业结构升级，创新人才培养机制，通过发达城市的科技创新辐射带动区域协调发展；部分学者借鉴国外区域可持续发展的成功经验，提出要坚持立法先行的策略，通过构建相关法律体系，保证区域协调战略顺利实施，同时要不断完善和修订区域协调发展法律法规，以支撑区域经济可持续发展；② 也有学者提出要从完善政府管理机制与市场机制两个方面来实现区域协调发展。范恒山指出要逐步建立资源和生态补偿机制，不断完善市场经济体制，为缩小区域间发展差距提供重要支撑；③ 邵晖提出制度改革的关键途径是建立适合不同区域经济发展的协调机制以及完善的政策考核机制。④ 此外，还有少数学者认为基本公共服务均等化是实现产业转型升级、经济可持续发展以及区域协调发展的重要前提基础，也是推动区域协调发展的制度保障和有效破解区域鸿沟难题的关键。⑤

　　梳理国内外现有文献，总体来说，区域协调发展调控思路研究方面仍存在以下不足：一是制定和实施区域协调政策的各级行政主体多、利益诉求多、矛盾纠纷多，致使诸多客观、规范、系统的区域调控研究成果偏少；二是区域政策及调控措施大多强调政府的主导作用，而忽略了各类社会组织的有效参与；三是关于配套政策供给的研究不多，忽视了政策供给与地区间竞争与协作关系的不对称问题；四是区域调控政策研究未能根据区域协调发展

---

① 刘绪贻：《田纳西河流域管理局的性质、成就及其意义》，《美国研究》1991 年第 4 期。
② 杨德勇、贾丰源、卢帅瑜：《中国区域协调发展的现实困境及国际经验借鉴》，《区域经济评论》2022 年第 1 期。
③ 范恒山：《国家区域政策与区域经济发展》，《甘肃社会科学》2012 年第 5 期。
④ 邵晖：《我国区域协调发展的制度障碍》，《经济体制改革》2011 年第 6 期。
⑤ 蔡晓珊、陈旭佳、陈和：《发达地区实现基本公共服务均等化了吗？——以广东为样本的实证分析》，《华东经济管理》2015 年第 9 期。

的新理念、新要求及时调整研究重点和方向，促进、推动、支持差别化政策实施的相关研究不足。

（五）长江经济带区域协调发展研究

促进沿江地区不同省市、城乡、主体功能区、流段之间，以及经济建设、社会发展与环境保护、生态修复之间的协调、协同发展，既是新时期推动长江经济带建设的重大战略任务，也是实现长江流域经济社会可持续发展的内在必然要求。目前学术界相关研究成果主要涉及以下四个方面：第一，关于经济协调、产业协调、经济—环境协调、经济—环境—产业协调的现状及关系研究。如 Zheng 等运用资源与环境成本核算模型及生态系统服务价值评价法，分析了长江经济带区域经济增长与资源、环境的协同效应及其驱动力，发现长江经济带各要素的协调发展程度总体呈上升态势，并且高于全国平均水平。[1] 杜宾等通过运用协调度发展模型，得出长江经济带经济与环境子系统在时间上的综合协调发展度呈 "U" 形特征，在空间上则呈现由东向西递减的趋势。[2] 洪涛基于三阶段超效率 SBM 模型，分析得出长江经济带制造业与物流业的整体协调水平处于勉强协调阶段，在空间上呈现 "东高西低" 的格局。[3] 第二，关于长江经济带区域协调发展的影响因素研究，主要包括外商直接投资、科技创新、新型工业化、政府干预等。如杨仁发和沈忱基于 2007~2018 年长江经济带 108 个城市面板数据进行实证检验，发现科技创新能够有效提升区域协调发展水平，而政府干预对科技创新驱动长江经济带区域协调发展具有正向的调节作用，且存在双门槛效应。[4] 第三，关于区域协调发展体制机制的设计及创新研究，主要涉及区域协调分工机制、产

---

[1] Zheng D., Yu Z., Zheng Z., et al., "The Driving Forces and Synergistic Effect between Regional Economic Growth, Resources and the Environment in the Yangtze River Economic Zone," *Journal of Resources and Ecology*, 2014（3）.

[2] 杜宾、郑光辉、刘玉凤：《长江经济带经济与环境的协调发展研究》，《华东经济管理》2016 年第 6 期。

[3] 洪涛：《长江经济带物流业与制造业耦合协调发展与效率提升探讨》，《商业经济研究》2022 年第 15 期。

[4] 杨仁发、沈忱：《科技创新、政府干预与长江经济带区域协调发展》，《统计与信息论坛》2022 年第 3 期。

业发展共建与补偿机制、重点区域与重点开发平台的共促发展机制、中央政府与地方政府协调机制等。如成长春基于"协调性均衡发展"的新视角，指出目前长江经济带处于"协调性均衡"动态演进的起步阶段，因此，要以五大发展理念为统领，以推进沿江区域内外融合发展为指引，以促进各地区之间互利共生关系为价值取向，从宏观上设计好新常态下推动长江经济带协调性均衡发展的战略愿景、体制机制及对策方略。① 第四，关于不同视角下长江经济带协调发展路径研究。从区域综合开发视角，黄勤和林鑫指出长江经济带要综合推进经济、交通、对外开放、技术创新、生态文明等多方面的协调发展。② 从区域产业合作视角，彭劲松提出要建立区域协调分工、产业共建与补偿、促进重点区域和开放平台共同发展、与其他经济区协同发展等机制。③ 从区域空间开发视角，夏永祥提出要处理好长江经济带一级轴线、上中下游三大城市群与大量次级区域之间的对接和协调发展关系。④ 基于新理念视角，刘耀彬等提出长江经济带区域协调发展的新路径包括国土空间规划引领、比较优势驱动、关键技术创新协同、新型城镇化与乡村振兴有效衔接、全面绿色转型。⑤

目前长江经济带区域协调发展研究主要存在的不足如下：一是有关区域协调发展之核心内涵与属性表征、内在机理与动力源泉、演化阶段与演化路径，以及协调发展与均衡发展、非均衡发展等区域经济学经典理论流派的相互联系与相互关系的理论探索尚待进一步深入；二是现有成果大多局限于长江经济带局部领域和局部区域的协调发展问题剖析，而针对流域自然—经济—社会复合系统的整体分析研判的研究成果尚待进一步丰富；三是涉及城

---

① 成长春：《长江经济带协调性均衡发展的战略构想》，《南通大学学报》（社会科学版）2015年第1期。

② 黄勤、林鑫：《长江经济带建设的指标体系与发展类型测度》，《改革》2015年第12期。

③ 彭劲松：《长江经济带区域协调发展的体制机制》，《改革》2014年第6期。

④ 夏永祥：《以长江经济带建设促进东中西部地区协调发展》，《区域经济评论》2014年第4期。

⑤ 刘耀彬、易容、李汝资：《长江经济带区域协调发展的新特征与新路径》，《学习与实践》2022年第5期。

乡统筹、地区统筹和区域市场一体化、产业协同化、政策趋同化、主体功能明晰化、人与自然和谐化等区域协调发展重点领域的顶层设计、政策制定、措施落地、体制机制创新等全局性战略谋划的研究尚待进一步深入。

二 研究述评

本书分别对国内外关于区域协调发展的理论内涵、评判标准、影响因素、调控思路以及长江经济带区域协调发展研究等进行了综合评价，具体的研究综述、研究趋势以及研究不足如表1-1所示。

表1-1 学术史梳理、综述与评价一览

研究综述	研究趋势	研究不足
区域协调发展的理论内涵	①西方国家不同学派对区域协调发展的理解存在差异 ②区域协调发展内涵随着时代的发展而变化 ③侧重于从发展速度,空间开发,功能定位,工业化、城镇化和农业现代化协调,不同模式和研究本质等视角阐述区域协调发展理论内涵	关系分析不足、跨学科优势不足、新时代研究不足
区域协调发展的评判标准	①评价体系方面:侧重于经济发展、民生发展、生态环境和综合发展四个视角 ②指标赋权方面:主要包括主观赋权法、客观赋权法和组合赋权法三种类型 ③评价模型方面:发展度模型、协调度模型、协调发展度模型	评价体系有待优化,采用主客观赋权法的相关研究少
区域协调发展的影响因素	①从报酬递增与累积循环机制角度,影响因素包括资源禀赋、资源条件、固定投资、产业基础等 ②从要素投入角度,影响因素包括人力资本、劳动力、技术创新等 ③从地理环境及外部社会环境角度,影响因素包括特殊的地理环境以及外部环境水平等 ④从相关制度与政策角度,影响因素包括财政政策、金融政策、收入分配和就业政策	成因认知不够深入、系统,兼顾区域差异和区际关系的研究成果较少

研究综述	研究趋势	研究不足
区域协调发展的调控思路	①国外侧重于成立区域机构,进行政策干预 ②国内侧重于创新驱动与产业转移,完善法律法规和政府管理机制与市场机制,创新调控思路等	研究成果偏地方性、忽略社会组织的有效参与、配套政策供给及差别化政策研究不足等
长江经济带区域协调发展研究	①侧重于经济协调、产业协调、经济—环境协调、经济—环境—产业协调的现状及关系研究 ②长江经济带区域协调发展的影响因素研究,主要包括外商直接投资、科技创新、新型工业化、政府干预等 ③侧重于区域协调发展体制机制的研究,涉及区域协调分工机制、产业发展共建与补偿机制、重点区域与重点开发平台的共促发展机制、中央政府与地方政府协调机制等 ④侧重于不同视角下长江经济带协调发展路径研究	针对流域自然—经济—社会复合系统的整体分析研判的研究成果尚待进一步丰富;全局性战略谋划的研究尚待进一步深入

第二章　长江经济带发展概况

　　"故人西辞黄鹤楼，烟花三月下扬州。孤帆远影碧空尽，唯见长江天际流。"这首流传千古的李白名诗极尽渲染之能事，绘出了一幅意境开阔、风流倜傥的送别场景，但从地理学的角度看则反映出自古以来长江作为沟通我国东、中、西部的重要载体，沿岸各地区之间联系日益紧密。2016 年 1 月 5 日，习近平总书记在重庆召开推动长江经济带发展座谈会上指出，"当前和今后相当长一个时期，要把修复长江生态环境摆在压倒性位置，共抓大保护，不搞大开发"。上中下游共饮一江水、共护长江美，新时代的中国，始终坚持生态优先、绿色发展，走出了一条永续发展之路。

第一节　长江经济带发展战略

一　战略演进

　　长江经济带发展战略演进主要得益于四个历史性重大契机，并由此构成了四个主要发展阶段：一是 20 世纪 80 年代初至 1991 年，为长江经济带发展战略孕育期，主要标志性事件是全国国土总体规划纲要的研究与编制工作；二是 1992~2012 年，为长江经济带发展战略萌芽期，主要标志性事件是上海浦东开发开放的实质性启动；三是 2013~2015 年，为长江经济带发展战略确立期，主要标志性事件是国务院发布的《关于依托黄金水道推动长江经济带发展的指导意见》和系列相关重要文件的出台；四是 2016 年至今，为长江经济带发展战略深化期，主要标志性事件是习近平总书记先后三次主持召开长江经济带发展座谈会。为避免与上年度报告的内容重复，本部分着重介绍 2016~2022 年长江经济带发展战略深化期的相关大事记。

（一）2016~2020 年

2016 年 1 月 5 日，习近平总书记在重庆召开推动长江经济带发展座谈会，强调当前和今后相当长一个时期，要把修复长江生态环境摆在压倒性位置，共抓大保护，不搞大开发。必须从中华民族长远利益考虑，走生态优先、绿色发展之路。

2016 年 3 月 2 日，国家发展改革委、科技部、工业和信息化部联合发布《长江经济带创新驱动产业转型升级方案》，明确提出要打造新型平板显示、集成电路、先进轨道交通装备、汽车制造、电子商务等五大世界级产业集群，培育生物医药、研发设计服务、检验检测服务、软件和信息技术服务、新材料、现代物流、现代金融服务、节能环保、新能源装备、航空航天等十大新兴产业集群。

2016 年 3 月 25 日，中共中央政治局审议通过了《长江经济带发展规划纲要》，指出长江经济带发展的战略定位必须坚持生态优先、绿色发展，共抓大保护，不搞大开发。要强化创新驱动转型升级，打造建设电子信息、高端装备、汽车、家电、纺织服装等五大世界级产业集群。要按照全国主体功能区规划要求，建立生态环境硬约束机制，列出负面清单，设定禁止开发的岸线、河段、区域、产业，强化日常监测和问责。

2016 年 5 月 11 日，国务院常务会议通过《长江三角洲城市群发展规划》，明确将长三角城市群的规划范围由原来苏浙沪的 15 市扩大至包括皖江城市带 8 市在内的沪苏浙皖 26 个地级及以上城市，发展目标是到 2030 年全面建成具有全球影响力的世界级城市群。

2017 年 10 月 18 日，习近平总书记在党的十九大报告中再次强调，以共抓大保护、不搞大开发为导向推动长江经济带发展。

2018 年以来，长江经济带发展战略出现了一些新的重大调整和变化。国家进一步加强了沿江 11 省市面上的各项工作部署，包括 2018 年 1 月 10 日，张高丽主持召开推动长江经济带发展工作会议，深入学习贯彻党的十九大、中央经济工作会议、中央农村工作会议精神，总结近年来推动长江经济带发展工作，研究部署下一步重点工作；2018年12月14日，韩正主持召开推动长江经济带发展领导小组会议，全面贯彻落实习近平总书记在深入推动长江经济带发展座谈会上的重要讲话精神，坚持问题导向，推动长江经济带共抓大保护取得新进展，等等。特别是习近平总书记2018年4月26日在武汉主持召开深入推动长江经济带发展座谈会并发表重要讲话，强调新形势下推动长江经济带发展，关键是要正确把握整体推进和重点突破、生态环境保护和经济发展、总体谋划和久久为功、破除旧动能和培育新动能、自我发展和协同发展的关系，坚持新发展理念，坚持稳中求进工作总基调，坚持共抓大保护、不搞大开发，加强改革创新、战略统筹、规划引导，以长江经济带发展推动经济高质量发展。

2018年4月16日，习近平总书记就上海市委、市政府呈报的关于长三角合作的工作汇报做了一个专门的批示，明确提出上海要进一步发挥龙头带动作用，苏浙皖要各展其长，长三角要实现更高质量的一体化发展。随后，习近平总书记在2018年11月5日首届中国国际进口博览会开幕式上的主旨演讲中正式宣布，（中央）支持长江三角洲区域一体化发展并上升为国家战略。

2019年5月13日，中共中央政治局审议通过了《长江三角洲区域一体化发展规划纲要》并于12月正式印发，明确提出要把长三角打造成为我国发展强劲活跃增长极、全国高质量发展样板区、率先基本实现现代化引领区、区域一体化发展示范区、新时代改革开放新高地。这既标志着长三角区域经济开始迈入更高质量一体化发展的新阶段，也标志着长江经济带整体发展战略在其下游地区获得了双重国家战略叠加的新态势和新优势，标志着以长三角更高质量一体化发展来统领长江经济带整体发展新阶段的到来。

2020年10月16日，中共中央政治局召开会议审议通过了《成渝地区双城经济圈建设规划纲要》，指出推动成渝地区双城经济圈建设，有利于形成优势互补、高质量发展的区域经济布局，有利于拓展市场空间、优化和稳定产业链供应链，是构建以国内大循环为主体、国内国际双循环相互促进的新发展格局的一项重大举措。会议要求成渝地区牢固树立"一盘棋"思想和一体化发展理念，健全合作机制，打造区域协作的高水平样板。唱好"双城记"，联手打造内陆改革开放高地，共同建设高标准市场体系，营造一流营商环境，以共建"一带一路"为引领，建设好西部陆海新通道，积极参与国内国际经济双循环。坚持不懈抓好生态环境保护，走出一条生态优先、绿色发展的新路子，推进人与自然和谐共生。

2020 年 11 月 14 日，习近平总书记在江苏省南京市主持召开全面推动长江经济带发展座谈会并发表重要讲话，强调"要坚定不移贯彻新发展理念，推动长江经济带高质量发展，谱写生态优先绿色发展新篇章，打造区域协调发展新样板，构筑高水平对外开放新高地，塑造创新驱动发展新优势，绘就山水人城和谐相融新画卷，使长江经济带成为我国生态优先绿色发展主战场、畅通国内国际双循环主动脉、引领经济高质量发展主力军"。这进一步表明，全面推动长江经济带发展，既是一场攻坚战，更是一场持久战。

（二）2021年

3 月 1 日，《中华人民共和国长江保护法》正式实施。共 9 章 96 条的《长江保护法》作为我国首部流域法律，是习近平总书记亲自确定的重大立法任务。《长江保护法》把习近平总书记关于长江保护的重要指示要求和党中央重大决策部署转化为国家意志和全社会的行为准则，为长江母亲河永葆生机活力、中华民族永续发展提供了法治保障。

5 月 18 日，国家发展改革委指出长江经济带化工企业已累计关改搬转8731 家。2021 年以来，推动长江经济带发展领导小组办公室会同沿江省市和有关部门扎实推进长江经济带生态环境系统保护修复和绿色高质量发展，不断完善体制机制，取得明显进展，突出体现在顶层设计加快完善、生态环境突出问题整改加快推进和生态环境污染治理"4+1"工程稳步推进等三个方面。

5 月 30 日，人力资源社会保障部、国家发展改革委、财政部和农业农村部联合发布《关于实施长江流域重点水域退捕渔民安置保障工作推进行动的通知》，长江经济带"十年禁渔"全面启动。为确保广大渔民退得出、稳得住、能致富，保持安置保障政策不变、力度不减，建立健全工作长效机制，巩固拓展安置保障成果，帮助已就业人员稳定就业、有就业意愿的未就业人员及早就业，努力确保就业帮扶及时到位、技能培训全面落实、社会保障应保尽保、困难兜底应扶尽扶，实现退捕渔民上岸就业有出路、长远生计有保障。

9月20日，国家发展改革委发布了《"十四五"长江经济带发展实施方案》，站在新的起点上，绘就了长江经济带发展新征程的宏伟蓝图，是支撑指引长江经济带高质量发展的总方案，是"十四五"时期长江经济带发展"1+N"规划政策体系中的"1"，主要包括总体思路、重点任务和组织实施三大板块。

11月19日，世界第二大水电站——金沙江白鹤滩水电站4号机组正式并网发电，这是三峡集团在长江干流上建成投产的第100台水轮发电机组。近年来，长江干流建成了乌东德、白鹤滩、溪洛渡、向家坝、三峡、葛洲坝等6座大型梯级电站。截至2021年10月，已累计发电量约28916亿千瓦时，构建了世界上规模最大的清洁能源走廊。

12月24日，中国人民银行、国家发展改革委、财政部、中国银行保险监督管理委员会、中国证券监督管理委员会、国家外汇管理局、重庆市人民政府、四川省人民政府联合印发《成渝共建西部金融中心规划》，指出以金融改革创新为动力，以内陆金融开放创新为突破口，以营造良好金融发展环境和防范化解金融风险为保障，深化金融体制机制改革，共同完善提升区域金融市场功能，合力扩大金融对外开放，深化跨境跨区域金融合作，强化重庆和成都中心城市带动作用，促进各类金融要素资源合理流动和高效集聚，支持重庆打造西部金融中心，加快推动成渝共建西部金融中心。

（三）2022年

1月5日，在长江经济带发展战略提出6周年之际，长江国家文化公园建设正式启动。综合考虑长江干流区域和长江经济带区域，长江国家文化公园的建设范围涉及上海、江苏、浙江、安徽、江西、湖北、湖南、重庆、四川、贵州、云南、西藏和青海等13个省区市。沿江城市充分激活长江丰富的历史文化资源，系统阐发长江文化的精神内涵，深入挖掘长江文化的时代价值。

2月15日，国家发改委印发《长江中游城市群发展"十四五"实施方案》，提出常住人口城镇化率达到67%，铁路总里程达到1.4万公里，基本实现城市群内主要城市间2小时通达，以及全社会研发经费投入年均增长7%以上等"硬指标"。12月23日，湖北、江西、湖南协同推动高质量发展座谈会举行，三省省委、省政府主要负责人就加快推进中部地区崛起和长江经济带发展进一步达成共识。三省签署14个合作协议。

2月28日，武汉长江新区宣告成立，规划总面积约555平方公里，常住人口约50万人。从武汉城市圈打造全国重要增长极，以及武汉建设国家中心城市、长江经济带核心城市、国际化大都市的定位看，长江新区将是重要的增量支撑。

6月8日，习近平总书记在四川宜宾三江口考察时强调，保护好长江流域生态环境，是推动长江经济带高质量发展的前提，也是守护好中华文明摇篮的必然要求。总书记三次提到"上游"，上游意识、上游责任、上游担当，这是对长江上游各省区市的共同要求。

11月28日，生态环境部举行新闻发布会指出，长江流域已建立保护长江江豚相关的自然保护区13处，覆盖了40%长江江豚的分布水域，保护了近80%的种群。长江流域332个自然保护区和水产种质资源保护区全面禁捕后，在南京、武汉等长江干流江段，"微笑天使"长江江豚出现频率显著增加，部分水域单个聚集群体达到60多头。

二 战略意义

党的二十大报告在"促进区域协调发展"部分指出，推进京津冀协同发展、长江经济带发展、长三角一体化发展，推动黄河流域生态保护和高质量发展。江苏长江经济带研究院院长、江苏省中国特色社会主义理论体系研究中心南通大学基地主任成长春教授在《求是》杂志上撰文指出，长江经济带是新时期我国实现"两个一百年"奋斗目标和中华民族伟大复兴的战略支撑带，立足新时代的历史方位，以习近平同志为核心的党中央深刻把握自然规律、经济规律和社会规律，顺应时代发展趋势，提出长江经济带发展必须走生态优先、绿色发展之路。这一战略谋划具有重大而深远的意义。[①]

（一）实现中华民族永续发展的必由之路

长江是中华民族的母亲河，是中华民族的重要发源地，也是中华民族永续发展的重要支撑。长江作为中华民族的大动脉，从世界屋脊到巴山蜀水再到江南水乡，以丰富的自然资源和人文风貌滋养着中华文明。长江流域的生态地位突出，拥有全国1/3的水资源和3/5的水能资源储备总量，森林覆盖率达41.3%，河湖湿地面积约占全国的20%，拥有丰富的水生物资源，哺育着沿江4亿人民。长江经济带面积约占全国的21%，已经形成了以水为纽带，连接上下游、左右岸、干支流的独特经济社会大系统，其生态关系着全国经济社会发展。长江流域生态环境是长江流域甚至全国经济社会发展的重要基础，要实现中华民族永续发展，就必须充分保护好长江流域的生态环境，坚持生态优先、绿色发展。

（二）推动经济高质量发展的根本要求

改革开放40多年来，长江流域经济社会综合实力快速提升，长江经济带人口和经济总量均超过全国的40%，沿江产业带已成为全球规模最大的内河产业带。长江流域拥有上海国际大都市和中西部广阔腹地，下游地区产业转型升级加速，中上游承接产业梯度转移的潜力日益释放，市场需求和发展回旋空间呈现双吐态势，发展潜力巨大。长江经济带作为贯穿我国"西部大开发""中部崛起""东部新跨越"的重要经济带，在区域发展总体格局中占据举足轻重的地位，是我国经济高质量发展的重要战略支撑。然而，长江流域40多年来的高速增长也带来了巨大的资源环境压力，生态修复和环境保护成为现阶段长江经济带高质量发展的重要瓶颈。因此，唯有牢固坚持生态优先、绿色发展，才能切实推动长江经济带以及我国经济高质量发展。

[①] 成长春：《以生态优先绿色发展为引领推动长江经济带高质量发展》，《求是》2018年第8期。

（三）破解世界发展难题的中国方案

长期以来，探索环境保护与经济协调的可持续发展道路成为构建人类命运共同体的一项重要课题，大河治理和流域经济发展也是各大国面临的普遍性难题。长江流域是我国对外开放的重要前沿，集沿海、沿江、沿边、内陆开放于一体，是连接丝绸之路经济带和 21 世纪海上丝绸之路的重要纽带，是我国推动形成全面开放新格局的重要区域。使长江经济带成为生态文明建设先行示范带，实现生态效益、经济效益、社会效益的统一，必将在世界范围内产生很强的示范效应。长江经济带应走生态优先、绿色发展之路，坚持共抓大保护、不搞大开发，将生态保护放在压倒一切的位置，打造绿色世界级产业集群，培育具有国际竞争力的绿色城市群，为全球大江大河流域环境治理和可持续发展提供中国方案。

第二节　长江经济带发展态势

一　区域发展概况

作为中国第一、世界第三大河，长江拥有极其丰沛的淡水资源、水能资源和航道资源，每年入海的径流量约为 9857 亿立方米，约占全国河川径流总量的 36.4%、七大水系的 63.4%，成为中外闻名的"黄金水道"，在农业、水利、航运、经济发展、城镇建设等方面都有着得天独厚的自然资源优势。但对于长江经济带具体范围的确定在不同时期有不同的观点，具体如表 2-1 所示。2014 年国务院发布的《关于依托黄金水道推动长江经济带发展的指导意见》明确了"9 省 2 市"的行政区划范围。

2022 年，长江经济带实现地区生产总值 56 万亿元，占全国的比重攀升至 46.3%，对全国经济增长的贡献率提高至 50.5%。沿江 14 个港口铁水联运项目全部开工建设，长江干支线高等级航道里程达上万公里，"水上高速路"日益通畅，2022 年干线港口完成货物吞吐量超 35.9 亿吨，稳居世界内河首位。流域国控断面优良水质比例为 94.5%，干流水质已连续两年全线达到Ⅱ类。自2021年1月1日起，长江流域重点水域实行"十年禁渔"，11.1万艘渔船、23.1万名渔民退捕上岸，万里长江得以休养生息，长江生物资源状况逐步改善。

表2-1 长江经济带范围的不同界定

序号	名称	提出年份	范围	辖区面积	作者代表
1	长江沿岸产业带	1984	仅包括长江干流沿岸地区，构成"T"字形结构的东西向轴带，具体范围模糊	不定	陆大道
2	长江流域产业密集带	1985	以长江流域若干超级城市或特大城市为中心，通过辐射、联结各自腹地的大中小型城市和农村组成的经济区	模糊	郭振淮及中国生产力经济学研究会
3	长江沿岸开发轴线	1987	长江口到四川渡口，全长约3000公里，南北宽约50公里	模糊	陆大道
4	长江沿岸经济区	1992	沪苏浙皖赣鄂湘川黔滇	205.5万平方公里	国家计委
5	长江流域经济区	1993	沪苏浙皖赣鄂湘川黔滇青藏	180余万平方公里	陈国阶
6	东中经济区	1994	沪苏浙皖赣鄂湘为第一成员，豫、陕南、川东南为第二成员	模糊	胡序威
7	长江地区	1995	长江三角洲14个市、沿江23个市及4个地区	30余万平方公里	徐国弟
8	长江产业带	1997	沪苏浙皖赣鄂湘川	143.3万平方公里	虞孝感
9	长江经济带	1999	沪苏浙皖赣鄂湘渝川	约150万平方公里	陆炳炎
10	长江流域经济协作区	2001	以长江干流的辐射效应为依据，范围变动。以沿长江中下游辐射的范围为长度，以垂直于长江的辐射范围为宽度形成的区域	有机变动	厉以宁
11	长江经济带	2013	沪苏浙皖赣鄂湘川渝黔滇	205.5万平方公里	国家发改委
12	长江经济带	2014	沪苏浙皖赣鄂湘川渝黔滇	205.2万平方公里	国务院

资料来源：徐廷廷：《长江经济带产业分工合作演化研究》，华东师范大学博士学位论文，2015。

二　主要发展态势①

2022 年，长江经济带沿江 11 省市生产总值达 56 万亿元，同比增长5.6%，在全球新冠疫情蔓延、经济陷入衰退的背景下，这一成绩来之不易。与此同时，长江经济带综合立体交通走廊持续完善，新兴产业集群带动作用明显，电子信息、装备制造等产业规模占全国的比重均超过 50%。生态环境建设成效显著，打造区域协调发展新样板的体制机制逐步完善。

（一）产业经济维度

如表 2-2 所示，总体上看，与 2019 年相比，2020 年长江经济带各城市的经济发展水平未发生大的变化，依然呈现出下游>中游>上游的态势。

表 2-2　2020 年长江经济带各城市产业经济发展状况

单位：亿元，%

城市	GDP	第二、第三产业占比	城市	GDP	第二、第三产业占比	城市	GDP	第二、第三产业占比
上海	38701	99.74	宁波	12409	97.27	阜阳	2805	86.03
南京	14818	98.00	温州	6871	97.68	淮南	1337	89.38
无锡	12370	98.96	嘉兴	5510	97.75	滁州	3032	91.03
徐州	7320	90.17	湖州	3201	95.63	六安	1670	85.69
常州	7805	97.90	绍兴	6001	96.35	马鞍山	2187	95.48
苏州	20171	99.02	金华	4704	96.66	芜湖	3753	95.69
南通	10036	95.43	衢州	1639	94.39	宣城	1608	89.92
连云港	3277	88.22	舟山	1512	89.88	铜陵	1004	94.42
淮安	4025	89.81	台州	5263	94.39	池州	869	89.87
盐城	5953	88.89	丽水	1540	93.18	安庆	2468	90.27
扬州	6048	94.92	合肥	10046	96.70	黄山	850	92.12
镇江	4220	96.44	淮北	1119	92.85	南昌	5746	95.91
泰州	5313	94.23	亳州	1806	85.82	景德镇	957	92.90
宿迁	3262	89.55	宿州	2045	84.84	萍乡	964	92.10
杭州	16106	97.97	蚌埠	2083	87.76	九江	3241	92.93

---

① 因2022年初在撰写指数报告时相关统计年鉴数据还未公布，同时也为了便于与2019年指数进行比较，故表格中的数据采用了2020年值，而其他概括性说明则在校稿时统一更新至2022年，特此说明。

续表

城市	GDP	第二、第三产业占比	城市	GDP	第二、第三产业占比	城市	GDP	第二、第三产业占比
新余	1001	93.10	衡阳	3509	87.40	乐山	2003	85.52
鹰潭	983	92.57	邵阳	2251	82.23	宜宾	2802	87.68
赣州	3645	88.62	岳阳	4002	88.50	广安	1302	81.93
吉安	2169	89.16	常德	3749	87.60	达州	2118	81.44
宜春	2790	88.42	张家界	557	85.25	雅安	755	79.86
抚州	1573	85.88	益阳	1853	82.74	巴中	767	78.88
上饶	2624	88.72	郴州	2503	88.65	资阳	808	79.08
武汉	15616	97.42	永州	2108	81.31	贵阳	4312	95.88
黄石	1641	92.93	怀化	1672	84.45	六盘水	1340	87.24
十堰	1915	90.08	娄底	1680	88.09	遵义	3720	86.82
宜昌	4261	89.20	重庆	25003	92.78	安顺	967	81.80
襄阳	4602	88.85	成都	17717	96.31	毕节	2020	75.89
鄂州	1005	90.15	自贡	1458	84.16	铜仁	1328	78.24
荆门	2517	86.83	攀枝花	1041	90.68	昆明	6734	95.37
孝感	2194	84.36	泸州	2157	88.13	曲靖	2959	81.32
荆州	1906	80.88	德阳	2404	88.64	玉溪	2058	89.94
黄冈	2170	79.81	绵阳	3010	87.67	保山	1053	76.92
咸宁	1525	85.76	广元	1008	81.45	昭通	1289	82.47
随州	1097	84.19	遂宁	1403	84.46	丽江	513	84.79
长沙	12143	96.51	内江	1466	81.65	普洱	945	75.13
株洲	3106	91.76	眉山	1424	84.34	临沧	821	70.53
湘潭	2343	92.79	南充	2401	80.84			

下游城市经济发展水平最高，但上游城市经济增速最快。首先，从各城市的 GDP 来看，前十位的城市分别是上海、重庆、苏州、成都、杭州、武汉、南京、宁波、无锡和长沙。除武汉受新冠疫情影响较大，排序较 2019年下滑 1 个位次外，其他城市排序均没有变化。其中下游有 6 个城市，中游和上游各有 2 个城市。其次，从各城市的 GDP 增速来看，前十位的城市分别是荆门、曲靖、舟山、保山、丽江、临沧、普洱、昭通、宜宾和乐山，增速均在 7%以上，远超同期全国 GDP 平均增速（2.3%）。其中下游有 1 个城市，中游有 1 个城市，上游有 8 个城市。

下游城市大都已进入工业化后期阶段，而中上游城市的粮食安全责任更重。从各城市的第二、第三产业占比来看，前十位城市分别是上海、苏州、无锡、南京、杭州、常州、嘉兴、温州、武汉和宁波。除杭州（2019 年列第 6）和常州（2019 年列第 5）的排序较 2019 年互换外，其余城市的位次都没有变化。不少中上游城市的一产比重相对较高，如邵阳（17.7%）、宜春（12.0%）、常德（12.4%）、南充（19.2%）和资阳（20.1%）等，但考虑到习近平总书记在党的二十大报告中提出的"全方位夯实粮食安全根基，全面落实粮食安全党政同责，牢牢守住十八亿亩耕地红线"基本要求，这些城市在流域中全方位夯实粮食安全根基的责任重大。再比较长江经济带及其上、中、下游 GDP 的变异系数发现，中游的变异系数最小，上游的变异系数最大，但可喜的是，无论是流域整体还是各流段，其 2020 年的变异系数均较 2019 年有所缩小，尤以中游为甚。

具体到上中下游各省市分析可知，下游沪苏两省市的产业经济发展水平相对较高。下游城市 GDP 和第二、第三产业占比的平均值分别是 6018.46 亿元（较 2019 年提高了 3.87%）和 93.18%（较 2019 年下降了 0.22%），均为流域最高。依据 GDP 增速（3.98%）和第二、第三产业占比变化（-0.21%）可将下游城市分为两大类，一类是以南京、无锡、舟山、合肥为代表的高于平均值的城市，共有 18 个（其中舟山的 GDP 增速达10.2%），苏、浙、皖分别有 9 个、5 个和 4 个。另一类是以上海、徐州、嘉兴和芜湖为代表的低于平均值的城市，共 23 个，沪、苏、浙、皖分别有1 个、4 个、6 个、12 个。

中游湖北省受新冠疫情的影响较大，虽然主要经济指标出现了负增长，但其产业经济发展水平依然处于中游前列。中游 GDP 和第二、第三产业占比的平均值分别是 2989.39 亿元（较 2019 年提高了 0.67%）和 88.56%（较 2019 年下降了 1.26%）。依据 GDP 增速（0.9%）和第二、第三产业占比变化（-1.13%）可将中游 36 个城市分为两大类，一类是以南昌、荆门、长沙和岳阳为代表的高于平均值的城市，共有 24 个（其中赣州的 GDP 增速达 4.93%），赣、湘分别有 11 个和 12 个。另一类是以武汉、黄石、鄂州为代表的低于平均值的城市，除张家界外，全位于湖北省，共计 12 个。

上游四川和重庆两省市的产业经济发展水平相对较高。上游城市 GDP 和第二、第三产业占比的平均值分别是 3063.82 亿元（较 2019 年提高了 5.37%）和 84.18%（较 2019 年下降了 1.73%）。依据 GDP 增速（5.47%）和第二、第三产业占比变化（-1.48%）可将上游 33 个城市分为两大类，一类是以重庆、广元、贵阳、曲靖为代表的高于平均值的城市，共有 16 个（其中曲靖的 GDP 增速达 12.2%），渝、川、贵、云分别有 1 个、3 个、5 个、7 个。另一类是以成都、贵阳、安顺和昆明为代表的低于平均值的城市，共 17 个，川、贵、云分别有 15 个、1 个和 1 个。

（二）共同富裕维度

推进共同富裕是长江经济带发展的根本目的，改革开放四十多年来，中、下游城市群动能转换与发展潜能充分，产业结构与要素资源优势互补，在推进共同富裕的道路上成就显著，尤其是长江经济带城镇居民人均可支配收入居全国前列，城市群内部城乡收入差距持续缩小、人民生活不断向好。如表 2-3 所示，从绝对值上看，2020 年长江经济带各城市的共富水平呈现出下游＞中游＞上游的态势，较 2019 年变化不大，但中游和上游之间的差距大幅缩小；从变异系数上看，2020 年长江经济带各城市的共富水平呈现出上游＞中游＞下游的态势。

表 2-3　2020 年长江经济带各城市共同富裕发展状况

单位：元

城市	城乡居民人均可支配收入（元）	城乡居民人均可支配收入比	城市	城乡居民人均可支配收入（元）	城乡居民人均可支配收入比	城市	城乡居民人均可支配收入（元）	城乡居民人均可支配收入比
上海	55674	2.19	南通	39313	2.01	泰州	36859	1.99
南京	48587	2.28	连云港	27980	1.91	宿迁	25741	1.64
无锡	50232	1.81	淮安	30024	2.04	杭州	53683	1.77
徐州	29376	1.77	盐城	32037	1.71	宁波	53570	1.74
常州	46446	1.87	扬州	36008	1.90	温州	47955	1.96
苏州	54265	1.89	镇江	41487	1.92	嘉兴	51963	1.61

续表

城市	城乡居民人均可支配收入（元）	城乡居民人均可支配收入比	城市	城乡居民人均可支配收入（元）	城乡居民人均可支配收入比	城市	城乡居民人均可支配收入（元）	城乡居民人均可支配收入比
湖州	49494	1.66	宜春	27167	2.09	攀枝花	32074	2.22
绍兴	52695	1.72	抚州	27007	2.11	泸州	28791	2.19
金华	45955	2.03	上饶	27767	2.50	德阳	29575	1.99
衢州	37795	1.88	武汉	37210	2.09	绵阳	29492	2.06
舟山	51399	1.63	黄石	27230	2.29	广元	25053	2.49
台州	47393	1.94	十堰	22251	2.79	遂宁	27466	2.08
丽水	36085	2.05	宜昌	27873	2.01	内江	28127	2.14
合肥	36282	1.99	襄阳	28065	2.05	眉山	29311	2.14
淮北	25823	2.39	鄂州	26908	1.86	南充	26244	2.19
亳州	24726	2.23	荆门	27969	1.80	乐山	28553	1.97
宿州	24371	2.39	孝感	26232	2.07	宜宾	28867	2.11
蚌埠	28566	2.17	荆州	26646	1.83	广安	27969	2.13
阜阳	24409	2.42	黄冈	22759	2.10	达州	26439	2.13
淮南	26559	2.44	咸宁	24377	1.98	雅安	26540	2.34
滁州	25892	2.29	随州	24105	1.74	巴中	25125	2.48
六安	24048	2.33	长沙	46363	1.67	资阳	28319	1.97
马鞍山	38612	2.04	株洲	36014	2.10	贵阳	29490	2.16
芜湖	34531	1.82	湘潭	32220	1.85	六盘水	23319	2.89
宣城	30531	2.23	衡阳	29892	1.81	遵义	25954	2.53
铜陵	29141	2.41	邵阳	22482	2.18	安顺	22849	2.88
池州	26497	2.06	岳阳	27468	1.45	毕节	22756	3.05
安庆	25757	2.31	常德	26713	1.98	铜仁	22449	3.04
黄山	28518	2.11	张家界	19711	2.42	昆明	32869	2.71
南昌	33859	2.24	益阳	26046	1.77	曲靖	26725	2.61
景德镇	30790	2.19	郴州	27260	2.11	玉溪	29480	2.50
萍乡	30618	1.94	永州	24610	2.00	保山	24930	2.71
九江	28694	2.37	怀化	21160	2.53	昭通	21145	2.75
新余	31639	2.05	娄底	23152	2.27	丽江	24696	2.99
鹰潭	28963	2.07	重庆	28184	2.45	普洱	22512	2.64
赣州	25034	2.84	成都	37512	1.84	临沧	21809	2.40
吉安	28049	2.40	自贡	28784	2.06			

下游地区的城镇居民人均可支配收入最高，但上游地区的城镇居民人均可支配收入增速最快。首先，从各城市的城镇居民人均可支配收入来看，前十位城市分别是上海、苏州、杭州、宁波、绍兴、嘉兴、舟山、无锡、湖州和南京，排序较2019年未有变化，并且全部都是下游城市。其次，从各城市的城镇居民人均可支配收入增速来看，前十位的城市分别是常德、赣州、南充、宜宾、广元、遂宁、达州、巴中、内江和泸州，增速均在7%以上，远超同期全国城镇居民人均可支配收入增速（名义增长4.7%）。其中中游地区有2个城市，上游地区有8个城市。

长江经济带各流段的城乡居民人均可支配收入比均下降。从各城市的城乡居民人均可支配收入比来看，差异最小的前十位城市分别是常德、岳阳、赣州、乐山、遵义、怀化、十堰、宜昌、资阳和昆明，其中中游有6个城市，上游有4个城市，可见不少中下游城市虽然城乡居民人均可支配收入的绝对值相对不高，但城乡居民人均可支配收入比较下游城市优势更明显。再比较长江经济带及其上、中、下游城乡居民人均可支配收入比的变异系数发现，2020年上述区域的变异系数分别为0.1543、0.1451、0.1402、0.1220，分别较2019年缩小了0.0111、0.0038、0.0305、0.0018，表明近两年来本地区的共同富裕水平发生了可喜的变化，区域间收入差距进一步缩小，尤以中游地区为甚。

具体到上中下游各省市分析可知，下游除安徽省外，其余省市的城乡居民人均可支配收入相对较高。下游城市城乡居民人均可支配收入和城乡居民人均可支配收入比的平均值分别是37470元（较2019年提高了5.38%）和2.01（较2019年下降了2.53%）。依据2020年城乡居民人均可支配收入平均值（37470元）可将下游41个城市分为两大类，一类是以上海、南京、无锡、杭州为代表的高于平均值的城市，共有18个（其中六安的城乡居民人均可支配收入增速达6.8%），沪、苏、浙、皖分别有1个、6个、10个、1个。另一类是以徐州、丽水、滁州和芜湖为代表的低于平均值的城市，共23个，苏、浙、皖分别有7个、1个、15个。

中游受新冠疫情的影响较大，城乡居民人均可支配收入增幅有限，部分城市甚至出现负增长。中游城市的城乡居民人均可支配收入和城乡居民人均可支配收入比的平均值分别为 27897 元（较 2019 年提高了 3.24%）和 2.10（较 2019 年下降了 4.39%）。依据 2020 年城乡居民人均可支配收入平均值（27897 元）可将中游 36 个城市分为两大类，一类是以南昌、吉安、武汉、长沙和衡阳为代表的高于平均值的城市，共有 14 个，赣、鄂、湘分别有 7 个、3 个、4 个。另一类是以赣州、宜昌、益阳为代表的低于平均值的城市，共有 22 个，赣、鄂、湘分别有 4 个、9 个、9 个。

上游除部分省会城市外，大部分城市的城乡居民人均可支配收入在全流域相对偏低。2020 年上游城市的城乡居民人均可支配收入和城乡居民人均可支配收入比的平均值分别是 27073 元（较 2019 年提高了 6.15%）和 2.39（较 2019 年下降了 3%）。依据 2020 年城乡居民人均可支配收入平均值（27073 元）可将上游 33 个城市分为两大类，一类是以重庆、成都、贵阳和昆明为代表的高于平均值的城市，共有 17 个，渝、川、贵、云分别有 1 个、13 个、1 个、2 个。另一类是以广元、南充、毕节为代表的低于平均值的城市，共有 16 个，川、贵、云分别有 5 个、5 个、6 个。

（三）基本公共服务维度

如表 2-4 所示，总体上看，2020 年长江经济带各城市的基本公共服务水平差异较大，且公共服务水平高的城市，其公共服务发展也相对较快。考虑到基本公共服务水平与地方政府财力密切相关，故总体来看，长江经济带各城市的基本公共服务水平呈现出下游>中游>上游的态势。

表 2-4　2020 年长江经济带各城市基本公共服务发展状况

单位：张，册

城市	每万人拥有病床数	每万人拥有公共图书馆藏书	城市	每万人拥有病床数	每万人拥有公共图书馆藏书	城市	每万人拥有病床数	每万人拥有公共图书馆藏书
上海	57.73	32524	徐州	45.85	4934	南通	50.28	9418
南京	61.65	25923	常州	45.19	10284	连云港	40.63	7957
无锡	57.48	12909	苏州	49.89	20353	淮安	43.30	9934

续表

城市	每万人拥有病床数	每万人拥有公共图书馆藏书	城市	每万人拥有病床数	每万人拥有公共图书馆藏书	城市	每万人拥有病床数	每万人拥有公共图书馆藏书
盐城	46.74	8912	安庆	52.06	7938	岳阳	53.59	3842
扬州	41.46	12632	黄山	58.74	9474	常德	49.97	4261
镇江	38.87	18754	南昌	61.98	5607	张家界	46.51	2895
泰州	48.97	7810	景德镇	51.23	8580	益阳	53.10	2727
宿迁	61.69	5010	萍乡	45.80	16243	郴州	55.24	3697
杭州	70.39	21938	九江	43.54	6978	永州	55.18	8453
宁波	40.79	12357	新余	45.51	7750	怀化	61.23	5699
温州	40.33	14891	鹰潭	47.60	4087	娄底	56.54	3420
嘉兴	44.74	19926	赣州	40.38	5474	重庆	54.52	6223
湖州	49.93	10742	吉安	41.28	6689	成都	61.05	8585
绍兴	45.55	14064	宜春	43.40	3713	自贡	73.89	2570
金华	43.74	8159	抚州	39.52	6188	攀枝花	77.92	7521
衢州	59.89	16623	上饶	45.79	2604	泸州	58.45	4742
舟山	52.01	21121	武汉	65.88	14891	德阳	52.17	3671
台州	42.66	13952	黄石	54.30	7733	绵阳	56.66	4517
丽水	51.86	12510	十堰	68.21	5079	广元	77.10	6623
合肥	63.26	8282	宜昌	55.73	9449	遂宁	56.46	3475
淮北	56.51	5228	襄阳	49.98	5475	内江	59.29	3057
亳州	39.23	2980	鄂州	40.19	12500	眉山	45.69	1554
宿州	43.08	2852	荆门	55.41	3701	南充	62.58	4082
蚌埠	65.07	8273	孝感	41.63	4638	乐山	58.97	3418
阜阳	47.63	2268	荆州	44.99	2636	宜宾	60.01	3007
淮南	51.35	3102	黄冈	41.63	7254	广安	66.05	6954
滁州	49.50	5789	咸宁	41.60	5187	达州	69.37	9239
六安	38.95	3394	随州	41.84	2637	雅安	82.19	7273
马鞍山	53.91	10880	长沙	66.81	12028	巴中	55.41	5646
芜湖	63.59	6329	株洲	56.61	9231	资阳	57.94	6797
宣城	50.30	5720	湘潭	61.89	6227	贵阳	61.23	5409
铜陵	62.15	19160	衡阳	52.24	3886	六盘水	51.23	2739
池州	55.20	5522	邵阳	52.42	4223	遵义	62.24	3585

城市	每万人拥有病床数	每万人拥有公共图书馆藏书	城市	每万人拥有病床数	每万人拥有公共图书馆藏书	城市	每万人拥有病床数	每万人拥有公共图书馆藏书
安顺	46.24	2955	曲靖	50.24	2721	丽江	43.90	6032
毕节	50.91	2087	玉溪	52.28	6711	普洱	55.65	4689
铜仁	59.69	6061	保山	47.92	3580	临沧	43.10	2434
昆明	68.90	4173	昭通	49.82	2043			

上游城市公共医疗服务水平最高，而下游城市公共医疗服务优化速度最快。首先，从各城市的每万人拥有病床数来看，2020年前十位城市分别是雅安、攀枝花、广元、自贡、杭州、达州、昆明、十堰、长沙和广安，以中上游城市居多。其次，从各城市的每万人拥有病床数增速来看，前十位城市分别是马鞍山、内江、六安、宿州、安庆、铜陵、岳阳、芜湖、亳州和池州，增速均在10%以上，远超同期全国每万人拥有病床数增速（3.2%）。其中下游有8个城市，全部集中在安徽省，中游和上游各有1个城市。

长江经济带各流段每万人拥有公共图书馆藏书的差异较大，但中游城市每万人拥有公共图书馆藏书增速最快。从各城市的每万人拥有公共图书馆藏书来看，前十位城市分别是上海、南京、杭州、舟山、苏州、嘉兴、铜陵、镇江、衢州和萍乡，其中下游有9个城市，中游仅有1个城市，无上游城市，可见下游城市在每万人拥有公共图书馆藏书方面优势明显。再比较长江经济带及其上、中、下游每万人拥有公共图书馆藏书的变异系数发现，2020年上述区域的变异系数分别为0.7203、0.4348、0.5421、0.6095，分别较2019年缩小了0.0945、0.2772、0.0017、0.0891，表明近两年来书香城市建设取得了可喜的进步，区域间差异进一步缩小，尤以上游地区为甚。

具体到上中下游各省市分析可知，下游城市每万人拥有病床数和每万人拥有公共图书馆藏书的平均值分别是50.78张（较2019年提高6.5%）和11240册（较2019年提高了2.9%）。考虑到基本公共服务中医疗服务更为社会大众所关心，故依据2020年每万人拥有病床数可将下游41个城市分为两大类，一类是以上海、南京、杭州和合肥为代表的高于平均值的城市，共有18个，沪、苏、浙、皖分别有1个、3个、4个、10个。另一类是以徐州、嘉兴和宿州为代表的低于平均值的城市，共23个，苏、浙、皖分别有10个、7个、6个。

中游城市每万人拥有病床数和每万人拥有公共图书馆藏书的平均值分别是50.80张（较2019年提高8.1%）和6269册（较2019年提高了17%）。考虑到基本公共服务中医疗服务更为社会大众所关心，故依据2020年每万人拥有病床数将中游36个城市分为两大类，一类是以南昌、武汉、宜昌和长沙为代表的高于平均值的城市，共有18个，赣、鄂、湘分别有2个、5个、11个。另一类是以萍乡、襄阳和常德为代表的低于平均值的城市，共18个，赣、鄂、湘分别有9个、7个、2个。

上游城市每万人拥有病床数和每万人拥有公共图书馆藏书的平均值分别是58.46张（较2019年提高5.6%）和4672册（较2019年下降了6.5%）。考虑到基本公共服务中医疗服务更为社会大众所关心，故依据2020年每万人拥有病床数将上游33个城市分为两大类，一类是以成都、自贡、贵阳和昆明为代表的高于平均值的城市，共有15个，川、贵、云分别有11个、3个、1个。另一类是以重庆、泸州、六盘水和玉溪为代表的低于平均值的城市，共18个，渝、川、贵、云分别有1个、7个、3个、7个。

（四）生态环境维度

如表2-5所示，总体上看，2020年长江经济带各城市的生态环境发展水平呈现出上游>中游>下游的态势。

表2-5　2020年长江经济带各城市生态环境发展状况

单位：天，吨

城市	环境空气质量优良天数	万元GDP"三废"排放	城市	环境空气质量优良天数	万元GDP"三废"排放	城市	环境空气质量优良天数	万元GDP"三废"排放
上海	319	0.882	徐州	261	0.444	南通	321	1.361
南京	304	0.879	常州	294	1.513	连云港	297	1.064
无锡	293	1.604	苏州	308	1.814	淮安	293	0.600

续表

城市	环境空气质量优良天数	万元 GDP "三废"排放	城市	环境空气质量优良天数	万元 GDP "三废"排放	城市	环境空气质量优良天数	万元 GDP "三废"排放
盐城	308	1.541	黄山	364	0.874	张家界	359	0.173
扬州	293	1.169	南昌	335	0.695	益阳	308	0.548
镇江	297	1.198	景德镇	364	2.080	郴州	349	1.451
泰州	297	0.873	萍乡	337	0.420	永州	344	0.278
宿迁	268	2.042	九江	318	2.720	怀化	359	0.859
杭州	334	1.263	新余	354	2.227	娄底	351	1.468
宁波	339	1.259	鹰潭	344	0.965	重庆	333	0.901
温州	355	0.672	赣州	354	1.612	成都	286	0.524
嘉兴	319	3.426	吉安	345	1.314	自贡	294	0.721
湖州	321	2.433	宜春	353	1.225	攀枝花	360	4.721
绍兴	354	4.475	抚州	354	1.226	泸州	324	1.944
金华	337	1.557	上饶	352	2.504	德阳	295	1.489
衢州	353	5.491	武汉	309	0.860	绵阳	324	0.639
舟山	357	0.958	黄石	329	1.982	广元	355	0.665
台州	358	0.970	十堰	347	0.370	遂宁	348	0.894
丽水	361	1.702	宜昌	308	2.368	内江	328	0.648
合肥	310	0.392	襄阳	274	0.832	眉山	320	3.073
淮北	259	1.326	鄂州	320	1.446	南充	344	0.636
亳州	252	0.738	荆门	294	1.200	乐山	319	0.825
宿州	261	7.537	孝感	321	1.762	宜宾	306	2.351
蚌埠	297	0.772	荆州	320	1.835	广安	332	0.763
阜阳	263	0.737	黄冈	324	1.222	达州	327	0.520
淮南	265	2.996	咸宁	344	1.162	雅安	352	1.042
滁州	297	0.801	随州	319	0.302	巴中	353	0.202
六安	310	0.343	长沙	309	0.326	资阳	325	0.411
马鞍山	323	4.201	株洲	317	0.668	贵阳	362	1.357
芜湖	323	0.962	湘潭	315	0.952	六盘水	362	4.494
宣城	338	0.974	衡阳	337	0.782	遵义	363	0.373
铜陵	335	3.116	邵阳	342	0.686	安顺	364	0.406
池州	324	0.609	岳阳	331	1.571	毕节	360	1.057
安庆	322	1.158	常德	310	0.129	铜仁	361	3.109

续表

城市	环境空气质量优良天数	万元GDP"三废"排放	城市	环境空气质量优良天数	万元GDP"三废"排放	城市	环境空气质量优良天数	万元GDP"三废"排放
昆明	366	0.477	保山	362	0.819	普洱	358	5.609
曲靖	364	0.554	昭通	365	2.365	临沧	363	1.422
玉溪	362	0.989	丽江	366	0.598			

注："三废"指工业废水排放量、工业SO₂排放量和工业NOₓ排放量。

中上游城市的环境空气质量优良天数相对较好，且中游各城市间环境空气质量优良天数差异最小。首先，从各城市的环境空气质量优良天数来看，昆明、丽江、昭通、黄山、景德镇、安顺、曲靖、遵义、临沧、贵阳、六盘水、玉溪和保山均在362天以上（含362天），其中下、中、上游分别有1个、1个、11个城市。此外，长江经济带及其上、中、下游环境空气质量优良天数的变异系数分别为0.8818、0.0698、0.0629和0.1003，中游各城市间环境空气质量优良天数差异最小，而下游各城市间环境空气质量优良天数差异较大。

中游城市的生态环境质量相对较好且城际差异也相对较小。从各城市的万元GDP"三废"排放（负指标，由小到大排列）来看，前十位城市分别是常德、张家界、巴中、永州、随州、长沙、六安、十堰、遵义和合肥，其中下游有2个城市，中游有6个城市，上游有2个城市，可见不少中游城市万元GDP"三废"排放量不大，绿色发展表现相对较好。再比较长江经济带及其上、中、下游各城市的万元GDP"三废"排放的变异系数可知，2020年分别为0.8706、0.9625、0.5913、0.8881，较2019年增减不一，除中游下降了0.0033外，其他区域都略有上升。

具体到上中下游城市分析，以社会公众最关心的环境空气质量优良天数为例，下游城市该指标的平均值约为312天，较中上游城市还有一定差距。分省份来看，浙江环境空气质量优良天数表现最优，所有城市均在平均值以上，江苏表现相对较差，仅有南通在平均值以上。总体来看，根据下游各城市环境空气质量优良天数平均值可将下游 41 个城市分为两大类,一类是以上海、南通、杭州、马鞍山为代表的高于平均值的城市,共有 20 个,沪、苏、浙、皖分别有 1 个、1 个、11 个、7 个。另一类是以南京、泰州、阜阳为代表的低于平均值的城市,共有 21 个,主要集中在江苏和安徽,苏、皖分别有 12 个和 9 个。

中游江西和湖南两省的生态环境相对较好。中游各城市环境空气质量优良天数平均值约为 332 天,据此可将中游 36 个城市分为两大类,一类是以南昌、吉安、咸宁和张家界为代表的高于平均值的城市,共有 19 个,赣、鄂、湘分别有 10 个、2 个、7 个。另一类是以九江、武汉、长沙为代表的低于平均值的城市,共有 17 个,赣、鄂、湘分别有 1 个、10 个、6 个。

上游云南省的生态环境最好。各城市环境空气质量优良天数平均值约为 343 天,据此可将上游 33 个城市分为两大类,一类是以攀枝花、广元、贵阳和昆明为代表的高于平均值的城市,共有 20 个,川、贵、云分别有 6 个、6 个、8 个。另一类是以重庆、成都、自贡和资阳为代表的低于平均值的城市,共有 13 个,渝、川分别有 1 个、12 个。

三 关键指标解析

(一)经济发展阶段

从人均 GDP 的维度来看,2020 年长江经济带人均 GDP 为 80876 元,按当年平均汇率 6.8974 折算为 11726 美元(见表 2-6),整体处于工业化后期阶段。其中,上、中、下游地区分别为 8765 美元、9708 美元和 15199 美元,即下游已迈入了后工业化阶段,而上中游地区仍处于工业化后期阶段,中游和上游人均 GDP 分别相当于下游的 63.9% 和 57.7%,分别较 2019 年提高了 4.2 个和 3.7 个百分点。从城镇化率的维度来看,2020 年长江经济带整体的城镇化率为 64% 左右,具体到下、中、上游则分别为 73.8%、61.8% 和 58.4%,对照表 2-6 可知中游和下游处于工业化后期,且下游地区已经十分接近后工业化阶段,上游则仍处于工业化中期阶段。从一产比重来看,

2020年长江经济带整体的一产比重约为11%，具体到下、中、上游则分别为6.8%、11.4%、15.8%，同时考虑到农业的人均产出绩效要明显低于制造业与服务业，可以判定中上游三次产业结构仍处于工业化中期至后期阶段之间，下游则处于工业化后期至后工业化阶段之间。

表2-6 工业化不同阶段的判断标志①

指标	换算因子	前工业化阶段	工业化实现阶段			后工业化阶段
			工业化初期	工业化中期	工业化后期	
人均GDP（1995年美元）	1	610~1220	1220~2430	2430~4870	4870~9120	9120≤
人均GDP（2018年美元）	1.54	939~1879	1879~3742	3742~7500	7500~14045	14045≤
三次产业结构		A>I	A>20%,A<I	A<20%,I>S	A<10%,I>S	A<10%,I<S
一产从业人员占比（%）		60<	45~60	30~45	10~30	≤10
城镇化率（%）		<30	30~50	50~60	60~75	75≤

注：2005~2018年对1995年美元的换算因子是根据美国历年的物价平减指数计算的，据此划分每年的工业化发展阶段；A、I、S分别代表第一、第二、第三产业产值在GDP中的比重。

资料来源：1995年的发展阶段划分依据来自"皮书数据库"《中国经济特区发展报告（2014）》；三次产业结构、城镇化率对发展阶段的划分标志来自陈佳贵、黄群慧、钟宏武《中国地区工业化进程的综合评价和特征分析》，《经济研究》2006年第6期。

（二）三次产业结构

目前，长江经济带的产业结构依然存在较多问题，一方面是流域整体第三产业发展水平还不高，第三产业增加值占比仍低于全国平均水平；另一方面，长江经济带各城市间的产业发展水平差异很大，各不相同，如一产比重最高的临沧（29.47%）是最低的上海（0.26%）的113倍。但可喜的是，长江经济带各流段均高度重视培育战略性新兴产业和高新技术产

① 秦月：《长江经济带城市群联动发展研究》，华东师范大学博士学位论文，2020。

业。"十三五"期间，上海、贵州战略性新兴产业增加值占地区生产总值的比重分别提高 3.9 个、3.0 个百分点，安徽、江苏战略性新兴产业产值占规模以上工业产值的比重提高 17.9 个、8.4 个百分点，浙江战略性新兴产业增加值占规模以上工业增加值的比重提高 7.6 个百分点，湖北战略性新兴产业产值年均增长 11%，湖南战略性新兴产业增加值年均增长 9.9%，重庆战略性新兴产业对工业增长的贡献率达 55.7%；江西高新技术产业增加值占规模以上工业增加值的比重提高 12.5 个百分点，云南高新技术产业产值增长 55.7%，四川高新技术产业产值占规模以上工业产值的比重提高 4.8 个百分点。[①]

（三）外向度

从表 2-7 可知，2020 年国内 100 强企业分支机构数排名长江经济带前五位的城市分别是上海、武汉、成都、杭州和南京，较 2019 年城市未发生变化，仅个别城市的位次发生变化，这五大城市合计拥有 1163 家国内 100 强企业分支机构，占长江经济带的 46.4%，较 2019 年提升了 1 个百分点，说明头部城市的集聚能力仍在提升。从世界 100 强企业分支机构数排名来看，前五位的城市分别为上海、武汉、杭州、成都和重庆，五大城市合计拥有 214 个世界 100 强企业分支机构，占长江经济带的 50.6%，较 2019 年提升了约 3 个百分点，集聚趋势更为显著。分流段看，长江经济带国内 100 强企业分支机构数在上、中、下游分别为 478 家、513 家、1517 家，均较 2019 年有较大幅度的提升；而世界 100 强企业分支机构数在上、中、下游分别为 86 家、70 家、267 家。因此，总体上看，下游城市特别是长三角城市群深度参与全球劳动分工、嵌入全球产业链/供应链的程度相对较高，而中上游除部分武汉、重庆和成都外，参与全球化程度还有较大的提升空间。

[①] 中国社会科学院数技经所课题组：《协同推动生态环境保护和经济发展——长江经济带绿色发展报告》，http：//news. cctv. com/2021/12/18/ARTIo16jnlKVbyD3Bvpt51sp211218. shtml，2021 年 12 月 18 日。

表2-7 2020年长江经济带各城市外向度状况

单位：家

城市	国内100强企业分支机构数	世界100强企业分支机构数	城市	国内100强企业分支机构数	世界100强企业分支机构数	城市	国内100强企业分支机构数	世界100强企业分支机构数
上海	534	78	淮南	4	1	咸宁	7	0
南京	133	20	滁州	16	2	随州	3	0
无锡	37	12	六安	21	0	长沙	67	10
徐州	18	8	马鞍山	13	0	株洲	10	0
常州	25	6	芜湖	31	4	湘潭	7	0
苏州	83	14	宣城	8	0	衡阳	5	0
南通	41	5	铜陵	4	0	邵阳	5	0
连云港	8	2	池州	5	1	岳阳	10	1
淮安	9	2	安庆	10	2	常德	7	1
盐城	11	5	黄山	1	0	张家界	0	0
扬州	8	2	南昌	81	15	益阳	5	0
镇江	9	1	景德镇	3	0	郴州	5	0
泰州	13	3	萍乡	0	0	永州	4	0
宿迁	17	4	九江	8	1	怀化	2	0
杭州	135	35	新余	3	0	娄底	10	0
宁波	61	20	鹰潭	0	0	重庆	127	28
温州	23	11	赣州	11	1	成都	171	35
嘉兴	53	2	吉安	0	0	自贡	0	0
湖州	29	2	宜春	4	0	攀枝花	3	0
绍兴	12	3	抚州	3	0	泸州	4	0
金华	7	4	上饶	4	0	德阳	3	0
衢州	0	1	武汉	190	38	绵阳	2	0
舟山	9	1	黄石	3	0	广元	4	0
台州	8	0	十堰	7	0	遂宁	3	0
丽水	2	0	宜昌	8	0	内江	0	0
合肥	102	10	襄阳	5	0	眉山	9	1
淮北	1	0	鄂州	3	0	南充	3	0
亳州	5	1	荆门	3	0	乐山	3	0
宿州	4	1	孝感	11	2	宜宾	3	0
蚌埠	3	4	荆州	9	0	广安	0	0
阜阳	4	0	黄冈	10	1	达州	4	0

续表

城市	国内 100 强企业分支机构数	世界 100 强企业分支机构数	城市	国内 100 强企业分支机构数	世界 100 强企业分支机构数	城市	国内 100 强企业分支机构数	世界 100 强企业分支机构数
雅安	3	0	安顺	3	0	保山	3	0
巴中	4	0	毕节	0	0	昭通	0	0
资阳	3	0	铜仁	2	0	丽江	0	0
贵阳	51	10	昆明	59	12	普洱	1	0
六盘水	3	0	曲靖	1	0	临沧	0	0
遵义	4	0	玉溪	2	0			

（四）城市规模

以常住人口计算，2020 年长江经济带城市规模等级的空间分布情况为下游有 3 个城市人口超 1000 万，有 16 个城市人口在 500 万~1000 万，有 13 个城市人口在 300 万~500 万，有 9 个城市人口在 100 万~300 万。中游有 2 个城市人口超 1000 万，有 12 个城市人口在 500 万~1000 万，有 11 个城市人口在 300 万~500 万，有 11 个城市人口在 100 万~300 万。上游有 2 个城市人口超 1000 万，有 8 个城市人口在 500 万~1000 万，有 9 个城市人口在 300 万~500 万，有 14 个城市人口在 100 万~300 万。

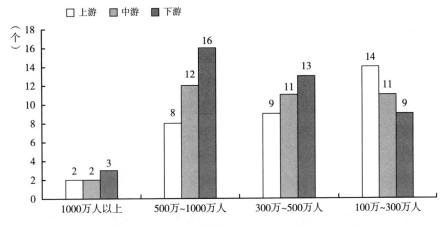

图 2-1　2020 年长江经济带各流段不同人口规模城市数量对比

（五）规上企业利润总额

规模以上企业利润总额是反映企业盈利能力的重要指标，对推动地方经济社会发展有重要作用。2020 年，受新冠疫情影响，不少城市都经历了或长或短时间的停摆，对区域经济发展带来了不小的影响，仅有 32 个城市的规上企业利润总额实现了正增长。2020 年长江经济带 110 个城市中，规上企业利润总额最高的为上海（2882.7 亿元），其次为苏州（2232.4 亿元）、重庆（1506.5 亿元）、宁波（1502.7 亿元）、无锡（1302.5 亿元）和杭州（1302.4 亿元），均为下游城市；规上企业利润总额最低的五位则为普洱（21.3 亿元）、毕节（20.3 亿元）、临沧（16.4 亿元元）、资阳（13.6 亿元）、张家界（8.2 亿元），大都为上游城市，最高与最低之间差距较大（见表 2-8）。

表 2-8　2020 年长江经济带各城市规上企业利润总额状况

单位：亿元

城市	规上企业利润总额	城市	规上企业利润总额	城市	规上企业利润总额
上海	2882.67	宁波	1502.74	阜阳	130.19
南京	713.43	温州	367.91	淮南	430.15
无锡	1302.51	嘉兴	658.47	滁州	288.46
徐州	290.46	湖州	366.86	六安	95.11
常州	721.66	绍兴	560.04	马鞍山	173.29
苏州	2232.36	金华	214.23	芜湖	363.50
南通	576.19	衢州	147.34	宣城	140.40
连云港	261.75	舟山	174.60	铜陵	110.73
淮安	152.17	台州	395.61	池州	61.15
盐城	170.80	丽水	117.51	安庆	154.30
扬州	272.24	合肥	401.77	黄山	28.66
镇江	249.13	淮北	128.40	南昌	444.94
泰州	375.71	亳州	82.71	景德镇	39.65
宿迁	293.21	宿州	102.74	萍乡	106.62
杭州	1302.40	蚌埠	93.84	九江	502.90

续表

城市	规上企业利润总额	城市	规上企业利润总额	城市	规上企业利润总额
新余	71.43	衡阳	88.63	乐山	105.47
鹰潭	111.28	邵阳	217.67	宜宾	481.70
赣州	273.54	岳阳	283.15	广安	93.51
吉安	381.89	常德	228.03	达州	132.13
宜春	312.90	张家界	8.16	雅安	46.76
抚州	121.54	益阳	109.88	巴中	29.11
上饶	254.80	郴州	183.33	资阳	13.62
武汉	656.56	永州	82.58	贵阳	179.37
黄石	106.83	怀化	64.04	六盘水	53.65
十堰	95.79	娄底	162.38	遵义	755.96
宜昌	419.62	重庆	1506.53	安顺	35.75
襄阳	323.40	成都	917.76	毕节	20.28
鄂州	72.77	自贡	72.06	铜仁	29.30
荆门	172.96	攀枝花	145.61	昆明	335.53
孝感	110.62	泸州	242.94	曲靖	83.00
荆州	129.01	德阳	195.34	玉溪	118.08
黄冈	82.80	绵阳	151.21	保山	53.81
咸宁	144.55	广元	94.92	昭通	91.12
随州	80.34	遂宁	108.83	丽江	26.83
长沙	882.12	内江	47.14	普洱	21.30
株洲	163.24	眉山	90.32	临沧	16.40
湘潭	100.99	南充	209.68		

四 "十四五"时期长江经济带各省市推进协调性均衡发展重点举措

"十四五"开局以来,沿江11省市发展的整体性、协调性、可持续性不断提高,城市群、都市圈对周边地区的带动作用进一步增强,城乡融合发展水平提升,脱贫攻坚取得历史性成就,为新时期打造区域协调发展新样板夯实了基础。为此,本部分将详细梳理9省2市在"十四五"期间为推进区域协调发展与均衡发展采取的重要举措，以期为后续问题诊断与对策建议提供有力支撑。

（一）上海市

上海市在国民经济和社会发展第十四个五年规划纲要中明确提出要共同建设绿色美丽长三角，具体见专栏1。

专栏1　上海市在推进长江经济带协调均衡发展的重要举措

共同建设绿色美丽长三角。共护太浦河、长江口等重要饮用水水源生态安全，建立全流域水源保护预警机制。共抓长江大保护，夯实长江生态保护修复基础，完善协作机制，加强标准规范统一、信息互通共享、监管联动，持续抓好长江经济带生态环境突出问题整改，推进长江"十年禁渔"工作，共同守护好一江清水。推动重点跨界河湖联保。深入推进大气污染联防联控，打赢夏季挥发性有机物（VOCS）治理攻坚战，持续推进区域机动车、船舶、非道路移动机械等污染源联防联治。实施人工影响天气工作，保护区域大气环境。建立固废危废污染联防联治机制，推动固废危废区域安全转移处置合作，探索建立跨区域环境基础设施共建共享机制。强化生态环境一体化管理制度创新。

（二）江苏省

江苏省在国民经济和社会发展第十四个五年规划纲要中明确提出要强化长江经济带高质量发展引领示范，具体见专栏2。

专栏2　江苏省在推进长江经济带协调均衡发展的重要举措

持续加强长江生态环境系统保护修复。健全长江经济带共抓大保护工作新机制，狠抓生态环境突出问题整改，持续深化实施"4+1"环境污染治理工程，大力推进城镇污水垃圾处理、沿江化工污染治理、农业面源污染和水产养殖抗生素滥用治理、长江船舶港口污染长效治理、尾矿库污染防治、纠偏耕地占补平衡等。统筹水环境、水生态、水资源、水安全、水文化和岸线等，推进与长江上中游、江河湖库、左右岸、干支流协同治理。深化推进长江岸线综合整治，持续开展长江两岸造林绿化、河湖湿地保护修复等生态修复工程，建设沿江、沿河水资源保护带和生态隔离带，巩固打击非法码头、非法采砂成效，努力建成长江流域"最美岸线"。加强生物多样性保护，开展"拯救江豚行动"，全面落实长江"十年禁渔"任务。发展节能环保型船舶，提高码头污染防治能力和船舶污染物接受处理能力。

打造绿色转型发展标杆示范。推动传统产业绿色化转型升级，推广使用核心关键绿色工艺技术及装备，积极发展节能环保、资源循环利用、清洁能源、清洁生产等绿色产业。强力推进重化工业整治提升，统筹沿江沿海产业优化布局、升级转移，推动破解"重化围江"取得实质性进展，加大低端化工产能退出力度，严禁污染型企业向中上游地区转移，构建本质安全、绿色高端的先进化工产业体系。探索绿色发展新模式，支持有条件的地区创建绿色发展示范区。加快构建综合立体交通走廊。深入研究长江文化内涵，保护好长江文物和文化遗产，充分涵养长江历史文化根脉。

（三）浙江省

浙江省在国民经济和社会发展第十四个五年规划纲要中明确提出要扎实推进长江经济带发展，具体见专栏3。

专栏3　浙江省在推进长江经济带协调均衡发展的重要举措

推进长江经济带发展。坚持共抓大保护、不搞大开发的战略导向。加强生态环境突出问题整治，加快实施长江经济带绿色试点示范。组织实施全省八大水系统一的禁渔期制度，构建八大水系综合治理新体系。加强与长江上中下游联动发展，促进流域合作和布局优化。加强与长江沿岸港口合作开发，着力提升浙北航道网运输能力，建设舟山江海联运服务中心。加强长江文物和文化遗产保护。

（四）安徽省

安徽省在国民经济和社会发展第十四个五年规划纲要中明确提出要全面建设新阶段现代化美丽长江（安徽）经济带，具体见专栏4。

专栏4　安徽省在推进长江经济带协调均衡发展的重要举措

打造美丽长江（安徽）经济带全新版，构建综合治理新体系，使安徽成为长江经济带生态优先绿色发展主战场的战略节点、畅通国内国际双循环主动脉的战略链接、推动经济高质量发展主力军的战略力量。

加强源头治理。坚持把修复长江生态环境摆在压倒性位置，完善"1515"岸线分级管控措施，深入开展禁新建、减存量、关污源、进园区、建新绿、纳统管、强机制和生物多样性保护"7+1"行动。深化"三大一强"专项攻坚行动，大力推进长江经济带生态环境警示片、中央生态环境保护督察等反馈的生态环境突出问题整改，全面排查整治关联性、衍生性问题。持续推进城镇污水垃圾处理、化工污染治理、农业面源污染治理、船舶污染治理和尾矿库污染治理等生态环境污染治理"4+1"工程。开展长江全流域入河排污口、生活垃圾渗滤液等专项整治行动，巩固打击非法码头、非法采砂成效，强化"三磷"污染整治。

加强系统治理。统筹山水林田湖草一体化保护和修复，加快构建以国家公园为主体的自然保护地体系。大力推进长江、淮河、江淮运河、新安江生态廊道提升工程和皖西大别山、皖南山区生态屏障建设。持续推进天然林保护、长江两岸造林绿化、退耕还林还草，完成沿江两岸废弃露天矿山生态修复，全面建成沿江绿化带。强化扬子鳄、安徽麝、大别山五针松、银缕梅等珍稀濒危动植物资源保护，持续实施长江江豚、中华鲟、长江鲟等珍稀濒危物种拯救行动计划。

加强协同治理。大力推进上下游、江河湖库、左右岸、干支流协同治理，早日重现"一江碧水向东流"的胜景。完善长江环境污染联防联控机制和预警应急体系，推进环境信息共享，建立健全跨部门、跨区域、跨流域突发环境事件应急响应机制，强化区域联动，协同打击跨区域违法行为。严格执行长江经济带发展负面清单管理制度，围绕沿江岸线、河段、区域、产业，建立健全生态环境硬约束机制。

全面落实长江"十年禁渔"。巩固长江禁捕退捕成果，开展禁捕管理秩序和涉渔突出问题专项整治。加强退捕渔民安置保障，全面落实养老保险政策，适当延长过渡期生活补助发放期限，将符合条件的困难渔民纳入兜底帮扶和社会救助体系。强化就业跟踪帮扶，引导企业、社会组织、扶贫车间和就业基地等定向安置退捕渔民，开发设置公益性岗位。支持渔民退捕转养，大力发展稻渔综合种养、池塘养殖、水产品加工、休闲渔业等涉渔产业，增加就业空间。提升执法能力，加快实现长江水域视频监控全覆盖，建立"水陆并重"执法监管体系，强化执法队伍建设，全链条严厉打击捕捞、运输、销售、消费等各个环节违法犯罪行为。完善水生生物保护管理制度，推动资源养护和合理利用互促共赢，构建长江禁捕退捕长效管控机制。

（五）江西省

江西省在国民经济和社会发展第十四个五年规划纲要中明确提出要深度参与长江经济带建设，具体见专栏5。

专栏5　江西省在推进长江经济带协调均衡发展的重要举措

抓住促进中部地区崛起的战略机遇，深度参与长江经济带建设，推动大南昌都市圈与武汉都市圈、长株潭都市圈城市群的交通联网、市场统一、创新协同、生态联保，提升长江中游城市群战略能级。支持九江建设长江经济带绿色发展示范城市、打造万亿临港产业带。

深入实施长江经济带"共抓大保护"攻坚行动，深化"五河两岸一湖一江"全流域治理，推进生态环境污染治理"4+1"工程：沿江城镇污水垃圾处理、化工污染治理、农业面源污染治理、船舶污染治理以及尾矿库污染治理。强化沿线整治与岸线生态修复，努力构建长江经济带江西绿色生态廊道。

（六）湖北省

湖北省在国民经济和社会发展第十四个五年规划纲要中明确提出要主动服务和融入共建长江经济带发展，具体见专栏6。

专栏6　湖北省在推进长江经济带协调均衡发展的重要举措

支持武汉加快建设国家中心城市、长江经济带核心城市和国际化大都市，提升全国经济中心、科技创新中心、商贸物流中心、区域金融中心和国际交往中心功能，全面增强城市核心竞争力，更好服务国家战略、带动区域发展、参与全球分工带。

支持襄阳加快建设省域副中心城市、汉江流域中心城市和长江经济带重要绿色增长极，推动制造业创新发展和优化升级，打造国家智能制造基地、国家现代农业示范基地、全国性综合交通枢纽、区域性创新中心和市场枢纽，在中部同类城市中争当标兵，提升综合实力和区域辐射引领能力。

支持宜昌加快建设省域副中心城市、长江中上游区域性中心城市和长江经济带绿色发展示范城市，提升战略性新兴产业和现代服务业发展能级，打造区域性先进制造业中心、交通物流中心、文化旅游中心、科教创新中心、现代服务中心，在长江沿岸同类城市中争当标兵，增强竞争力和区域辐射引领能力。

推动"宜荆荆恩"城市群落实长江经济带发展战略，打造全省高质量发展南部列阵，建设成为连接长江中游城市群和成渝地区双城经济圈的重要纽带。

（七）湖南省

湖南省在国民经济和社会发展第十四个五年规划纲要中明确提出要建设长江上中下游密切合作的高效经济带，具体见专栏7。

专栏7　湖南省在推进长江经济带协调均衡发展的重要举措

生态环境保护修复工程。加强长江干流和跨省河湖生态环境综合治理，联合打击危废固废非法转移、非法采砂等违法行为。建立跨省流域横向生态保护补偿机制。修订完善长江经济带发展负面清单，出台《湖南省洞庭湖保护条例》。

产业转型协同发展工程。推动装备制造、生物医药、节能环保、新材料等重点产业领域关键技术研发和产业化发展，建立企业家联盟，打造具有国际竞争力的先进制造业集群。推进洞庭湖生态经济区、岳阳长江经济带绿色发展示范区、湘赣开放合作试验区、"通平修"次区域合作示范区、武陵山龙山来凤经济协作示范区建设。推动革命老区、天岳幕阜山全域旅游示范新区项目开发，推出长江中游森林步道等旅游精品线路。

高水平对外开放新高地工程。实施开放崛起专项行动。优化营商环境，畅通对外贸易通道，吸引跨国公司区域总部、营运中心和研发中心落户湖南。推进湖南自贸试验区建设，构建高水平开放型经济新体制，建设长沙陆港型、岳阳港口型国家物流枢纽。

基础设施建设工程。推进长江宜昌至安庆段航道、松滋河等省际水运通道建设工程，城陵矶港、长沙港等重点港口集疏运通道和铁路专用线建设工程，呼南高铁（襄阳至常德）、渝长厦高铁（长沙至赣州）、长九高铁、常岳九高铁建设工程，桑植至龙山（来凤）等省际高速公路建设工程，长株潭城市群与武汉、昌九都市圈在能源、水利等方面深入融合建设工程。推进运输结构调整和水铁公空多式联运，建立省会城市国际和境外航空联盟。

长三角产业链共建工程。积极承接长三角地区电子信息、装备制造、纺织服装、精细化工等领域的制造业和服务业企业。加大新能源汽车、精细化工、智能制造等领域对接合作力度，吸引成套装备制造商、整机制造商等大型企业落户。

长三角科技转移转化工程。联合建立产业技术创新战略联盟、技术创新中心、联合实验室，面向产业创新发展需求开放仪器设备、共享车间、大型软件等资源，发展面向大众、服务企业的低成本、便利化、开放式服务平台。大力发展技术评估、产权交易等中介机构，构建技术转移服务平台。合作建设若干人力资源培训基地、国家级引智基地。

长江文化保护传承弘扬工程。创造性转化、创新性发展长江流域优秀传统文化。做好做足"红色、绿色、古色"三篇文章，开辟精品文化旅游线路。推进长江中游智慧旅游工程建设，发行长江旅游年卡。

（八）重庆市

重庆市在国民经济和社会发展第十四个五年规划纲要中明确提出要协同推动长江经济带高质量发展，具体见专栏8。

> **专栏8　重庆市在推进长江经济带协调均衡发展的重要举措**
>
> 协同推动长江经济带高质量发展。加强与长江经济带沿线省市的绿色发展协作，畅通国内国际双循环主动脉。加强生态环境联防联控联治，加快建立长江流域常态化横向生态补偿机制，推动广阳岛片区与上海崇明等长江经济带绿色发展试点示范合作。加强基础设施互联互通，共同推动长江黄金水道、沿江铁路、城际快速公路网、成品油输送管道等建设，打造长江立体综合大通道，推动长江经济带发展和共建"一带一路"在重庆贯通融合。加强产业链供应链上下游协同，携手打造世界级产业集群。共同保护传承弘扬长江文化，提升长江三峡国际旅游品牌的影响力。

（九）四川省

四川省在国民经济和社会发展第十四个五年规划纲要中明确提出要强化东向，全面融入长江经济带发展，具体见专栏9。

> **专栏9　四川省在推进长江经济带协调均衡发展的重要举措**
>
> 依托长江黄金水道和沿江铁路，构建通江达海、首尾互动的东向国际开放大通道，主动对接长三角一体化发展，积极融入亚太经济圈。提升川渝合作层次和水平，共同打造内陆开放高地和开发开放枢纽，引领带动西部地区更高水平开放。积极承接长三角产业转移，加强成都与上海资本市场融通发展，主动推进成德绵创新带与G60科创走廊协同联动。加强沿江港口、口岸合作，加密蓉甬、蓉沪等铁海联运班列，推进枢纽互通、江海联通，加强

与日韩和美洲地区的经贸投资合作。

（十）贵州省

贵州省在国民经济和社会发展第十四个五年规划纲要中明确提出要积极融入长江经济带发展，具体见专栏10。

专栏 10　贵州省在推进长江经济带协调均衡发展的重要举措

完善长江经济带省际环境污染联防联控机制，协同推进长江流域生态环境保护，完善赤水河流域跨省横向生态补偿机制。积极参与长江上游四省市产业创新协同发展、市场一体化体系建设、公共服务共建共享，共建生物医药、生态旅游合作区。加强与湖南、湖北、江西等长江中游省份在能源、旅游、装备制造、新材料、教育等领域的交流合作，共建新型锰深加工等产业基地。支持秀山县、花垣县、松桃县共建渝湘黔边城协同发展合作区。健全与长江三角洲区域上海、江苏、浙江等在产业、教育、医疗等领域的合作机制。

加大渝黔两地在基础设施、大数据、能源、高端装备制造、金融、物流等领域的合作力度。建立电力等重大能源合作事宜定期沟通协商机制。推进渝东南至铜仁省际互联互通输气管道等项目前期工作，共建南川至道真输气管道项目。推动"黔煤入渝"，支持重庆煤炭科技企业参与毕水兴等煤层气产业化基地建设。加强页岩气勘探、开采、利用等领域的合作，建设渝黔页岩气智能化开发基地。建设黔北渝南沿边生态旅游度假带，健全贵安新区和重庆两江新区合作机制，加快桐梓（重庆）工业园建设。加强与四川在农业、制造业、大数据、物流业、旅游业等产业的协同合作。

（十一）云南省

云南省在国民经济和社会发展第十四个五年规划纲要中明确提出要主动服务和融入长江经济带发展，具体见专栏11。

专栏11　云南省在推进长江经济带协调均衡发展的重要举措

深度融入"一带一路"建设，以及长江经济带发展等国家重大发展战略，完善快速通达周边省区和连通京津冀、长三角、粤港澳大湾区、成渝地区双城经济圈等主要城市群的省际运输通道，加强通道内线路布局。贯通沿边高速、大滇西旅游环线，巩固和拓展国内、国际航线，推动航空与铁路、高速公路、轨道等交通运输方式的立体互联、有机衔接，提高出省出境通道的立体互联水平。以中老泰通道为重点，加强中国—中南半岛基础设施互联互通合作，以中缅陆路通道及陆水联运通道为重点，加快形成我国连通印度洋最为便捷的出海通道，加强与越南、老挝、缅甸等周边国家在通道沿线重要交通枢纽、港口等陆海联运节点上的合作，建成多种国际联运方式并行发展的畅通全省、连接国内、通达南亚东南亚、面向环印度洋周边经济圈的陆海国际通道。

充分发挥滇东北地处滇川黔交界、长江经济带上游、陆海新通道和紧邻成渝地区双城经济圈的区位优势，坚持"共抓大保护、不搞大开发"，以筑牢长江上游生态安全屏障、巩固拓展脱贫攻坚成果、打通成渝地区双城经济圈省际通道为重点，以人力资源开发利用和发展特色优势产业为关键，打造云南省融入长江经济带发展、成渝地区双城经济圈建设的重要连接点。

第三章 长江经济带协调性均衡发展评价指标体系

区域协调性均衡发展中，区域的"均衡性"重在强调区域内外众多要素的数量关系和发展及分布状态，区域的"协调性"则重在反映区域内外的良性互动关系和联系，两者既可以在水平与结构、体量与质量、内在与外在、静态与动态、等级与次序等不同视域下独自展开，又可以在"融合共生"的耦合机制下达到辩证统一，形成"一体两面"的统一研究分析框架①。

第一节 评价指标体系设计思路

一 指标体系的特征分析

区域协调性均衡发展区别于其他区域发展，需要同时具备以下五个方面的基本特征。

（一）现状的合理性

现状的合理性即一个客观存在的区域事物或者区域发展现象，不论表现形式是均衡的还是非均衡的，是协调的还是不协调的，都有其存在的客观合理性和内在的逻辑依据，成为支撑区域空间景观与表象的根源。

（二）状态的稳定性

状态的稳定性主要体现为一个相对均衡、协调的区域系统必然处于结构

---

① 孟越男、徐长乐：《区域协调性均衡发展理论的指标体系构建》，《南通大学学报》（社会科学版）2020 年第 1 期。

相对稳态、关系相对恒定、各方力量相对势均力敌的平衡位势。这种平衡位势一旦形成，在中短期内是很难轻易改变的，其内在的逻辑依据来自区域组织结构的长期稳定性。

（三）功能的完备性

功能的完备性主要体现为区域的主体功能能够得到最大化的发挥。如在大河流域的上中游地区，应当最大限度地以自然保护、生态修复、植被覆盖、水源涵养为主，尽可能减少人类活动和人类干预，仅少部分地区涉及农副产品的种植、生产和加工，能源、矿产资源开采，具有流量限制的旅游观光活动，以及相对集聚的人口、城镇、村舍和基础设施等。而在流域的中下游地区，则可以人类的强势活动为主，即较高密度的人口及资源要素集聚，较高强度的人类开发利用活动，以及较大区域范围的拓展人类活动领域的深度和广度。

（四）关系的共生性

关系的共生性主要体现为两个及以上发生相互作用关系的区域事物之间，存在互为依存（即"你中有我、我中有你"）、联系密切、彼此竞合的良性互动关系，形成一个不可分割的存在共同体、利益共同体和命运共同体。对于"流域"尤其是像长江流域这种特殊的巨型区域而言，这种共生性在上中下游地区之间、干流支流之间、左岸右岸之间以及人与自然之间，更是表现得淋漓尽致，成为流域有别于一般区域的一大鲜明特征。

（五）系统的和谐性

系统的和谐性即区域作为一个自然—经济—社会的复合生态系统，一要基本维持系统长期、稳定的物质循环、能量流动、物种繁衍和动态平衡；二要不断满足结构优化、关系良化、功能进化的自身发展需求；三要通过目标设计、结构优化、功能完善、一体化发展等系列举措，最终实现"整体大于部分之和""1+1>2"的系统功效。

在上述 5 个特征的基础上，还要考虑数据指标的科学性、适用性、可靠性、客观性、可得性、可比性等方面，力求在指标构建过程中体现区域协调性均衡发展的概念和内涵。

二 指标体系框架

基于区域协调性均衡发展的特征，围绕长江经济带协调性均衡发展的内涵，根据上述分析依据，构建由均衡度指数、协调度指数和融合度指数组成的指标体系。

均衡度指数的构建依据的是 2018 年 11 月 18 日发布的《中共中央 国务院关于建立更加有效的区域协调发展新机制的意见》中提出的基本公共服务均等化、基础设施通达程度比较均衡、人民基本生活保障水平大体相当的三大目标，具体包括"人民生活水平""基本公共服务""基础设施建设"3 个二级指标和 10 个三级指标。

协调度指数的构建依据的是区域发展所必须涉及的产业、城镇、社会、人与自然等四大重点关系领域，具体包括"产业协调""城镇协调""社会协调""人与自然协调"4 个二级指标和 10 个三级指标。

融合度指数的构建依据的是 2018 年 4 月 26 日习近平总书记在武汉主持召开的深入推动长江经济带发展座谈会上明确提出的"努力把长江经济带建设成为生态更优美、交通更顺畅、经济更协调、市场更统一、机制更科学的黄金经济带"的五个"更"的美好愿景，作为区域均衡性与区域协调性在"融合共生"耦合机制下所达到的理想状态，具体包括"生态优美""交通顺畅""经济协调""市场统一""机制科学"5 个二级指标和 10 个三级指标。

第二节 评价指标体系构建及指标说明

一 评价指标体系

根据上述分析依据，本研究构建了由均衡度指数、协调度指数和融合度指数 3 个一级指标，以及 12 个二级指标和 30 个三级指标所组成的区域协调性均衡发展指标体系，并以长江经济带 110 个地级及以上城市为典型样板区域予以实证分析评价。同时，听取专家建议，将上年度指标体系中 D21"万元 GDP 电耗"调整为"环境空气质量优良天数"（见表 3-1）。

表 3-1　区域协调性均衡发展指数评价指标体系

一级指标	二级指标	三级指标	单位
协调性均衡发展指数 A 均衡度指数 B1	人民生活水平 C1	城乡居民人均可支配收入 D1	元
		人均社会消费品零售额 D2	元
		人均住户年末储蓄存款余额 D3	元
		城镇登记失业率 D4	%
	基本公共服务 C2	每万人拥有病床数 D5	张
		每万人拥有公共图书馆藏书 D6	册
		城镇职工基本养老保险覆盖率 D7	%
	基础设施建设 C3	互联网接入户数 D8	万户
		建成区路网密度 D9	公里/公里²
		建成区排水管道密度 D10	米/公里²
协调度指数 B2	产业协调 C4	第二、第三产业占比 D11	%
		规上企业利润总额 D12	亿元
		"三资"企业数量占比 D13	
	城镇协调 C5	中心城区人口占比 D14	%
		城乡居民人均可支配收入比 D15	—
	社会协调 C6	社会网络联系度 D16	—
		失业保险覆盖率 D17	%
	人与自然协调 C7	人口密度比 D18	—
		经济密度比 D19	—
		城镇密度比 D20	—
融合度指数 B3	生态优美 C8	环境空气质量优良天数 D21	天
		万元 GDP"三废"污染排放 D22	吨
		建成区绿化覆盖率 D23	%
	交通顺畅 C9	单位行政区面积实有城市道路面积 D24	米²/公里²
		单位行政区面积实有高速公路里程 D25	公里/公里²
	经济协调 C10	人均 GDP D26	元
		R&D 经费支出占财政支出的比重 D27	%
	市场统一 C11	国内 100 强企业分支机构数 D28	家
		世界 100 强企业分支机构数 D29	家
	机制科学 C12	以水资源保护与水环境综合治理为核心的联防联控机制和生态环境补偿机制 D30	个

二 评价区域

本研究所涉及的长江经济带协调性均衡发展指数的评价区域包括两个层级：省市层级包括上海、江苏、浙江、安徽、江西、湖北、湖南、重庆、四川、贵州、云南等沿江 11 个省市，其中下游地区 4 个，中游地区 3 个，上游地区 4 个；地市层级包括沿江 11 个省市的 110 个地级及以上城市，其中下游地区 41 个，中游地区 36 个，上游地区 33 个，未包括湖北恩施及三个直管县仙桃、潜江和天门市，湖南湘西，四川阿坝、凉山、甘孜，贵州黔东南、黔南、黔西南，云南德宏、怒江、迪庆、大理、楚雄、红河、文山、西双版纳等民族自治州（见表 3-2）。

表 3-2 长江经济带协调性均衡发展指数评价区域

省级	地级及以上城市（共计 110 个地级市，未包含民族自治地区）
上海	上海
江苏	南京、无锡、徐州、常州、苏州、南通、连云港、淮安、盐城、扬州、镇江、泰州、宿迁
浙江	杭州、宁波、温州、嘉兴、湖州、绍兴、金华、衢州、舟山、台州、丽水
安徽	合肥、淮北、亳州、宿州、蚌埠、阜阳、淮南、滁州、六安、马鞍山、芜湖、宣城、铜陵、池州、安庆、黄山
江西	南昌、景德镇、萍乡、九江、新余、鹰潭、赣州、吉安、宜春、抚州、上饶
湖北	武汉、黄石、十堰、宜昌、襄阳、鄂州、荆门、孝感、荆州、黄冈、咸宁、随州
湖南	长沙、株洲、湘潭、衡阳、邵阳、岳阳、常德、张家界、益阳、郴州、永州、怀化、娄底
重庆	重庆
四川	成都、自贡、攀枝花、泸州、德阳、绵阳、广元、遂宁、内江、眉山、南充、乐山、宜宾、广安、达州、雅安、巴中、资阳
贵州	贵阳、六盘水、遵义、安顺、毕节、铜仁
云南	昆明、曲靖、玉溪、保山、昭通、丽江、普洱、临沧

三 数据来源及主要指标说明

（一）数据来源

数据主要来自《中国城市统计年鉴 2021》、《中国城市建设统计年鉴

2021》、各省市 2021 年统计年鉴、相关企业 2021 年年报，以及国家统计局官方网站等权威机构统计资料。针对部分缺失的数据，采用多年回归或插值等方式处理。针对原始数据单位不统一问题，采用最大值和最小值法进行标准化处理，以消除量纲对计算结果可能造成的影响。

（二）指标说明

D2 人均社会消费品零售额用以衡量社会消费水平。人均社会消费品零售额=社会消费品零售额/常住人口数。

D3 人均住户年末储蓄存款余额用以衡量住户居民财富水平。人均住户年末储蓄存款余额=住户年末储蓄存款余额/常住人口数。

D5 每万人拥有病床数用以衡量医疗资源水平。每万人拥有病床数=卫生机构病床数/常住人口数。

D6 每万人拥有公共图书馆藏书用以衡量公用文化事业水平。每万人拥有公共图书馆藏书=公共图书馆藏书量/常住人口数。

D7 城镇职工基本养老保险覆盖率用以衡量城镇职工基本养老保险覆盖情况。城镇职工基本养老保险覆盖率=城镇职工基本养老保险缴纳人数/城镇职工总数×100%。

D11 第二、第三产业占比用以衡量产业结构比例数。第二、第三产业占比=（第二产业产值+第三产业产值）/地方国民生产总值×100%。

D13 "三资"企业数量占比用以衡量产业国际化水平。"三资"企业数量占比=（在中国境内设立的中外合资经营企业数+中外合作经营企业数+外商独资经营企业数）/该地区企业总数×100%。

D14 中心城区人口占比用以衡量中心城区辐射带动能力。中心城区人口占比=中心城区人口数/常住人口数×100%。

D15 城乡居民人均可支配收入比用以衡量城乡差异。城乡居民人均可支配收入比=城镇居民人均可支配收入/农村居民人均可支配收入。

D16 社会网络联系度用以衡量社会网络强度。基于铁路网络计算其关联度。

D17 失业保险覆盖率用以衡量社会保障情况。失业保险覆盖率=失业保险缴纳人数/失业人数×100%。

D18 人口密度比用以衡量长江经济带人口协调程度。人口密度比=该地区人口密度/长江经济带 110 个地级及以上城市平均人口密度。

D19 经济密度比用以衡量长江经济带经济协调程度。经济密度比=该地区经济密度/长江经济带 110 个地级及以上城市平均经济密度。

D20 城镇密度比用以衡量长江经济带城镇协调。城镇密度比=该地区城镇密度/长江经济带 110 个地级及以上城市平均城镇密度。

D22 万元 GDP "三废"污染排放用以衡量环境污染状况。万元 GDP "三废"污染排放=（工业废水排放量+工业 SO_2 排放量+工业 NO_x 排放量）/GDP。

D24 单位行政区面积实有城市道路面积用以衡量区域通达程度。单位行政区面积实有城市道路面积=实有城市道路面积/单位行政区面积。

D25 单位行政区面积实有高速公路里程用以衡量区域通达程度。单位行政区面积实有高速公路里程=实有高速公路里程/单位行政区面积。

D26 人均 GDP 用以衡量经济总体发展水平。人均 GDP=GDP/常住人口数。

D27 R&D 经费支出占财政支出的比重用以衡量政府对科技创新支持的力度。R&D 经费支出占财政支出的比重=R&D 经费/财政支出总量×100%。

D28 国内 100 强企业分支机构数用以衡量企业跨域发展程度。以东方财富网 2019 年公布的上市公司市值前 100 强名单（包括境内以及港股、台股、美股等）为准，分支机构数以各公司年报披露的子公司及附属公司数为准。

D29 世界 100 强企业分支机构数用以衡量国内外市场开放程度。以跨国公司为主，分支机构数以各公司年报披露的子公司及附属公司数为准。

D30 以水资源保护与水环境综合治理为核心的联防联控机制和生态环境补偿机制用以衡量机制建设且是唯一的定性指标，网络查询各城市相关机制（文件）的数量，若不存在记为 0。

第三节　评价指标体系研究方法

一　熵值法

熵值法是借鉴信息熵思想，根据指标的相对变化程度对系统整体的影响来决定指标的权重，能够克服多指标变量间信息的重叠和人为确定权重的主观性，适合对多元指标进行综合评价，主要步骤如下。

（1）构建原始指标数据矩阵

假设有 m 个待评方案、n 项评价指标，形成原始指标数据矩阵，则 $X = \{x_{ij}\}_{m\times n}$（$0 \leqslant i \leqslant m$，$0 \leqslant j \leqslant n$）为第 i 个待评方案第 j 个指标的指标值。

（2）数据标准化处理

由于各指标的量纲、数量级及指标正负取向均有差异，需对初始数据做标准化处理。

对于正向指标，$x'_{ij} = [x_{ij} - \min(x_j)] / [\max(x_j) - \min(x_j)]$

对于逆向指标，$x'_{ij} = [\max(x_j) - x_{ij}] / [\max(x_j) - \min(x_j)]$

定义标准化矩阵：$Y = \{y_{ij}\}_{m\times n}$

其中，$y_{ij} = x'_{ij} / \sum x'_{ij}$，$0 \leqslant y_{ij} \leqslant 1$。

（3）计算评价指标的熵值

$$e_j = (-1/\ln m) \sum y_{ij} \ln y_{ij}$$

（4）计算评价指标的差异性系数

$$g_j = 1 - e_j$$

（5）定义评价指标的权重

$$w_j = g_j / \sum g_j$$

（6）计算样本的评价值

用第 j 项指标权重 w_j 与标准化矩阵中第 i 个样本第 j 项评价指标接近度

x'_{ij} 的乘积作为 x_{ij} 的评价值 f_{ij}，即 $f_{ij} = w_j x'_{ij}$，第 i 个样本的评价值 $f_i = \sum f_{ij}$。

二 局部空间自相关

空间自相关是用来揭示某种属性数据在空间上的潜在相互依赖性，一般可以分为全局自相关和局部自相关。其中，全局自相关可以反映区域各城市之间指数的集聚模式，主要包括：高—高聚类（HH），高值被高值包围；高—低聚类（HL），高值被低值包围；低—高聚类（LH），低值被高值包围；低—低聚类（LL），低值被低值包围；没有明显聚类模式，公式如下：

$$I_i = \frac{x_i - \overline{X}}{S_i^2} \sum_{j=1, i \neq j}^{n} w_{ij}(x_j - \overline{X})$$

$$S_i^2 = \frac{\sum_{j=1, j \neq i}^{n} (x_j - \overline{X})^2}{n - 1}$$

式中，x_i 是要素 i 的属性；$\overline{X}$ 是对应属性的平均值；w_{ij} 是要素 i 和要素 j 之间的空间权重；n 是要素的总数。

三 系统聚类分析法

系统聚类分析（Hierachical Cluster Analysis）在聚类分析中应用最为广泛，主要是对多个样本或多个指标进行定量分类的一种多元统计分析方法，可以根据研究对象的特征按照关系的远近对研究对象进行分类。本书运用DPS18.10高级版数据处理系统对长江经济带110个城市进行聚类分析，为了更能体现特征量之间的相对关系，在标准化变化后，选择卡方距离作为度量函数，最后通过可变类平均法将长江经济带110个城市划分成五大类。可变类平均法的递推公式如下：

$$D_{pq}^2 = (1 - \beta) \frac{n_p D_{p1} + n_q D_{1q}}{n_p + n_q} + \beta D_{pq}^2$$

式中，D_{pq}^2 是类间聚类；n 是样本数量；系数 $\beta < 1$，β 由两项间相对重要性决定。

第四章 2020年长江经济带协调性
均衡发展指数分析

面对错综复杂的国内外环境，2022年中国奋力夺取了疫情防控和经济社会发展的"双胜利"。2022年，长江经济带沿江11省市生产总值达56万亿元，同比增长5.6%，是我国增长速度最快的区域之一。其中，沿江11省市经济总量占全国的比重达46.3%，对全国经济增长的贡献率提高至50.5%。但受新冠疫情、世界经济低迷、国际经贸摩擦加剧等因素的影响，经济下行压力进一步加大，长江经济带协调性均衡发展面临新挑战。因此，本章以2020年长江经济带110个城市的统计数据为基础，从长江经济带协调性均衡发展总指数及协调度、均衡度和融合度3个维度对长江经济带协调性均衡发展水平展开系统分析与评价，并为提出长江经济带各流段的协调性均衡发展对策奠定基础。

第一节 2020年长江经济带协调性均衡发展
总指数测度

一 长江经济带协调性均衡发展总指数

为了对比和把握长江经济带协调性均衡发展态势，依据前文提出的测度方法及评价指标体系，对长江经济带110个城市的基础统计数据展开计算，具体测度结果及排名情况如表4-1所示。

表4-1 2020年长江经济带协调性均衡发展总指数排名情况及与2019年对比

排名	城市	得分	排名	城市	得分	排名	城市	得分	排名	城市	得分	排名	城市	得分	排名	城市	得分
1—	上海	4.0104	20↓	镇江	1.2699	39↑	鄂州	0.9327	57↑	淮北	0.8401	75↑	广元	0.7772	93↑	达州	0.6706
2—	苏州	2.4430	21—	昆明	1.2158	40↑	新余	0.9234	58↓	鹰潭	0.8371	76↓	淮南	0.7757	94↑	黄冈	0.6633
3—	南京	2.4076	22↑	台州	1.2063	41↑	黄山	0.9168	59↑	十堰	0.8350	77↑	广安	0.7746	95↑	内江	0.6005
4—	杭州	2.2852	23↑	贵阳	1.1842	42↑	赣州	0.9158	60↑	吉安	0.8312	78↑	怀化	0.7687	96↓	阜阳	0.6577
5—	武汉	2.1206	24↑	温州	1.1816	43↑	黄石	0.9134	61↑	郴州	0.8303	79↑	宜宾	0.7575	97↑	丽江	0.6380
6—	成都	1.9092	25↓	扬州	1.1608	44↓	连云港	0.9102	62↑	池州	0.8297	80↓	遂宁	0.7408	98↑	铜仁	0.6353
7—	无锡	1.8958	26↑	衢州	1.1369	45↓	滁州	0.9020	63↑	上饶	0.8286	81↓	乐山	0.7401	99↓	曲靖	0.6253
8—	宁波	1.7717	27—	金华	1.1282	46↑	萍乡	0.9020	64↑	雅安	0.8213	82↓	孝感	0.7392	100↑	张家界	0.6184
9—	重庆	1.7518	28↓	泰州	1.1124	47↑	宣城	0.8975	65↓	遵义	0.8181	83↑	南充	0.7344	101↑	巴中	0.6094
10↑	合肥	1.6284	29↑	株洲	1.1047	48↑	景德镇	0.8775	66↓	常德	0.8051	84↓	咸宁	0.7305	102↓	普洱	0.6073
11↑	常州	1.5838	30↑	铜陵	1.0888	49↑	岳阳	0.8699	67↓	安庆	0.7896	85↓	资阳	0.7232	103↑	宿州	0.6060
12↑	长沙	1.5227	31↓	马鞍山	1.0412	50↑	绵阳	0.8653	68↑	衡阳	0.7890	86↓	永州	0.7158	104↓	毕节	0.6026
13↑	嘉兴	1.4858	32↓	徐州	1.0216	51↑	攀枝花	0.8650	69↓	荆门	0.7832	87↑	眉山	0.7118	105↓	亳州	0.6013
14↑	南通	1.3936	33↑	淮安	1.0159	52↓	九江	0.8639	70↓	德阳	0.7821	88↓	六安	0.6965	106↑	邵阳	0.5893
15↑	南昌	1.3646	34↓	湘潭	0.9916	53↓	襄阳	0.8572	71↑	自贡	0.7809	89↑	益阳	0.6963	107↑	保山	0.5637
16↑	绍兴	1.3628	35↑	蚌埠	0.9607	54↑	宜春	0.8537	72↑	抚州	0.7790	90↑	安顺	0.6819	108↑	随州	0.5610
17↑	湖州	1.3503	36↑	宜昌	0.9600	55↑	宿迁	0.8510	73↓	娄底	0.7789	91↓	六盘水	0.6771	109↓	昭通	0.4380
18↑	舟山	1.3175	37↑	盐城	0.9568	56↑	玉溪	0.8502	74↓	泸州	0.7787	92↓	荆州	0.6756	110↓	临沧	0.4378
19↑	芜湖	1.2941	38↑	丽水	0.9563												

注：表中斜体城市为直辖市、副省级城市或省会城市。"—""↑""↓"分别指相应指数排名较2019年不变、上升、下降。

总体来看，长江经济带协调性均衡发展总指数与长江经济带经济社会发展现状基本保持一致，呈现出下游>中游>上游的空间格局特征。分城市来看，在 ArcGIS 中采用自然断裂点法将 110 个城市划分为五个层级。

第一层级是协调性均衡发展总指数得分大于 2.4431 的城市，仅有上海 1 个城市，占全部研究单元的 0.91%。

第二层级是协调性均衡发展总指数得分为 1.6285~2.4430 的城市，包括苏州、南京、杭州、武汉、成都、无锡、宁波和重庆等 8 个城市，较 2019 年增加了 1 个城市，约占所有研究单元的 7.27%。其中上游城市有 2 个，中游城市有 1 个，下游城市有 5 个，大多数处于下游地区。

第三层级是协调性均衡发展总指数得分为 1.0413~1.6284 的城市，包括合肥、常州、长沙、嘉兴、南通、南昌、绍兴、湖州、舟山、芜湖、镇江、昆明、台州、贵阳、温州、扬州、衢州、金华、泰州、株洲和铜陵等 21 个城市，较 2019 年增加了 1 个城市，约占所有研究单元的 19.09%。其中上游城市有 2 个，中游城市有 3 个，下游城市有 16 个，绝大多数处于下游地区。

第四层级是协调性均衡发展总指数得分为 0.7409~1.0412 的城市，包括马鞍山、徐州、淮安、湘潭、蚌埠、宜昌、盐城、丽水、鄂州、新余、黄山、赣州、黄石、连云港、滁州、萍乡、宣城、景德镇、岳阳、绵阳、攀枝花、九江、襄阳、宜春、宿迁、玉溪、淮北、鹰潭、十堰、吉安、郴州、池州、上饶、雅安、遵义、常德、安庆、衡阳、荆门、德阳、自贡、抚州、娄底、泸州、广元、淮南、广安、怀化和宜宾等 49 个城市，较 2019 年增加了 6 个城市，约占所有研究单元的 44.55%。其中上游城市有 10 个，中游城市有 24 个，下游城市有 15 个，绝大多数集中在中下游地区。

第五层级是协调性均衡发展总指数得分为 0.4378~0.7408 的城市，包括遂宁、乐山、孝感、南充、咸宁、资阳、永州、眉山、六安、益阳、安顺、六盘水、荆州、达州、黄冈、内江、阜阳、丽江、铜仁、曲靖、张家界、巴中、普洱、宿州、毕节、亳州、邵阳、保山、随州、昭通和临沧等 31 个城市，较 2019 年减少了 8 个城市，约占所有研究单元的 28.18%。其中，上游城市有 18 个，中游城市有 9 个，下游城市有 4 个，绝大多数处于中上游地区。

从各城市指数的极差来看，2020 年第一位上海（4.0104）是最后一位临沧（0.4378）的 9.16 倍，而 2019 年为 13.06 倍，极差快速收窄，表明110 个城市的协调性均衡发展趋势向好。但总体来看，长江经济带协调性均衡发展总指数的区域间差异仍然较大，梯度分布较为明显。下游尤其是长三角地区的城市表现出色，基本都处于第一至第三层级；中游除武汉、长沙、南昌等少数城市处于第二和第三层级外，不少城市都处于第四层级；上游除重庆、成都、贵阳和昆明等区域中心城市和省会城市外，大都处于第四至第五层级，协调性均衡发展指数相对偏低，总体呈现出"下游保持稳定、中游发力前行、上游略有下滑"的趋势。

二　长江经济带典型城市协调性均衡发展指数的特征分析

本部分将在前文研究的基础上将长江经济带 110 个城市（主要依据城市所属的层级）具体划分为龙头城市、核心城市、重要城市、节点城市和一般城市 5 种类型。结合各项指标数据对不同类型城市的协调性均衡发展特征展开分析，旨在勾勒出长江经济带各城市的协调性均衡发展轮廓，探究各城市在协调性均衡发展中存在的显著优劣势。

（一）龙头城市

如表 4-1 所示，2020 年上海的协调性均衡发展总指数仍列所有研究单元的第一位，但与第二位的苏州差距较 2019 年缩小，依然是长江经济带协调性均衡发展中当之无愧的龙头城市。

进一步观察具体指标可知，上海在城乡居民人均可支配收入、人均住户年末储蓄存款余额、规上企业利润总额和社会网络联系度等 11 项指标方面位列第一，尤其是在国内 100 强企业分支机构数和世界 100 强企业分支机构数两项指标方面，分别是第二位武汉的 2.8 倍和 2.1 倍，优势十分明显。上海综合经济实力大幅提升，经济增速在全球主要城市中处于领先地位，经济规模跻身全球城市前列，人均生产总值超过 2.3 万美元。改革开放以来，上海取得重大突破，全面深化中国（上海）自贸试验区建设，临港新片区挂牌成立，成功举办三届中国国际进口博览会，溢出带动效应持续放大。市民获得感、幸福感、安全感持续增强，居民人均可支配收入保持全国领先，公共服务体系不断完善，现代化教育水平进一步提升，养老服务体系基本形成，"健康上海行动"深入实施，居民平均预期寿命达到83.66岁。由此可见，在强大经济实力的支撑下，针对社会民生、生态环境、基础设施等的高投入是上海协调性均衡发展持续领先的关键所在。

表4-2　上海排名首位的具体指标数据

指标	数值	名次	后一位城市（数值）
城乡居民人均可支配收入(元)	55674	1	苏州(54265)
人均住户年末储蓄存款余额(万元)	15.39	1	杭州(11.86)
每万人拥有公共图书馆藏书(册)	32524	1	南京(25923)
第二、第三产业占比(%)	99.74	1	苏州(99.02)
规上企业利润总额(亿元)	2882.67	1	苏州(2232.36)
"三资"企业数量占比(%)	34.7	1	苏州(33.2)
社会网络联系度	0.0475	1	南京(0.0427)
人口密度比	11.12	1	无锡(4.57)
经济密度比	19.39	1	无锡(8.49)
国内100强企业分支机构数(家)	534	1	武汉(190)
世界100强企业分支机构数(家)	78	1	武汉(38)

尽管上海在前述指标中居于全面领先地位，但上海在城镇协调、生态优美等方面还存在明显短板。在城乡居民人均可支配收入比方面，上海该项指标仅为2.19，仅列所有研究单元的第68位，较2019年进一步下降3个位次，体现出上海的城乡收入差距较大，在实现共同富裕的道路上仍存在不少问题；城镇登记失业率为3.7%，仅列所有研究单元的第87位；在生态优美方面，上海的环境空气质量优良天数、万元GDP"三废"污染排放和建成区绿化覆盖率分别为319天、0.882吨和37.32%，分列所有研究单元的第

72位、第46位和第107位。由此可见，上海在城乡居民人均可支配收入比、环境空气质量优良天数和建成区绿化覆盖率方面表现相对较差，排名基本处于所有研究单元的中下游位置。上海进入了高质量发展的新阶段，但对标中央要求、人民期盼，对照国际最高标准、最好水平，城市综合实力还有较大提升空间，城市管理、生态环境等方面仍需不断提升品质，教育、医疗、养老等公共服务供给和保障水平有待进一步提升，人才、土地等要素资源对高质量发展的约束需要加快破解。

（二）核心城市

在2020年度长江经济带各城市协调性均衡发展总指数中，苏州、南京、杭州、武汉、成都、无锡、宁波和重庆等8个城市被归入核心城市类型。2016年《长江经济带发展规划纲要》确立了长江经济带"一轴、两翼、三极、多点"的发展新格局。上述城市或属于"一轴"范畴，或属于"三极"内的引领城市，它们在协调性均衡发展指数各维度表现均十分突出，对有效推动长江经济带整体协调性均衡发展水平提升有重要作用。

上述8个城市，除成都和重庆（分别居第29位和第38位）外，其他城市的人均GDP均居所有研究单元的前10位，雄厚的经济基础使得地方财政资金相对充裕，对社会民生、生态环境、产业协调、基本公共服务的投入较大，进一步促进了人民生活水平提高、基本公共服务完善、产业协调发展及人地关系和谐（见表4-3）。

表4-3 8个核心城市在部分三级指标上的具体表现

城市	城乡居民人均可支配收入（元）	较2019年提升位次	规上企业利润总额（亿元）	较2019年提升位次	世界100强企业分支机构数（家）	较2019年提升位次
苏州	54264（2）	0	2232.6（2）	2	14（5）	0
南京	48587（10）	0	713.4（11）	-6	20（6）	-2
杭州	53683（3）	0	1302.4（6）	1	35（3）	3
无锡	50232（8）	0	1302.5（5）	5	12（10）	3
武汉	37209（21）	-4	656.6（13）	-7	38（2）	0

续表

城市	城乡居民人均可支配收入（元）	较2019年提升位次	规上企业利润总额（亿元）	较2019年提升位次	世界100强企业分支机构数（家）	较2019年提升位次
成都	37512（20）	1	917.6（7）	-4	35（4）	1
宁波	53570（4）	0	1502.7（4）	4	20（7）	1
重庆	28183（55）	8	1506.5（3）	3	28（5）	-2

注：括号内为排名。

苏州是国务院批复确定的长江三角洲重要的中心城市、国家高新技术产业基地和风景旅游城市。2020年，苏州聚焦功能优化，合力推动区域协调发展。一是以更实举措推动长三角一体化发展。坚持对接上海、融入上海，探索沪苏同城化发展新路径。深化虹昆相、嘉昆太、青昆吴等合作，开展科技资源开放共享与协同发展行动，项目化推进公共服务领域交流合作。加快苏州北站、苏州南站高铁枢纽和南沿江城际铁路、沪通铁路二期、沪苏湖铁路等建设，开工建设通苏嘉甬铁路、北沿江高铁、苏锡常城际铁路太仓先导段，建成太仓港疏港铁路专用线。启动实施苏州至台州高速公路七都至桃源段、昆山沿沪大道对接青浦胜利路等工程，力争张皋过江通道尽早动工。推动苏州港口型国家物流枢纽建设，发展公铁水多式联运，畅通物流大通道。深入推进长三角生态绿色一体化发展示范区建设，协力打造"江南水乡客厅"，加快建设生态美丽湖泊群，强化太浦河、淀山湖等重点跨界水体联保专项治理。合力共建苏锡常都市圈，深化与南通跨江融合发展。二是以更大力度推进生态文明建设。强化长江岸线生态修复，巩固禁捕退捕成果，持续做好退捕渔民就业和生活保障工作。开展太湖流域水环境综合治理，新增湿地保护面积2万亩，加快建设生态涵养发展试验区，打响"太湖生态岛"品牌。紧扣PM2.5和臭氧浓度双控双减，实施大气污染综合治理工程，加强多污染物协同控制，推动空气质量持续改善。做好建设用地土壤污染风险管控和修复，提高固废危废处置能力，促进土壤资源永续利用。推进垃圾分类终端处置项目建设，加强收运处置全链条管理。开展绿化造林，新增及改造绿地 300 万平方米，新改造公园和口袋公园 100 个。优化生态保护补偿机制，促进生态系统良性发展。强化节能减排，加快实施白鹤滩清洁水电苏州特高压受端工程，建设国家低碳试点城市和国家循环经济示范城市。健全生态安全领域风险防控协同机制，最大限度预防和降低环境风险。①

南京是江苏省省会、副省级市、特大城市、南京都市圈核心城市，是国务院批复确定的中国东部地区重要的中心城市、全国重要的科研教育基地和综合交通枢纽。2020 年，南京持续发力创新名城建设，城乡面貌进一步改善。加快建设区域性创新高地，2020 年全球创新指数排名跃升至第 21 位，列国家创新型城市排行榜第 4 位。科创森林积厚成势。新增市级新型研发机构 113 家、总数超 400 家，新增孵化和引进企业 3538 家。净增高新技术企业超 1800 家、总数突破 6500 家，入库科技型中小企业超 1 万家、增长 50.2%，新增独角兽企业 3 家、瞪羚企业 179 家。深化国土空间总体规划编制，落实美丽古都建设实施意见，加快城乡融合发展。功能布局更趋优化。完成第三次国土调查，自然保护地整合优化预案通过国家林草局审核。开展紫东地区概念性规划和核心区城市设计，编制《南京魅力滨江 2035》，加快江北新主城、南部新城等建设，区域配套功能不断完善。交通能级持续增强。305 个城建交通项目完成投资 803 亿元。禄口机场 T1 航站楼改扩建、溧高高速等建成投运。宁芜铁路扩能改造项目即将获批，铁路南京北站配套工程开工。江心洲长江大桥（五桥）、上坝夹江大桥（浦仪公路西段）建成通车，绕城公路环线形成闭合。污染防治成效显著。大气、水环境质量均列全省第一。PM2.5 平均浓度全省最低，环境空气优良率 83.1%，超过年度目标 6.3 个百分点。完成 31 项水环境治理、50 公里污水管网新改建等工程，国省考断面和省控入江支流水质均达Ⅲ类以上。150 个长江干流岸线利用项目清理整治全面完成，沿江新增造林 7200 亩、修复湿地 3000 多亩，完

---

① 《2021 年度苏州市人民政府工作报告》，https：//www. suzhou. gov.cn/szsrmzf/szyw/202102/7dbfc4d82f624014be3063c63e9fd04f. shtml，2021 年 2 月 7 日。

成矿山生态修复 170 万平方米。落实长江"十年禁渔"，"两湖三河"流域 1041 艘持证渔船、2059 名渔民完成退捕转产。[1]

杭州是浙江省省会、副省级市、杭州都市圈核心城市，国务院批复确定的浙江省经济、文化、科教中心，长江三角洲中心城市之一。2020 年，杭州坚持创新驱动，不断加强城乡统筹，持续改善生态环境。打造"数字经济第一城"。数字经济核心产业实现增加值 4290 亿元、增长 13.3%。国家新一代人工智能创新发展试验区加快建设，人工智能产业营收达 1557.6 亿元。加快数字"新基建"建设，首个国家（杭州）新型互联网交换中心启用。联合国大数据全球平台中国区域中心落户。科学编制空间规划。国土空间总体规划取得阶段性成果，编制完成轨道交通线网规划，发布杭州云城概念规划。制定三江汇"未来城市"实践区发展战略，推进杭州未来文化中心等十大项目建设。完善城市基础设施。萧山国际机场三期工程、运河二通道项目快速推进，杭州南站开通运营。年人均 1 万元以下低收入农户全面清零。深化"千村示范、万村整治"工程，市县两级美丽乡村覆盖率达 54.5%。美丽城镇建设项目开工 1941 个。出台《新时代美丽杭州建设实施纲要》，全面推进八大类 49 项任务落地。修复"三江两岸"生态岸线 174 公里。建成和改造绿道 597 公里，新增绿地面积 776.5 万平方米，造林 5.7 万亩，全市森林覆盖率达 66.9%。淳安县入选全国"绿水青山就是金山银山"实践创新基地。全力抓好环保督察问题整改。基本完成第一轮中央生态环保督察问题整改，杭州临江环境能源工程项目建成投运，天子岭填埋场关停，全市原生生活垃圾全部实现零填埋。完成第二轮中央生态环保督察迎检并按要求整改问题。打好治气治水治废组合拳。实施 PM2.5 和臭氧"双控双减"行动，市区 PM2.5 平均浓度下降 21%，臭氧浓度下降 16.6%。建成"美丽河湖"23 个、"污水零直排"生活小区 1153 个，新建改造污水管网 149 公里，市控以上断面水质达到或优于Ⅲ类比例

---

[1] 《2021 年度南京市人民政府工作报告》，https：//www. nanjing. go v. cn/zdgk/202101/t20210122_ 2801157. html，2021 年 1 月 22 日。

同比上升 3.8 个百分点。建成市第三固废处置中心，易腐垃圾设施化处理实现县市全覆盖。①

　　无锡是国务院批复确定的长江三角洲地区中心城市之一，上海大都市圈的重要组成部分。2020 年，无锡市城乡区域更趋协调，坚定践行协调发展理念，持续推进融入融合。国土空间总体规划基本形成，高标准绘制国土空间开发保护"一张图"。312 国道快速化改造等项目加快建设，竣工、在建道桥项目总里程 68 公里、增长 13.3%，重大交通设施建设投资创历史新高。地铁实现网络化运营，4 号线一期顺利开通，第三期建设规划成功获批。创新编制农业农村"五园五区六带"空间规划，完成 100 个重要节点村庄环境整治提升，新增 10 个省级特色田园乡村，洛社镇入选国家全域土地综合整治试点，宜兴市获批全省唯一的全国美丽乡村重点县建设试点。严格落实长江禁渔、太湖退捕任务，探索推进新一轮太湖清淤固淤，启动创建太湖流域水治理重点实验室。空气质量优良天数首破 300 天大关、PM2.5 平均浓度降至 29 微克/米³，均创近年来最好水平。主动对接大战略、融入大格局，拓展发展新空间，增创竞争新优势。区域一体加速推进，深入参与长江经济带和"一带一路"建设，有力落实长三角一体化发展无锡行动方案，推动苏锡常一体化，建成启用苏锡常南部高速、常宜高速、宜长高速等重大基础设施。市域一体加速突破，锡澄 S1 线、宜马快速通道等标志性工程启动建设，锡澄、锡宜协同发展区建设取得实质性进展。城乡一体加速构建，常住人口城镇化率提高到 82.9%，高标准推进农村人居环境整治和美丽乡村建设，在苏南率先试点开展整村住房改善。协作一体加速落实，与徐州南北共建园区高质量推进，实施援疆项目 234 个，对口帮扶延安市、海东市工作组获评全国脱贫攻坚先进集体。②

　　武汉是湖北省省会，中部六省唯一的副省级市，特大城市，中国中部地

①　《2021 年度杭州市人民政府工作报告》，http：//www. hangzhou. gov. cn/art/2021/2/9/art_1229063401_ 3844551. html，2021 年 2 月 9 日。

②　《2021 年度无锡市人民政府工作报告》，http：//www. zgjssw. gov. cn/shixianchuanzhen/wuxi/202203/t20220321_ 7471384. shtm，2022 年 3 月 21 日。

区的中心城市，全国重要的工业基地、科教基地和综合交通枢纽。2020 年，武汉在打赢气吞山河的抗疫大战的同时，全力推动疫后重振，全力增进民生福祉。因时因势复工复产、复商复市，用 1 个多月时间，全市 1 万多家"四上"企业实现"应复尽复"，1326 个亿元以上重大项目全面复工，赶上全国、领跑全省。开工建设武汉城市圈大通道等投资亿元以上项目 570 个，建成四环线、轨道交通 8 号线二期等一批重点工程。持续改善生态环境，实施长江流域重点水域"十年禁渔"，启动建设百里长江生态廊道，国考断面水质优良率达 90.9%，空气质量优良率达 84.4%。全力增进民生福祉。优先保障民生支出，始终把人民利益摆在最高位置，特殊之年大力压减公用经费和一般性支出，民生支出占财政支出的比重为 76%。坚持就业优先政策，城镇新增就业 22.8 万人，新增农村劳动力转移就业 2.3 万人，帮扶就业困难人员就业 3.1 万人，留汉来汉就业创业大学生突破 30 万人。强化困难群体兜底保障，发放临时价格补贴 4.27 亿元、各类社会救助金超过 19 亿元，城乡居民低保综合提标 6.7%。①

　　成都是四川省省会、副省级市、特大城市、成渝地区双城经济圈核心城市，国务院批复确定的中国西部地区重要的中心城市，国家重要的高新技术产业基地、商贸物流中心和综合交通枢纽。2019 年，成都市在推进区域协调性均衡发展方面主要做了以下工作。持续优化产业结构，围绕构建"5＋5＋1"现代化开放型产业体系，优化调整 66 个产业功能区、14 个产业生态圈规划布局，引进重大项目 411 个、总投资 6785 亿元。持续提升功能品质，深入推进"两拆一增"，增加开敞空间 752 万平方米，积极改造棚户区、老旧院落，实施城中村改造 1.68 万户。美丽乡村加快建设，分类重点推进 30 个特色镇（街区）建设和 107 个高品质精品林盘保护修复，完成农村户厕改造 29.6 万户。生态环境切实改善，PM2.5 平均浓度下降 6.5%，全年空气质量优良天数达 287 天，地表水优良水体比例增长 15.2

---

① 《2021 年度武汉市人民政府工作报告》，http：//www.wuhan.gov.cn/zwgk/xxgk/ghjh/zfgzbg/202102/t20210204_1628560.shtml，2021 年 2 月 4 日。

个百分点。持续增进民生福祉，发放失业保险金 27.5 亿元，城镇新增就业 26.4 万人，城镇登记失业率 3.3%，新增中小学、幼儿园学位 10 万个，新增床位 4315 张，20 家医院通过三级医院现场评审，新增三级甲等中医医院 7 家，完成 670 个基层医疗卫生机构能力提升工程，实现医联体基层全覆盖。①

宁波是国务院批复确定的中国东南沿海重要的港口城市、长江三角洲南翼经济中心。2020 年，宁波市抓统筹、促协调，区域均衡发展走在前列。优化市域空间格局。科学编制国土空间总体规划，建成区面积由 529.3 平方公里扩大到 645.7 平方公里，城镇化率从 73.7% 提高到 78.4%。东部新城、南部新城、镇海新城等区块展现新形象，前湾新区、南湾新区、临空经济示范区等建设步伐加快。推动交通外联内畅。谋划建设宁波西枢纽，开工建设金甬铁路、杭甬高速复线一期、宁海通用航空机场，建成投用栎社国际机场三期、慈余高速、胜陆高架、甬台温沿海高速及石浦连接线。基本形成市域"1 小时交通圈"，全面实现国省道"镇镇（乡乡）通"、等级公路"村村通"，3/4 以上乡镇实现 15 分钟上高速（高架）。城市快速路"成环组网"，轨道交通"五线并行"，新增城市快速路 84 公里、轨道交通运营里程 108 公里，建成大型过江桥梁 4 座。提升人居品质。改造棚户区 6.1 万户、老旧小区 2300 万平方米、城中村 1650 万平方米，完成"基本无违建"创建。新增地下空间 1920 万平方米、综合管廊 29.2 公里。实施"精特亮"工程 280 个。建成"三江六岸"滨江休闲带 36 公里，新增绿道 1100 公里。投用钦寸水库引水工程，城乡同质化供水覆盖率提升到 95%。成为全国首批"千兆城市"。推进乡村振兴。农林牧渔业增加值居全省首位，建成全省首个国家级现代农业产业园，率先基本实现农业现代化。创建省级美丽乡村示范县 6 个、示范乡镇 67 个、特色精品村 193 个，横坎头村等获评全国乡村治理示范村。生活垃圾分类、污水治理、公

---

① 《2020 年度成都市人民政府工作报告》，https：//www.thepaper.cn/news Detail_ forward_ 7458540，2020 年 5 月 14 日。

厕改造实现行政村全覆盖，成为首批全国"四好农村路"示范市。所有行政村集体经济年收入超过 30 万元。①

重庆是国家中心城市、超大城市，国务院批复确定的中国重要的中心城市之一、长江上游地区经济中心、国家重要的现代制造业基地、西南地区综合交通枢纽。2020 年，重庆市协调发展形成了新格局，抓好双城经济圈建设。成渝地区双城经济圈建设开局良好，中共中央、国务院印发《成渝地区双城经济圈建设规划纲要》，赋予成渝地区"两中心两地"战略定位，川渝两地形成四级工作机制、成渝定期联系机制和毗邻地区合作机制，累计签订合作协议 236 个，开工重大合作项目 27 个、完成投资 354 亿元。"一区两群"协调发展稳步推进，建立市级统筹协调机制和分区域协调发展联席会议机制，加强规划统筹和分类指导，主城都市区带动作用进一步提升，"两群"产业生态化、生态产业化发展态势良好。城乡融合发展步伐加快，市委、市政府出台《关于建立健全城乡融合发展体制机制和政策体系的实施意见》，获批国家城乡融合发展试验区，城镇基础设施加快向农村延伸、公共服务逐步向农村覆盖，城乡区域发展和居民生活水平差距持续缩小。强化生态修复治理，深入推进三峡后续工作，全面完成长江干流及主要支流 10 公里范围内废弃露天矿山修复，启动"两岸青山·千里林带"工程，完成林长制试点，长江禁捕退捕三年任务两年完成。打好污染防治攻坚战，率先开展长江入河排污口排查整治试点，实施污水乱排、岸线乱占、河道乱建"三乱"整治专项行动，长江支流全面消除劣Ⅴ类水质断面，评价空气质量的 6 项指标全面达标，污染防治攻坚战年度考核为优。②

（三）重要城市

在协调性均衡发展总指数中，有合肥、常州、长沙、嘉兴、南通、南昌、绍兴、湖州、舟山、芜湖、镇江、昆明、台州、贵阳、温州、扬州、衢

---

① 《2021 年度宁波市人民政府工作报告》，https://www.nbdx.cn/xwgk/swsy/202204/t20220414_11595.shtml，2022 年 4 月 14 日。

② 《2021 年度重庆市人民政府工作报告》，http://www.cq.gov.cn/zwgk/zfxxgkml/zfgzbg/202101/t20210128_8857504.html，2021 年 10 月 12 日。

州、金华、泰州、株洲和铜陵等21个城市进入重要城市类型。其中，嘉兴、南通、绍兴和泰州等16个城市来自下游的长三角地区，除合肥为安徽省省会城市外，其余城市均为地级市。剩余的城市中长沙、南昌、昆明和贵阳分别是湖南省、江西省、云南省和贵州省省会城市，是推动长江经济带中上游地区协调性均衡发展的重要载体与辐射中心。

常州、嘉兴、南通、绍兴、扬州和芜湖等城市属于我国经济社会发展水平最高的长三角城市群地区，较之核心城市，这些城市虽然在人民生活水平、基本公共服务、基础设施建设、城镇协调、经济协调和市场统一等方面不占优势，但得益于毗邻上海、南京、杭州等高等级城市的区位优势，上述城市在不少细分领域在长江经济带处于中上游水平，使其凭借协调性均衡发展总指数进入了重要城市行列，甚至一些城市的协调性均衡发展总指数还高于部分中西部省会城市。根据2020年长江经济带110个城市统计数据表明，部分城市在协调性均衡发展方面部分指标具有突出优势。例如，台州的城镇登记失业率仅为1.4%，列所有研究单元的第1位；舟山和湖州的城镇职工基本养老保险覆盖率分别为79.3%和76.8%，分列所有研究单元的第1位和第2位；嘉兴的城乡居民人均可支配收入比为1.61，列所有研究单元的第2位；合肥的R&D经费支出占财政支出的比重高达14%，高居所有研究单元的第1位；昆明的环境空气质量优良天数高达366天，列所有研究单元的第1位。

表4-4 2020年长三角城市群部分城市在评价指标中排名TOP5的情况

具体指标	城市（排名）
人均住户年末储蓄存款余额	南通（4）、绍兴（5）
城镇登记失业率	台州（1）、湖州（2）、舟山（3）、绍兴（4）、金华（5）
城乡居民人均可支配收入比	嘉兴（2）、舟山（3）、湖州（4）
每万人拥有公共图书馆藏书	舟山（4）
城镇职工基本养老保险覆盖率	舟山（1）、湖州（2）
R&D经费支出占财政支出的比重	合肥（1）、芜湖（2）

注：括号内为排名。

长沙、南昌、昆明和贵阳均处于长江经济带中上游地区，它们的区域发展基础较之下游地区相对薄弱，进而其协调性均衡发展特征与同处于重要城市行列的合肥、南通、常州等城市相比还有一定差距。例如，2020年长沙的城乡居民人均可支配收入为46363元，列所有研究单元的第14位，是该项指标TOP20中唯二的中上游城市（另一个城市是成都）。该城市的城乡居民人均可支配收入比为1.668，列所有研究单元的第6位，是该项指标TOP10中唯一的省会城市。2020年昆明的人均GDP为80854元，列所有研究单元的第34位；环境空气质量优良天数高达366天，列所有研究单元的第1位。也就是说，这些城市虽然在某些领域有一定短板，但在另一些领域拥有绝对优势。加之，这些城市首位度普遍较高，在推进区域协调性均衡发展方面可以得到诸多政策支持，成为各省域推动协调性均衡发展的重要力量。

　　特别需要指出的是，南昌作为长江经济带中游的重要城市，2020年在区域协调性均衡发展方面也是亮点颇多，其协调性均衡发展指数排序较2019年上升了9个位次。

　　南昌是中国唯一毗邻长江三角洲、珠江三角洲和海峡西岸经济区的省会城市，也是华东地区重要的中心城市之一、长江中游城市群中心城市之一。它还是中国首批低碳试点城市，曾荣获国家创新型城市、国际花园城市、国家卫生城市等诸多荣誉。2020年，南昌市在推进区域协调性均衡发展方面主要有以下亮点。

表4-5　南昌在所有统计指标中排名前二十的具体指标

具体指标	数值	排名
人均社会消费品零售额(元)	39181	16
每万人拥有病床数(张)	61.98	18
互联网接入户数(万户)	275.2	17
第二、第三产业占比(%)	95.91	17
社会网络联系度	0.0257	9

具体指标	数值	排名
人口密度比	2.46	10
国内100强企业分支机构数（家）	81	9
世界100强企业分支机构数（家）	15	8

一是城市格局全新构建。昌吉赣高铁通车，昌景黄铁路开工建设，"大"字形高铁网初步形成。"一环八射"高速公路网已形成，与粤港澳大湾区、长三角实现双高速贯通。长江中游省会城市区域协同发展、大南昌都市圈融合发展更加紧密，产业链畅通循环、基础设施互联互通、生态环境联防联控、公共服务一体化、文化旅游交流互鉴等方面合作初见成效。

二是城市框架不断拓展。形成《南昌市国土空间总体规划（2021—2035年）》初步方案，新建区加速融入中心城区，红谷滩区掀起第三次开发浪潮，南昌航空城初具规模，陆港新城、空港新城、高铁新城、九望新城建设加快推进，全市建成区面积达到428平方公里。地铁运营里程达88.9公里，年底将达到128.4公里，轨道交通步入网络化运营时代。"十纵十横"城市干线路网日臻完善，三环路网格局初步形成。

三是城市功能日趋完善。新增公共停车场433个、泊位108955个，完成437个城市交通堵点治理，城市交通运行更加畅通，首次跻身全国交通健康榜前十的行列。"彩化"道路150条，建成绿道411公里，新建、改建"邮票绿地"262个，新建、改造公园广场60个，中心城区公园面积从3237公顷增加到3814公顷，城市环境更加优美。累计建成标准化公厕2292座。294个老旧小区通过改造实现有机更新。建设、改造农贸市场154个，建成"1+5+X"社区邻里中心225家，"一刻钟便民生活圈"加快形成。城市无障碍设施设置更加规范，获评全国无障碍环境示范城市。部署窄带物联网基站3170个，累计开通5G基站9340个，主城区实现5G信号连续覆盖，智慧城市建设纵深推进。

四是城乡融合一体发展。常住人口城镇化率达到 78.08%，分别高于全国、全省 14.19 个、17.64 个百分点。新改建农村公路 850 公里、通村公路 3022 公里，改造危桥 249 座，实现 100%村民小组通硬化路。光纤网络、4G 组网和有线电视实现"组组通"。实施新农村村点建设 8481 个，高标准打造了 23 个特色小镇、47 个农村新户型示范村、186 个"五位一体"综合示范村。政务服务延伸至村实现全覆盖。南昌县、进贤县、安义县、新建区固定资产投资年均增幅大于全市年均增幅，城乡区域发展更加均衡。[①]

（四）节点城市和一般城市

在协调性均衡发展总指数中，马鞍山、徐州和淮安等 49 个城市被归入了节点城市类型，遂宁、乐山和孝感等 31 个城市被归入一般城市类型。从各城市的具体排名来看，在节点城市类型排名前十位的城市中仅有湘潭、宜昌、鄂州和新余不属于长三角城市群行列，而在一般城市行列中仅有六安、宿州和亳州来自长三角城市群，其余城市均位于经济基础相对薄弱的中上游地区。据此可知，无论是节点城市类型还是一般城市类型，下游地区城市的协调性均衡发展指数总体要好于中上游地区。

尽管节点城市和一般城市的协调性均衡发展指数排名相对靠后，人民生活水平、基本公共服务、产业协调、人与自然协调、经济协调和市场统一等维度的评价得分总体相对较低，但通过对具体指标的逐一考察，仍可以发现个别城市在某些特定领域拥有一定优势或亮点，值得深入发展或进一步完善，将其作为进一步提升城市的协调性均衡发展指数的突破口。例如，在城镇登记失业率方面，排名前十位的城市中有宿迁和丽水 2 个城市；在每万人拥有病床数方面，攀枝花、雅安、广元、自贡、达州、十堰和广安等城市进入了前十位；在单位行政区面积实有高速公路里程和环境空气质量优良天数方面，分别有 1 个和 6 个城市进入了前十位等。

---

① 《2021 年度南昌市人民政府工作报告》，http://www.nc.gov.cn/ncszf/zfgzbga/202103/6f36f3097b60428dba35bc49ff17a890.shtml，2021 年 3 月 4 日。

表4-6 节点城市和一般城市在所有研究单元排名进入前十位的具体指标

具体指标	城市	具体数值	排名	具体指标	城市	具体数值	排名
环境空气质量优良天数(天)	丽江	366	1	城乡居民人均可支配收入比	宿迁	1.64	4
	昭通	365	2		随州	1.74	10
	景德镇	364	3	万元GDP"三废"污染排放(吨)	常德	0.13	1
	安顺	364	3		张家界	0.17	2
	曲靖	364	3		巴中	0.20	3
	临沧	363	4		永州	0.28	4
城镇登记失业率(%)	丽水	1.6	5		随州	0.30	5
	宿迁	1.7	8		六安	0.34	7
每万人拥有病床数(张)	攀枝花	82.19	1		十堰	0.37	8
	雅安	77.92	2	R&D经费支出占财政支出的比重(%)	湘潭	5.91	8
	广元	77.10	3				
	自贡	73.89	4				
	达州	69.37	6				
	十堰	68.21	8				
	广安	66.05	10				

值得注意的是,在环境空气质量优良天数这一项指标上,丽江、昭通、曲靖和临沧等4个城市均来自云南省,反映出云南省在生态环境保护领域取得的不凡成绩。通过查阅相关资料可知,2020年云南省着力加强污染防治,不断改善生态环境质量。认真整改中央环保督察"回头看"反馈问题和长江经济带生态环境突出问题,坚决落实长江十年禁渔,大力修复赤水河流域生态环境,六大水系出境跨界断面水质100%达标。洱海、滇池保护治理深入推进,抚仙湖、泸沽湖水质保持Ⅰ类,星云湖、异龙湖水质由劣Ⅴ类转为Ⅴ类。州市政府所在地城市的空气质量优良天数比例达98.8%。能耗双控目标全面完成。化肥、农药使用量连续下降。稳步推进国土空间规划编制,初步建立"三线一单"生态环境分区管控体系。建成一批美丽县城、美丽乡村、美丽公路、美丽湖泊。农村人居环境整治三年行动计划目标任务基本完成。坚持最高标准,全力以赴筹备联合国《生物多样性公约》第十五次

缔约方大会。①

　　总的来说，在节点城市和一般城市类型中，出于规模原因，它们在基本公共服务、生态优美、人民生活水平等维度表现相对出色。但这并不足以驱动上述城市的协调性均衡发展指数进一步提升。未来这些城市还应在协调度与融合度等高权重领域加大投入，协同推进城市协调性均衡发展指数稳步提升。

第二节　2020年长江经济带协调性均衡发展分指数分析

一　均衡度指数

　　为了对比和把握长江经济带均衡度指数发展态势，依据前文提出的测度方法及评价指标体系，对长江经济带 110 个城市的基础统计数据展开计算，具体测度结果及排名情况如表 4-7 所示。

　　通过分析可知，下游 41 个城市中，有 25 个城市的排名处于前 1/3，9个城市处于中间 1/3，7 个城市排名处于后 1/3；中游 36 个城市中，有 5 个城市的排名处于前 1/3，12 个城市处于中间 1/3，19 个城市排名处于后 1/3；上游 33 个城市中，有 4 个城市的排名处于前 1/3，13 个城市处于中间 1/3，16 个城市排名处于后 1/3。

　　分城市来看，采用自然断裂点法将 110 个城市划分为五个层级。

　　第一层级是均衡度指数大于 1.8682 的城市，有上海、苏州、杭州和南京 4 个城市，全部属于下游的长三角地区，占全部单元的 3.64%，与 2019年相比无变化。

　　第二层级是均衡度指数在 1.2539~1.8681 的城市，无锡、重庆、舟山、

---

　　① 《2021 年度云南省人民政府工作报告》，https：//www.yn.gov.cn/zwgk/zfxxgk/zfgzbg/202104/ t20210408_ 219964. html，2021 年 4 月 8 日。

表4-7　2020年长江经济带均衡度指数排名情况及与2019年对比

排名	城市	得分	排名	城市	得分
1-	上海	2.6310	57↓	乐山	0.8711
2-	苏州	2.2204	58↑	常德	0.8690
3-	杭州	2.2052	59↑	玉溪	0.8688
4-	南京	2.1809	60↑	襄阳	0.8614
5↑	无锡	1.8681	61↑	鄂州	0.8535
6↓	重庆	1.7844	62↑	南充	0.8457
7↓	舟山	1.7566	63↑	资阳	0.8414
8↑	台州	1.6712	64↑	淮北	0.8404
9↓	武汉	1.6504	65↑	自贡	0.8335
10↓	成都	1.6309	66↓	吉安	0.8286
11↓	宁波	1.6074	67↓	连云港	0.8219
12↓	绍兴	1.5815	68↑	萍乡	0.8217
13↑	湖州	1.5748	69↑	新余	0.8105
14↑	衢州	1.5719	70↑	安庆	0.7956
15↓	嘉兴	1.5676	71↑	宜宾	0.7943
16-	南通	1.5096	72↑	赣州	0.7875
17↑	温州	1.5041	73↓	荆州	0.7867
18↓	长沙	1.5016	74↑	永州	0.7780
19↑	常州	1.4657			
20↓	金华	1.4368	75↓	衡阳	0.7778
21↑	合肥	1.3618	76↓	上饶	0.7731
22-	丽水	1.3397	77↑	九江	0.7578
23↑	镇江	1.3387	78↓	宜春	0.7524
24↑	扬州	1.3199	79↓	益阳	0.7508
25↑	泰州	1.2538	80↑	黄冈	0.7448
26↑	铜陵	1.2250	81↓	怀化	0.7333
27↑	芜湖	1.2243	82↓	抚州	0.7319
28↓	株洲	1.1446	83↓	眉山	0.7317
29↓	马鞍山	1.1388	84↓	孝感	0.7288
30↑	绵阳	1.1244	85↓	遂宁	0.7217
31-	南昌	1.1231	86↑	普洱	0.7179
32↑	雅安	1.0763	87↓	娄底	0.7129
33↑	淮安	1.0741	88-	淮南	0.7098
34↓	盐城	1.0741	89↓	阜阳	0.6762
35↑	黄山	1.0691	90↓	内江	0.6749
36↓	昆明	1.0472	91↓	鹰潭	0.6742
37↓	徐州	1.0446	92↓	郴州	0.6728
38↓	宜昌	1.0443			
39-	广安	1.0338	93↓	丽江	0.6622
40↓	黄石	1.0285	94↓	咸宁	0.6432
41↑	蚌埠	1.0251	95↑	巴中	0.6377
42↑	广元	1.0149	96↓	遵义	0.6010
43↑	攀枝花	0.9934	97↑	宿州	0.5983
44↑	池州	0.9827	98↓	六安	0.5882
45-	宣城	0.9808	99↑	亳州	0.5841
46↑	宿迁	0.9476	100↑	铜仁	0.5645
47↓	荆门	0.9474	101↓	曲靖	0.5283
48↑	滁州	0.938	102↑	张家界	0.5008
49↑	十堰	0.9344	103↓	保山	0.4678
50↑	贵阳	0.9278	104↓	随州	0.4363
51↑	泸州	0.9000	105↓	六盘水	0.4322
52↑	湘潭	0.8861	106-	邵阳	0.4179
53↓	达州	0.8761	107↓	安顺	0.4173
54↑	岳阳	0.8754	108↓	临沧	0.3708
55↓	德阳	0.8740	109↓	毕节	0.3377
56↑	景德镇	0.8711	110-	昭通	0.2786

注：表中斜体城市为直辖市、副省级城市或省会城市。"-""↑""↓"分别指其指数排名较2019年不变、上升、下降。

台州、武汉、成都、宁波、绍兴、湖州、衢州、嘉兴、南通、温州、长沙、常州、金华、合肥、丽水、镇江和扬州等20个城市，与2019年相比多了4个城市，约占所有研究单元的18.18%。其中，上游城市有2个，中游城市有2个，下游城市有16个，绝大多数集中在下游地区。

第三层级是均衡度指数在0.9001~1.2538的城市，包括泰州、铜陵、芜湖、株洲、马鞍山、绵阳、南昌、雅安、淮安、盐城、黄山、昆明、徐州、宜昌、广安、黄石、蚌埠、广元、攀枝花、池州、宣城、宿迁、荆门、滁州、十堰和贵阳等26个城市，与2019年相比多了5个城市，约占所有研究单元的23.64%。其中，上游城市有7个，中游城市有6个，下游城市有13个，大多数集中在下游地区。

第四层级是均衡度指数在0.6011~0.9000的城市，包括泸州、湘潭、达州、岳阳、德阳、景德镇、乐山、常德、玉溪、襄阳、鄂州、南充、资阳、淮北、自贡、吉安、连云港、萍乡、新余、安庆、宜宾、赣州、荆州、永州、衡阳、上饶、九江、宜春、益阳、黄冈、怀化、抚州、眉山、孝感、遂宁、普洱、娄底、淮南、阜阳、内江、鹰潭、郴州、丽江、咸宁和巴中等45个城市，与2019年相比多了3个城市，约占所有研究单元的40.9%。其中，上游城市有15个，中游城市有25个，下游城市有5个，大多数集中在上游地区。

第五层级是均衡度指数在0.2786~0.6010的城市，包括遵义、宿州、六安、亳州、铜仁、曲靖、张家界、保山、随州、六盘水、邵阳、安顺、临沧、毕节和昭通等15个城市，与2019年相比少了13个城市，约占所有研究单元的13.64%。其中，上游城市有9个，中游城市有3个，下游城市有3个，大多数集中在上游地区。

二 协调度指数

为了对比和把握长江经济带协调度指数发展态势，依据前文提出的测度方法及评价指标体系，对长江经济带110个城市的基础统计数据展开计算，具体测度结果及排名情况如表4-8所示。

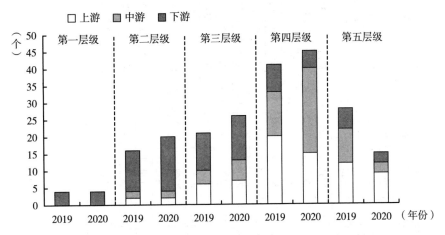

图 4-1 2020 年长江经济带均衡度指数各流段各层级城市数量及其与 2019 年的比较

通过分析可知，下游 41 个城市中，有 22 个城市的排名处于前 1/3，11 个城市处于中间 1/3，8 个城市排名处于后 1/3；中游 36 个城市中，有 7 个城市的排名处于前 1/3，17 个城市处于中间 1/3，12 个城市排名处于后 1/3；上游 33 个城市中，有 5 个城市的排名处于前 1/3，6 个城市处于中间 1/3，22 个城市排名处于后 1/3。

分城市来看，采用自然断裂点法将 110 个城市划分为五个层级。

第一层级是协调度指数大于 2.3047~3.2413 的城市，仅有上海和苏州 2 个城市，指数分别为 3.2413 和 2.8129，与 2019 年相比增加了 1 个城市，约占所有研究单元的 1.82%。

第二层级是协调度指数在 1.5672~2.3046 的城市，包括杭州、南京、无锡、宁波、重庆、武汉和常州等 7 个城市，较 2019 年减少了 3 个城市，约占所有研究单元的 6.36%，其中上游城市有 1 个，中游城市有 1 个，下游城市有 5 个，大多数集中在下游地区。

第三层级是协调度指数在 1.1103~1.5671 的城市，包括成都、嘉兴、长沙、合肥、南昌、南通、昆明、镇江、绍兴、贵阳、湖州和遵义等 12 个城市，较 2019 年减少了 6 个城市，约占所有研究单元的 10.9%。其中

表 4-8　2020 年长江经济带协调度指数排名情况及与 2019 年对比

排名	城市	得分	排名	城市	得分	排名	城市	得分	排名	城市	得分	排名	城市	得分	排名	城市	得分
1-	上海	3.2413	20-	湖州	1.1853	39-	上饶	0.9545	57↑	蚌埠	0.8799	75↑	永州	0.7880	93↓	昭通	0.7131
2↑	苏州	2.8129	21↑	遵义	1.1409	40↓	怀化	0.9518	58↑	滁州	0.8785	76↓	宿州	0.7851	94↑	保山	0.6988
3↓	杭州	2.3046	22↓	扬州	1.1102	41↑	六盘水	0.9516	59↑	十堰	0.8784	77↑	黄山	0.7754	95↓	孝感	0.6976
4↓	南京	2.1489	23↑	淮安	1.0903	42↑	铜陵	0.9512	60↑	黄石	0.8721	78↑	景德镇	0.7734	96↓	遂宁	0.6960
5↑	无锡	1.9484	24↓	连云港	1.0700	43↓	新余	0.9500	61↑	马鞍山	0.8714	79↑	宿迁	0.7695	97↑	荆门	0.6932
6↓	宁波	1.8855	25↓	金华	1.0677	44↑	郴州	0.9425	62↑	宜宾	0.8669	80↑	咸宁	0.7684	98↑	亳州	0.6770
7↓	重庆	1.7642	26↑	芜湖	1.0576	45-	娄底	0.9316	63↑	安庆	0.8603	81↑	曲靖	0.7519	99↓	普洱	0.6723
8↓	武汉	1.7208	27↑	株洲	1.0537	46↑	衡阳	0.9276	64↑	鄂州	0.8548	82↑	德阳	0.7494	100↓	内江	0.6682
9↓	常州	1.6862	28↓	赣州	1.0484	47↓	舟山	0.9249	65↑	宣城	0.8546	83↑	广元	0.7484	101↓	资阳	0.6632
10↓	成都	1.5671	29↓	徐州	1.0478	48↑	襄阳	0.9228	66↑	张家界	0.8502	84↑	泸州	0.7465	102↓	南充	0.6472
11↓	嘉兴	1.4699	30↑	宜昌	1.0286	49↑	淮北	0.9223	67↑	毕节	0.8382	85↑	池州	0.7390	103↓	荆州	0.6433
12-	长沙	1.4628	31↓	湘潭	1.0240	50↑	吉安	0.9196	68↑	玉溪	0.8282	86↑	眉山	0.7385	104↓	自贡	0.6391
13↑	合肥	1.3952	32↓	淮南	1.0209	51↑	萍乡	0.9163	69↑	铜仁	0.8225	87↑	雅安	0.7371	105↑	随州	0.6378
14↑	南昌	1.3564	33↓	衢州	1.0057	52↑	盐城	0.9072	70↑	绵阳	0.8152	88↑	邵阳	0.7352	106↓	巴中	0.6188
15-	南通	1.2963	34↓	泰州	1.0017	53↓	岳阳	0.8998	71↑	丽水	0.8118	89↑	丽江	0.7339	107↓	达州	0.6092
16↑	昆明	1.2917	35↑	九江	0.9916	54↑	攀枝花	0.8962	72↑	阜阳	0.8107	90↑	抚州	0.7262	108↓	广安	0.5919
17↓	镇江	1.2881	36↑	温州	0.9817	55↑	安顺	0.8914	73↑	常德	0.8032	91↑	乐山	0.7250	109↓	黄冈	0.5628
18↓	绍兴	1.2699	37↑	鹰潭	0.9683	56↓	宜春	0.8836	74↑	六安	0.7998	92↑	益阳	0.7141	110-	临沧	0.5183
19↑	贵阳	1.2443	38↓	台州	0.9576												

注：表中斜体城市为直辖市、副省级城市或省会城市。

上游城市有 4 个,中游城市有 2 个,下游城市有 6 个,多数集中在下游地区。

第四层级是协调度指数在 0.8283~1.1102 的城市,包括扬州、淮安、连云港、金华、芜湖、株洲、赣州、徐州、宜昌、湘潭、淮南、衢州、泰州、九江、温州、鹰潭、台州、上饶、怀化、六盘水、铜陵、新余、郴州、娄底、衡阳、舟山、襄阳、淮北、吉安、萍乡、盐城、岳阳、攀枝花、安顺、宜春、蚌埠、滁州、十堰、黄石、马鞍山、宜宾、安庆、鄂州、宣城、张家界和毕节等 46 个城市,较 2019 年增加了 2 个城市,约占所有研究单元的 41.82%。其中上游城市有 5 个,中游城市有 21 个,下游城市有 20 个,大多数集中在中下游地区。

第五层级是协调度指数在 0.5183~0.8282 的城市,包括玉溪、铜仁、绵阳、丽水、阜阳、常德、六安、永州、宿州、黄山、景德镇、宿迁、咸宁、曲靖、德阳、广元、泸州、池州、眉山、雅安、邵阳、丽江、抚州、乐山、益阳、昭通、保山、孝感、遂宁、荆门、亳州、普洱、内江、资阳、南充、荆州、自贡、随州、巴中、达州、广安、黄冈和临沧等 43 个城市,较 2019 年增加了 6 个城市,约占所有研究单元的 39.1%。其中,上游城市有 23 个,中游城市有 12 个,下游城市有 8 个,绝大多数集中在中上游地区。

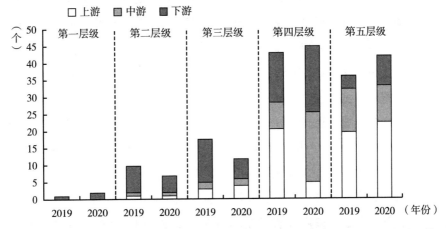

图 4-2　2020 年长江经济带协调度指数各流段各层级城市数量及其与 2019 年的比较

三 融合度指数

为了对比和把握长江经济带融合度指数发展态势，依据前文提出的测度方法及评价指标体系，对长江经济带 110 个城市的基础统计数据展开计算，具体测度结果及排名情况如表 4-9 所示。

通过分析可知，下游 41 个城市中，有 22 个城市的排名处于前 1/3，12 个城市处于中间 1/3，7 个城市排名处于后 1/3；中游 36 个城市中，有 8 个城市的排名处于前 1/3，16 个城市处于中间 1/3，12 个城市排名处于后 1/3；上游 33 个城市中，有 4 个城市的排名处于前 1/3，6 个城市处于中间 1/3，23 个城市排名处于后 1/3。

分城市来看，采用自然断裂点法将 110 个城市划分为五个层级。

第一层级是融合度指数大于 3.0428 的城市，仅有上海 1 个城市，与 2019 年相比无变化，占全部研究单元的 0.91%，其指数高达 6.2882。

第二层级是融合度指数在 1.8696 ~ 3.0427 的城市，包括武汉、南京、成都、杭州、苏州和合肥等 6 个城市，与 2019 年相比减少了 5 个城市，约占所有研究单元的 5.45%，其中上游城市有 1 个，中游城市有 1 个，下游城市有 4 个，大多数集中在下游地区。

第三层级是融合度指数在 1.1778 ~ 1.8695 的城市，包括无锡、宁波、重庆、南昌、芜湖、长沙、常州、嘉兴、贵阳、南通、昆明、湖州、舟山和绍兴等 14 个城市，与 2019 年相比减少了 5 个城市，约占所有研究单元的 12.73%。其中上游城市有 3 个，中游城市有 2 个，下游城市有 9 个，大多数处于下游地区。

第四层级是融合度指数在 0.7634 ~ 1.1777 的城市，包括镇江、马鞍山、株洲、鄂州、铜陵、泰州、湘潭、温州、扬州、新余、景德镇、蚌埠、台州、萍乡、徐州、宜春、赣州、黄山、滁州、盐城、抚州、郴州、淮安、自贡、鹰潭、金华、宣城、玉溪、九江、连云港、宿迁、黄石、岳阳、衢州、遂宁、宜昌、孝感、襄阳和咸宁等 39 个城市，较 2019 年减少了 16 个城市，约占所有研究单元的 35.45%。其中上游城市有 4 个，中游城市有 16 个，下游

表4-9　2020年长江经济带融合度指数排名情况及与2019年对比

排名	城市	得分	排名	城市	得分	排名	城市	得分	排名	城市	得分	排名	城市	得分	排名	城市	得分
1-	上海	6.2882	20↓	舟山	1.2667	39↓	黄山	0.9047	57↓	宜昌	0.7978	75↑	广安	0.6926	93↓	宜宾	0.6027
2↑	武汉	3.0427	21↑	绍兴	1.2289	40↓	滁州	0.8888	58↑	孝感	0.7941	76↓	娄底	0.6875	94↑	曲靖	0.5944
3-	南京	2.9220	22↑	镇江	1.1777	41↓	盐城	0.8848	59↓	襄阳	0.7833	77↓	泸州	0.6840	95↓	荆州	0.5919
4↑	成都	2.5666	23↑	马鞍山	1.1173	42↑	抚州	0.8847	60↓	咸宁	0.7832	78↓	十堰	0.6836	96↓	淮南	0.5863
5-	杭州	2.3495	24↓	株洲	1.1171	43↑	郴州	0.8787	61↑	池州	0.7633	79↓	黄冈	0.6831	97↓	永州	0.5733
6↑	苏州	2.2880	25↑	鄂州	1.0991	44↓	淮安	0.8755	62↑	上饶	0.7543	80↑	眉山	0.6625	98↑	巴中	0.5694
7↑	合肥	2.1580	26↓	铜陵	1.0897	45↓	自贡	0.8750	63↓	淮北	0.7529	81↓	资阳	0.6611	99↓	广元	0.5554
8↑	无锡	1.8695	27↑	泰州	1.0793	46↓	鹰潭	0.8712	64↓	安顺	0.7412	82↑	衡阳	0.6544	100↓	亳州	0.5396
9↑	宁波	1.8256	28↑	湘潭	1.0692	47↑	金华	0.8646	65↑	吉安	0.7406	83↑	六盘水	0.6466	101↓	保山	0.5226
10↑	重庆	1.7041	29↑	温州	1.0508	48↑	宣城	0.8544	66↓	常德	0.7392	84↓	绵阳	0.6431	102↑	达州	0.5175
11↑	南昌	1.6297	30↑	扬州	1.0454	49↓	玉溪	0.8539	67↑	德阳	0.7191	85↑	雅安	0.6397	103↓	铜仁	0.5124
12↑	芜湖	1.6183	31-	新余	1.0150	50↓	九江	0.8414	68↓	南充	0.7086	86↓	内江	0.6369	104↓	丽江	0.5107
13↓	长沙	1.6085	32↑	景德镇	0.9945	51↓	连云港	0.8350	69↓	安庆	0.7083	87↓	毕节	0.6345	105↓	张家界	0.4981
14↓	常州	1.6009	33↓	蚌埠	0.9779	52↑	宿迁	0.8347	70↑	遵义	0.7071	88↑	益阳	0.6196	106↓	阜阳	0.4761
15↓	嘉兴	1.4156	34↓	台州	0.9757	53↓	黄石	0.8347	71↑	荆门	0.7042	89↑	邵阳	0.6170	107↑	宿州	0.4248
16↓	贵阳	1.3927	35↓	萍乡	0.9722	54↑	岳阳	0.8325	72↓	六安	0.7023	90↓	乐山	0.6169	108↓	临沧	0.4236
17↑	南通	1.3734	36↓	徐州	0.9695	55↓	衢州	0.8137	73↓	丽水	0.7021	91↓	怀化	0.6126	109↓	普洱	0.4213
18↑	昆明	1.3145	37↓	宜春	0.9296	56↑	遂宁	0.8084	74↓	攀枝花	0.6958	92↓	随州	0.6123	110-	昭通	0.3162
19↑	湖州	1.2861	38↓	赣州	0.9117												

注：表中斜体城市为直辖市、副省级城市或省会城市。

城市有 19 个，绝大多数集中在中下游地区。

第五层级是融合度指数在 0.3162~0.7633 的城市，包括池州、上饶、淮北、安顺、吉安、常德、德阳、南充、安庆、遵义、荆门、六安、丽水、攀枝花、广安、娄底、泸州、十堰、黄冈、眉山、资阳、衡阳、六盘水、绵阳、雅安、内江、毕节、益阳、邵阳、乐山、怀化、随州、宜宾、曲靖、荆州、淮南、永州、巴中、广元、亳州、保山、达州、铜仁、丽江、张家界、阜阳、宿州、临沧、普洱和昭通等 50 个城市，较 2019 年增加了 26 个，约占所有研究单元的 45.45%。其中，上游城市有 26 个，中游城市有 15 个，下游城市有 9 个，绝大多数集中在上游地区。

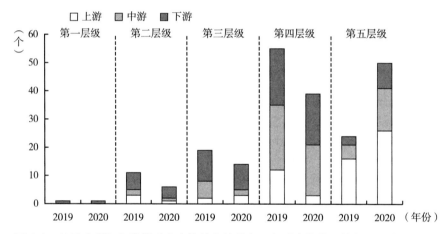

图 4-3 2020 年长汀经济带融合度指数各流段各层级城市数量及其与 2019 年的比较

第三节　长江经济带协调性均衡发展的
分区调控研究

一　集聚类型分区

根据长江经济带 110 个城市协调性均衡发展指数的空间集聚特征结果，综合考虑指数受空间近邻性和聚散效应的影响，且空间集聚特征与协调性均衡发展指数的扩散效应息息相关，利用 K-cluster 聚类法划分出 5 种类型区，即核心引领区、流域优势发展区、区域优势发展区、地方优势发展区和相对欠发达地区。

核心引领区只有上海 1 个城市，其协调性均衡发展指数超过了 4，远超排第 2 名的苏州。流域优势发展区包括苏州、南京、杭州、武汉、重庆和成都等城市，其协调性均衡发展指数均超过 1.75。区域优势发展区包括无锡、常州、宁波、嘉兴、合肥和长沙等城市，其协调性均衡发展指数均超过 1.48。地方优势发展区包括徐州、南通、湖州、南昌、株洲、贵阳和昆明等城市，其协调性均衡发展指数大都在 1 以上。大部分地区为相对欠发达地区，其协调性均衡发展指数相对较低，且对周边地区辐射和示范效应不显著，具体类型分区见表 4-10。

表 4-10　长江经济带 110 个城市协调性均衡发展指数类型分区

城市	类型区	城市	类型区	城市	类型区
上海	核心引领区	嘉兴	区域优势发展区	马鞍山	地方优势发展区
南京	流域优势发展区	湖州	地方优势发展区	芜湖	地方优势发展区
无锡	区域优势发展区	绍兴	地方优势发展区	宣城	相对欠发达地区
徐州	地方优势发展区	金华	地方优势发展区	铜陵	地方优势发展区
常州	区域优势发展区	衢州	地方优势发展区	池州	相对欠发达地区
苏州	流域优势发展区	舟山	地方优势发展区	安庆	相对欠发达地区
南通	地方优势发展区	台州	地方优势发展区	黄山	相对欠发达地区
连云港	相对欠发达地区	丽水	地方优势发展区	南昌	地方优势发展区
淮安	地方优势发展区	合肥	区域优势发展区	景德镇	相对欠发达地区
盐城	地方优势发展区	淮北	相对欠发达地区	萍乡	相对欠发达地区
扬州	地方优势发展区	亳州	相对欠发达地区	九江	相对欠发达地区
镇江	地方优势发展区	宿州	相对欠发达地区	新余	相对欠发达地区
泰州	地方优势发展区	蚌埠	地方优势发展区	鹰潭	相对欠发达地区
宿迁	相对欠发达地区	阜阳	相对欠发达地区	赣州	相对欠发达地区
杭州	流域优势发展区	淮南	相对欠发达地区	吉安	相对欠发达地区
宁波	区域优势发展区	滁州	相对欠发达地区	宜春	相对欠发达地区
温州	地方优势发展区	六安	相对欠发达地区	抚州	相对欠发达地区

城市	类型区	城市	类型区	城市	类型区
上饶	相对欠发达地区	张家界	相对欠发达地区	广安	相对欠发达地区
武汉	流域优势发展区	益阳	相对欠发达地区	达州	相对欠发达地区
黄石	相对欠发达地区	郴州	相对欠发达地区	雅安	相对欠发达地区
十堰	相对欠发达地区	永州	相对欠发达地区	巴中	相对欠发达地区
宜昌	地方优势发展区	怀化	相对欠发达地区	资阳	相对欠发达地区
襄阳	相对欠发达地区	娄底	相对欠发达地区	贵阳	地方优势发展区
鄂州	相对欠发达地区	重庆	流域优势发展区	六盘水	相对欠发达地区
荆门	相对欠发达地区	成都	流域优势发展区	遵义	相对欠发达地区
孝感	相对欠发达地区	自贡	相对欠发达地区	安顺	相对欠发达地区
荆州	相对欠发达地区	攀枝花	相对欠发达地区	毕节	相对欠发达地区
黄冈	相对欠发达地区	泸州	相对欠发达地区	铜仁	相对欠发达地区
咸宁	相对欠发达地区	德阳	相对欠发达地区	昆明	地方优势发展区
随州	相对欠发达地区	绵阳	相对欠发达地区	曲靖	相对欠发达地区
长沙	区域优势发展区	广元	相对欠发达地区	玉溪	相对欠发达地区
株洲	地方优势发展区	遂宁	相对欠发达地区	保山	相对欠发达地区
湘潭	地方优势发展区	内江	相对欠发达地区	昭通	相对欠发达地区
衡阳	相对欠发达地区	眉山	相对欠发达地区	丽江	相对欠发达地区
邵阳	相对欠发达地区	南充	相对欠发达地区	普洱	相对欠发达地区
岳阳	相对欠发达地区	乐山	相对欠发达地区	临沧	相对欠发达地区
常德	相对欠发达地区	宜宾	相对欠发达地区		

二 空间关联机制与调控举措

核心引领区和流域优势发展区在研究时段内的协调性均衡发展指数均处于较高水平，说明这些城市发展的协调度、均衡度和融合度长时间处于相辅相成的作用阶段，可以成为长江经济带的示范城市。区域优势发展区和地方优势发展区在研究时段内的协调性均衡发展指数相对较高，这两种类型区对周边城市均存在一定的溢出效应，具体表现为区域优势发展区和地方优势发展区或为省会城市，或为区域中心城市，且呈现出由下游向上游逐渐减少的空间分布趋势。相对欠发达地区在研究时段内的协调性均衡发展指数相对较低，该种类型区在协调度、均衡度和融合度的某个或某几个方面均存在明显不足，且集中分布于中上游地区。因此，总体来看长江经济带协调性均衡发展指数"下游高、中上游偏低"的局面仍未发生根本性改变，相对欠发达地区数量远超区域优势发展区，这可能会进一步影响长江经济带整体协调性均衡发展水平，不利于流域发展总目标的实现。

为此，本书在分区基础上提出了差异化的调控策略。针对核心引领区，要进一步推动以上海为中心的上海大都市圈的极化进程，让更多发展要素向上海集聚，同时需要突出江海联动与陆海统筹，着力解决上海与周边区域的发展差异。针对流域优势发展区，要充分发挥都市圈的带动作用，坚持以人为本、科学发展、改革创新，并适当将中心城市的经济功能和其他功能疏散至周边其他城市，走出一条具有中国特色的区域协调性均衡发展之路。针对区域优势发展区，要充分利用长江经济带发展和"一带一路"建设等契机，不断完善产业协作的联动机制，围绕打造高新技术产业基地和先进制造业基地的目标，为高端要素集聚提供支撑平台，更多带动相对欠发达地区发展。针对地方优势发展区，要以国内统一大市场建设为突破口，加快推进政府简政放权、放管结合和优化服务改革，依托优势企业推动产业要素跨区域重组，自动产生跨区域融合发展的内生效应。针对相对欠发达地区，一方面必须立足区域比较优势，尊重市场规律，借力重点发展地区或优先开发地区的辐射带动作用，构建起与当地资源要素禀赋相匹配的产业体系，形成更加强劲、更可持续的动力输出。另一方面要加速城乡居民基本公共服务均等化步伐。基于各城市供给能力及城乡居民服务需求的差异，明确城乡各类空间单元的配置标准，把重点放在老百姓家门口看得见、摸得着、用得上的公共服务项目上，增强城乡居民的获得感和满意度，引导该类区域向地方优势发展区转变。

第五章 长江经济带协调性均衡发展指数各分项分析

上文对于长江经济带 110 个地级及以上城市的协调性均衡发展总指数进行了详细分析，并对均衡度、协调度及融合度这三个维度分别展开论述，进而指出了长江经济带协调性均衡发展总体特征。本章将对指标作进一步分析，以期提出促进长江经济带协调性均衡发展的有针对性的建议。

第一节 均衡度指数分析

上文展示了 2020 年长江经济带 110 个地级及以上城市的均衡度及其与 2019 年对比情况，均衡度指数包含人民生活水平、基本公共服务与基础设施建设三个部分，下文依次展开说明。

一 人民生活水平

人民生活水平分项包含 4 个指标，分别为城乡居民人均可支配收入、人均社会消费品零售额、人均住户年末储蓄存款余额、城镇登记失业率。从表 5-1 可知，从 110 个城市的人民生活水平总体上看，相较于 2019 年，排名上升的城市有 56 个，排名下降的城市 45 个，排名保持不变的城市 9 个。

通过分析可知，下游 41 个城市中，有 29 个城市的排名处于前 1/3，9 个城市处于中间 1/3，3 个城市排名处于后 1/3；中游 36 个城市中，有 4 个城市的排名处于前 1/3，18 个城市处于中间 1/3，14 个城市排名处于后 1/3；上游 33 个城市中，有 3 个城市的排名处于前 1/3，9 个城市处于中间 1/3，21 个城市排名处于后 1/3。

表 5-1　2020 年长江经济带人民生活水平分项排名情况及与 2019 年对比

排名	城市	得分	排名	城市	得分	排名	城市	得分	排名	城市	得分	排名	城市	得分	排名	城市	得分
1↑	南京	2.4748	20↑	泰州	1.4663	39↓	宜昌	0.9648	57↓	重庆	0.8320	75↓	宜宾	0.7094	93↑	永州	0.6024
2↓	上海	2.4538	21↑	扬州	1.4509	40↑	宣城	0.9635	58↓	乐山	0.8223	76↑	广安	0.7051	94↑	随州	0.5737
3↓	苏州	2.3196	22↑	衢州	1.4476	41↑	新余	0.9477	59↑	十堰	0.8164	77↑	娄底	0.6992	95↑	达州	0.5626
4↓	杭州	2.2276	23↑	成都	1.4073	42↑	连云港	0.9462	60↓	攀枝花	0.8148	78↑	亳州	0.6899	96↑	怀化	0.5534
5↑	绍兴	2.1114	24↑	马鞍山	1.3665	43↑	池州	0.9276	61↓	衡阳	0.8142	79↑	宜春	0.6808	97↑	巴中	0.5413
6↑	舟山	2.0891	25-	芜湖	1.3595	44↑	安庆	0.9272	62↑	淮北	0.7988	80↓	黄冈	0.6685	98↑	遵义	0.4933
7↑	宁波	2.0160	26↑	合肥	1.3545	45↑	岳阳	0.9081	63-	常德	0.7970	81↑	抚州	0.6644	99-	丽江	0.4898
8↓	无锡	1.9859	27↑	盐城	1.2875	46↑	荆门	0.9050	64-	自贡	0.7970	82↑	萍乡	0.6584	100↑	张家界	0.4322
9-	嘉兴	1.9703	28↓	南昌	1.2713	47↑	宿迁	0.8952	65↑	淮南	0.7933	83↑	南充	0.6567	101-	保山	0.4253
10↑	常州	1.9657	29↑	徐州	1.1896	48↑	鹰潭	0.8928	66↓	益阳	0.7890	84↓	雅安	0.6445	102↑	铜仁	0.3986
11↑	湖州	1.9527	30↑	淮安	1.1863	49↑	泸州	0.8743	67↓	六安	0.7881	85↓	资阳	0.6306	103↑	曲靖	0.3713
12↑	台州	1.8938	31↑	株洲	1.1655	50↓	鄂州	0.8717	68↑	吉安	0.7876	86↓	赣州	0.6303	104↑	普洱	0.3611
13↑	温州	1.8383	32-	黄山	1.1254	51↑	贵阳	0.8706	69↓	九江	0.7844	87↓	宿州	0.6294	105↑	安顺	0.3320
14↑	南通	1.8292	33↑	铜陵	1.0971	52↓	德阳	0.8580	70↓	荆州	0.7712	88↑	广元	0.6257	106↑	邵阳	0.3232
15↑	金华	1.8100	34↑	昆明	1.0210	53↓	眉山	0.8565	71↑	黄石	0.7588	89↑	遂宁	0.6232	107↓	六盘水	0.2968
16↑	镇江	1.6852	35↑	绵阳	1.0123	54↓	玉溪	0.8512	72↓	郴州	0.7573	90↓	内江	0.6231	108↑	临沧	0.2925
17↑	长沙	1.5847	36↑	蚌埠	1.0021	55↑	滁州	0.8474	73↑	阜阳	0.7543	91↑	咸宁	0.6196	109↑	毕节	0.2413
18↑	武汉	1.5483	37↑	湘潭	1.0016	56↓	襄阳	0.8422	74↑	上饶	0.7121	92↓	孝感	0.6094	110-	昭通	0.1730
19↑	丽水	1.4799	38↑	景德镇	0.9805												

注：表中斜体城市为直辖市，副省级城市或省会城市。

分城市来看，采用 ArcGIS 自然断裂点法将 110 个城市划分为五个层级。

第一层级中，分项指数大于 1.6853 的城市有 15 个，分别为南京、上海、苏州、杭州、绍兴、舟山、宁波、无锡、嘉兴、常州、湖州、台州、温州、南通、金华，均处于长三角地区，占全体研究单元的 13.64%。与 2019 年相比，减少了 2 个城市，其中长沙、武汉、成都掉出第一层级，南通进入第一层级。

第二层级中，分项指数在 1.1255~1.6852 的城市有 16 个，分别为镇江、长沙、武汉、丽水、泰州、扬州、衢州、成都、马鞍山、芜湖、合肥、盐城、南昌、徐州、淮安、株洲。与 2019 年相较，多了 6 个城市，包括长沙、武汉、扬州、盐城、徐州、淮安，约占所有研究单元的 14.55%。其中，上游城市有 1 个，中游城市有 4 个，下游城市有 11 个，绝大多数集中在下游地区。

第三层级中，分项指数在 0.7589~1.1254 的城市有 39 个，包括黄山、铜陵、昆明、绵阳、蚌埠、湘潭、景德镇、宜昌、宣城、新余、连云港、池州、安庆、岳阳、荆门、宿迁、鹰潭、泸州、鄂州、贵阳、德阳、眉山、玉溪、滁州、襄阳、重庆、乐山、十堰、攀枝花、衡阳、淮北、常德、自贡、淮南、益阳、六安、吉安、九江、荆州。与 2019 年相比多了 11 个城市，约占所有研究单元的 35.45%。其中，上游城市有 11 个，中游城市有 16 个，下游城市有 12 个。

第四层级中，分项指数在 0.4934~0.7588 的城市有 27 个，包括黄石、郴州、阜阳、上饶、宜宾、广安、娄底、亳州、宜春、黄冈、抚州、萍乡、南充、雅安、资阳、赣州、宿州、广元、遂宁、内江、咸宁、孝感、永州、随州、达州、怀化、巴中。与 2019 年相比减少了 12 个城市，约占所有研究单元的 24.55%。其中，上游城市有 10 个，中游城市有 14 个，下游城市有 3 个。

第五层级中，分项指数在 0.1730~0.4933 的城市有 13 个，包括遵义、丽江、张家界、保山、铜仁、曲靖、普洱、安顺、邵阳、六盘水、临沧、毕节、昭通。与 2019 年相较减少了 2 个城市，约占所有研究单元的 11.82%。

其中，上游城市有 11 个，中游城市有 2 个，大多数集中在上游地区。

第三层级以上的城市有 70 个，2019 年为 55 个，在人民生活水平分项中 2020 年第三层级以上城市数量有较大幅度的提升。

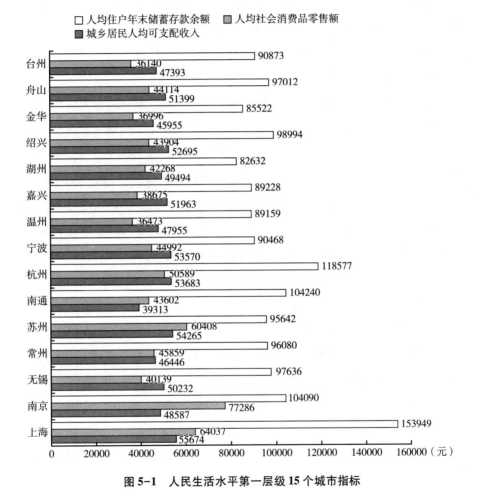

图 5-1　人民生活水平第一层级 15 个城市指标

二　基本公共服务

基本公共服务分项包含 3 个指标，分别为每万人拥有病床数、每万人拥有公共图书馆藏书、城镇职工基本养老保险覆盖率。从表 5-2 可知，总体上看，均衡度指数基本公共服务分项中，相较于 2019 年，排名上升的城市有 52 个，排名下降的城市 52 个，排名保持不变的城市 6 个。

通过分析可知，下游 41 个城市中，有 20 个城市的排名处于前 1/3，12 个城市处于中间 1/3，9 个城市排名处于后 1/3；中游 36 个城市中，有 7 个城市的排名处于前 1/3，11 个城市处于中间 1/3，18 个城市排名处于后 1/3；上游 33 个城市中，有 9 个城市的排名处于前 1/3，13 个城市处于中间 1/3，11 个城市排名处于后 1/3。

分城市来看，采用 ArcGIS 自然断裂点法将 110 个城市划分为五个层级。

第一层级中，分项指数大于 2.0045 的城市有 4 个，分别为上海、杭州、南京、舟山，均处于长三角地区，占全体研究单元的 3.64%。与 2019 年相比，减少了 2 个城市，其中苏州、成都掉出第一层级。

第二层级中，分项指数在 1.3202~2.0044 的城市有 18 个，分别为衢州、雅安、铜陵、武汉、苏州、广元、无锡、长沙、嘉兴、攀枝花、湖州、绍兴、丽水、广安、成都、达州、台州、萍乡。与 2019 年相较，城市数量不变，约占所有研究单元的 16.36%，但城市排序变化较大，上游城市有 6 个，中游城市有 3 个，下游城市有 9 个。

第三层级中，分项指数在 0.9009~1.3201 的城市有 37 个，包括蚌埠、宜昌、黄山、宁波、马鞍山、资阳、合肥、贵阳、镇江、株洲、温州、黄石、南昌、泸州、湘潭、芜湖、绵阳、南充、重庆、扬州、十堰、昆明、景德镇、鄂州、宜宾、自贡、常州、淮北、怀化、泰州、金华、永州、荆门、宣城、南通、遂宁、安庆。与 2019 年相比增加了 9 个城市，约占所有研究单元的 33.64%。其中，上游城市有 10 个，中游城市有 11 个，下游城市有 16 个。

第四层级中，分项指数在 0.5664~0.9008 的城市有 29 个，包括娄底、遵义、宿迁、乐山、新余、常德、铜仁、池州、玉溪、襄阳、淮安、普洱、德阳、盐城、巴中、岳阳、衡阳、内江、连云港、黄冈、益阳、吉安、淮南、滁州、徐州、抚州、鹰潭、郴州、荆州。与 2019 年相比减少了 12 个城市，约占所有研究单元的 26.36%。其中上游城市有 8 个，中游城市有 13

表5-2　2020年长江经济带基本公共服务分项排名情况及与2019年对比

排名	城市	得分	排名	城市	得分	排名	城市	得分	排名	城市	得分	排名	城市	得分	排名	城市	得分
1-	上海	2.8540	20↑	达州	1.4187	39↑	绵阳	1.1290	57↓	南通	0.9255	75↑	岳阳	0.7495	93↑	保山	0.5175
2-	杭州	2.5941	21↓	台州	1.3774	40↑	南充	1.1148	58↑	遂宁	0.9248	76↑	衡阳	0.7405	94↑	六盘水	0.5170
3↑	南京	2.2246	22↓	萍乡	1.3681	41↑	重庆	1.1002	59↑	安庆	0.9205	77↑	内江	0.7219	95↓	咸宁	0.4882
4↑	舟山	2.1583	23↑	蚌埠	1.3201	42↑	扬州	1.0975	60↑	娄底	0.9008	78↓	连云港	0.6935	96↑	邵阳	0.4691
5↑	衢州	2.0044	24↑	宜昌	1.2980	43↑	十堰	1.0912	61↓	遵义	0.8782	79↑	黄冈	0.6724	97↑	孝感	0.4629
6↑	雅安	1.9571	25↓	黄山	1.2943	44↑	昆明	1.0584	62↑	宿迁	0.8714	80↑	益阳	0.6678	98↓	张家界	0.4596
7↑	铜陵	1.8854	26↓	宁波	1.2568	45↓	景德镇	1.0486	63↓	乐山	0.8680	81↑	吉安	0.6587	99↓	赣州	0.4409
8↑	武汉	1.8182	27↑	马鞍山	1.2558	46↑	鄂州	1.0089	64↑	新余	0.8167	82↑	淮南	0.6507	100↑	眉山	0.4214
9↑	苏州	1.8156	28↓	资阳	1.2485	47↑	宜宾	0.9781	65↑	常德	0.8137	83↓	滁州	0.6367	101↑	安顺	0.4178
10↑	广元	1.7081	29↓	合肥	1.2309	48↑	自贡	0.9731	66↑	铜仁	0.8027	84↓	徐州	0.6167	102↓	毕节	0.3991
11-	无锡	1.6905	30↑	贵阳	1.2022	49↓	常州	0.9707	67↑	池州	0.8001	85↑	抚州	0.6143	103↑	曲靖	0.3955
12↓	长沙	1.6696	31↑	镇江	1.1977	50↑	淮北	0.9698	68↓	玉溪	0.7995	86↓	鹰潭	0.6134	104↓	昭通	0.3433
13↓	嘉兴	1.5982	32↓	株洲	1.1937	51↑	怀化	0.9674	69↓	襄阳	0.7925	87↓	郴州	0.6117	105-	随州	0.3256
14↓	攀枝花	1.5857	33↓	温州	1.1920	52↓	泰州	0.9601	70↓	淮安	0.7857	88↓	荆州	0.6055	106↓	阜阳	0.3121
15↓	湖州	1.5031	34↑	黄石	1.1515	53↑	金华	0.9597	71↑	普洱	0.7838	89↓	九江	0.5663	107↓	宿州	0.2540
16↓	绍兴	1.4930	35↑	南昌	1.1465	54↓	永州	0.9468	72↓	德阳	0.7805	90↓	宜春	0.5604	108↓	六安	0.2332
17↑	丽水	1.4919	36↑	泸州	1.1381	55↓	荆门	0.9444	73↓	盐城	0.7713	91↓	丽江	0.5221	109↓	临沧	0.2118
18↑	广安	1.4387	37↑	湘潭	1.1379	56↓	宣城	0.9291	74↑	巴中	0.7641	92↑	上饶	0.5200	110-	亳州	0.1769
19↓	成都	1.4341	38↓	芜湖	1.1313												

注：表中斜体字城市为直辖市、副省级城市或省会城市。

个，下游城市有 8 个。

第五层级中，分项指数在 0.1769~0.5663 的城市有 22 个，包括九江、宜春、丽江、上饶、保山、六盘水、咸宁、邵阳、孝感、张家界、赣州、眉山、安顺、毕节、曲靖、昭通、随州、阜阳、宿州、六安、临沧、亳州。与 2019 年相较减少了 6 个城市，约占所有研究单元的 20.00%。其中，上游城市有 9 个，中游城市有 9 个，下游城市有 4 个。

第三层级以上的城市有 59 个，2019 年为 52 个，2020 年在基本公共服务分项中第三层级以上城市数量有所增加。

三 基础设施建设

基础设施建设分项包含 3 个指标，分别为互联网接入户数、建成区路网密度、建成区排水管道密度。从表 5-3 可知，总体上看均衡度指数基础设施建设分项中，相较于 2019 年，排名上升的城市有 55 个，排名下降的城市 34 个，排名保持不变的城市 21 个。

通过分析可知，下游 41 个城市中，有 23 个城市的排名处于前 1/3，11 个城市处于中间 1/3，7 个城市排名处于后 1/3；中游 36 个城市中，有 7 个城市的排名处于前 1/3，17 个城市处于中间 1/3，12 个城市排名处于后 1/3；上游 33 个城市中，有 6 个城市的排名处于前 1/3，8 个城市处于中间 1/3，19 个城市排名处于后 1/3。

分城市来看，采用 ArcGIS 自然断裂点法将 110 个城市划分为五个层级。

第一层级中，分项指数大于 2.1256 的城市有 3 个，分别为重庆、上海、苏州，占全体研究单元的 2.73%。与 2019 年相比，减少了 1 个城市，成都掉出第一层级。

第二层级中，分项指数在 1.3051~2.1255 的城市有 14 个，分别为成都、无锡、杭州、南京、南通、台州、武汉、合肥、金华、宁波、温州、扬州、滁州、赣州，约占所有研究单元的 12.73%。与 2019 年相较，减少了 8 个城市。其中，上游城市有 1 个，中游城市有 2 个，下游城市有 11 个，以下游城市为主。

表5-3　2020年长江经济带基础设施建设分项排名情况及与2019年对比

排名	城市	得分	排名	城市	得分
1–	重庆	3.7357	57↑	九江	0.9162
2↑	上海	2.6398	58↓	舟山	0.9108
3↓	苏州	2.4985	59↑	宿州	0.9051
4–	成都	2.1255	60↑	南昌	0.9034
5–	无锡	1.8917	61↑	宜昌	0.8928
6↑	杭州	1.7825	62↑	眉山	0.8805
7↓	南京	1.7479	63↑	曲靖	0.8703
8↑	南通	1.6774	64↑	亳州	0.8558
9↑	台州	1.6737	65↑	永州	0.8394
10↓	武汉	1.6156	66↑	咸宁	0.8310
11↑	合肥	1.5038	67↑	广元	0.8289
12↑	金华	1.4258	68↑	南充	0.8235
13–	宁波	1.4214	69↑	连云港	0.7874
14↑	温州	1.3777	70↑	益阳	0.7841
15↓	扬州	1.3714	71↑	衡阳	0.7673
16↑	滁州	1.3623	72–	黄山	0.7668
17↑	赣州	1.3460	73–	淮北	0.7646
18–	常州	1.3050	74↑	蚌埠	0.7573
19↑	吉安	1.2990			
20–	徐州	1.2855	75↓	雅安	0.7569
21↓	泰州	1.2696	76↑	达州	0.7423
22↑	绵阳	1.2681	77–	自贡	0.7407
23↑	黄石	1.2608	78↑	怀化	0.7345
24↑	池州	1.2400	79↑	铜陵	0.7265
25↑	长沙	1.2219	80↑	贵阳	0.7262
26↓	淮安	1.2174	81↑	宜宾	0.7208
27–	孝感	1.1556	82↑	马鞍山	0.7195
28↑	湖州	1.1474	83↑	资阳	0.7086
29↑	芜湖	1.1396	84↑	内江	0.6957
30↑	普洱	1.1232	85↑	泸州	0.6933
31↑	上饶	1.1097	86↑	六安	0.6829
32↑	盐城	1.0982	87↑	鄂州	0.6724
33↑	宿迁	1.0938	88–	淮南	0.6591
34↑	昆明	1.0704	89↑	遂宁	0.6467
35↑	株洲	1.0674	90↑	巴中	0.6375
36↑	广安	1.0593	91↑	临沧	0.6351
37↑	宣城	1.0559	92↑	张家界	0.6331
38↑	吉安	1.0545			
39↑	宜春	1.0411	93↓	攀枝花	0.6308
40↓	丽江	1.0318	94↑	新余	0.6228
41↑	镇江	1.0228	94–	郴州	0.6228
42↑	常德	1.0201	96–	景德镇	0.5470
43↑	荆门	1.0065	97↑	铜仁	0.5429
44↑	嘉兴	1.0040	98↑	娄底	0.5409
45–	丽水	1.0004	99–	安顺	0.5298
46↑	荆州	0.9902	100↑	六盘水	0.5256
47↑	德阳	0.9896	101–	安庆	0.4952
48–	绍兴	0.9700	102↑	邵阳	0.4912
49↑	玉溪	0.9620	103↑	萍乡	0.4851
50↑	岳阳	0.9594	104↓	湘潭	0.4788
51↑	襄阳	0.9564	105↓	保山	0.4739
52↑	阜阳	0.9412	106↑	遵义	0.4631
53↑	抚州	0.9399	107↑	鹰潭	0.4464
54↓	乐山	0.9389	108↑	毕节	0.4032
55↑	十堰	0.9318	109↑	随州	0.3665
56↑	黄冈	0.9191	110↓	昭通	0.3526

注：表中斜体城市为直辖市、副省级城市或省会城市。

101

第三层级中，分项指数在 0.8929~1.3050 的城市有 43 个，包括常州、衢州、徐州、泰州、绵阳、黄石、池州、长沙、淮安、孝感、湖州、芜湖、普洱、上饶、盐城、宿迁、昆明、株洲、广安、宣城、吉安、宜春、丽江、镇江、常德、荆门、嘉兴、丽水、荆州、德阳、绍兴、玉溪、岳阳、襄阳、阜阳、抚州、乐山、十堰、黄冈、九江、舟山、宿州、南昌。与 2019 年相比增加了 6 个城市，约占所有研究单元的 39.09%。其中，上游城市有 8 个，中游城市有 17 个，下游城市有 18 个。

第四层级中，分项指数在 0.5471~0.8928 的城市有 35 个，包括宜昌、眉山、曲靖、亳州、永州、咸宁、广元、南充、连云港、益阳、衡阳、黄山、淮北、蚌埠、雅安、达州、自贡、怀化、铜陵、贵阳、宜宾、马鞍山、资阳、内江、泸州、六安、鄂州、淮南、遂宁、巴中、临沧、张家界、攀枝花、新余、郴州。与 2019 年相比增加了 6 个城市，约占所有研究单元的 31.82%。其中，上游城市有 16 个，中游城市有 10 个，下游城市有 9 个。

第五层级中，分项指数在 0.3526~0.5470 的城市有 15 个，包括景德镇、铜仁、娄底、安顺、六盘水、安庆、邵阳、萍乡、湘潭、保山、遵义、鹰潭、毕节、随州、昭通。与 2019 年相较增加了 1 个城市，约占所有研究单元的 13.64%。其中，上游城市有 7 个，中游城市有 7 个，下游城市有 1 个。

第三层级以上的城市有 60 个，2019 年为 63 个，在基础设施建设分项中 2020 年第三层级以上城市数量有小幅下降。

第二节　协调度指数分析

上文中展示了 2020 年长江经济带 110 个地级及以上城市的协调度及其与 2019 年对比情况，协调度指数包含产业协调、城镇协调、社会协调和人与自然协调四个部分，下文依次展开说明。

一　产业协调

产业协调分项包括 3 个指标，分别为第二、第三产业占比，规上企业利润总额,"三资"企业数量占比。从表5-4可知,总体上看协调度指数产业协调分项中,相较于2019年,排名上升的城市有39个,排名下降的城市52个,排名保持不变的城市19个。

通过分析可知,下游41个城市中,有25个城市的排名处于前1/3,11个城市处于中间1/3,5个城市排名处于后1/3;中游36个城市中,有7个城市的排名处于前1/3,17个城市处于中间1/3,12个城市排名处于后1/3;上游33个城市中,有4个城市的排名处于前1/3,8个城市处于中间1/3,19个城市排名处于后1/3。

分城市来看,采用ArcGIS自然断裂点法将110个城市划分为五个层级。

第一层级中,分项指数大于3.3446的城市有2个,分别为上海、苏州,占全体研究单元的1.82%。与2019年第一层级城市保持不变。

第二层级中,分项指数在1.7803~3.3445的城市有10个,分别为宁波、无锡、杭州、重庆、南京、嘉兴、常州、成都、南通、武汉,约占所有研究单元的9.09%。与2019年相较第二层级城市除内部排序稍有变化,具体城市保持不变。其中,上游城市有2个,中游城市有1个,下游城市有7个,以下游城市为主。

第三层级中,分项指数在1.0288~1.7802的城市有20个,包括长沙、镇江、绍兴、连云港、合肥、南昌、湖州、泰州、芜湖、扬州、九江、昆明、淮安、赣州、遵义、盐城、徐州、吉安、马鞍山、台州。与2019年相比减少了6个城市,约占所有研究单元的18.18%。其中,上游城市有2个,中游城市有5个,下游城市有13个,以下游城市为主。

第四层级中,分项指数在0.5720~1.0287的城市有39个,包括滁州、宜昌、宿迁、温州、淮南、舟山、襄阳、贵阳、宜春、金华、宜宾、衢州、黄石、铜陵、鹰潭、岳阳、郴州、淮北、萍乡、安庆、常德、景德镇、上饶、德阳、咸宁、宣城、泸州、玉溪、蚌埠、湘潭、荆门、孝感、株洲、丽水、绵阳、新余、黄山、攀枝花、遂宁。与2019年相比减少了7个城市,约占所有研究单元的35.45%。其中,上游城市有8个,中游城市有17个,下游城市有14个。

表 5-4　2020 年长江经济带产业协调分项排名情况及与 2019 年对比

排名	城市	得分	排名	城市	得分	排名	城市	得分	排名	城市	得分	排名	城市	得分	排名	城市	得分
1-	上海	6.4417	20↓	泰州	1.3860	39↓	襄阳	0.9526	57↑	咸宁	0.6642	75-	昭通	0.5592	93↑	六盘水	0.4114
2-	苏州	5.5414	21↑	芜湖	1.3299	40↓	贵阳	0.9364	58↓	宣城	0.6636	76↑	池州	0.5533	94↓	自贡	0.4106
3-	宁波	3.3445	22-	扬州	1.3254	41↑	宜春	0.9254	59↓	泸州	0.6603	77↓	永州	0.5514	95↓	黄冈	0.4085
4-	无锡	3.1705	23↓	九江	1.2953	42↓	金华	0.9178	60-	玉溪	0.6593	78↑	资阳	0.5488	96↑	怀化	0.406
5-	杭州	2.8813	24↑	昆明	1.2690	43↓	宜宾	0.8867	61↑	蚌埠	0.6449	79↓	娄底	0.5338	97↑	亳州	0.400
6↑	重庆	2.5813	25↓	淮安	1.2570	44-	衢州	0.8802	62↓	湘潭	0.6431	80↓	宿州	0.5324	98↓	雅安	0.3883
7↓	南京	2.5085	26↑	赣州	1.1980	45↓	黄石	0.8217	63↓	荆门	0.6428	81↓	抚州	0.5284	99↓	丽江	0.3672
8↑	嘉兴	2.3429	27↓	遵义	1.1854	46↓	铜陵	0.8148	64↓	孝感	0.6293	82↑	六安	0.5156	100↑	安顺	0.3640
9↑	常州	2.2077	28↓	盐城	1.1680	47↓	鹰潭	0.8135	65↓	株洲	0.6265	83-	内江	0.4927	101↓	普洱	0.3586
10↑	成都	2.0842	29-	徐州	1.0754	48↑	岳阳	0.7367	66↓	丽水	0.6180	84↓	随州	0.4872	102↓	张家界	0.338
11-	南通	2.0580	30↑	吉安	1.0720	49↓	郴州	0.7302	67↓	绵阳	0.6163	85↓	邵阳	0.4858	103↓	达州	0.3333
12↑	武汉	2.0334	31↑	马鞍山	1.0695	50↑	淮北	0.7284	68↓	新余	0.6130	86↑	衡阳	0.4854	104↓	广元	0.3331
13↑	长沙	1.7802	32↓	台州	1.0594	51↑	萍乡	0.7264	69↓	黄山	0.6041	87↓	南充	0.4821	105-	曲靖	0.3093
14↑	镇江	1.7502	33↓	滁州	1.0287	52↓	安庆	0.7156	70↑	攀枝花	0.6018	88↓	乐山	0.4810	106-	保山	0.2807
15↑	绍兴	1.6792	34↓	宜昌	1.0221	53↓	常德	0.6923	71↓	遂宁	0.5995	89-	荆州	0.4525	107↑	铜仁	0.2002
16↑	连云港	1.4714	35↓	宿迁	0.9946	54↑	景德镇	0.6893	72↓	鄂州	0.5719	90↓	阜阳	0.4457	108↓	巴中	0.1888
17↑	合肥	1.4664	36↓	温州	0.9717	55↑	上饶	0.6845	73↑	十堰	0.5615	91↓	广安	0.4352	109-	毕节	0.1201
18↑	南昌	1.4605	37↑	淮南	0.9716	56↓	德阳	0.6708	74↑	眉山	0.5606	92↓	益阳	0.4318	110-	临沧	0.0099
19↓	湖州	1.4286	38↑	舟山	0.9540												

注：表中斜体城市为直辖市、副省级城市或省会城市。

第五层级中，分项指数在 0.0099～0.5719 的城市有 39 个，包括鄂州、十堰、眉山、昭通、池州、永州、资阳、娄底、宿州、抚州、六安、内江、随州、邵阳、衡阳、南充、乐山、荆州、阜阳、广安、益阳、六盘水、自贡、黄冈、怀化、亳州、雅安、丽江、安顺、普洱、张家界、达州、广元、曲靖、保山、铜仁、巴中、毕节、临沧。与 2019 年相较增加了 13 个城市，约占所有研究单元的 35.45%。其中，上游城市有 21 个，中游城市有 13 个，下游城市有 5 个。

第三层级以上的城市有 32 个，2019 年为 38 个，在产业协调分项中 2020 年第三层级以上城市数量有小幅下降。

二　城镇协调

城镇协调分项包括 2 个指标，分别为中心城区人口占比和城乡居民人均可支配收入比。从表 5-5 可知，总体上看协调度指数城镇协调分项中，相较于 2019 年，排名上升的城市有 49 个，排名下降的城市有 61 个。

通过分析可知，下游 41 个城市中，有 12 个城市的排名处于前 1/3，12 个城市处于中间 1/3，17 个城市排名处于后 1/3；中游 36 个城市中，有 7 个城市的排名处于前 1/3，12 个城市处于中间 1/3，17 个城市排名处于后 1/3；上游 33 个城市中，有 17 个城市的排名处于前 1/3，12 个城市处于中间 1/3，4 个城市排名处于后 1/3。

分城市来看，采用 ArcGIS 自然断裂点法将 110 个城市划分为五个层级。

第一层级中，分项指数大于 1.4040 的城市有 15 个，分别为南京、上海、武汉、昆明、重庆、鄂州、安顺、淮南、淮北、十堰、贵阳、新余、常州、杭州、南昌，占全体研究单元的 13.64%。与 2019 年相较，增加了 6 个城市，舟山、淮安掉出第一层级，上海、昆明、安顺、淮南、淮北、十堰、贵阳、南昌进入第一层级。其中，上游城市 4 个，中游城市 5 个，下游城市 6 个。

第二层级中，分项指数在 1.0938～1.4039 的城市有 22 个，分别为攀枝花、阜阳、保山、丽江、宿州、毕节、赣州、六盘水、铜仁、成都、铜陵、

表5-5 2020年长江经济带城镇协调分项排名情况及与2019年对比

排名	城市	得分	排名	城市	得分	排名	城市	得分	排名	城市	得分	排名	城市	得分	排名	城市	得分
1↑	南京	1.9489	20↑	宿州	1.3067	39↑	六安	1.0917	57↑	抚州	0.9559	75↑	广安	0.8067	93↓	宜春	0.6629
2↑	上海	1.8854	21↑	毕节	1.2902	40↓	自贡	1.0846	58↓	萍乡	0.9548	76↑	资阳	0.8052	94↓	丽水	0.6339
3↑	武汉	1.8148	22↑	赣州	1.2886	41↑	合肥	1.0712	59↓	眉山	0.9486	77↑	镇江	0.7981	95↓	咸宁	0.6299
4↑	昆明	1.8121	23↑	六盘水	1.2873	42↑	昭通	1.0621	60↑	景德镇	0.9328	78↑	临沧	0.7797	96↓	随州	0.6009
5↑	重庆	1.7604	24↑	铜仁	1.2711	43↓	扬州	1.0560	61↑	内江	0.9240	79↓	衢州	0.7685	97↓	金华	0.5977
6↑	鄂州	1.6525	25↑	成都	1.2475	44↑	蚌埠	1.0539	62↓	宣城	0.9226	80↑	池州	0.7669	98↓	永州	0.5896
7↑	安顺	1.6213	26↑	铜陵	1.2226	45↑	宜宾	1.0434	63↑	连云港	0.9201	81↑	吉安	0.7623	99↓	盐城	0.5893
8↑	淮南	1.5294	27↑	淮安	1.2175	46↑	亳州	1.0324	64↓	长沙	0.9182	82↑	湘潭	0.7595	100↓	荆门	0.5879
9↑	淮北	1.5183	28↑	巴中	1.1920	47↑	无锡	1.0086	65↑	南充	0.9147	83↑	滁州	0.7568	101↓	益阳	0.5871
10↑	十堰	1.4991	29↑	广元	1.1786	48↑	南通	0.9983	66↑	绍兴	0.9115	84↓	娄底	0.7486	102↓	马鞍山	0.5859
11↑	贵阳	1.4976	30↑	玉溪	1.1743	49↑	株洲	0.9963	67↑	九江	0.9029	85↓	湖州	0.7145	103↓	邵阳	0.5756
12↑	新余	1.4528	31↑	安庆	1.1728	50↓	黄石	0.9948	68↓	宁波	0.8827	86↑	台州	0.7087	104↓	芜湖	0.5261
13↑	常州	1.4376	32↑	遵义	1.1712	51↑	遂宁	0.9923	69↑	宜昌	0.8770	87↓	温州	0.7066	105↓	荆州	0.5014
14↑	杭州	1.4365	33↓	雅安	1.1508	52↓	绵阳	0.9893	70↓	怀化	0.8715	88↓	德阳	0.7065	106↓	宿迁	0.4964
15↑	南昌	1.4324	34↓	张家界	1.1399	53↑	普洱	0.9778	71↑	达州	0.8685	89↓	徐州	0.6918	107↓	黄冈	0.4586
16↑	攀枝花	1.4039	35↓	舟山	1.1321	54↓	苏州	0.9716	72↓	乐山	0.8629	90↓	孝感	0.6753	108↓	衡阳	0.4374
17↑	阜阳	1.3472	36↑	曲靖	1.1069	55↑	泸州	0.9589	73↓	秦州	0.8281	91↓	常德	0.6665	109↓	嘉兴	0.4093
18↑	保山	1.3181	37↓	鹰潭	1.1040	56↓	襄阳	0.9573	74↓	黄山	0.8081	92↓	郴州	0.6654	110↓	岳阳	0.2732
19↑	丽江	1.3077	38↑	上饶	1.0937												

注：表中斜体城市为直辖市，副省级城市或省会城市。

淮安、巴中、广元、玉溪、安庆、遵义、雅安、张家界、舟山、曲靖、鹰潭，约占所有研究单元的 20.00%。与 2019 年相较减少了 5 个城市。其中，上游城市有 13 个，中游城市有 3 个，下游城市有 6 个，以上游城市为主。

第三层级中，分项指数在 0.8282～1.0937 的城市有 35 个，包括上饶、六安、自贡、合肥、昭通、扬州、蚌埠、宜宾、亳州、无锡、南通、株洲、黄石、遂宁、绵阳、普洱、苏州、泸州、襄阳、抚州、萍乡、眉山、景德镇、内江、宣城、连云港、长沙、南充、绍兴、九江、宁波、宜昌、怀化、达州、乐山。与 2019 年相比增加了 3 个城市，约占所有研究单元的 31.82%。其中，上游城市有 12 个，中游城市有 11 个，下游城市有 12 个。

第四层级中，分项指数在 0.6340～0.8281 的城市有 21 个，包括泰州、黄山、广安、资阳、镇江、临沧、衢州、池州、吉安、湘潭、滁州、娄底、湖州、台州、温州、德阳、徐州、孝感、常德、郴州、宜春。与 2019 年相比减少了 4 个城市，约占所有研究单元的 19.09%。其中，上游城市有 4 个，中游城市有 7 个，下游城市有 10 个。

第五层级中，分项指数在 0.2732～0.6339 的城市有 17 个，包括丽水、咸宁、随州、金华、永州、盐城、荆门、益阳、马鞍山、邵阳、芜湖、荆州、宿迁、黄冈、衡阳、嘉兴、岳阳。与 2019 年相较保持不变，约占所有研究单元的 15.45%。其中，中游城市有 7 个，下游城市有 10 个。

第三层级以上的城市有 72 个，2019 年为 68 个，在城镇协调分项中 2020 年第三层级以上城市数量有小幅增加。

三　社会协调

社会协调分项包括 2 个指标，分别为社会网络联系度和失业保险覆盖率。从表 5-6 可知，总体上看协调度指数社会协调分项中，相较于 2019 年，排名上升的城市有 30 个，排名下降的城市 72 个，排名保持不变的城市 8 个。

通过分析可知，下游 41 个城市中，有 18 个城市的排名处于前 1/3，17 个城市处于中间 1/3，6 个城市排名处于后 1/3；中游 36 个城市中，有 11 个城市的排名处于前1/3，14个城市处于中间1/3，11个城市排名处于后1/3；上游33个城市中，有7个城市的排名处于前1/3，5个城市处于中间1/3，21个城市排名处于后1/3。

分城市来看，采用ArcGIS自然断裂点法将110个城市划分为五个层级。

第一层级中，分项指数大于2.8364的城市有4个，分别为上海、杭州、南京、苏州，占全体研究单元的3.64%。与2019年相较，仅4个城市内部排序略有变化。

第二层级中，分项指数在1.5563~2.8363的城市有19个，分别为无锡、武汉、常州、长沙、成都、合肥、嘉兴、宁波、贵阳、湘潭、衡阳、金华、南昌、株洲、娄底、镇江、重庆、怀化、湖州。与2019年相较增加了9个城市，约占所有研究单元的17.27%。其中，上游城市有3个，中游城市有8个，下游城市有8个。

第三层级中，分项指数在0.8940~1.5562的城市有21个，包括徐州、岳阳、绍兴、温州、衢州、芜湖、郴州、六盘水、昆明、毕节、遵义、扬州、鹰潭、宜昌、台州、上饶、萍乡、铜仁、张家界、南通、蚌埠。与2019年相比增加了2个城市，约占所有研究单元的19.09%。其中，上游城市有5个，中游城市有7个，下游城市有9个。

第四层级中，分项指数在0.4305~0.8939的城市有37个，包括舟山、永州、新余、丽水、铜陵、淮安、泰州、邵阳、宜春、淮南、连云港、宣城、益阳、常德、马鞍山、安顺、阜阳、黄石、德阳、盐城、咸宁、淮北、襄阳、绵阳、九江、黄山、六安、曲靖、攀枝花、滁州、乐山、安庆、广元、荆州、赣州、吉安、池州。与2019年相比增加了1个城市，约占所有研究单元的33.64%。其中，上游城市有7个，中游城市有13个，下游城市有17个。

第五层级中，分项指数在0.0390~0.4304的城市有29个，包括鄂州、孝感、宜宾、眉山、宿迁、十堰、景德镇、宿州、内江、玉溪、雅安、亳州、荆门、泸州、遂宁、抚州、资阳、自贡、南充、随州、广安、达州、黄冈、普洱、巴中、丽江、临沧、保山、昭通。与2019年相较减少了13个城

表5-6　2020年长江经济带社会协调分项排名情况及与2019年对比

排名	城市	得分
1↑	上海	4.2588
2↓	杭州	4.1823
3–	南京	3.8009
4–	苏州	3.3165
5–	无锡	2.8363
6↑	武汉	2.5854
7↑	常州	2.3977
8↑	长沙	2.3407
9↑	成都	2.2553
10↑	合肥	2.2502
11–	嘉兴	2.1593
12↓	宁波	2.1209
13↓	贵阳	1.9297
14↑	湘潭	1.9247
15↓	衡阳	1.9005
16↓	金华	1.8808
17↓	南昌	1.7511
18↓	株洲	1.7451
19↓	娄底	1.6873
20↓	镇江	1.6625
21↑	重庆	1.5921
22↑	怀化	1.5894
23↑	湖州	1.5873
24↓	徐州	1.5562
25↑	岳阳	1.5066
26↓	绍兴	1.4554
27↓	温州	1.3544
28↓	衢州	1.3240
29↑	芜湖	1.3114
30↑	郴州	1.3032
31↓	六盘水	1.2369
32↓	昆明	1.1357
33↑	毕节	1.1198
34↑	遵义	1.1159
35↓	扬州	1.1060
36↓	鹰潭	1.0646
37↓	宜昌	1.0566
38↑	台州	1.0301
39–	上饶	1.0261
40↓	萍乡	1.0187
41↑	铜仁	0.9439
42↑	张家界	0.9345
43↑	南通	0.9217
44↑	蚌埠	0.9135
45↓	舟山	0.8939
46↑	永州	0.8887
47↑	新余	0.8486
48↓	丽水	0.8402
49↑	铜陵	0.8309
50↓	淮安	0.8281
51↑	泰州	0.7789
52↑	邵阳	0.7639
53↓	宜春	0.7615
54↓	淮南	0.7540
55↓	连云港	0.7415
56↓	宣城	0.7388
57↑	益阳	0.7268
58↑	常德	0.7243
59↑	马鞍山	0.7211
60↑	安顺	0.7182
61↑	阜阳	0.6974
62↓	黄石	0.6555
63↓	德阳	0.6419
64↓	盐城	0.6205
65↓	咸宁	0.6055
66–	淮北	0.6052
67↓	襄阳	0.5989
68↓	绵阳	0.5693
69↓	九江	0.5598
70↓	黄山	0.5443
71↑	六安	0.5427
72↓	曲靖	0.5376
73↓	攀枝花	0.5349
74↓	滁州	0.5135
75↑	乐山	0.5028
76↓	安庆	0.4914
77↑	广元	0.4816
78↑	荆州	0.4802
79↑	赣州	0.4785
80↓	吉安	0.4737
81↓	池州	0.4732
82↓	鄂州	0.4304
83↑	孝感	0.4274
84↓	宜宾	0.4254
85↓	眉山	0.4214
86↓	宿迁	0.3915
87↓	十堰	0.3896
88–	景德镇	0.3536
89↑	宿州	0.3417
90↑	内江	0.3316
91↓	玉溪	0.3098
92↓	雅安	0.3070
93↓	亳州	0.2891
94↓	荆门	0.2805
95↓	泸州	0.2732
96↓	遂宁	0.2682
97↓	抚州	0.2640
98↓	资阳	0.2571
99↓	自贡	0.2536
100↓	南充	0.2466
101↓	随州	0.2260
102↓	广安	0.1949
103↓	达州	0.1886
104↓	黄冈	0.1670
105↓	普洱	0.1358
106↓	巴中	0.1346
107↓	丽江	0.1084
108↓	临沧	0.1080
109↓	保山	0.0780
110–	昭通	0.0390

注：表中斜体字城市为直辖市、副省级城市或省会城市。

市，约占所有研究单元的26.36%。其中，上游城市有18个，中游城市有8个，下游城市有3个。

第三层级以上的城市有44个，2019年为33个，在社会协调分项中2020年第三层级以上城市数量有所增长。

四 人与自然协调

人与自然协调分项包括3个指标，分别为人口密度比、经济密度比和城镇密度比。从表5-7可知，总体上看协调度指数人与自然协调分项中，相较于2019年，排名上升的城市有54个，排名下降的城市44个，排名保持不变的城市12个。

通过分析可知，下游41个城市中，有25个城市的排名处于前1/3，11个城市处于中间1/3，5个城市排名处于后1/3；中游36个城市中，有4个城市的排名处于前1/3，15个城市处于中间1/3，17个城市排名处于后1/3；上游33个城市中，有7个城市的排名处于前1/3，10个城市处于中间1/3，16个城市排名处于后1/3。

分城市来看，采用ArcGIS自然断裂点法将110个城市划分为五个层级。

第一层级中，分项指数大于3.9271的城市有1个，仅有上海。与2019年相比无变化。

第二层级中，分项指数在2.1949～3.9270的城市有7个，分别为无锡、南京、苏州、武汉、常州、成都、嘉兴，约占所有研究单元的6.36%。与2019年相较减少了1个城市，为阜阳。其中，上游城市有1个，中游城市有1个，下游城市有5个。

第三层级中，分项指数在1.3249～2.1948的城市有14个，包括宁波、舟山、镇江、长沙、泰州、南昌、合肥、扬州、南通、杭州、徐州、温州、鄂州、绍兴。与2019年相比减少了6个城市，约占所有研究单元的12.73%。其中，中游城市有3个，下游城市有11个。

第四层级中，分项指数在0.7026～1.3248的城市有33个，包括自贡、芜湖、贵阳、阜阳、淮北、台州、湖州、马鞍山、德阳、遂宁、金华、内江、

表5-7　2020年长江经济带人与自然协调分项排名情况及与2019年对比

排名	城市	得分	排名	城市	得分	排名	城市	得分	排名	城市	得分	排名	城市	得分	排名	城市	得分
1–	上海	8.9801	20↑	温州	1.4437	39↓	蚌埠	0.9963	57↑	宜宾	0.6775	75↓	常德	0.4679	93↓	郴州	0.3257
2↑	无锡	3.9270	21↑	鄂州	1.4303	40↓	南充	0.9913	58–	泸州	0.6769	76↓	绵阳	0.4671	94↓	赣州	0.3206
3↑	南京	3.3500	22↑	绍兴	1.4031	41↑	黄石	0.9795	59↑	达州	0.6392	77↑	六安	0.4554	95↓	昭通	0.3174
4↑	苏州	3.3033	23↑	自贡	1.3248	42↓	淮安	0.9315	60↑	九江	0.6105	78↓	上饶	0.4357	96↓	永州	0.2951
5–	武汉	3.1334	24↑	芜湖	1.3086	43↑	湘潭	0.9227	61↑	滁州	0.6091	79↓	荆门	0.4178	97–	丽水	0.2865
6↑	常州	2.7759	25↑	贵阳	1.3041	44↑	孝感	0.9165	62↑	景德镇	0.6033	80↓	宣城	0.4087	98↓	曲靖	0.2850
7↑	成都	2.6676	26↓	阜阳	1.2622	45↓	铜陵	0.9086	63↓	荆州	0.5809	81↓	宜昌	0.3881	99↓	玉溪	0.2778
8↑	嘉兴	2.5538	27↑	淮北	1.2251	46↑	亳州	0.8790	64↓	安庆	0.5760	82↓	安顺	0.3868	100↑	毕节	0.2777
9↑	宁波	2.1948	28↑	台州	1.2216	47↑	鹰潭	0.8675	65↑	衡阳	0.5642	83↓	益阳	0.3785	101↑	铜仁	0.2727
10↑	舟山	2.1023	29↑	湖州	1.2100	48↑	重庆	0.8323	66↑	乐山	0.5593	84↓	邵阳	0.3540	102↑	十堰	0.2297
11↑	镇江	1.9558	30↑	马鞍山	1.1839	49↑	宿州	0.8309	67↑	株洲	0.5508	85↓	遵义	0.3510	103↑	雅安	0.2049
12↑	长沙	1.8916	31↑	德阳	1.1726	50↑	萍乡	0.8097	68↓	巴中	0.5273	86–	随州	0.3495	104↑	怀化	0.1774
13↑	泰州	1.7958	32↑	遂宁	1.1440	51↑	资阳	0.8094	69↑	衢州	0.5191	87↓	广元	0.3455	105↓	张家界	0.1693
14↑	南昌	1.6492	33↑	金华	1.1374	52–	娄底	0.8029	70↓	黄冈	0.5084	88↓	抚州	0.3380	106↓	吉安	0.1606
15↑	合肥	1.6230	34↑	内江	1.1265	53↓	盐城	0.7744	71↓	襄阳	0.5078	89↓	池州	0.3372	107↑	保山	0.1470
16–	扬州	1.6195	35–	连云港	1.1161	54↓	眉山	0.7702	72↓	岳阳	0.5052	90↓	六盘水	0.3363	108–	临沧	0.0885
17–	南通	1.5951	36↑	广安	1.1098	55↑	新余	0.7579	73↑	宜春	0.5022	91↓	黄山	0.3330	109↓	丽江	0.0595
18↑	杭州	1.5895	37↑	淮南	1.1042	56↑	昆明	0.7025	74↑	咸宁	0.4743	92↓	攀枝花	0.3320	110–	普洱	0.0489
19↑	徐州	1.5086	38↑	宿迁	1.0538												

注：表中斜体城市为直辖市、副省级城市或省会城市。

连云港、广安、淮南、宿迁、蚌埠、南充、黄石、淮安、湘潭、孝感、铜陵、亳州、鹰潭、重庆、宿州、萍乡、资阳、娄底、盐城、眉山、新余。与2019年相比增加了4个城市，约占所有研究单元的30.00%。其中，上游城市有10个，中游城市有7个，下游城市有16个。

第五层级中，分项指数在0.0489~0.7025的城市有55个，包括昆明、宜宾、泸州、达州、九江、滁州、景德镇、荆州、安庆、衡阳、乐山、株洲、巴中、衢州、黄冈、襄阳、岳阳、宜春、咸宁、常德、绵阳、六安、上饶、荆门、宣城、宜昌、安顺、益阳、邵阳、遵义、随州、广元、抚州、池州、六盘水、黄山、攀枝花、郴州、赣州、昭通、永州、丽水、曲靖、玉溪、毕节、铜仁、十堰、雅安、怀化、张家界、吉安、保山、临沧、丽江、普洱。与2019年相较增加了4个城市，约占所有研究单元的50.00%。其中，上游城市有22个，中游城市有25个，下游城市有8个。

第三层级以上的城市有22个，2019年为29个，在人与自然协调分项中2020年第三层级以上城市数量有所下降。

第三节 融合度指数分析

上文展示了2020年长江经济带110个地级及以上城市的融合度及其与2019年对比情况，融合度指数包含生态优美、交通顺畅、经济协调、市场统一、机制科学五个方面，下文依次展开说明。

一 生态优美

生态优美分项包括3个指标，分别为环境空气质量优良天数、万元GDP"三废"污染排放和建成区绿化覆盖率。从表5-8可知，总体上看融合度指数生态优美分项中，相较于2019年，排名上升的城市有57个，排名下降的城市50个，排名保持不变的城市3个。

通过分析可知，下游41个城市中，有8个城市的排名处于前1/3，15个城市处于中间1/3，18个城市排名处于后1/3；中游36个城市中，有16个

表5-8　2020年长江经济带生态优美分项排名情况及与2019年对比

排名	城市	得分	排名	城市	得分	排名	城市	得分	排名	城市	得分	排名	城市	得分	排名	城市	得分
1↑	景德镇	1.7161	20↑	巴中	1.1357	39↑	宁波	1.0440	57↓	扬州	0.9710	75↑	温州	0.9205	93↑	资阳	0.8330
2↑	抚州	1.5273	21↑	玉溪	1.1342	40↑	广元	1.0396	58↓	自贡	0.9649	76↓	永州	0.9059	94↑	益阳	0.8329
3↑	萍乡	1.5186	22↑	邵阳	1.1280	41↓	南京	1.0363	59↓	盐城	0.9621	77↑	六盘水	0.8963	95↓	安庆	0.8327
4↑	新余	1.4956	23↑	十堰	1.1279	42↑	绍兴	1.0348	60↓	重庆	0.9510	78↓	泰州	0.8962	96↑	宿迁	0.8296
5↑	赣州	1.4849	24↑	遵义	1.1244	43↑	咸宁	1.0280	61↑	合肥	0.9498	79↓	淮安	0.8947	97↑	普洱	0.8247
6↓	黄山	1.4750	25↓	贵阳	1.1185	44↑	马鞍山	1.0236	62↑	衢州	0.9462	80↓	临沧	0.8933	98↓	长沙	0.8183
7↑	宜春	1.4342	26↑	湖州	1.1126	45↑	娄底	1.0225	63↑	铜仁	0.9453	81↓	孝感	0.8866	99↑	荆门	0.7904
8↑	上饶	1.3794	27↓	衡阳	1.1006	45↓	曲靖	1.0225	64↑	湘潭	0.9423	82↓	滁州	0.8862	100↑	宜昌	0.7901
9-	郴州	1.3243	28↑	铜陵	1.0986	47↓	株洲	1.0181	65↑	攀枝花	0.9397	83↓	常州	0.8861	101↑	徐州	0.7871
10-	吉安	1.2840	29↑	常德	1.0941	48↑	南通	1.0140	66↑	泸州	0.9380	84↑	襄阳	0.8842	102↑	昭通	0.7796
11↑	舟山	1.2392	30↑	遂宁	1.0912	49↑	南昌	1.0087	67↑	成都	0.9271	85↓	无锡	0.8835	103↑	嘉兴	0.7710
12↑	台州	1.2295	31↑	丽江	1.0873	50↑	鄂州	1.0039	68↑	蚌埠	0.9269	86↓	达州	0.8717	104↓	宜宾	0.7537
13↓	南充	1.2185	32↓	杭州	1.0800	51↑	保山	0.9988	69↑	芜湖	0.9261	87↓	连云港	0.8715	105↑	上海	0.7222
14↓	池州	1.2139	33↑	毕节	1.0788	52↑	黄冈	0.9930	70↓	随州	0.9244	88↑	黄石	0.8673	106↓	荆州	0.6593
15↑	九江	1.2129	34↑	雅安	1.0653	53↑	怀化	0.9875	71↓	武汉	0.9243	89↑	内江	0.8635	107↓	亳州	0.5657
16↑	昆明	1.2017	35↑	广安	1.0650	54↑	金华	0.9835	72↓	苏州	0.9216	90↓	德阳	0.8557	108↑	阜阳	0.5169
17↓	鹰潭	1.1744	36↑	岳阳	1.0480	55↑	乐山	0.9767	73↓	张家界	0.9212	91↓	淮北	0.8417	109↓	淮南	0.4975
18↑	安顺	1.1528	37↑	六安	1.0459	56↓	绵阳	0.9743	74↓	镇江	0.9205	92↓	眉山	0.8398	110↓	宿州	0.2278
19↑	丽水	1.1482	38↑	宣城	1.0441												

注：表中斜体城市为直辖市、副省级城市或省会城市。

113

城市的排名处于前 1/3，10 个城市处于中间 1/3，10 个城市排名处于后 1/3；上游 33 个城市中，有 12 个城市的排名处于前 1/3，11 个城市处于中间 1/3，10 个城市排名处于后 1/3。

分城市来看，采用 ArcGIS 自然断裂点法将 110 个城市划分为五个层级。

第一层级中，分项指数大于 1.2841 的城市有 9 个，分别为景德镇、抚州、萍乡、新余、赣州、黄山、宜春、上饶、郴州。与 2019 年相较减少了 14 个城市，占全体研究单元的 8.18%。其中，中游城市 8 个，下游城市 1 个。

第二层级中，分项指数在 1.0481~1.2840 的城市有 26 个，分别为吉安、舟山、台州、南充、池州、九江、昆明、鹰潭、安顺、丽水、巴中、玉溪、邵阳、十堰、遵义、贵阳、湖州、衡阳、铜陵、常德、遂宁、丽江、杭州、毕节、雅安、广安。与 2019 年相较减少了 8 个城市，约占所有研究单元的 23.64%。其中，上游城市有 12 个，中游城市有 7 个，下游城市有 7 个。

第三层级中，分项指数在 0.9060~1.0480 的城市有 40 个，包括岳阳、六安、宣城、宁波、广元、南京、绍兴、咸宁、马鞍山、娄底、曲靖、株洲、南通、南昌、鄂州、保山、黄冈、怀化、金华、乐山、绵阳、扬州、自贡、盐城、重庆、合肥、衢州、铜仁、湘潭、攀枝花、泸州、成都、蚌埠、芜湖、随州、武汉、苏州、张家界、镇江、温州。与 2019 年相比增加了 13 个城市，约占所有研究单元的 36.36%。其中，上游城市有 11 个，中游城市有 12 个，下游城市有 17 个。

第四层级中，分项指数在 0.5658~0.9059 的城市有 31 个，包括永州、六盘水、泰州、淮安、临沧、孝感、滁州、常州、襄阳、无锡、达州、连云港、黄石、内江、德阳、淮北、眉山、资阳、益阳、安庆、宿迁、普洱、长沙、荆门、宜昌、徐州、昭通、嘉兴、宜宾、上海、荆州。与 2019 年相比增加了 12 个城市，约占所有研究单元的 28.18%。其中，上游城市有 10 个，中游城市有 9 个，下游城市有 12 个。

第五层级中，分项指数在 0.2278~0.5657 的城市有 4 个，包括亳州、阜阳、淮南、宿州，约占所有研究单元的 3.64%。与 2019 年相较减少了 4

个城市。其中，下游城市有 4 个。

第三层级以上的城市有 75 个，2019 年为 84 个，在生态优美分项中2020 年第三层级以上城市数量有小幅下降。

二　交通顺畅

交通顺畅分项包括 2 个指标，分别为单位行政区面积实有城市道路面积和单位行政区面积实有高速公路里程。从表 5-9 可知，总体上看融合度指数交通顺畅分项中，相较于 2019 年，排名上升的城市有 55 个，排名下降的城市有 55 个。

通过分析可知，下游 41 个城市中，有 24 个城市的排名处于前1/3，11 个城市处于中间 1/3，6 个城市排名处于后 1/3；中游 36 个城市中，有 7 个城市的排名处于前 1/3，14 个城市处于中间 1/3，15 个城市排名处于后 1/3；上游 33 个城市中，有 5 个城市的排名处于前 1/3，11 个城市处于中间 1/3，17 个城市排名处于后 1/3。

分城市来看，采用 ArcGIS 自然断裂点法将 110 个城市划分为五个层级。

第一层级中，分项指数大于 4.8672 的城市有 1 个，仅有上海。

第二层级中，分项指数在 1.9643~4.8671 的城市有 6 个，分别为南京、武汉、无锡、常州、苏州、成都，约占所有研究单元的 5.45%。与 2019 年相较增加了 1 个城市。其中，上游城市有 1 个，中游城市有 1 个，下游城市有 4 个。

第三层级中，分项指数在 1.2395~1.9642 的城市有 16 个，包括长沙、鄂州、嘉兴、舟山、芜湖、合肥、宁波、镇江、湖州、自贡、贵阳、绍兴、泰州、杭州、南昌、南通。与 2019 年相比减少了 11 个城市，约占所有研究单元的 14.55%。其中，上游城市有 2 个，中游城市有 3 个，下游城市有11 个。

第四层级中，分项指数在 0.6658~1.2394 的城市有 34 个，包括遂宁、铜陵、黄石、马鞍山、淮北、扬州、湘潭、连云港、淮安、徐州、台州、广安、新余、萍乡、资阳、昆明、蚌埠、温州、内江、淮南、株洲、重庆、孝感、

表 5-9 2020 年长江经济带交通顺畅分项排名情况及与 2019 年对比

排名	城市	得分
1↑	上海	9.0117
2↑	南京	4.8671
3↑	武汉	3.5910
4↑	无锡	3.0950
5↑	常州	2.8316
6↑	苏州	2.8125
7↑	成都	2.7329
8↑	长沙	1.9642
9↑	鄂州	1.9441
10↑	嘉兴	1.8722
11↓	舟山	1.7529
12↓	芜湖	1.6794
13↑	合肥	1.6166
14↑	宁波	1.6134
15↓	镇江	1.5836
16↓	湖州	1.5555
17↓	自贡	1.4921
18↑	贵阳	1.4388
19↓	绍兴	1.4234
20↑	泰州	1.4224
21↑	杭州	1.4116
22↑	南昌	1.4104
23↑	南通	1.3557
24↑	遂宁	1.2394
25↑	铜陵	1.2258
26↑	黄石	1.2244
27↑	马鞍山	1.2095
28↑	淮北	1.1716
29↑	扬州	1.1564
30↑	湘潭	1.1271
31↓	连云港	1.0364
32↑	淮安	1.0312
33↓	徐州	1.0284
34↑	台州	1.0159
35↓	广安	1.0104
36↓	新余	1.0079
37↓	萍乡	0.9913
38↑	资阳	0.9872
39↓	昆明	0.9698
40↓	蚌埠	0.9627
41↓	温州	0.9524
42↓	内江	0.9418
43↑	淮南	0.9223
44↑	株洲	0.8755
45↓	重庆	0.8597
46↑	孝感	0.8433
47↑	眉山	0.8400
48↑	德阳	0.8171
49↑	景德镇	0.8119
50↑	泸州	0.7998
51↑	南充	0.7782
52↑	郴州	0.7570
53↓	衢州	0.7420
54↓	金华	0.7302
55↓	咸宁	0.7302
56↓	安顺	0.7251
57↑	滁州	0.7131
58↑	亳州	0.6657
59↑	衡阳	0.6570
60↑	宿迁	0.6554
61↑	宿州	0.6513
62↑	阜阳	0.6025
63↑	荆州	0.5958
64↑	宜春	0.5925
65↓	六盘水	0.5910
66↓	抚州	0.5894
67↓	赣州	0.5621
68↓	宜昌	0.5498
69↓	黄山	0.5425
70↑	黄冈	0.5379
71↓	益阳	0.5329
72↓	攀枝花	0.5326
73↓	襄阳	0.5316
74↓	岳阳	0.5242
75↑	娄底	0.5197
76↑	盐城	0.5177
77↓	宜宾	0.5148
78↑	铜仁	0.5143
79↑	荆门	0.5097
80↑	九江	0.5054
81↑	宣城	0.5026
82↓	遵义	0.4933
83↑	乐山	0.4813
84↓	鹰潭	0.4718
85↓	玉溪	0.4621
86↑	曲靖	0.4609
87↑	安庆	0.4590
88↓	随州	0.4474
89↓	池州	0.4441
90↓	上饶	0.4160
91↓	毕节	0.4075
92↓	巴中	0.4036
93↑	绵阳	0.3781
94↑	达州	0.3662
95↓	六安	0.3645
96↓	常德	0.3633
97↑	吉安	0.3596
98↑	邵阳	0.3396
99↑	昭通	0.3396
100↓	十堰	0.2952
101↑	广元	0.2917
102↓	丽水	0.2773
103↓	雅安	0.2737
104↓	怀化	0.2700
105↓	永州	0.2676
106↓	保山	0.2279
107↓	张家界	0.2243
108↓	丽江	0.1170
109↓	普洱	0.0798
110↓	临沧	0.0061

注：表中斜体城市为直辖市、副省级城市或省会城市。

眉山、德阳、景德镇、泸州、南充、郴州、衢州、金华、咸宁、安顺、滁州。与2019年相比减少了17个城市，约占所有研究单元的30.91%。其中，上游城市有11个，中游城市有9个，下游城市有14个。

第五层级中，分项指数在0.0061～0.6657的城市有53个，包括亳州、衡阳、宿迁、宿州、阜阳、荆州、宜春、六盘水、抚州、赣州、宜昌、黄山、黄冈、益阳、攀枝花、襄阳、岳阳、娄底、盐城、宜宾、铜仁、荆门、九江、宣城、遵义、乐山、鹰潭、玉溪、曲靖、安庆、随州、池州、上饶、毕节、巴中、绵阳、达州、六安、常德、吉安、邵阳、昭通、十堰、广元、丽水、雅安、怀化、永州、保山、张家界、丽江、普洱、临沧，约占所有研究单元的48.18%。与2019年相较增加了29个城市。其中上游城市19个，中游城市23个，下游城市11个。

由于指标变动，第三层级以上的城市仅有23个。

三 经济协调

经济协调分项包括2个指标，分别为人均GDP和R&D经费支出占财政支出的比重。从表5-10可知，总体上看融合度指数经济协调分项中，相较于2019年，排名上升的城市有57个，排名下降的城市43个，排名保持不变的城市10个。

通过分析可知，下游41个城市中，有24个城市的排名处于前1/3，11个城市处于中间1/3，6个城市排名处于后1/3；中游36个城市中，有9个城市的排名处于前1/3，18个城市处于中间1/3，9个城市排名处于后1/3；上游33个城市中，有3个城市的排名处于前1/3，7个城市处于中间1/3，23个城市排名处于后1/3。

分城市来看，采用ArcGIS自然断裂点法将110个城市划分为五个层级。

第一层级中，分项指数大于2.1083的城市有9个，分别为合肥、苏州、芜湖、南京、杭州、宁波、武汉、上海、无锡，占全体研究单元的8.18%。与2019年相较无增减，仅排名略有变化。其中，中游城市1个，下游城市8个。合肥、苏州、芜湖、杭州和上海为G60科创走廊城市。

117

表5-10　2020年长江经济带经济协调分项排名情况及与2019年对比

排名	城市	得分	排名	城市	得分	排名	城市	得分	排名	城市	得分	排名	城市	得分	排名	城市	得分
1-	合肥	3.6775	20↑	成都	1.6388	39↓	荆门	1.0609	57↑	常德	0.7979	75↑	淮北	0.5848	93↑	宿州	0.3597
2-	苏州	3.3207	21↑	南昌	1.5862	40↓	台州	1.0594	58↑	攀枝花	0.7865	76↑	六盘水	0.5630	94↑	曲靖	0.3200
3↑	芜湖	3.0555	22↑	舟山	1.5625	41↑	黄山	1.0199	59↓	咸宁	0.7730	77↓	益阳	0.5433	95↓	资阳	0.3173
4↓	南京	2.5663	23↓	湖州	1.5350	42↑	徐州	1.0158	60↑	景德镇	0.7717	78↑	上饶	0.5262	96↓	邵阳	0.3078
4↑	杭州	2.5663	24↑	扬州	1.5029	43↑	温州	1.0120	61↓	抚州	0.7676	79↓	永州	0.5182	97↓	阜阳	0.2849
6↓	宁波	2.4209	25↓	蚌埠	1.4609	44↑	金华	1.0063	62↑	吉安	0.7453	80↑	随州	0.5111	98↓	张家界	0.2837
7↑	武汉	2.3843	26↓	鹰潭	1.3878	45↑	新余	0.9810	63↑	赣州	0.7441	81↑	荆州	0.5101	99↑	眉山	0.2785
8↓	上海	2.3801	27↑	宜昌	1.3398	46↑	昆明	0.9527	64↓	德阳	0.7245	82↑	毕节	0.5004	100↓	内江	0.2760
9↓	无锡	2.2920	28↑	泰州	1.3327	47↑	宿迁	0.9405	65↓	孝感	0.7181	83↓	安顺	0.4965	101↑	广元	0.2208
10↓	株洲	2.1082	29↑	玉溪	1.3305	48↑	淮安	0.9351	66↓	池州	0.7010	84↓	娄底	0.4875	102↑	保山	0.2153
11↓	常州	1.8946	30↑	宣城	1.2863	49↑	九江	0.9325	67↓	绵阳	0.6741	85↓	铜仁	0.4443	103↓	丽江	0.2141
12↓	南通	1.8586	31↑	贵阳	1.2356	50↑	重庆	0.8786	68↑	自贡	0.6680	86-	淮南	0.4436	104-	达州	0.2102
13↓	绍兴	1.8450	32↑	襄阳	1.2243	51↑	萍乡	0.8352	69↑	衡阳	0.6647	87-	泸州	0.4410	105↑	临沧	0.2022
14↓	湘潭	1.8077	33↓	盐城	1.2048	52↑	黄石	0.8265	70↑	宜宾	0.6415	88↑	黄冈	0.4401	106-	南充	0.1996
15-	镇江	1.7785	34↓	滁州	1.1748	53↓	安庆	0.8130	71↓	怀化	0.6247	89↓	六安	0.4348	107↓	普洱	0.1920
16↑	长沙	1.7655	35↓	衢州	1.1228	54↑	郴州	0.8081	72↓	十堰	0.6145	90↑	乐山	0.4234	108↓	广安	0.1756
17↑	嘉兴	1.7603	36↑	鄂州	1.1171	55↓	丽水	0.8006	73↓	雅安	0.6127	91↑	遂宁	0.3713	109-	巴中	0.0351
18↓	马鞍山	1.6958	37-	宜春	1.0748	56↓	连云港	0.7986	74↑	遵义	0.5933	92↓	亳州	0.3699	110-	昭通	0.0000
19↓	铜陵	1.6461	38↓	岳阳	1.0625												

注：表中斜体城市为直辖市、副省级城市或省会城市。

第二层级中，分项指数在 1.3879～2.1082 的城市有 16 个，分别为株洲、常州、南通、绍兴、湘潭、镇江、长沙、嘉兴、马鞍山、铜陵、成都、南昌、舟山、湖州、扬州、蚌埠，约占所有研究单元的 14.55%。与 2019 年相较减少了 7 个城市。其中，上游城市有 1 个，中游城市有 4 个，下游城市有 11 个。

第三层级中，分项指数在 0.8787～1.3878 的城市有 24 个，包括鹰潭、宜昌、泰州、玉溪、宣城、贵阳、襄阳、盐城、滁州、衢州、鄂州、宜春、岳阳、荆门、台州、黄山、徐州、温州、金华、新余、昆明、宿迁、淮安、九江。与 2019 年相比无增减，约占所有研究单元的 21.82%。其中，上游城市有 3 个，中游城市有 9 个，下游城市有 12 个。

第四层级中，分项指数在 0.4444～0.8786 的城市有 35 个，包括重庆、萍乡、黄石、安庆、郴州、丽水、连云港、常德、攀枝花、咸宁、景德镇、抚州、吉安、赣州、德阳、孝感、池州、绵阳、自贡、衡阳、宜宾、怀化、十堰、雅安、遵义、淮北、六盘水、益阳、上饶、永州、随州、荆州、毕节、安顺、娄底。与 2019 年相比增加了 6 个城市，约占所有研究单元的 31.82%。其中，上游城市有 11 个，中游城市有 19 个，下游城市有 5 个。

第五层级中，分项指数在 0.0000～0.4443 的城市有 26 个，包括铜仁、淮南、泸州、黄冈、六安、乐山、遂宁、亳州、宿州、曲靖、资阳、邵阳、阜阳、张家界、眉山、内江、广元、保山、丽江、达州、临沧、南充、普洱、广安、巴中、昭通，约占所有研究单元的 23.64%。与 2019 年相较增加了 1 个城市。其中，上游城市有 18 个，中游城市有 3 个，下游城市有 5 个。

第三层级以上的城市有 49 个，2019 年为 56 个，在经济协调分项中 2020 年第三层级以上城市数量有小幅下降。

四 市场统一及机制科学

市场统一分项包括 2 个指标，分别为国内 100 强企业分支机构数和世界 100 强企业分支机构数。从表 5-11 可知，总体上看融合度指数市场统一分项中，相较于 2019 年，排名上升的城市有 61 个，排名下降的城市 46 个，

表5-11 2020年长江经济带市场统一分项排名情况及与2019年对比

排名	城市	得分	排名	城市	得分	排名	城市	得分	排名	城市	得分	排名	城市	得分	排名	城市	得分
1-	上海	22.5457	20↑	徐州	1.1496	39↓	镇江	0.3572	57↓	襄阳	0.1581	72↑	黄石	0.0949	91↓	绵阳	0.0632
2↑	武汉	8.7653	21↓	湖州	1.0622	39↑	舟山	0.3572	57↑	衡阳	0.1581	72↑	鄂州	0.0949	91↑	铜仁	0.0632
3↑	成都	7.9469	22↓	宿迁	0.8278	39-	眉山	0.3572	57↑	邵阳	0.1581	72↑	荆门	0.0949	91↑	玉溪	0.0632
4↑	杭州	6.8084	23↑	盐城	0.7106	42↓	九江	0.3255	57↑	益阳	0.1581	72↑	随州	0.0949	96↑	淮北	0.0316
5↑	重庆	6.0476	24↑	六安	0.6641	43↑	株洲	0.3162	57↓	郴州	0.1581	72↓	攀枝花	0.0949	96↓	黄山	0.0316
6↓	南京	5.6569	25↓	滁州	0.6511	43↓	娄底	0.3162	62↑	阜阳	0.1265	72↑	德阳	0.0949	96↓	曲靖	0.0316
7↑	合肥	3.9511	26↑	泰州	0.6288	45↑	常德	0.2939	62↑	铜陵	0.1265	72↑	遂宁	0.0949	96↓	普洱	0.0316
8↑	南昌	3.6497	27↓	绍兴	0.5971	46↓	荆州	0.2846	62↑	宜春	0.1265	72↑	南充	0.0949	100↑	萍乡	0.0000
9↓	苏州	3.6404	28↑	金华	0.5116	47↓	台州	0.2530	62↑	上饶	0.1265	72↑	乐山	0.0949	100↑	鹰潭	0.0000
10↓	宁波	3.3800	29↑	孝感	0.4930	47↓	宣城	0.2530	62↓	永州	0.1265	72↓	宜宾	0.0949	100↓	吉安	0.0000
11↓	长沙	2.8443	30↑	安庆	0.4613	47↓	宜昌	0.2530	62↓	泸州	0.1265	72↑	雅安	0.0949	100↓	张家界	0.0000
12↑	昆明	2.7364	31↑	淮安	0.4297	50↑	亳州	0.2307	62↑	广元	0.1265	72↑	资阳	0.0949	100↑	自贡	0.0000
13↓	贵阳	2.3383	32↑	赣州	0.4204	50↑	池州	0.2307	62↑	达州	0.1265	72↑	六盘水	0.0949	100↓	内江	0.0000
14↑	无锡	2.0407	33↑	马鞍山	0.4111	52↑	十堰	0.2214	62↑	巴中	0.1265	72↑	安顺	0.0949	100↑	广安	0.0000
15↓	嘉兴	1.8211	34↑	连云港	0.3981	52↓	咸宁	0.2214	62↑	遵义	0.1265	72↓	保山	0.0949	100↓	毕节	0.0000
16-	南通	1.6593	35↓	扬州	0.3981	52↑	湘潭	0.2214	72↓	景德镇	0.0949	90↑	衢州	0.0726	100↓	昭通	0.0000
17↑	温州	1.5254	36↑	黄冈	0.3888	55↑	宿州	0.1990	72↑	新余	0.0949	91↑	丽水	0.0632	100↓	丽江	0.0000
18↑	芜湖	1.2705	37↑	岳阳	0.3888	55↑	淮南	0.1990	72↑	抚州	0.0949	91↓	怀化	0.0632	100↓	临沧	0.0000
19↑	常州	1.2259	38↑	蚌埠	0.3851												

注：表中斜体城市为直辖市、副省级城市或省会城市。

排名保持不变的城市 3 个。

通过分析可知，下游 41 个城市中，有 26 个城市的排名处于前 1/3，11 个城市处于中间 1/3，4 个城市排名处于后 1/3；中游 36 个城市中，有 6 个城市的排名处于前 1/3，19 个城市处于中间 1/3，11 个城市排名处于后 1/3；上游 33 个城市中，有 4 个城市的排名处于前 1/3，6 个城市处于中间 1/3，23 个城市排名处于后 1/3。

分城市来看，采用 ArcGIS 自然断裂点法将 110 个城市划分为五个层级。

第一层级中，分项指数大于 8.7654 的城市有 1 个，仅有上海。与 2019 年相较无增减。

第二层级中，分项指数在 3.9512～8.7653 的城市有 5 个，分别为武汉、成都、杭州、重庆、南京，约占所有研究单元的 4.55%。与 2019 年相较减少了 1 个城市，苏州掉出第二层级。其中，上游城市有 2 个，中游城市有 1 个，下游城市有 2 个。

第三层级中，分项指数在 2.3384～3.9511 的城市有 6 个，包括合肥、南昌、苏州、宁波、长沙、昆明。与 2019 年相比无增减，约占所有研究单元的 5.45%。无锡和嘉兴掉出第三层级，苏州进入第三层级。其中，上游城市有 1 个，中游城市有 2 个，下游城市有 3 个。

第四层级中，分项指数在 0.8279～2.3383 的城市有 9 个，包括贵阳、无锡、嘉兴、南通、温州、芜湖、常州、徐州、湖州。与 2019 年相比减少了 11 个城市，约占所有研究单元的 8.18%。其中，上游城市有 1 个，下游城市有 8 个。

第五层级中，分项指数在 0.0000～0.8278 的城市有 89 个，包括宿迁、盐城、六安、滁州、泰州、绍兴、金华、孝感、安庆、淮安、赣州、马鞍山、连云港、扬州、黄冈、岳阳、蚌埠、镇江、舟山、眉山、九江、株洲、娄底、常德、荆州、台州、宣城、宜昌、亳州、池州、十堰、咸宁、湘潭、宿州、淮南、襄阳、衡阳、邵阳、益阳、郴州、阜阳、铜陵、宜春、上饶、永州、泸州、广元、达州、巴中、遵义、景德镇、新余、抚州、黄石、鄂州、荆门、随州、攀枝花、德阳、遂宁、南充、乐山、宜宾、雅安、资阳、六盘水、安顺、保山、衢州、丽水、怀化、绵阳、铜仁、玉溪、淮北、黄山、曲靖、普洱、萍乡、鹰潭、吉安、张家界、自贡、内江、广安、毕节、昭通、丽江、临沧，约占所有研究单元的80.91%，占据了研究区域的4/5。与2019年相较增加了13个城市，其中上游城市29个，中游城市33个，下游城市27个。

第三层级以上的城市有12个，2019年为13个，在市场统一分项中2020年第三层级以上城市数量有小幅下降。同时可以看到，100强企业依然倾向于在省会城市以及区域中心城市布局。

由于机制科学只有1个指标衡量且为唯一的定性指标，即以水资源保护与水环境综合治理为核心的联防联控机制和生态环境补偿机制，旨在衡量长江经济带生态底色水环境的机制建设。110个地级及以上城市的联防联控机制和生态环境补偿机制等相对完善。

第六章 长江经济带协调性均衡发展
存在的问题

第一节 基本公共服务均等化水平亟待提高

一 基本公共服务缺乏总体战略规划

目前，长江经济带未形成一套清晰的、以基本公共服务均等化为首要目的的财政体制和行政管理体制改革的具体实施方案。公共服务差距的根源涉及财政体制、制度结构和政府行政管理体制等方面的问题。其中，财政改革对基本公共服务的经费具有重大而直接的影响；地方政府职能转变以及各级政府（流域内省级、市级、县级等）之间关系的进一步理顺也将直接影响公共服务供给。基本公共服务之间是相互关联的，卫生服务受社会保障制度改革的影响，一个切实可行的基本公共服务均等化战略规划，需要基于相互协调、相互配套的政策体系。如果缺乏充分的统筹协调，部门政策的不一致等情况将不可避免，在一定程度上会影响基本公共服务总体水平的提升，甚至进一步拉大长江经济带各地区间基本公共服务的差距。

二 基本公共服务区域之间差距较大

近年来，长江经济带上中下游间基本公共服务水平相对差距不断缩小，但城乡间及地区间基本公共服务绝对差距仍然较大，公共服务资源配置不均衡、服务水平差异较大等问题仍比较突出，存在较为明显的两极分化现象。从区域层面来说，考虑到基本公共服务水平与地方政府财力密切相关，因

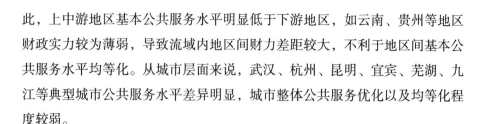

此，上中游地区基本公共服务水平明显低于下游地区，如云南、贵州等地区财政实力较为薄弱，导致流域内地区间财力差距较大，不利于地区间基本公共服务水平均等化。从城市层面来说，武汉、杭州、昆明、宜宾、芜湖、九江等典型城市公共服务水平差异明显，城市整体公共服务优化以及均等化程度较弱。

三 基本公共服务供给存在明显短板

目前，由于流域内各地区经济发展水平差异，各地在基本公共服务供给方面存在异质性，城乡间、区域间、群体间公共服务资源配置不够均衡，尤其是上游地区公共教育、高等级医疗机构、养老服务等供给存在严重不足，导致面向农村地区、经济薄弱地区、弱势群体和外来人口提供的基本公共服务仍存在短板。在公共教育方面，教育资源在不同级别、不同群体、不同城乡之间的配置存在严重的不均衡现象，导致城镇学校短缺、农村教师匮乏、教师岗位"智力挤压"、队伍老龄化严重等问题；在基本医疗卫生方面，云南、贵州等西南地区的医院数量偏少、医疗水平相对较低；在养老服务方面，供给总量不足，现有养老机构结构配置不合理，私立养老院未能有效缓解公立养老院床位紧张局面；流域内失能老年人对生活照料、医疗护理等需求旺盛，但养老服务基础仍较薄弱，照护服务等供需矛盾较为突出。

第二节　基础设施建设水平仍需不断提升

一 信息基础设施仍需完善

从互联网接入户数来看，2020 年重庆以 1424.09 万户遥遥领先，丽江仅有 31.28 万户。从人均指标来看，最高为湖州 0.66 户，最低为昭通 0.14 户。互联网基础设施建设呈现明显的空间差异。

在建设数字长江方面仍有不足，一是已建数字化信息基础设施的作用尚未充分发挥，数字化信息建设成果未能得到充分应用和推广；二是各部门间在长江航运数字信息化建设中缺乏有效的协同，信息系统建设标准不统一、规范不一致、资源共享不够充分；三是部分单位和部门对信息化建设和应用的认识不到位，对数字信息化使用存在畏难情绪和抵触心理，信息系统尚未充分发挥作用。

二 公路交通区域差异明显

2020 年，全国二级及以上等级公路里程 70.24 万公里，占公路总里程的比重为 13.5%。交通基础设施中各省份公路建设情况差异较大，其中长江经济带沿线省份中，江苏省二级及以上公路占比 26.7%，居全国各省区市之首，约是全国平均水平的 2 倍。沿江近一半省份的二级及以上公路占比未及全国平均水平，其中四川仅为 7.7%，为全国平均水平的一半。从沿江各省份建成区公路相关指标看，在长江经济带 110 个城市中单位行政区面积实有城市道路面积最高为上海（4.891 米^2/公里^2），是最低普洱（0.009 米^2/公里^2）的 543 倍，单位行政区面积实有高速公路里程差距相对较小，最高上海（0.133 米^2/公里^2）是最低临沧（0.007 米^2/公里^2）的 19 倍。

三 综合交通网络有待完善

加快推进长江经济带综合立体交通网络建设一直是长江经济带高质量发展的重点。长江干支联动的功能尚未充分发挥，港口、码头数量众多，但现代物流增值服务功能不强、航运服务功能薄弱，存在一定的同质化竞争现象。综合交通枢纽体系尚未形成，港口、机场集疏运体系建设有待加强。应对未来沿江钢铁、石化等产业向沿海转移，沿海通道内既有基础设施支撑能力不足的问题将逐渐凸显。交通运输实现绿色低碳发展任重道远。交通运输节约集约利用资源能力仍需提升，土地、能源、岸线等资源日益紧缺，运输结构调整仍需加快，生态环境压力持续增大。

第三节　人民基本生活保障水平有待提升

一　区域间人均收入存在较大差异

目前，长江经济带上中下游地区人均收入存在较大的差异。从收入绝对值情况看，2020年长江经济带各城市的收入水平表现出下游地区>中游地区>上游地区的态势。中下游除安徽省外，其他省区市城乡居民人均可支配收入相对较高，2020年城乡居民人均可支配收入达37470元；上游除部分省会城市外，大部分城市的城乡居民人均可支配收入在全流域相对偏低，上下游地区城乡居民人均可支配收入存在较大差距。流域内重要节点城市城乡居民人均可支配收入水平差距也较大，收入最高的是上海、浙江、江苏三省（市），其次是重庆和湖北，收入最低的是云南、贵州，上海的城乡居民人均可支配收入约是云南、贵州的3倍。

二　城镇居民人均可支配收入增幅有限

长江经济带不同城镇的收入分配情况存在较大的差异。2020年流域内城镇居民人均可支配收入居全国前列，但与上年相比增幅不大。下游地区城镇居民人均可支配收入最高，但增速不快。从流域内城镇居民人均可支配收入来看，排序前十位的城市包括上海、苏州、杭州、宁波、绍兴、嘉兴、舟山、无锡、湖州和南京，较2019年变化不大。另外，从流域内城镇居民人均可支配收入增速来看，前十位的城市分别是常德、赣州、南充、宜宾、广元、遂宁、达州、巴中、内江和泸州，增速保持在7%左右；中游地区受新冠疫情的影响较大，城镇居民人均可支配收入增幅有限，部分城市甚至出现负增长；上游除部分省会城市外，大部分地区城镇居民人均可支配收入在全流域相对偏低，增长幅度也不大。

三　流域内农村居民收入水平相对较低

目前，流域内各省区市城乡居民人均可支配收入保持快速增长的态势，但农村居民收入水平仍相对较低。一方面，与城镇居民人均可支配收入相比，流域内农村居民人均可支配收入水平较低。2020年长江经济带农村居民人均可支配收入为19482元，高于全国平均水平，但相较于长江经济带城镇居民人均可支配收入（约40000元），二者之间差距仍较大。另一方面，从上游、中游和下游来看，区域间农村居民人均可支配收入差距非常明显，长江经济带上游和中游的平均数值均低于全国水平，尤其是上游地区农村居民人均可支配收入水平最低。2020年长江经济带下游地区农村居民人均可支配收入分别是上游地区的1.90倍、中游地区的1.62倍、全国平均水平的1.14倍。

第四节　生态产品价值期待进一步拓展

一　生态产品价值实现存在度量困难

目前，由于技术手段有限和政策依据不足，长江经济带尚未建立科学完善的生态产品价值评估和核算机制。一方面，长江经济带生态产品种类繁多，不同区域的生态产品价值核算数据来源渠道、衡量指标体系及核算方法模型不同且层次不一，很难准确量化生态产品价值。例如，资溪县的"两山银行"和金溪县的"古村贷"均通过引入第三方机构对地方特色生态产品价值进行评估核算，但其方法确定、价格体系、价值模型等的可复制性和可推广性较低，导致市场认可度不高。另一方面，生态产品交易相关制度机制方面没有定量化的标准，因此，在现行的金融政策、规则体系下，生态产品价值量化的相关工作难以有效推动。

二　生态产品价值实现存在抵押困难

长江经济带生态产品价值实现存在"抵押难"问题，根本原因是生态产品"度量难"、产权不清晰以及风险化解机制不完善。首先，作为公共资源，长江经济带大多生态资源权属的明晰度偏低，从而影响了生态产品的价值实现；其次，特定生态产品产权界定缺少专门的法律依据，规划方案不健全、管理方法存在漏洞，导致生态产品难界定，存在法律真空现象；最后，在生态产品的度量、抵押等制度和机制上缺乏充分的依据和有力的保障，即生态产品价值实现体制机制不健全，无法保障具体的改革措施真正落实落地。

三　生态产品价值实现存在交易困难

一方面，流域内物质产品类及其衍生出的文化服务类生态产品仍没有成熟的交易平台和交易体系，导致生态产品交易难。浙江省东阳和义乌开展的水权交易、重庆市江北区和酉阳县开展的森林覆盖率交易和地票交易等为生态产品的权益交易提供了重要的参考借鉴，但由于交易平台与体系不完善，生态资源权益市场化交易存在一定的困难。另一方面，消费者对优质生态产品的需求日益增长，而流域内各省市在生态产品价值实现的市场机制设置、特许经营权许可、市场准入和退出机制、各利益主体分配方式等方面仍存在不足，在一定程度上加剧了生态产品交易难。

四　生态产品价值实现存在变现困难

目前，流域内各省市生态产品价值实现存在"变现难"问题，生态红利未能充分释放出来。其中，以绿色有机农产品为主的生产和交易大多数仅停留在村镇层面，但在生态产品和资源优势较明显的地区未得到合理开发，因此，该类模式的带动作用有限。以康养休闲为主的旅游产品的文化价值开发不足，当前仅限于贵州、云南、湖南、浙江等地的古村落，而且部分古村落古建筑蕴含的文化价值等难以被市场所认可，实际估价与真实价值存在一定的偏差。

第七章　长江经济带协调性均衡发展的对策建议

第一节　着力推进基本公共服务均等化

一　推进基本公共服务均等化规划

加强长江经济带公共服务均等化统筹规划，建立协调统一的基本公共服务体系，避免重复建设和资源浪费。进一步优化流域上中下游地区人口布局，上游地区主要聚焦吸引农村人口就近到城镇就业或转移到中下游地区，中游地区着重以市域内农村转移人口市民化为突破口，下游地区以吸引跨省市农业转移人口为重点。将城镇户籍居民享有的基本公共服务向农村转移人口拓展。在教育方面，针对农民工子女的义务教育，坚持"以流入地为主、以公办学校接纳为主"；在医疗卫生方面，为农业转移人口提供与当地城市居民同等的医疗卫生服务；在社会保障方面，积极推进农业转移人口参加工伤保险、医疗保险、养老保险、失业保险和生育保险。

加快推进公共服务的标准化和规范化，明确公共服务提供的范围、规范和质量，作为面向公众的服务承诺和监管公共服务的依据。按照不低于国家基本公共服务标准的执行原则，积极推动长江经济带各地区细化地方具体的实施配套标准，确保内容无缺项、目标人群全覆盖、标准不高攀、投入有保障、服务可持续。完善公共教育、社会保险、公共文化体育、残疾人服务等重点行业领域的标准规范，并建立与国家基本公共服务标准相配套的支撑标准体系，同时，加强各行业间的统筹衔接。以更加开放、包容、创新的态度，调动各方力量积极参与，形成推动公共服务高质量发展的强大合力，不断满足人民群众日益增长的美好生活需要。

二 缩小区域间基本公共服务差距

首先，长江经济带在基本医疗卫生、基础设施等基本公共服务方面存在较强的空间相关性，因此，要加强各地区基本公共服务的互联互通，推动区域间基本公共服务一体化。基于地区资源禀赋和历史条件，针对不同经济发展阶段、不同基本公共服务水平和不同地区，采取差异化的基本公共服务政策，实行基本公共服务分层化供给。对于长江上游地区要加大中央财政转移支付力度，弥补地方公共财政不足，对于长江下游地区，对标更高质量、更高水平的发展要求，除了从量上扩大基本公共服务供给外，要突出对质量的保障。

其次，优先推进基本公共服务的普遍覆盖，加大对经济薄弱地区基本公共服务的优先支持力度，缩小地区间财力差距，逐渐补齐贵州、云南等经济欠发达地区的财力缺口，消除两极分化的现象，实现地区间基本公共服务能力均等化。此外，通过引入社会组织和社会资本参与基本公共服务供给，减轻地方政府的公共财政支出压力，同时增强市场活力、带动经济发展，包括残疾人服务、职业教育、大型基建 PPP 项目等。积极发挥新技术在促进农村、上游经济欠发达地区基本公共服务均等化中的作用，加快远程教育、远程医疗等远程服务基础设施建设，把城市优质公共服务资源延伸到农村和偏远地区。

最后，在国家强调教育公平、普及和巩固义务教育的大背景下，加大对民生性基本公共服务的优先支持力度，提高流域内公共资源配置效率。在优化基本公共服务供给结构的基础上，明确基本公共服务供给的优先顺序，优先考虑民生性和基础性的基本公共服务。根据各地区所面临的基本公共服务供需矛盾的特殊性，以及各地区经济发展水平，优先提供当地居民最迫切需要的基本公共服务，有区别、有重点、有针对性地提供相应的服务，尽力提升居民的幸福感和获得感。

三 补齐基本公共服务供给短板

首先，医疗方面最明显的短板是优质医疗资源分布不均衡，基层慢性病管理能力弱。因此，要着力提升流域各地区基层医疗服务水平，多途径发展壮大乡村医疗卫生工作队伍，完善医疗保障经办管理服务网络，加快基层医疗保障经办服务能力建设。完善流域内跨省异地就医直接结算制度体系，全面提升管理服务能力。健全公共卫生应急管理体系，完善重大疫情防控体制机制，提高应对突发重大公共卫生事件的能力。

其次，养老方面主要存在居家养老社区供给侧和长期护理保障两个方面的短板，因此，要加强长江经济带流域乡镇范围内具备综合功能的养老服务机构建设；实施特困人员供养服务设施和服务质量达标工程，进一步提升特困人员供养服务机构托底保障能力；健全养老服务保障或长期护理保障机制，建立长期护理保险制度，各地政府应为失能、半失能老年人提供相应的护理补贴，提高其支付能力，切实优化供给侧服务；健全养老服务培训机制，壮大养老护理员、老年社会工作者队伍；健全养老保险制度体系，促进基本养老保险基金长期平衡。

最后，教育方面的短板主要是城乡义务教育不均衡以及农村教育投入力度较小，因此，要加强流域内教育资源优化配置，统筹教师编制配置和跨区调整，推进"县管校聘"管理改革，推动县（区）域内义务教育校长教师交流轮岗，促进优秀骨干教师资源在学校间均衡分布；实施教师素养提升工程，推进各地区优质学校实施农村教师挂岗学习政策，落实好乡村教师生活补助政策，多措并举提升内生发展动能；科学规划城乡义务教育学校布局，推进义务教育学校标准化建设，改善乡村小规模学校和乡镇寄宿制学校条件，合理有序扩大城镇义务教育学校学位供给。

第二节　加快提升基础公共设施通达性

一　加快建设算力基础设施

数字经济发展速度之快、辐射范围之广、影响程度之深前所未有，正在成为重组全球要素资源、重塑全球经济结构、改变全球竞争格局的关键力量，数字经济的新引擎作用愈加凸显。

一是通信网络基础设施建设加速推进。2021年10月，湖北移动在运营商中率先完成武汉地铁线路5G网络改造，覆盖总运营里程超300公里。2021年，江苏省完成新型信息基础设施建设投资超1000亿元。截至2022年4月，江苏省5G基站累计达14万座，位居全国第二；部署10G-PON（万网）端口96.5万个，排名全国第一；网络IPv6活跃用户数达8014万；在用数据中心机架数约45万架，居全国前列。江苏省5G融合应用步伐加快，工业互联网标识注册量、解析量、接入企业数等均居全国首位。

二是引导社会资本参与系统建设，加快推进全网算力服务资源池、网络互联互通等工作，鼓励各行业探索构建长江经济带算力网络枢纽体系，在能源、水利、交通、农业、政务等方面开展应用示范，并逐步向社会全行业推广。

二 完善公铁路区域网布局

2021年12月印发的《"十四五"长江经济带综合交通运输体系规划》明确强调水陆空齐头并进发展，提升交通网络的通达性，加快建设沿江高速铁路、完善区域公路网布局等。

一是加快建设沿江高速铁路。日前，长三角高铁总里程突破6000公里，三省一市已形成以上海为中心的0.5~3小时高铁都市圈。2023年3月，成渝地区双城经济圈建设重点工程成渝中线高铁首座隧道——黄连堡隧道顺利开挖，标志着全线建设进入快车道。同时，沪渝蓉高铁武宜段首座超千米隧道实现贯通。沪渝蓉高铁是国家"八纵八横"高铁骨干通道之一，由上海至合肥、合肥至武汉、武汉枢纽直通线、武汉至宜昌、宜昌至涪陵、涪陵至重庆、成渝中线等7个项目组成，线路总长约2100公里，全线设计时速350公里。项目建成后将更好地发挥长三角一体化、长江中游城市群和成渝地区双城经济圈辐射带动作用，对推动构建长江综合交通运输体系和长江经济带高质量发展具有重要意义。

二是完善区域公路网。武汉至重庆高速公路于 2022 年纳入国家高速公路网规划，该段高速公路是国家建设综合立体交通网主骨架、湖北建设交通强国示范区的重要支撑，可以加强长江中游城市群与成渝城市群之间的联系，完善湖北省高速公路网。

三　加快形成综合交通网络

"十四五"时期，围绕畅通长江水脉，通过整体规划设计，加快长江经济带交通基础设施的互联互通。突出长江主轴功能，加快推进航道、船舶、港口码头、通关管理"四个标准化"，扎实推进现代化高质量综合立体交通网建设，着力把长江经济带打造成为畅通国内国际双循环的主动脉、综合立体交通网的示范带。

一是系统提升黄金水道功能。加快推进航道标准化建设，加快促进干支航道衔接，推动港口集约高效发展。长江口深水航道、南京以下 12.5 米深水航道、武汉至安庆 6 米水深航道等航道建设和整治工程相继完工，一批长江干流、支流项目开工建设，长江口深水航道疏浚维护稳步推进，推进长江干线航道建设治理工作，增强长江干线航运能力。以长江为主轴的干线航道网主骨架初步形成，江苏港口承接了中西部地区 60% 以上的转运物资，具有国际影响力的江海联运港区正在加快形成。

二是加快推进综合交通一体化融合发展。把交通基础设施互联互通作为畅通循环的先导，重点发挥存量资源潜能、扩大优质增量供给，加快建设东西畅通、南北辐射、有效覆盖、立体互联的长江经济带现代化高质量综合立体交通网。

三是提高运输服务能力和品质。推动形成统一开放的交通运输市场，优化运输组织方式，加快铁水联运发展。2019 年湖北打造长江经济带现代物流聚集示范区·三江港现代物流园项目，于 2020 年底投入使用，该项目是三江港多式联运国家示范工程的重要组成部分，已列入交通部国家物流枢纽园区。可充分发挥三江港铁水公空多式联运的交通优势，实现"港口、产业、城市"集约化、融合化发展，加快鄂州市国际物流核心枢纽城市和长江中游枢纽港口建设，为打造强大的中部市场奠定坚实的基础。

四是着力提升综合交通可持续发展水平。加快发展绿色交通，完善高效率的物流网络，增强智慧创新发展动能。近年来，江苏按照"无缝衔接"理念加快货运物流枢纽布局，建成 50 个物流园区（中心），其中 14 个列入国家重点物流园区，数量列全国第一。社会物流总费用占 GDP 的比例下降至 13.6%，低于全国平均水平 1%，为江苏物流业降本增效、提升制造业竞争优势发挥了重大作用。

国家发改委预计，到 2025 年，基本建成与国家综合交通网布局相衔接、有效满足客货运需求的综合立体交通网络和运输服务系统；到 2035 年，全面建成东西畅通、南北互联、便捷顺畅、经济高效、智能现代、绿色安全的现代化综合交通运输体系。

第三节　夯实推动共同富裕的经济基础

一　着力提升产业链现代化水平

首先，全面提升产业竞争力。围绕 5 个重点打造的世界级产业集群各个子产业进行深入梳理，完善产业链图谱，优化配置资源。同时，以产业链溯源及其技术评估为基础，初步建立起重点产业领域"卡脖子"技术攻关清单，预判攻关时间及其机会窗口。在有限资源投入的情况下，坚持"最缺什么补什么"的原则，以专业化为导向，以环节优化、区域协作为基础，形成"世界级—国家级—省级""三位一体"先进制造业集群梯队，并以此为抓手攻克一批制约产业链自主可控、安全高效的核心技术，使一批卓越产业的竞争实力和创新能力达到国内一流、国际先进水平。

其次，切实增强产业链供应链韧性。实施产业链安全可靠工程，在产业链上下游关键节点形成一批国产化替代的原创成果，大幅提高产业技术自给率和安全性。推动产业链供应链多元化，构建必要的产业备份系统，并强化应急产品生产能力，力争重要产品和供应渠道至少有一个替代来源，提升产业链抗风险能力。发挥产业链优势企业和平台企业作用，依托供应链协同、创新能力共享、数据资源对接等模式提升产业链运行效率和联结水平，并支持建立企业联盟、产业联盟、产业技术创新战略联盟，鼓励采用共享制造等新型生产组织方式，带动专业配套企业协同发展。

最后，大力推进服务化智能化升级。引导制造业企业向两业融合的新型制造模式转变，并积极开展先进制造业与现代服务业深度融合发展试点示范。同时，进一步夯实产业数字化转型基础，制订工业互联网发展行动计划，加快发展优势制造行业的工业核心软件，建设全国顶尖的工业软件企业集聚高地，积极谋划创建工业互联网数据中心、新型互联网交换中心、"5G+工业互联网"融合应用先导区。以智能化为重点方向推动传统产业数字化转型，支持规模以上工业企业开展生产线装备智能化改造，面向重点行业制定数字化转型路线图，形成可推广方案。

二 增强城市群的集聚辐射作用

首先，构建多维协同推进的统筹协调运行机制。遵循顶层设计和统一规划，统筹协调上下游、左右岸、干支流，建立全流域的协调治理机制，并完善跨行政区的利益协调机制，加强 11 省市间、省市县间政府协调联动，调动社会各方的积极性，形成政府联动、企业主动、民间促动的合力。借鉴长三角区域合作和一体化经验与机制，由各政府省（市）长任副组长，11 省市轮流作为领导小组联席会议主席方，每年召开一次会议，研究确定重大合作事项和年度工作计划，协调、指导和推动重大合作项目；执行层由 11 省市发改部门设立联络处，负责收集情况、综合协调、沟通联系、督促落实及日常事务等。

其次，制定城市群总体规划及区域合作发展战略规划。习总书记指出，要优化长江经济带城市群布局，坚持大中小结合、东中西联动，依托长三角、长江中游、成渝这三大城市群带动长江经济带发展。一方面，促进三大城市群各自大中小城市的协调发展，加快区域中心城市和重点镇发展。另一方面，加强城市群间的联动，加快重庆、武汉航运中心建设，加快内陆开放型经济高地建设，推进长三角产业沿长江向长江中游和成渝城市群有序转移，促进三大城市群之间的资源优势互补、产业分工协作、城市互动合作。因此，要在已有规划基础上根据主体功能区统筹推进城市群发展和区域合作。

最后，建立长江经济带协调性均衡发展机制。建立违约惩罚制度，对违约的地方政府采取行政撤免、减少合作项目、取消政策优惠、向社会公布评估结果或启动内部民意压力等间接措施给予一定惩罚。支持建立多边或双边高层对话和议事机制、合作协调机制，定期举办经贸科技活动。进一步培育发展和规范管理社会组织，在行业协会中引入竞争机制，允许"一业多会"，允许按产业链各个环节、经营方式和服务类型设立行业协会，允许跨地域组建、合并组建和分拆组建等。建立健全委托授权机制、合作联动机制、征询机制、监督指导机制等，促进行业协会的有效运转，充分发挥行业协会的桥梁作用。

三 不断完善成果共享实现机制

首先，切实构建发展成果人民共享的组织领导机制。夯实统筹城乡发展的组织基础，构建政府主导、市场主力、群众主体、社会参与、发展成果人民共享的组织领导机制，通过调动各方力量，形成全社会关注、理解、支持和参与的强大力量。探索开展村、社区、非公企业党组织之间结对共建活动，推动城市党建资源向农村延伸、发展要素向农村流动、公共服务向农村覆盖。通过延伸载体、延伸领域、延伸服务畅通联系群众的"动脉"、完善制度创新的"内核"、拓宽方便群众的"路基"。

其次，切实构建发展成果人民共享的利益调节机制。完善长江经济带利益协调机制以确保群众的真切实惠。各级政府要始终坚持把落实富民政策、解决民生问题摆在优先位置，统筹协调各方的利益关系。在促进经济发展的同时，更加维护社会公平，建立覆盖城乡居民的公共服务体系和社会保障体系，逐步建立以权力公平、机会公平、规则公平、分配公平为内容的社会公平保障体系。

最后，切实构建发展成果人民共享的持续发展机制，包括发展成果人民共享的民主政治，进一步促进党群干群关系和谐；发展成果人民共享的繁荣经济，提升城乡居民收入水平，逐步缩小上下游、城乡之间的差距；发展成果人民共享的特色文化及和谐社会，畅通区域间、城乡间居民利益诉求的表达渠道，完善群众维权机制；发展成果人民共享的生态环境，深入推进长江经济带发展成果人民共享的可持续发展。

第四节　探索生态产品价值实现新路径

一　优化 GEP 核算以破解"度量难"

为破解"度量难"问题，最重要的是优先理清产权，全面摸清流域内自然资源资产数量分布、质量等级、权益归属等信息，利用 5G、区块链、云技术等建立开放共享的生态产品信息平台，构建生态产品清单和生态资源资产负债表。完善生态产品价值核算方法，不断修正和优化 GEP 核算指标体系、具体算法、数据来源和统计口径等，切实解决价值核算概念不清晰、边界不明确、思路不统一等问题。要针对流域内不同地区、不同类型的生态产品，配套相应的核算方法，逐步形成科学合理的生态产品价值核算体系，为实现生态产品价值提供核算理论和方法支撑。

以"政府+智库"模式开展相关研究，统一指标体系数据来源和统计口径、计算方法等，切实解决价值核算概念不清晰、边界不明确、思路不统一等问题。推动 GEP"六进"方面，构建 GEP"进规划、进决策、进项目、进交易、进监测、进考核"的应用体系，发挥"指挥棒"作用，促进 GEP 和 GDP 同步增长以及 GEP 向 GDP 高效转化。用好 GEP 核算结果方面，目前流域内"两山"转化效率有待提升，生态补偿资金分配与生态系统价值在空间上存在错位。GEP 核算结果可为生态补偿提供科学合理的定量评价依据，以推动生态补偿制度的完善。可探索建立以 GEP 为导向的生态补偿制度，将 GEP 纳入生态补偿绩效考核，促进生态补偿更加科学合理，引导生态补偿由"输血型"向"造血型"转变。

二 创新绿色金融以破解"抵押难"

发挥政府在生态产品价值实现过程中的主导作用及市场在资源配置中的决定作用，以绿色金融助力生态产品价值实现。在政府层面，加强财税政策、货币政策、信贷政策与产业政策等的协调与配合，为绿色金融发展创建良好的政策环境；在市场层面，要充分发挥上海国际金融中心的优势，在南京、武汉、重庆等地探索建设区域绿色金融中心，探索生态产品和生态资产可抵押、可变现的新路径。

积极推进流域内各项自然资源产权制度改革，完善各类生态产权确权登记、交易流转等配套制度。打造"两山"银行，促进"细碎化"资源整合，推进资本赋能和市场化运作，探索"生态资产权益抵押+项目贷"等绿色金融服务，健全生态产品风险分担机制。开展绿色产品使用权抵押、产品订单抵押等绿色信贷业务，以收储、托管等形式进行资本融资，用于周边生态环境系统整治修复、采煤塌陷区修复改造、乡村休闲旅游开发等区域内生态环境质量提升以及绿色产业、低碳产业发展。此外，着力探索生态产品资产证券化路径与模式。

三 探索权益交易以破解"交易难"

打造由交易中心、鉴定中心、仓储物流中心、金融服务中心、展示中心、产业信息交流中心构成的交易平台，建立包括交易系统、规则、鉴证、交割结算、服务标准、交易监督、诚信体系在内的全域覆盖的生态资产与生态产品市场交易服务体系，同时推动权益交易信息数字化，提高资源配置效率。开展碳排放权、用能权、排污权、生态资源使用权等各类产权交易。探索"生态券"模式，促进"生态券"在生态保护补偿、资源产权流转、权益交易、资源配额交易、生态产业开放等领域的"流通"，将固化的生态产品转变为灵活流通的票据。

一方面，要以公共生态产品政府供给为原则，建立基于 GEP 核算的生态产品政府采购激励机制，引导政府机关和事业单位优先采购生态产品，同时，进一步开展跨区域合作，在完善纵向补偿机制的基础上，建立横向生态保护补偿机制；另一方面，研究制定生态资产交易管理办法，探索建设省级和基层生态产品交易中心，引导社会资本有效盘活闲置或潜在的资源，品质化提升乡村民俗、农村电商、森林康养等业态，推进生态产品供需精准对接，搭建生态产品资源供给方与需求方之间的桥梁，降低生态产品交易难度。

四　发展生态产业以破解"变现难"

第一，通过开展农业面源污染防治、建设"负碳植物工场"、鼓励数字技术赋能生态农业等发展生态循环农业。此外，以绿色优质农产品生产基地为抓手，提升特色农产品品牌的影响力和市场竞争力。同时，鼓励生物多样性利用技术、健康土壤培育技术、高产高效农机农艺结合技术等农业低碳技术研发应用。

第二，科学布局生态工业。积极发展数字经济、电子信息、生物医药等产业，培育壮大高新技术产业和战略性新兴产业，加快发展工业设计、现代物流等现代服务业，大力培育绿色发展的新业态新模式，构建以数字经济为引领、现代制造为支撑的绿色产业体系。

第三，推进生态文旅、康养等产业深度融合。保护好、传承好、利用好流域各地历史文化和生态旅游资源，推动乡村振兴与生态文旅、教育、高端康养等融合发展，扩大绿色就业，拓展增收渠道，扎实推进共同富裕；鼓励各地探索"互联网+"模式，打造县域品牌、企业品牌、中国地理标志产品、地理标志农产品等，构筑区域生态产品的品牌"矩阵"。

第八章　长江经济带协调性均衡发展研究进展

第一节　理论拓展研究

一　用系统观念推进中国式现代化[*]

习近平总书记指出，党的十八大以来，党中央坚持系统谋划、统筹推进党和国家各项事业，根据新的实践需要，形成一系列新布局和新方略，带领全党全国各族人民取得了历史性成就。在这个过程中，系统观念是具有基础性的思想和工作方法。迈上全面建设社会主义现代化国家新征程，我国发展环境面临复杂变化，发展不平衡不充分问题仍然突出，经济社会发展矛盾错综复杂，必须坚持系统观念统筹谋划，前瞻性思考、全局性谋划、整体性推进中国式现代化建设。

（一）前瞻性思考

中华民族伟大复兴的战略全局和世界百年未有之大变局是前瞻性思考的基本出发点，远离"两个大局"无法对中国式现代化作出前瞻性判断。中华民族伟大复兴是国内大局，世界百年未有之大变局是世界大局，这是人类社会发展的大趋势，深刻影响着人类社会的发展方向。世界百年未有之大变局为中国提升在世界的影响力提供了难得契机，创造了中华民族伟大复兴的外部条件。中华民族伟大复兴为世界经济发展、国际格局演变提供了新的动力，推动世界大变局发生深刻性、结构性的变化。

---

[*]　成长春，南通大学江苏长江经济带研究院院长兼首席专家，教授，博导。本部分内容发表于《学习时报》2023 年 1 月 2 日。

中国共产党人在立足于世情国情党情的基础上，开启了中国式现代化的全新探索。谋划和推进党和国家各项工作，必须深入分析和准确判断当前世情国情党情。就世情而言，各国应该共同推动建立以合作共赢为核心的新型国际关系，构建人类命运共同体，贡献全球治理的中国方案。就国情而言，社会主义初级阶段是当代中国的最大国情、最大实际。到21世纪中叶把我国建成富强民主文明和谐美丽的社会主义现代化强国，实现中华民族伟大复兴。就党情而言，新时代以来，全面加强党的领导，全面推进从严治党，着力解决人民群众反映最强烈的突出问题，形成反腐败斗争压倒性态势，党的执政基础更加巩固。坚持系统观念，具有很强的现实针对性和战略引领性。要充分体现中国式现代化的前瞻性思考，必须抓住历史机遇，统筹中华民族伟大复兴战略全局和世界百年未有之大变局，勇于战胜一切风险挑战。

（二）全局性谋划

在一个超大规模人口、经济和社会发展不平衡不充分的发展中大国，如何实现现代化？必须坚持系统观念，以全局性谋划奠定中国式现代化的坚实基础。中国式现代化体现着系统思维的科学布局，是经济、政治、文化、社会、生态等的全方位现代化。全面建设社会主义现代化，需要运用系统思维，进行全局性谋划。中国式现代化是一个整体系统。"五位一体"系统内部有着各自独立又相互联系的子系统，相辅相成、相互促进、互为补充，以把我国建成富强民主文明和谐美丽的社会主义现代化强国为目标，充分彰显了系统思维的整体性。中国式现代化是一个协同体系。全面推进"五位一体"建设，促进现代化建设各个环节、各个方面协调发展，不能长的很长、短的很短。这就需要在深刻把握我国现阶段经济、政治、文化、社会和生态等诸要素运行和关联的基础上，使中国式现代化诸要素有机协同。

中国式现代化是一个发展过程。要坚持发展地而不是静止地、全面地而不是片面地、系统地而不是零散地、普遍联系地而不是单一孤立地观察事物。全局性谋划"五位一体"总体布局，统筹协调经济高质量发展，发展全过程人民民主，繁荣社会主义文化，坚持以人民为中心，促进人与自然和谐共生。

（三）整体性推进

全面建成社会主义现代化强国，总的战略安排是分两步走：从2020年到2035年基本实现社会主义现代化；从2035年到本世纪中叶把我国建成富强民主文明和谐美丽的社会主义现代化强国。通过对现代化战略安排的整体性推进，可以更深刻认识到中国共产党非凡的战略规划能力和战略执行定力。要坚决贯彻两步走战略安排，使战略愿景和战术推动有机结合、目标导向和结果导向有机统一，整体性推进中国式现代化的各项工作。

中国式现代化作为包含众多子系统的复杂系统，其整体效益取决于各子系统运行效率及子系统间的要素分配与利用效率。在国家经济社会发展面临重大任务时，承担或完成跨域任务需要逾越现有体制边界，在更大范围内动员和协调各方面资源，整体性推进区域协调发展。我国区域差异大、发展不平衡，现代化进程不可能齐步走，要鼓励有条件的地区率先实现现代化，而后支持带动其他地区实现现代化。基于比较优势，区域协调以产业合作为契机，开发利用各方资源，形成合理的产业链，实现可持续发展。打破行政区划的束缚，通过协同利益分配，实现共建共享、互利共赢。发挥比较优势，发达地区向欠发达地区转移工业项目，而欠发达地区提供项目建设优势资源，为共同富裕奠定均衡共享的整体性基础。

二　沿着中国式现代化道路走向未来①

党的十九届六中全会通过的《中共中央关于党的百年奋斗重大成就和历史经验的决议》指出，党领导人民成功走出中国式现代化道路，创造了人类文明新形态，拓展了发展中国家走向现代化的途径，给世界上那些既希望加快发展又希望保持自身独立性的国家和民族提供了全新选择。

在百年非凡奋斗历程中，中国共产党把实现现代化作为历史宏愿、奋斗

---

① 成长春，江苏省习近平新时代中国特色社会主义思想研究中心特约研究员、南通大学江苏长江经济带研究院院长；臧乃康，南通大学经济与管理学院教授。本部分内容发表于《群众》（思想理论版）2022年第9期。

目标、使命担当，团结带领中国人民成功走出中国式现代化道路。中国式现代化道路是如何走出来的？答案必须从我们党团结带领人民进行的百年奋斗中去探究，从中华民族对现代化的苦苦求索中去寻找。

——新民主主义革命时期。近代中国半封建半殖民地的基本国情，帝国主义与中华民族、封建主义与人民大众的基本矛盾，决定了如果不进行坚决的、彻底的革命推翻帝国主义、封建主义和官僚资本主义压迫，就不能扫清现代化的根本障碍，就不可能获得进军现代化的基本资格和"入门"条件，更不可能走出一条适合中国国情的现代化发展道路。中国的基本国情决定了反帝反封建的革命任务和现代化建设的历史任务是相互关联、互为条件的两件大事。进行新民主主义革命，不仅是为建立一个独立统一国家而斗争，而且是为建设一个现代化国家创造条件。

——社会主义革命和建设时期。中国共产党团结和领导人民经过 28 年的艰苦奋斗，完成了新民主主义革命，建立了中华人民共和国，确立了社会主义的根本制度。这为当代中国的一切发展进步奠定了根本的政治前提和制度基础，为中国现代化建设创造了根本的政治条件。新中国成立后，现代化被提到党和国家的议事日程上来。党的八大明确将建设现代化工业、农业、交通运输业和国防的任务写入党章，社会主义现代化建设任务成为全党奋进的目标。经过全国上下的艰苦奋斗和不懈努力，建立了独立的比较完整的工业体系和国民经济体系。

——改革开放和社会主义现代化建设新时期。邓小平同志重新定义了现代化的概念："我们定的目标是在本世纪末实现四个现代化。我们的概念与西方不同，我姑且用个新说法，叫作中国式的四个现代化。"他深刻地论述了走中国式现代化道路的前提、性质和方向，提出了具有中国传统文化意蕴的"小康"社会构想，并确定战略路线图。自此，中国式现代化建设道路的目标更加明确、步伐更加坚定。经过全国人民的努力奋斗，全面建设小康社会稳步推进，为实现现代化建设第三步战略目标构建了更为扎实的基础。

——中国特色社会主义新时代。党的十八大以来，以习近平同志为核心的党中央提出了一系列推进社会主义现代化建设的创新理论，不断开辟现代化道路的新境界，开启了全面建设社会主义现代化国家新征程。我国发展的平衡性、协调性、可持续性明显增强，国家经济实力、科技实力、综合国力跃上新台阶，迈上更高质量、更有效率、更加公平、更可持续、更为安全的发展之路。经过全党全国各族人民持续奋斗，我们实现了第一个百年奋斗目标，在中华大地上全面建成小康社会，历史性地解决了绝对贫困问题。在此过程中，党领导人民创造了中华民族发展史和人类社会进步史上的伟大奇迹，开辟了中国式现代化道路。

中国式现代化是人口规模巨大的现代化，是全体人民共同富裕的现代化，是物质文明和精神文明相协调的现代化，是人与自然和谐共生的现代化，是走和平发展道路的现代化。走好中国式现代化道路，必须推动物质文明、政治文明、精神文明、社会文明、生态文明协调发展，创造人类文明新形态。

坚持党的领导，发展全过程人民民主，保证人民当家作主。坚持党的领导是中国式现代化新道路的显著特征。一个国家只有具备一个坚强的组织核心，才能有效驾驭、协调、整合各种社会力量朝着一致的目标和方向前进。党的十九届六中全会强调，党确立习近平同志党中央的核心、全党的核心地位，确立习近平新时代中国特色社会主义思想的指导地位，对新时代党和国家事业发展、对推进中华民族伟大复兴历史进程具有决定性意义。必须深刻领悟"两个确立"的决定性意义，更好地团结人民群众以昂扬斗志投入到民族复兴伟业中去。全过程人民民主核心在"人民"、重点在"全"，要把人民当家作主具体地、现实地体现到党治国理政的政策措施上来，具体地、现实地体现到党和国家机关各个方面各个层级工作上来，具体地、现实地体现到实现人民对美好生活向往的工作上来。

坚持以经济建设为中心，坚持和完善社会主义基本经济制度，推动有效市场和有为政府更好结合。我们既尊重市场经济的基本原则，又着力在制度安排上建立一种体现效率、促进公平的收入分配体系。中国式现代化道路坚持以公有制为主体、多种所有制经济共同发展的基本经济制度，统筹利用国际国内两个市场、两种资源，兼顾效率与公平。要毫不动摇巩固和发展公有制经济，推动国有经济布局优化和结构调整，国有资本和国有企业进一步做强做优做大，建立中国特色现代企业制度；毫不动摇鼓励、支持、引导非公有制经济发展，构建亲清政商关系，民营经济发展环境不断优化。面对新形势新任务，必须把以经济建设为中心作为红线贯穿于全面建设社会主义现代化国家全过程。

坚持社会主义核心价值体系，加强社会主义精神文明建设，不断增强人民精神力量。走好中国式现代化道路，必须坚持马克思主义在意识形态领域的指导地位，坚持以社会主义核心价值观引领文化建设，牢牢把握中国式现代化新道路的性质和方向，凝结全体人民共同的价值追求。要弘扬社会主义先进文化，加强社会主义精神文明建设，不断增强人民精神力量。要坚持和平、发展、公平、正义、民主、自由的全人类共同价值，建设人类命运共同体。要在实践创造中进行文化创造，在历史进步中实现文化进步，更好地构筑中国精神、中国价值、中国力量，让文化软实力成为中国式现代化的有力支撑。

坚持人民立场，努力实现共同富裕，促进人的全面发展和社会全面进步。新时代我国社会主要矛盾发生变化，人民群众对民主、法治、公平、正义等方面的要求日益增长。中国式现代化道路坚持以人民为中心的根本立场，解决群众急难愁盼问题，扎实推进共同富裕，维护社会公平正义，让发展成果更多更公平惠及全体人民，满足人民对美好生活的向往。要发挥"先富带后富、区域共同富"政策效应，为人民群众创造城乡共富的幸福生活，让改革发展成果更多更公平惠及全体人民，在高质量发展中促进共同富裕。

坚持绿色发展，构建生态文明体系，建设美丽中国。中国式现代化道路是可持续发展的道路，实现人与自然之间的协调发展。要积极践行"绿水青山就是金山银山"的理念，坚持生态优先、绿色发展，建立健全生态产品价值实现机制，完善生态系统生产总值（GEP）核算体系，落实碳达峰行动方案。保护好山水林田湖草沙生命共同体，推进经济社会发展全面绿色转型，形成绿色发展方式和生活方式，坚定走生产发展、生活富裕、生态良好的文明发展道路，实现人文之美、生态之美、和谐之美相协调。

三 不断推进全国统一大市场建设①

切实把思想和行动统一到党中央决策部署上来，做到全国一盘棋、统一大市场、畅通大循环。

习近平总书记强调，"发展社会主义市场经济是我们党的一个伟大创造，关键是处理好政府和市场的关系，使市场在资源配置中起决定性作用，更好发挥政府作用"。2022年3月发布的《中共中央 国务院关于加快建设全国统一大市场的意见》（以下简称《意见》）中明确将"有效市场，有为政府"列为工作原则之一。更好发挥政府作用，加快转变政府职能，有助于推动有效市场和有为政府更好结合，从广度和深度上不断推进全国统一大市场建设。

党的十八大以来，以习近平同志为核心的党中央坚持社会主义市场经济改革方向，推动企业自主经营、公平竞争，消费者自由选择、自主消费，商品和要素自由流动、平等交换的现代市场体系加快形成。同时，我国市场体系仍然存在制度规则不够统一、要素资源流动不畅、地方保护和市场分割等突出问题。充分发挥市场在资源配置中的决定性作用，更好发挥政府作用，强化竞争政策基础地位，加快转变政府职能，才能用足用好超大规模市场优势，让需求更好地引领优化供给，让供给更好地服务扩大需求。

在统一市场规则方面积极作为。建设统一大市场的首要前提是基础制度规则的统一。《意见》从完善统一的产权保护制度、实行统一的市场准入制度、维护统一的公平竞争制度、健全统一的社会信用制度等4个方面作出了系统部署。产权保护、市场准入、公平竞争、社会信用4个方面的制度犹如四大支柱，在规范行政权力边界的同时，也创造出让企业良性竞争、让要素

① 成长春，南通大学江苏长江经济带研究院院长兼首席专家，教授，博导。本部分内容发表于《人民日报》2022年9月1日。

自由流动的制度环境，有助于以统一大市场集聚资源、推动增长、激励创新、优化分工、促进竞争。

在推进市场监管公平统一方面积极作为。建设全国统一大市场必须不断提高政策的统一性、规则的一致性、执行的协同性，增强在开放环境中动态维护市场稳定、经济安全的能力，有序扩大统一大市场的影响力和辐射力。监管规则要统一。按照"谁审批、谁监管，谁主管、谁监管"原则，明确监管内容和监管规则，厘清责任链条。监管执法要强化。推进维护统一市场综合执法能力建设，加强知识产权保护、反垄断、反不正当竞争执法力量。监管能力要提升。完善"双随机、一公开"监管、信用监管、"互联网+监管"、跨部门协同监管等方式，加强各类监管的衔接配合。

在优先推进区域协作方面积极作为。推进区域协作要结合区域重大战略、区域协调发展战略实施。在建设全国统一大市场过程中要处理好全局系统谋划与优先推进区域协作之间的关系。比如，统筹谋划区域间重大体制机制改革事项，建立公共品供给协同治理机制和税收收入分享机制，等等。此外，在绩效联合考核和事权与支出责任相匹配等方面也要深化改革，在重点区域内积极探索新型协同治理模式。

建设全国统一大市场，必须破除市场发展和要素流动的各种障碍，形成能够充分发挥各地区比较优势、要素自由流动并能实现资源优化配置的大市场。充分认识建设全国统一大市场对于构建新发展格局的重要意义，切实把思想和行动统一到党中央决策部署上来，做到全国一盘棋、统一大市场、畅通大循环，为构建新发展格局和高水平社会主义市场经济体制提供坚强支撑。

四 推进长三角区域市场一体化发展[①]

加快建设全国统一大市场，是党中央从应对世界百年未有之大变局、促进高质量发展的全局和战略高度出发，着眼于打通国内大循环和建设高标准

---

① 陈晓峰，南通大学经济与管理学院教授、江苏长江经济带研究院产业创新发展研究所所长。本部分内容发表于中国社科网，2022年8月11日。

市场体系的重大举措，也是将我国超大规模市场优势转化为社会主义市场经济巨大制度红利和国际竞争新优势的重要抓手。

毋庸置疑，形成全国统一大市场是全局性的、长期性的目标，是一项具有多主体、多层次、多因素等权变特征的系统工程，需要充分发挥重大区域战略的引领示范作用，有序推进、重点突破，归纳总结并复制推广典型经验做法，以点带面、以面带全，打造统一开放、竞争有序、制度完备、治理完善的高标准市场体系，为构建新发展格局提供强有力的制度支撑。

从制度变迁的一般规律来看，建设统一大市场不是把全国变成一个均质市场，而是要求各地区市场主体竞相开放、相互赋能。因此，率先在经济发展水平相近、资源要素互补性强、市场化水平较高的区域（城市群、都市圈）内推进市场一体化建设工作，是比较便利和可行的。

从区域发展的基本实践来看，长三角地相依、业相近、文相通、人相亲，是我国市场化水平较高、城市梯队分布合理、产业链供应链相对完备的区域之一。而且，区域一体化市场建设始终是贯穿于长三角一体化进程中的鲜明主线。

从国家战略目标导向来看，推进长三角区域一体化高质量发展，既是党中央对长三角区域近40年一体化发展努力和探索的充分肯定，也表明需要在加快推进区域市场一体化发展的基础上，进一步激发超大规模市场潜能，为全国统一大市场建设提供路径遵循。

自2018年以来，长三角率先建设并形成区域一体化市场的条件日趋成熟，有动力、有责任为全国统一大市场的形成做好充分准备，发挥先行先试功能，树立区域一体化市场建设的鲜活样板与实践典范。

强化区域市场制度规则统一。一是以一体化思路和举措加快区域消费品市场、生产要素市场、资本市场及人才市场建设，在市场准入门槛、市场交易规则、要素跨区域流动等方面加强合作、打破藩篱、促进公平竞争，进一步降低制度性交易成本，逐步消除由市场区域分割和市场碎片化带来的诸多弊端。二是注重制度规则（软件）和设施平台（硬件）相结合的市场底层基础建设，逐步加强要素资源市场和商品服务市场相统一的市场内部客体建设，并力争在全国树立高水平无形市场建设标杆。三是发挥自贸试验区改革的溢出效应，结合苏浙沪等地率先开展的国内贸易流通体制改革进行综合试点，加快构建"三共三互"的区域市场规则体系及合作机制。现阶段，可考虑在三省一市率先推进实施市场流通领域的国家、行业和地方标准，加强标准与产业政策、市场准入、监督管理的有效衔接。

提升市场监管现代化和一体化水平。一是以《长三角市场监管一体化发展"十四五"规划》为基本遵循，在统一市场准入准营规则标准、监管执法、市场安全等方面创新联合监管模式与联动工作机制，不断完善区域市场综合监管体系，推进市场监管现代化，建立协同监管信息共享平台，加大和提升数据统筹协调力度和共享效率，进一步提高市场运行分析监测水平。二是出台区域公共资源交易领域的信用管理办法和信用评价标准，并依托长三角市场主体基础数据平台、长三角产权交易共同市场信息发布平台等，加快实现区域内市场主体信用信息归集共享。三是在疫情防控新阶段，地区间需要建立统一的信息共享服务平台，完善不同防控等级下跨地区乃至全国统一的防控标准，并建立相应的市场运行监管体制和机制，严惩扰乱市场秩序的行为。

推动产业链协调与集群跨界共建。一是以先进制造业集群为基础，明确产业链环节及上下游核心关联企业（重点技术）的分布信息，并在积极推进"链长制"改革的基础上，推动跨区域的"链长合作"和"链主合作"，共同制定前沿技术产业化的市场支持政策，共同建设新技术、新模式、新业态应用场景，切实增强区域产业链的整体效能。二是以 G60 科创走廊、环太湖科创圈、沪宁合产业创新带等跨区域平台建设为契机，打造一批空间高度集聚、上下游紧密协同、供应链集约高效、规模大且辨识度高的世界级产业集群，形成资源共享、政策共通的若干跨区域产业集群示范，有效放大长三角世界级产业集群的市场一体化效应。三是重视企业跨区域经营产生的内生效应，鼓励区域内企业并购重组，将地区间低水平产业竞争转变为相互之间的合作，促进长三角区域产业链、供应链、价值链的深度融合与系统重构。

依托重大平台或载体共享共治。一是充分发挥长三角绿色生态一体化发展示范区的引领撬动作用，将示范区在推动跨区域要素流动、一体化分工合作等方面的先行先试经验向长三角全域复制推广，推进府际合作与协同治理等走在全国前列。二是积极推进长三角"飞地经济"发展，有效利用"轻资产"运营模式，鼓励输出品牌园区开发管理标准，建设一批跨行政区的"飞地园区"、离岸创新中心、人才中心，探索建立新的经济核算、税收分配分成制度。三是充分利用好进博会、世界互联网大会等高端平台及上海自贸区临港新片区、江苏自贸区相继设立的契机，构建长三角自贸试验区联动创新机制，并逐步与国际标准接轨对标，为国内关键技术突破提供必要的国际先进要素与良好创新环境，进而为长三角区域内各城市贸易、产业赋能，构建内外市场高效联通的战略节点。

第二节　高质量发展研究

一　CPTPP 规则助推长江经济带高质量一体化发展研究[*]

面对百年未有之大变局和中华民族伟大复兴战略全局，党的十九大提出，推动形成全面开放新格局，贯彻新发展理念，建设现代化经济体系。党的二十大进一步指出，推进高水平对外开放，稳步扩大规则、规制、管理、标准等制度型开放，加快构建以国内大循环为主体、国内国际双循环相互促进的新发展格局，着力推动高质量发展。基于此，我国于 2020 年加入《区域全面经济伙伴关系协定》（RCEP），2021 年 9 月，正式提出申请加入《全面与进步跨太平洋伙伴关系协定》（CPTPP）。CPTPP 以"全面且进步"为目标，被视为 21 世纪新型国际经贸规则的典范与引领者之一。江苏是经济大省、外贸大省，外向型经济是江苏的重要发展引擎。新时代的江苏，紧扣服务和融

---

[*] 王晓峰，南通大学经管学院副教授，江苏长江经济带研究院研究员，研究方向：国际经济法、国际经贸规则。

入新发展格局新要求，加快打造改革开放新高地。2022年江苏省政府工作报告明确提出"深入推进长三角一体化，更好统筹区域协调发展"。建议依托江苏自贸区，对标CPTPP高标准国际经贸规则，发挥"后发优势"，持续深化改革创新，推动制度型开放，大幅提升江苏对全球高端要素的吸引力和国际竞争力。同时，探索形成一套透明化、法治化、标准化、国际化的市场统一规则，为推进长三角一体化区域深入融合发展提供"江苏经验"。

（一）CPTPP规则对推进长三角区域深度合作的意义

1. 立足扩大开放的维度，CPTPP宗旨与我国新时代的改革方向和战略选择高度契合

习总书记以"中国开放的大门会越开越大"和"改革永远在路上"深刻诠释了我国在新时代背景下坚持改革开放道路的理念和决心。他在二十国集团领导人第十六次峰会上指出，"中国将坚持对外开放的基本国策，着力推动规则、规制、管理、标准等制度型开放"。我国40多年来的经验和成就反复印证了持续扩大对外开放的必要性和正确性。加入CPTPP的过程，是我国对接高标准国际经贸规则推动制度型开放，以开放倒逼改革、促进创新、推动高质量发展的过程。对照我国追求高质量发展的新格局，以加入CPTPP为契机，积极参与国际分工，构建国内外市场相互促进、共同发展的双循环发展模式，是"建设更高水平开放型经济新体制"的一项重大战略举措。

这一过程对于建设更高水平开放型经济新体制和高标准市场经济体系，加快构建国内大循环为主体、国内国际双循环相互促进的新发展格局，重塑参与国际竞争合作新优势、提升参与全球治理水平具有重大现实意义并将产生深远的历史影响。

2. 长江经济带的地位和定位决定了未来其是规则主要对接地、主要受影响区域

长三角地区是我国经济发展最活跃、开放程度最高、创新能力最强的区域之一，集聚了全国42.8%的人口，创造了中国近1/4的经济总量、1/3的进出口总额，在国家现代化建设大局和全方位开放格局中具有举足轻重的战

略地位。

2018年长三角区域一体化发展上升为国家四大战略之一。国家对长三角经济带的战略定位包括引领中国经济高质量发展的"排头兵"、培育新动能引领转型发展的创新驱动带、创新体制机制推动区域合作的协调发展带等。因而，推动长三角一体化发展，增强长三角地区创新能力和竞争能力，提高经济集聚度、区域连接性和政策协同效率，对引领落实新发展理念、构建现代化经济体系、推进更高起点的深化改革和更高层次的对外开放而言意义重大。长江经济带在国家现代化建设大局和全方位开放格局中的战略地位决定了它是未来加入协定后主要对接地，也是受影响的主要区域。

3. 主动对接CPTPP规则，探索区域一体化发展的制度体系和路径模式，发挥江苏"后发优势"

纵观世界市场一体化，都经历了从初期项目合作逐步转向规则引领的过程。项目合作是基于双赢的合意式推进，规则引领是基于整体利益的制度化推进。从长三角各地实践看，一体化推进均以项目合作为主要方式，目前还没有一套各方都认可的规则，但各地总体上都以高标准国际规则和营商环境为目标。借鉴代表当前最高水平经贸规则的CPTPP，有利于推进长三角区域一体化由项目推进转向制度引领，实现各方均认可的制度型开放，为全国区域一体化发展提供范本。

江苏在长三角区域是经济综合实力大省，但作为制度创新重要抓手的自贸区却是在第五批次时才得以设立，起步较晚，劣势明显。目前，与江苏接壤的各省市已先后获批创建自贸区，尤其是这些地区的经济实力和产业结构在国内均属领先，而其发展定位又有一定的重叠之处，在吸引外商直接投资、打造总部经济和枢纽经济及吸引高端人才等方面竞争激烈。为此，如何发挥后发优势、挖掘自身潜力和实行错位竞争是江苏自贸区创新发展需要重点思考的问题。CPTPP高标准规则不仅体现为货物贸易关税和非关税壁垒大幅降低、服务贸易开放水平提高，更体现为竞争性政策、监管一致性等边境后规则的高标准。江苏自贸区应抓住此次机遇，发挥后发优势，通过对标CPTPP规则加快推动制度型开放，推进高标准市场经济体制改革，强化竞争性政策的基础性地位，完善国际化、法治化、市场化的营商环境，为推进长三角区域一体化制度创新提供"江苏样板"。

（二）CPTPP为江苏更高质量发展，推进长三角区域一体化深度提供制度标准

分析以CPTPP规则为代表的高水平国际规则可知，当前，国际经贸规则正在发生深刻且复杂的变化。第一，"零关税、零壁垒、零补贴"成为全球性趋势。第二，国际经贸规则调整向区域内"高标准"和区域外"强排他"的方向演变。第三，规则措施由"边境上"向竞争中性等"边境内"转移。一方面，"边境内"规则明显增多；另一方面，竞争中性原则已经成为超大型自由贸易协定的重要内容。第四，CPTPP体现了高标准、广覆盖的基本体征，其规则从经济领域扩展到相关的环保、劳工权利等社会领域。

CPTPP以"三零"（零关税、零壁垒、零补贴）为基本框架，即货物贸易基本实施零关税；服务贸易、电子商务（数字贸易）、投资领域基本取消各种限制性壁垒；取消扭曲市场的补贴规则；在国有企业、竞争政策、知识产权保护、劳工标准、环境保护、技术性贸易壁垒、政府采购、监管一致性、透明度和反腐败等国内规制方面提出更符合市场经济发展、更优营商环境的高标准要求。

1. 服务贸易规则代表国际经贸规则重构新趋势

全球经贸规则的重点正加快从货物贸易向"货物贸易—服务贸易—投资"转变。服务贸易成为全球自由贸易和规则重构的重点。2008～2020年签订的区域双边自由贸易协定中，涉及服务贸易内容的增加至998个，占比71.7%。同时，数字服务贸易快速发展。

CPTPP对服务贸易领域在市场准入、国民待遇、政策透明度等方面做出了严格规定，主要体现在：服务贸易采用负面清单模式；通过设置棘轮机制保证各缔约方的开放度"只进不退"；赋予跨境服务提供者市场准入自由，允许缔约方企业在满足监管标准前提下自由进入市场和自主决定经营方式；取消对服务提供者进入的数量、配额、形式等限制。CPTPP服务贸易的负面清单制度、最高水平开放形态及数字贸易规则等内容，为江苏自贸区

构建与国际相衔接的服务业规则、规制、管理、标准等制度体系提供国际经验。

2. 电子商务规则是全球更高标准的引领者

CPTPP 致力于消除发展电子商务的障碍，其规则与 WTO 及我国参与的FTA 相比更加全面、标准更高，内容涵盖数字贸易零关税和非歧视待遇，要求数据跨境自由流动、取消本地化储存限制，严格要求源代码保护、个人隐私保护、在线消费者权益保护，消除在电子认证和电子签名、无纸贸易、接入和使用互联网开展电子商务方面的障碍。这些条款对国内而言，主要是部分领域的理念有差异。江苏自贸区可探索建立相关政策和机制，为将来对接CPTPP 及《数字经济伙伴关系协定》（DEPA）提供经验借鉴。

3. "零关税、零壁垒、零补贴"规则代表全球货物贸易规则新方向

一是 CPTPP 货物贸易开放首要表现为零关税。这一措施将有效降低各国贸易成本，反映了以中间品贸易为主体的全球价值链贸易的发展趋势和内在要求。各国非零关税产品主要集中在农业，工业基本实现零关税，且实施零关税的过渡期普遍短于其他自贸协定。二是更开放的市场准入。取消对再制造货物的关税和限制性措施，不得对再制造货物的进口采取任何禁止或限制措施，不得对修订改制后再入境的货物征收任何关税，从而进一步降低货物贸易成本。三是要求更高标准的原产地规则。四是对通关速度提出更高要求。

4. 覆盖领域广、自由化程度高、保护程度更高的投资规则

CPTPP 不仅包括传统自贸协定投资规则的全部内容，还在投资者—国家争端解决等新议题上有大幅进展。一是覆盖领域广。投资范围不仅包括传统的企业、股权、建设项目，还包括金融资产、特许权、租赁、抵押、知识产权等。二是自由化程度高。CPTPP 采用投资与跨境服务贸易一张负面清单形式。将"禁止业绩要求"条款由传统领域推广至服务、技术等新领域。三是对投资者保护程度高。CPTPP 引入投资者—国家争端解决程序，推行争端解决程序标准化，投资者实施东道国起诉后仍可申请国际投资仲裁，且对于仲裁机构和规则有多元选择。

5. 目前最高标准、全球领先的知识产权规则

CPTPP 覆盖了 TPP 绝大部分知识产权条款（仅搁置 11 条），是目前最高标准的知识产权规则。一是通过扩大保护客体范围、延长保护期限提高保护门槛。将声音、气味注册商标纳入保护范围，将著作权保护期限延长至 70 年，将 TRIPS 协议未规定的"域名""国名"纳入保护范围。针对专利新颖性的宽限期限进行专门规定并延长保护期限。二是通过更严格的法律和更大力度的执法，提高知识产权保护水平。比如，重视数字环境下的商标、版权、著作权的保护和侵权执法。三是为权利人提供更有力的救济支持。

6. 以"中立和非歧视"为核心的更公平的竞争规则

在竞争政策、国有企业和指定垄断部分，从竞争立法和确保执法公正、透明度及国有企业、非商业援助、产业损害等方面做出规定，特别要求保证国有企业遵循竞争中立原则，防止其商业行为扭曲市场。一是强调缔约方进行竞争立法并确保执法程序公正。二是强调竞争政策制定和遵循透明度原则。三是明确国有企业和指定垄断的商业行为限制。如遵循"非歧视待遇""禁止提供非商业援助"原则，国有企业必须根据商业考量进行采购和销售，保证不歧视他国企业、产品和服务。主管机关不滥用监管权力向国企提供各类优惠待遇。

7. 规制导致市场不公平竞争的补贴规则

CPTPP 涉及补贴内容主要体现在货物贸易、跨境服务贸易、国有企业和指定垄断等部分。一是扩展补贴认定范围。CPTPP 将"公共机构"认定由政府扩大至国有企业和国有商业银行，将接受补贴主体由国有企业扩大到其海外分支机构。"公共机构"非商业援助规则实现全方位覆盖且认定过程简化，从而扩大了补贴在国有企业的适用范围。二是提高国有企业补贴透明度要求。三是提高补贴损害认定要求。突破 WTO 协定中的量化分析，只作出定性规定，较前者要求更高。

8. 更加明确、具体的劳工权益保护规则

截至目前，全球范围内已有 85 个自贸协定纳入了劳工权益相关内容。其中，我国已签署的多项自贸协定也重申了各签署方作为国际劳工组织成员

国的义务和承诺，但并未列明具体要求。首先，CPTPP 劳工议题确定保护的基本劳工权利范围采用"4+1"的形式。在 1998 年国际劳工大会《关于工作中基本原则和权利宣言》确定的四项核心标准基础上，CPTPP 首次将最低工资、工作时间及职业安全与健康可接受的工作条件纳入基本劳工权利范畴，将其区分为核心标准与非核心标准，并要求转化为国内法。其次，限制强迫或强制劳动生产的货物进口。最后，允许将劳工纠纷诉诸争议解决机制并通过强制性手段解决。规定违反协议义务将实施赔偿、中止福利待遇、货币评估等制裁措施以保证协议的强制约束力。

与 CPTPP 规则相比，我国在服务贸易、数字贸易、货物贸易、投资及知识产权、竞争政策、补贴、劳工标准等规则方面均存在不同程度的差距。江苏应发挥后发优势，利用江苏自贸试验区"开放型经济发展先行区、实体经济创新发展和产业转型升级示范区"的战略定位，对标 CPTPP 先试先行，探索形成一批在全省乃至长三角区域可复制推广的制度创新经验。

（三）对标 CPTPP 规则，推进长三角区域一体化深入融合的建议

分析 CPTPP 规则与长三角区域一体化的适用性，江苏自贸区可以按照零壁垒、高水平、规范补贴的原则，完善市场体系建设中的开放规则、公平规则、竞争规则、主体规则、补贴规则、社会责任、争端解决机制等市场规则，积极推进长三角一体化深入融合发展的市场规则体系建设。

1. 以规则创新推进长三角开放、统一的市场体系建设

现阶段，长三角一体化发展主要采用项目化推进的务实方式，但存在各方利益协调难度大、深层次壁垒难打破等问题。长三角一体化融合发展过程实质上是一个跨区域的制度创新过程，规则创新具有可复制、可推广等特点。规则引领的优点是全局性、系统性强，有利于推动构建国内国际双循环的新发展格局。

江苏自贸区应对标 CPTPP 市场开放类相关规则，选择与我国改革方向相一致的领域，深化对投资、跨境服务贸易、技术性贸易壁垒、政府采购、电信服务、金融服务等领域的制度型开放。

第一，优化服务业开放模式，探索在服务贸易领域率先使正面清单向负面清单转化。CPTPP普遍推行"准入前国民待遇+负面清单"的模式，我国在投资领域已经实行该模式，但是在服务贸易领域我国仍采用正面清单方式。建议按照政策部署，在保障经济安全的前提下江苏自贸区率先探索使正面清单向负面清单转化。

第二，完善和扩大开放规则和领域，推动长三角地区内部市场的相互开放。加强政策和制度层面的对接，营造平等准入的无差异投资环境。建议江苏率先在省内扩大投资、服务、政府采购、金融、电信等市场内部的相互开放，取消服务业准入和运营壁垒，破除服务行业的隐性壁垒，如新增的各类行政审批和行政许可要依据客观且透明的标准、长三角内部服务业提供者的资质互认。建立覆盖省、市、县三级的市场准入隐性壁垒台账，完善市场主体对隐性壁垒的意见反馈渠道和处理回应机制。清理阻碍各地区市场准入、商品和要素自由流动、影响生产经营成本和生产经营行为等各类限制性因素，为推动长三角地区资源整合消除制度性障碍、促进各类生产要素畅通提供样板。

第三，加快推进长三角各领域技术规范和标准的统一，加强标准实施监督。初步建成长三角地区重点领域标准体系基本框架，但在重点领域技术标准上尚存在地区差异、跨省市联合执法合作机制尚不完善，在合格评定程序和透明度方面还有较大差异。建议江苏省对标CPTPP，加快三省一市市场规则对接、信息系统联通共享，提升区域内技术标准的一致性，加强产业政策和技术标准协调，提高优化标准水平，合力提高国际标准的采标率。

第四，在政府采购、金融、电信等领域积极开展改革创新试点。我国尚未开放政府采购市场，目前正处在申请加入世贸组织《政府采购协定》（GPA）的过程中。建议长三角地区积极推进电信领域的市场化改革，增强金融服务企业和服务科创、服务中小企业的能力，率先推进金融、电信领域的基础设施一体化建设。加快区域政府采购一体化探索，加快各地政府采购规则对接、信息系统联通共享，推进政府采购方式标准化，扩大政府采购覆盖范围，逐步探索形成统一的公共采购市场。

2. 强化社会责任，加快绿色贸易体系建设

CPTPP 社会责任类规则主要包括知识产权、环境、劳工标准等方面，一方面体现为覆盖领域广、标准水平高；另一方面将贸易政策与社会责任挂钩，强调用强制手段落实。江苏要积极探索加强环境保护政策、知识产权保护政策等与产业政策、贸易政策的衔接。加快绿色贸易体系发展，推广包括环境友好产品在内的环境产品和环境服务。完善以支持科技自立、知识产权保护为重点的创新政策和新产业政策体系。并将其推广至长三角其他省市，促进标准、规则的一致性。

第一，加强区域内知识产权保护、环境保护、劳动保护等标准的一致性。进一步明确和统一相关法规的实施细则和处罚措施的标准，提高环境执法的透明度，加快资源共享和信息互联互通。完善公众参与机制和区域争议解决机制。加强劳动者权益保护，维护劳动者的合法权益。

第二，探索新领域、新业态的区域立法保护。江苏应健全大数据、人工智能、基因技术等新领域知识产权保护制度，构建知识产权保护运用公共服务平台。并继续深化区域一体化合作机制，探索在区域大气污染源的联合管控、跨界河流水质和生态空间的联保共治方面进行立法保护。

第三，对标国际标准，提高社会责任保护水平。江苏可在自贸区加快试点推动商标法适用范围的进一步扩大，提高对驰名商标的跨品类保护水平，加强对地理标志知识产权的保护力度；进一步推进专利法、著作权法的实施。积极探索提高海洋渔业、生物多样性等领域的保护水平等。

第四，积极探索具有中国特色社会责任的国际经贸规则。除了对标CPTPP 规则外，江苏自贸区可将我国受国际社会普遍关注的发展理念，如消除贫困、共同富裕、绿色、数字、健康等，细化为具体的社会责任，并探索将其与国际贸易和投资规则挂钩，为世界提供中国智慧和中国贡献。

3. 强化竞争政策规则，建设更加公平的法治市场环境

公平一致的市场环境是营造市场化、法治化、国际化一流营商环境的必

然要求。CPTPP 相关规则主要体现在横向议题中，包括监管的一致性、竞争政策、国有企业和指定垄断、中小企业、电子商务等内容。监管一致性的要点是引导各国的政策制定和审议机制趋同。

第一，江苏自贸区应以公平竞争审查为抓手，打造公平的市场环境。一是加快推进竞争政策出台，推动长三角区域各地产业政策从差异化、选择性向普惠化、功能性转变。二是全面落实公平竞争审查制度，成立区域性竞争政策指导和审查机构，清理和废除妨碍公平竞争的规定和做法。三是进一步加强反垄断监管执法，强化竞争政策的基础地位，完善公平竞争制度体系，提升反垄断监管能力。四是提高竞争政策的透明度，引入公众参与、投诉、申诉机制等。

第二，江苏自贸区应探索监管一致性评价，实现长三角区域监管的一致性。监管一致性评价目的是推动区域各方采取大致相同的监管措施，加强区域政策的协同。建议江苏在重点发展的产业和重点关注的领域按照国际标准试点，可选择生物医药、集成电路、人工智能等重点产业开展监管一致性试点。按照监管一致性程序性要求，鼓励各地区在政策出台前开展一致性评估。

第三，规范补贴机制，平等对待各类市场主体。当前，我国补贴方式与国际通行规则不接轨，导致贸易摩擦增多。建议江苏及早完善国有企业信息披露制度，提高透明度，逐步扩大信息披露范围，推进国有非上市公司与上市公司信息披露工作的衔接。积极探索建立健全符合国际惯例的补贴体系，对国有企业不实行基于所有制性质的补贴，政府重点支持公共研究机构和公共科技服务体系，支持其单独研发提供可扩散的技术或者推动产学研结合，探索公私合作的新方式，促进科技创新。

第四，积极探索数字贸易的新规则。江苏自贸区应先行先试，加快推进长三角地区整体数字化转型，加快数字基础设施建设。积极探索数字贸易的新规则，包括数据分级分类管理制度、数据跨境流动管理制度、重要数据信息的出口管制制度等。不断创新数字技术规范和产业标准，加快区域内政务、生产、生活数据共享，加快数据单一市场建设。避免各自出台设施本地化等妨碍公平发展的政策。

4. 完善跨区域的落实机制和争端解决措施

江苏应借鉴 CPTPP 保障各项规则落实的机制。一是增加很多程序性的规定和注重合作。二是建立更加细化和复杂化的解决程序，强调磋商、对话和透明度等要求。三是争端解决机制具有较强的可操作性。

第一，加强区域统一开放市场的立法保护。加强三省一市立法机构合作，加强市场一体化建设的立法保护和立法衔接，探索制定区域内统一的法律法规。第二，提升执行和争端解决过程的透明度。第三，积极探索建立符合国情的争端解决机制。对于长三角跨区域的政府间规划和协议，强化长三角办事中事后监管，探索协商、行政、法律的综合协调方式。对于长三角非涉外的民事争端，积极探索区域仲裁中心、第三方仲裁、指定管辖等，保护投资者利益。

综上，江苏应依托自贸区，发挥后发优势，积极申请国家支持，先行先试，探索形成一套透明化、法治化、可国际化的市场规则，探索以省内改革成果引领长三角区域一体化深度融合发展，进而为我国参与国际规则制定提供新路径，为更好地促进新发展格局的形成提供"江苏经验"。

二 数字经济有利于长三角外资高质量发展吗？——基于空间计量的实证研究[*]

（一）问题的提出

Don Tapscott[①] 首次提出数字经济的概念。数字经济是以数据资源作为生产要素，并以信息技术作为推动力的新经济形态，随着物联网、大数据、人工智能、虚

---

[*]　孙攀，南通大学经济与管理学院讲师，研究方向：环境经济、双向 FDI 协调发展及空间计量；连营莹，南通大学江苏长江经济带研究院特约研究员，研究方向：环境经济、双向 FDI 协调发展；张雪，南通大学江苏长江经济带研究院特约研究员，研究方向：环境经济、双向 FDI 协调发展；吴玉鸣，华东理工大学教授，博士生导师，研究方向：区域经济、能源与低碳经济学。

[①]　Tapscott D., *The Digital Economy：Promise and Peril in the Age of Networked Intelligence*，New York：McGraw-Hill，1996.

拟现实、量子技术等信息技术发展，数字经济在当下的信息技术时代已成为推动世界经济发展的新动能。[1] 数字经济对高质量发展[2]、产业结构升级[3]、全要素生产率提高[4]及创新能力提升[5]起到了显著的促进作用。

同时，应该注意到，外商直接投资与高质量发展[6]、产业结构升级[7]、全要素生产率[8]、创新能力[9]存在显著的关系。那么，数字经济对外商直接

---

[1]　许宪春、张美慧：《中国数字经济规模测算研究——基于国际比较的视角》，《中国工业经济》2020 年第 5 期。

[2]　丁志帆：《数字经济驱动经济高质量发展的机制研究：一个理论分析框架》，《现代经济探讨》2020 年第 1 期；祝合良、王春娟：《数字经济引领产业高质量发展：理论、机理与路径》，《财经理论与实践》2020 年第 5 期；张腾、蒋伏心、韦朕韬：《数字经济能否成为促进中国经济高质量发展的新动能？》，《经济问题探索》2021 年第 1 期。

[3]　张于喆：《数字经济驱动产业结构向中高端迈进的发展思路与主要任务》，《经济纵横》2018 年第 9 期；陈小辉、张红伟、吴永超：《数字经济如何影响产业结构水平？》，《证券市场导报》2020 年第 7 期；李晓钟、吴甲戌：《数字经济驱动产业结构转型升级的区域差异》，《国际经济合作》2020 年第 4 期；叶胥、杜云晗、何文军：《数字经济发展的就业结构效应》，《财贸研究》2021 年第 4 期。

[4]　王开科、吴国兵、章贵军：《数字经济发展改善了生产效率吗》，《经济学家》2020 年第 10 期；杨慧梅、江璐：《数字经济、空间效应与全要素生产率》，《统计研究》2021 年第 4 期；邱子迅、周亚虹：《数字经济发展与地区全要素生产率——基于国家级大数据综合试验区的分析》，《财经研究》2021 年第 7 期。

[5]　温珺、阎志军、程愚：《数字经济与区域创新能力的提升》，《经济问题探索》2019 年第 11 期；温珺、阎志军、程愚：《数字经济驱动创新效应研究——基于省际面板数据的回归》，《经济体制改革》2020 年第 3 期；熊励、蔡雪莲：《数字经济对区域创新能力提升的影响效应——基于长三角城市群的实证研究》，《华东经济管理》2020 年第 12 期。

[6]　李娜娜、杨仁发：《FDI 能否促进中国经济高质量发展？》，《统计与信息论坛》2019 年第 9 期；周忠宝、邓莉、肖和录、吴士健、LIU Wenbin：《外商直接投资对中国经济高质量发展的影响——基于 Index DEA 和面板分位回归的分析》，《中国管理科学》2022 年第 5 期。

[7]　赵红、张茜：《外商直接投资对中国产业结构影响的实证研究》，《国际贸易问题》2006 年第 8 期；贾妮莎、韩永辉、邹建华：《中国双向 FDI 的产业结构升级效应：理论机制与实证检验》，《国际贸易问题》2014 年第 11 期。

[8]　刘舜佳：《国际贸易、FDI 和中国全要素生产率下降——基于 1952~2006 年面板数据的 DEA 和协整检验》，《数量经济技术经济研究》2008 年第 11 期；刘乃郅、韩一军、王萍萍：《FDI 是否提高了中国农业企业全要素生产率？——来自 99801 家农业企业面板数据的证据》，《中国农村经济》2018 年第 4 期。

[9]　冼国明、严兵：《FDI 对中国创新能力的溢出效应》，《世界经济》2005 年第 10 期；侯润秀、官建成：《外商直接投资对中国区域创新能力的影响》，《中国软科学》2006 年第 5 期。

投资，特别是对高质量利用外资存在影响吗？2022年5月，国家发展改革委和商务部发布《鼓励外商投资产业目录（2022年版）（征求意见稿）》，注重鼓励和引导外资投向高科技制造业、生产性服务业，为中国利用外资的发展路径与措施指明了方向。党的十八大以来，中国实施高水平对外开放战略，将吸引外资的成本优势转化为制度和市场红利，引资政策主动性不断增强。根据自身发展需要加快修订《鼓励外商投资产业目录》，加之不断缩减的外资准入负面清单和新生效的外商投资法及优化营商环境条例，构成全方位引资制度体系，逐渐形成从吸引外资向引导外资转变的高质量发展趋势。在此历史大背景下，研究外资高质量发展以及数字经济对外资高质量发展的影响具有重要的学术价值和现实意义。

本研究可能存在以下创新点：在学术观点方面，较早提出了"发展数字经济会显著促进外资高质量发展"的观点，并从实证层面进行了检验。更进一步，研究了数字经济与外资高质量发展的非线性关系。在研究方法方面，依据张二震和戴翔[①]的思路构建了外资高质量发展评价体系，并基于熵值法计算了外资高质量发展的具体数值。这为探索外资高质量发展统计核算体系做出了努力。在研究技术方面，采用空间单方程模型中最前沿、最复杂、最具解释力度、代表着空间单方程模型最高发展水平的双权重空间杜宾模型统计测度了数字经济对外资高质量发展的非线性关系。

（二）指标体系和矩阵选择、模型设定及数据来源

1. 指标体系和研究方法

（1）指标体系

外资高质量发展（HQUFDI）。本文在张二震和戴翔[②]对外资高质量发展

---

① 张二震、戴翔：《外资高质量发展与产业竞争力提升》，《南开学报》（哲学社会科学版）2018年第5期。

② 张二震、戴翔：《外资高质量发展与产业竞争力提升》，《南开学报》（哲学社会科学版）2018年第5期。

定义的基础上，从经济建设和生态建设两个维度构建了外资高质量发展评价体系。具体而言，经济建设、生态建设为一级指标，经济增长、经济开放、水土资源保有量和污染排放为二级指标。其中，经济增长、经济开放及水土资源保有量的功效为正，污染排放的功效为负。采用熵值法计算外资高质量发展指数。该指数值越大，外资高质量发展越好。

表8-1　外资高质量发展指数的体系构建

一级指标	二级指标	具体测量指标	指标衡量方式	功效
经济建设	经济增长	国内生产总值	GDP	+
	经济开放	外资开放度	实际利用 FDI/GDP	+
		外贸开放度	进出口总额/GDP	+
生态建设	水土资源保有量	单位 FDI 年末耕地总资源	年末耕地总资源/FDI	+
		单位 FDI 水资源总量	水资源总量/FDI	+
	污染排放	单位 FDI 废水排放	废水排放总量/FDI	−
		单位 FDI 工业 SO_2 排放量	工业烟尘排放量/FDI	−
		单位 FDI 工业烟尘排放量	工业烟尘排放量/FDI	−

数字经济（DIGITALE）。本文借鉴赵涛等[①]的做法，以数字经济综合发展指数作为一级指标；互联网普及率、互联网相关从业人员数、互联网相关产出、移动互联网用户数、数字金融普惠发展作为二级指标；每百人互联网用户数、计算机服务和软件从业人员占比、人均电信业务总量、每百人移动电话用户数、中国数字普惠金融指数作为三级指标来构建评价体系，采用熵值法计算数字经济综合发展指数。该指数值越大，数字经济综合发展越好。数字经济越发达越有利于进一步完善引进外资的软件设施，同时可能也会在一定程度上优化引进外资的环境规制。预期数字经济对外资高质量发展的回归系数符号为正。

产业结构合理化（TI）和产业结构高级化（TS）。产业结构合理能够实

---

① 赵涛、张智、梁上坤：《数字经济、创业活跃度与高质量发展——来自中国城市的经验证据》，《管理世界》2020年第10期。

现涉外生产要素的合理配置，从而减少资源和能源浪费，提高外资生产效率，进而提高外资高质量发展水平。产业结构高级化是逐渐实现高收益的产业结构的过程，代表了产业中技术密集型的比重增加，高附加价值产业比重增加，从而对引进外资的质量提出更高要求，进而有利于外资高质量发展。本文借鉴干春晖等[1]的做法，将泰尔指数、第三产业增加值/第二产业增加值分别作为产业结构合理化、高级化的代理变量。泰尔指数计算如式（1）。预期产业结构合理化对外资高质量发展的回归系数符号为负，产业结构高级化对外资高质量发展的回归系数符号为正。

$$TI = \sum_{j=1}^{n} \left[\frac{Y_i}{Y} \times \ln\left(\frac{Y_i/L_i}{Y/L} \right) \right] = \sum_{j=1}^{n} \left[\frac{Y_i}{Y} \times \ln\left(\frac{Y_i}{Y} \times \frac{L_i}{L} \right) \right] \tag{1}$$

其中，Y、L 分别表示产值、就业；i 表示产业；n 表示产业部门数；$\frac{Y}{L}$ 表示生产率；当 $TI = 0$ 时，即 $\frac{Y_i/L_i}{Y/L} = 1$ 时，表示经济均衡；当 $TI \neq 0$ 时，表示产业结构偏离了均衡状态。

金融深化（FINDEEP）。借鉴刘畅等[2]的做法，采用年末金融机构存款余额/GDP 作为代理变量。金融深化程度越高金融体系越健全，对外资的引导、监督及管理越规范化和制度化，从而有利于高质量外资引进，有利于外资高质量发展。预期金融深化对外资高质量发展的回归系数符号为正。

将创新水平（INNOL）和创新能力（CREATIVITY）进行了区分。借鉴聂长飞等[3]、张帆等[4]的做法，采用发明专利授权数、专利授权数分别作为

① 干春晖、郑若谷、余典范：《中国产业结构变迁对经济增长和波动的影响》，《经济研究》2011 年第 5 期。
② 刘畅、曹光宇、马光荣：《地方政府融资平台挤出了中小企业贷款吗?》，《经济研究》2020 年第 3 期。
③ 聂长飞、冯苑、张东：《创新型城市建设提高中国经济增长质量了吗》，《山西财经大学学报》2021 年第 10 期。
④ 张帆、施震凯、武戈：《数字经济与环境规制对绿色全要素生产率的影响》，《南京社会科学》2022 年第 6 期。

创新水平、创新能力的代理变量。在良性竞争环境下，创新水平越高创新能力越强意味着对高质量外资的需求越大，倒逼政府部门提高外资引入的质量门槛，进而有利于外资高质量发展。预期创新水平、创新能力对外资高质量发展的回归系数符号都为正。

城镇化水平（URBANIZE）。借鉴钟宁桦[①]的做法，将该省非农业人口占总人口的比重作为城镇化水平的代理变量。一般而言，城镇化水平的提高意味着微观个体对生活品质和生产品质的提高，从而影响引进外资时重点考虑的环境和科技因素，进而有利于外资高质量发展。预期城镇化水平对外资高质量发展的回归系数符号为正。

城市生产率水平（PRODUC）。本文将职工平均工资作为城市生产率水平的代理变量。[②] 城市生产率的提高往往伴随着整个城市科技水平、管理水平的提高，这势必会对引进外资的质量提出更高的要求。预期城市生产率水平对外资高质量发展的回归符号为正。

（2）研究方法

在计算外资高质量发展指数和数字经济综合发展指数时，需要采用熵值法。下文对熵值法进行简要介绍。熵值法最早是由德国数学家鲁道夫·尤利乌斯·埃马努埃尔·克劳修斯（Rudolf Julius Emanuel Clausius）于1865年在热力学中创立的，然后被信息论创始人克劳德·艾尔伍德·香农（Claude Elwood Shannon）在创立信息熵时引入，并由尼古拉斯·乔治斯库-罗根（Nicholas Georgescu-Roegen）在经济学中扩展。[③] 采用熵值法进行综合指数计算分为四个步骤：一是对数据进行标准化处理，二是对各指标的熵值进行计算，三是对各指标的权重进行计算，四是对综合评分进行计算。

---

① 钟宁桦：《农村工业化还能走多远?》，《经济研究》2011年第1期。
② 顾芸、董亚宁：《地方品质对异质性劳动力流动的影响——基于中国CMDS微观调查数据的分析》，《财经科学》2021年第11期。
③ Bratianu C. , "Exploring Knowledge Entropy in Organizations," *Management Dynamics in the Knowledge Economy*, 2019,7(3). Lopotenco V. , Ciobanu G. , "Researching the Effects of Complex Systems Theory in Economics," *Cogito*, 2021,13(4).

对数据进行标准化处理的公式如下：

$$x'_{ij} = \begin{cases} \dfrac{x_{ij} - \min x_{ij}}{\max x_{ij} - \min x_{ij}} & j \text{ 为正向指标} \\[3mm] \dfrac{\max x_{ij} - x_{ij}}{\max x_{ij} - \min x_{ij}} & j \text{ 为负向指标} \end{cases} \tag{2}$$

式中，x_{ij} 表示 i 地区地 j 项指标的数值，x'_{ij} 为其标准化后的值；$\max x_{ij}$、$\min x_{ij}$ 分别表示 i 地区地 j 项指标的最大值、最小值，其中 $0<i \leqslant n$、$0<j \leqslant m$。

对各指标的熵值进行计算的公式如下：

$$e_j = -k \sum_{i=1}^{n} y_{ij} \ln y_{ij} \quad j = 1, 2, \cdots, n \tag{3}$$

式中，$k>0$，$k = \dfrac{1}{\ln n}$；$y_{ij} = \dfrac{x'_{ij}}{\sum\limits_{i=1}^{n} x'_{ij}}$，$n$ 为观测样本个数。当 $y_{ij} = 0$ 时，令 $y_{ij} \ln y_{ij} = 0$；$0 \leqslant e_j \leqslant 1$。

对各指标的权重进行计算：

$$w_j = \frac{1 - e_j}{\sum\limits_{j=1}^{m} (1 - e_j)} \tag{4}$$

在上述计算的基础上，计算综合得分 S_i：

$$S_i = \sum_{j=1}^{n} w_j y_{ij} \tag{5}$$

2. 矩阵选择

空间计量经济学中经典的空间权重矩阵为邻接矩阵（bishop 邻接、queen 邻接、rook 邻接，wbin）、距离矩阵（反距离矩阵 winv、反距离平方矩阵等）及最近邻矩阵 wknn。在进行空间自相关检验时采用了 wbin、winv 及 knn 系列空间权重矩阵。采用 knn3 空间权重矩阵计算核心变量全域莫兰指数。下面简要介绍一下三种经典的空间权重矩阵。

$$w_{ij}^{bin} = \begin{cases} 1, bound(i) \cap bound(j) \neq \emptyset \\ 0, bound(i) \cap bound(j) = \emptyset \end{cases} \tag{6}$$

式（6）为邻接空间权重矩阵 w_{ij}^{bin} 的数学表达式，其中 $bound$（ ）为空间单元的边界。

$$w_{ij}^{inv} = \begin{cases} \dfrac{1}{d_{ij}}, i \neq j \\ 0, \ i = j \end{cases} \tag{7}$$

式（7）为反距离空间权重矩阵 w_{ij}^{inv} 的数学表达式，其中，d 表示区域 i 和 j 之间的距离。

$$w_{ij}^{knn} = \begin{cases} 1, j \in N_k(i) \\ 0, j \notin N_k(i) \end{cases} \tag{8}$$

式（8）为最近邻空间权重矩阵 w_{ij}^{knn} 的数学表达式，其中，$N_k(i)$ 表示距离空间单元 i 最近的 k 个空间单元所构成的集合。

一般而言，由于空间因素的客观存在，在分析 A 对 B 的作用时往往会将某一空间权重矩阵纳入实证框架。然而，应该看到采用一种空间权重矩阵进行实证研究有明显的弊端，例如，A 对 B 的作用可能同时受到两种要素分属区域是否邻近以及邻近距离的影响。苏州市和南通市都是上海市的邻居，如果单独使用邻接矩阵则此矩阵中上海市—苏州市、上海市—南通市对应的元素都是 1，即上海市对苏州市、南通市的影响是一样的，同时苏州市、南通市对上海市的影响是一样的。但是在实际中，上海市对苏州市、南通市的影响明显不一样，原因可能在于，上海市地理中心到苏州市地理中心、南通市地理中心的距离不一样。此时，采用由邻接矩阵和距离矩阵组成的嵌套空间权重矩阵可能会更好地反映上述空间关系。

本文借鉴 Case 等[①]的做法，基于邻接空间权重矩阵、反距离空间权重矩阵及最近邻空间权重矩阵构建了 wbin_winv 嵌套空间权重矩阵、winv_wknn3 嵌套空间权重矩阵。下面简要对 Case 等嵌套空间权重矩阵进行概述：

---

① Case A. C., Rosen H. S., Hines Jr J. R., "Budget Spillovers and Fiscal Policy Interdependence: Evidence from the States," *Journal of Public Economics*, 1993, 52（3）.

$$w(\alpha) = \alpha w^{bin} + (1 - \alpha) w^{inv} \tag{9}$$

$$w(\beta) = \beta w^{inv} + (1 - \beta) w^{knn3} \tag{10}$$

其中，α，$\beta \in [0, 1]$，α 越趋向于 1，则表示在式（9）的嵌套空间权重中邻接距离空间权重矩阵占主导地位，β 越趋向于 0，则表示在式（10）的嵌套空间权重矩阵中最邻近空间权重矩阵占主导地位。w^{bin} 表示邻接距离空间权重矩阵，w^{knn3} 表示最近邻空间权重矩阵，它们都是主对角线上元素为零而非主对角线上的元素不全为零的空间权重矩阵。w^{inv} 表示反距离空间权重矩阵，该空间权重矩阵主对角线上的元素为零，非主对角线上的元素为 $w_{ij}^{inv} = \dfrac{1}{d_{ij}}$，$d_{ij}$ 表示 i 地区与 j 地区之间的距离。$w(\alpha)$、$w(\beta)$ 仍然是主对角线上的元素为零而非主对角线上的元素不全为零的空间权重矩阵。

3. 模型设定

（1）空间自相关检验

在进行空间计量模型设定之前，需要对核心变量进行空间自相关检验，这是采用空间计量模型进行论文写作的规范步骤。我们采用 knn3 空间权重矩阵计算外资高质量发展和数字经济的全域莫兰指数（见表 8-2）。在考察期内外资高质量发展和数字经济的全域莫兰指数值在绝大多数年份是较大且显著的。换言之，在数字经济对外资高质量发展影响中，空间因素起到了显著的作用。因此，本文采用空间计量模型进行研究。

表 8-2　2006~2020 年 HQUFDI 和 DIGITALE 的全域莫兰指数

年份	HQUFDI	DIGITALE	年份	HQUFDI	DIGITALE
2006	0.088 ** （1.87）	0.225 *** （5.01）	2009	0.024 （0.65）	0.005 （0.54）
2007	0.029 （0.70）	0.321 *** （6.95）	2010	0.051 （1.17）	0.147 *** （3.34）
2008	0.001 （0.13）	0.245 *** （5.31）	2011	0.114 *** （2.75）	0.246 *** （5.22）

续表

年份	HQUFDI	DIGITALE	年份	HQUFDI	DIGITALE
2012	0. 184 *** (4. 45)	0. 234 *** (4. 96)	2017	0. 311 *** (7. 89)	0. 162 *** (3. 33)
2013	0. 056 * (1. 60)	0. 190 *** (3. 92)	2018	0. 154 *** (3. 68)	0. 099 ** (0. 08)
2014	0. 067 * (1. 60)	0. 232 *** (4. 76)	2019	−0. 009 (−0. 12)	0. 102 ** (2. 13)
2015	0. 059 * (1. 39)	0. 206 *** (4. 23)	2020	0. 290 *** (5. 78)	0. 099 ** (2. 08)
2016	0. 011 (0. 35)	0. 156 *** (3. 29)			

注：根据 Stata 回归结果加工整理而得。*，$p<10\%$；**，$p<5\%$；***，$p<1\%$。

（2）实证模型设定

本文检验的是数字经济对外资高质量发展的影响，所以应该采用空间单方程模型。在空间计量模型中经典的空间单方程模型包括：空间误差模型（SEM）、空间滞后模型（SLM）及空间杜宾模型（SDM）。本文采用 SDM进行研究，主要原因包括：①考虑到 SDM 是空间计量模型中最基本的模型，是在 SEM、SLM 基础上发展起来的；[①] ②与 SLM 相比，SDM 不仅仅纳入了被解释变量的空间滞后项，还纳入了解释变量和控制变量的空间滞后项，模型设计更为复杂和精巧；③与 SEM 相比，SDM 引入了效应值。与采用回归系数解释相关问题相比，采用效应值可能偏误较小。SDM 包含标准 SDM、双机制空间杜宾模型（Two-regime Spatial Durbin Model）[②] 及双权重空间计量模型（Spatial Durbin Model with Double Weights Matrix）。双权重空间杜宾

① LeSage J. P., Pace R. K., *Introduction to Spatial Econometrics*, Boca Raton：CRC Press Taylor & Francis Group, 2009.

② Elhorst J. P., Fréret S., "Evidence of Political Yardstick Competition in France Using A Two-Regime Spatial Durbin Model With Fixed Effects," *Journal of Regional Science*, 2009, 49（5）.

模型是在标准 SDM、双机制空间杜宾模型基础上发展起来的，同时对方程右边的所有变量进行双权重化处理，在模型复杂化程度和估计难度方面代表了当前空间单方程模型发展前沿；本文采用面板数据双权重空间杜宾模型进行研究。面板数据双权重空间杜宾模型如式（12）所示，式（11）为双机制空间杜宾模型：

$$
\begin{aligned}
HQUFDI_{it} = {} & \alpha + \rho_w \sum_{j=1}^{n} w_{ij}^{w} HQUFDI_{jt} + \rho_b \sum_{j=1}^{n} w_{ij}^{b} HQUFDI_{jt} + DIGITALE_{it}\beta \\
& + \sum_{j=1}^{n} w_{ij}^{w} DIGITALE_{jt}\theta_w + X_{it}\chi + \sum_{j=1}^{n} w_{ij}^{w} X_{jt}\delta_w + \mu_i + \nu_t + \varepsilon_{it}
\end{aligned} \quad (11)
$$

$$
\begin{aligned}
HQUFDI_{it} = {} & \alpha + \rho_w \sum_{j=1}^{n} w_{ij}^{w} HQUFDI_{jt} + \rho_b \sum_{j=1}^{n} w_{ij}^{b} HQUFDI_{jt} + DIGITALE_{it}\beta \\
& + \sum_{j=1}^{n} w_{ij}^{w} DIGITALE_{jt}\theta_w + \sum_{j=1}^{n} w_{ij}^{b} DIGITALE_{jt}\theta_b \\
& + X_{it}\chi + \sum_{j=1}^{n} w_{ij}^{b} X_{jt}\delta_b + \mu_i + \nu_t + \varepsilon_{it}
\end{aligned} \quad (12)
$$

其中，α 表示常数；$HQUFDI_{it}$ 表示 i 地级及以上城市在 t 年的外资高质量发展，同理，$HQUFDI_{jt}$ 表示 j 地级及以上城市在 t 年的外资高质量发展；$DIGITALE_{it}$ 表示 i 地级及以上城市在 t 年的数字经济，同理，$DIGITALE_{jt}$ 表示 j 地级及以上城市在 t 年的数字经济；X_{it} 表示控制变量，包括：产业结构合理化（TI_{it}）、产业结构高级化（TS_{it}）、金融深化（$FINDEEP_{it}$）、创新水平（$INNOL_{it}$）、创新能力（$CREATIVITY_{it}$）、城镇化水平（$URBANIZE_{it}$）及城市生产率水平（$PRODUC_{it}$）。μ_i 表示地区效应，ν_t 表示时间效应，ε_{it} 表示随机扰动项。

4. 数据来源

本部分的数据主要来源于 2007～2021 年《中国城市统计年鉴》、《中国城市建设统计年鉴》、31 个省域的统计年鉴与各地级及以上城市的统计年鉴。本部分采用的主要软件为 Stata 和 ArcGIS。具体变量的描述性统计见表 8-3。

表 8-3　变量的描述性统计

变量	单位	样本	均值	标准差	最小值	最大值
HQUFDI	无量纲	3315	0.05	0.06	0.01	0.82
DIGITALE	无量纲	3315	0.10	0.09	0.00	0.79
TI	无量纲	3315	0.29	0.20	-0.02	1.72
TS	无量纲	3315	0.96	0.51	0.10	5.30
FINDEEP	万元	3315	0.91	0.61	0.08	9.62
INNOL	件	3315	1027.92	3897.17	0.00	63266.00
CREATIVITY	件	3315	4458.71	11033.95	0.00	162824.00
URBANIZE	%	3315	0.37	0.21	0.07	1.93
PRODUC	元	3315	46035.65	22841.64	4958.00	185026.00

注：根据 Stata 输出结果，经加工整理而得。

（三）外资高质量发展和数字经济时空分析

上文基于全域莫兰指数值对中国外资高质量发展和数字经济的空间自相关进行了检验，结果表明，中国外资高质量发展和数字经济具有较强的空间自相关特征。为了更直观更生动地展现中国外资高质量发展和数字经济的空间自相关特征，下面采用空间分位图再次对两者的空间自相关进行检验。同时，展示 2006～2020 年外资高质量发展和数字经济时空演绎趋势。

1. 中国外资高质量发展时空分析

新时代外资高质量发展是适应产业结构升级的需要，是适应构建"自主可控"的现代化产业体系的需要。[1] 对中国外资高质量发展空间分布的分析有利于直观了解中国外资高质量发展概况，可以为进一步推动产业结构升级和构建"自主可控"的现代化产业体系提供决策参考。

2006 年辽宁省、河北省、山西省、陕西省、河南省、湖南省、四川

---

[1] 张二震、戴翔：《构建"双循环"新发展格局的世界意义》，《江苏师范大学学报》（哲学社会科学版）2021 年第 1 期。

省在外资高质量发展方面表现欠佳，特别是山西省和河南省。随着时间的推移，这种情况得到了明显改善，到 2020 年上述省份均表现较好，而甘肃省陇南市表现欠佳。另外，中国外资高质量发展呈现出显著的空间集聚特征。

2. 中国数字经济发展时空分析

受疫情影响，世界各国经济增长疲软，寻找新的增长动力源成为各国政府共同追求的目标。此时，数字经济正在重塑世界经济版图，不仅成为中国经济增长的新动能①，而且成为世界经济增长的新动能②。数字经济日益重要，迫切需要对与之相关的一系列经济发展新形态和新模式加以理论阐释和分析，以增强经济理论对新发展阶段下经济数字化转型和高质量发展的支撑和引导作用。③

对于中国数字经济空间分布的分析有利于直观了解中国数字经济发展概况，可以为阐释与数字经济相关的新形态和新模式提供新的技术途径、视角，有利于对经济高质量发展进行深入研究。

2006~2020 年中国数字经济发展迅猛，呈现出由东部地区向中西部地区逐渐扩散的趋势。另外，中国数字经济呈现出显著的空间集聚特征。

（四）数字经济的外资高质量发展效应测度与讨论

1. 全国

表 8-4 显示，在采用双权重 whin_winv 嵌套空间权重矩阵、winv_wknn3 嵌套空间权重矩阵及双固定效应模型进行回归的情况下，空间自回归系数 rho 和 rho2 都在 1% 的水平上通过了显著性检验，对数似然值 Log-Likelhood 较为合理。整体而言，回归效果较好。

---

① 戚聿东、肖旭：《数字经济时代的企业管理变革》，《管理世界》2020 年第 6 期。
② 任保平、李禹墨：《新时代中国经济从高速增长转向高质量发展的动力转换》，《经济与管理评论》2019 年第 1 期。
③ 陈晓红、李杨扬、宋丽洁、汪阳洁：《数字经济理论体系与研究展望》，《管理世界》2022 年第 2 期。

表8-4　全国层面常规回归结果

变量	回归系数	变量	回归系数等	变量	直接效应	间接效应	总效应
ln$DIGITALE$	0.168** (2.55)	W1×ln$URBANIZE$	0.504 (0.97)	ln$DIGITALE$	0.178*** (2.65)	3.878*** (3.92)	4.056*** (4.12)
ln$DIGITALE^2$	0.023*** (3.25)	W1×ln$PRODUC$	0.630 (1.63)	ln$DIGITALE^2$	0.023*** (3.32)	0.318*** (3.88)	0.341*** (4.18)
lnTI	-0.034** (-2.07)	W2×ln$DIGITALE$	-0.266** (-2.40)	lnTI	-0.039** (-2.49)	-0.491** (-2.03)	-0.530** (-2.19)
lnSLI	-0.185** (-2.23)	W2×ln$DIGITALE^2$	-0.035*** (-3.23)	lnSLI	-0.195** (-2.47)	0.460 (0.53)	0.265 (0.30)
ln$FINDEEP$	-0.237*** (-3.55)	W2×lnTI	-0.092*** (-3.17)	ln$FINDEEP$	-0.232*** (-3.60)	2.282*** (4.48)	2.049*** (4.04)
ln$INNOL$	0.047 (2.91)	W2×lnSLI	-0.217 (-1.59)	ln$INNOL$	0.049*** (3.06)	0.526* (1.77)	0.575* (1.94)
ln$CREATIVITY$	0.028** (2.25)	W2×ln$FINDEEP$	-0.092 (-0.90)	ln$CREATIVITY$	0.032** (2.41)	0.260 (1.06)	0.292 (1.18)
ln$URBANIZE$	0.148** (2.04)	W2×ln$INNOL$	-0.029 (-0.91)	ln$URBANIZE$	0.147** (2.04)	1.380 (0.81)	1.528 (0.89)
ln$PRODUC$	-0.132* (-1.86)	W2×ln$CREATIVITY$	0.052** (2.49)	ln$PRODUC$	-0.128* (-1.85)	1.390 (1.10)	1.262 (0.99)
W1×ln$DIGITALE$	1.392*** (4.82)	W2×ln$URBANIZE$	-0.118 (-0.97)				
W1×ln$DIGITALE^2$	0.126*** (4.89)	W2×ln$PRODUC$	-0.191 (-1.63)				
W1×lnTI	-0.055 (-0.70)	rho	0.037 (0.68)				

续表

变量	回归系数	变量	回归系数等	变量	直接效应	间接效应	总效应
W1×ln*SLI*	0.406 (1.23)	rho2	0.156 *** (6.91)				
W1×ln*FINDEEP*	0.829 *** (4.48)	Log-Likehood	−1735.06				
W1×ln*INNOL*	0.179 * (1.75)	时间和地区双固定	是				
W1×ln*CREATIVITY*	0.023 (0.29)	No. of Obs.	3315				

注：***、**、* 分别表示在1%、5%、10%水平上通过了显著性检验；括号中的值为 t 值。

对回归结果进行经济学意义解释。表 8-4 显示，数字经济存在显著的正向空间溢出效应，并且数字经济对外资高质量发展存在显著的正向空间溢出效应；发展数字经济会显著促进外资高质量发展。这可能是因为，数字经济越发达意味着软件设施和硬件设施的完善程度越高，经济发展水平越高和生态环境越好，从而相关部门在制定外资引进措施时会相应地强化环境规制，并引导外资投向环境友好型产业。

推动产业结构升级，提高金融深化程度、创新水平、创新能力、城镇化水平、城市生产率均可以促进外资高质量发展。关于控制变量如何影响外资高质量发展的解释参见上文"指标体系"部分。

2. 稳健性检验

为了使上述结论更具可信度，采用回归方法替代、矩阵替代及变量替代三种方法对上述结果进行稳健性检验。

首先，采用回归方法替代进行稳健性检验。采用双重聚类标准误回归显示，ln$DIGITALE$、ln$DIGITALE^2$、rho 及 rho2 回归系数符号显著为正，并在 1% 水平上通过了显著性检验；数字经济存在显著的正向空间溢出效应，并且数字经济对外资高质量发展存在显著的正向空间溢出效应；发展数字经济会显著促进外资高质量发展。[①]

其次，采用矩阵替代进行稳健性检验。采用 wbin_winvsq 与 winv_wknn3、winv_wknn4、winv_wknn5 的三种组合空间权重矩阵进行回归。回归结果见表 8-5 和表 8-6。数字经济存在显著的正向空间溢出效应，并且数字经济对外资高质量发展存在显著的正向空间溢出效应；发展数字经济会显著促进外资高质量发展。

最后，采用变量替代进行稳健性检验。前文采用人均 GDP 计算外资高质量发展指数，此处采用 GDP 计算的外资高质量发展指数对其进行替代，基于双权重 wbin_winv 嵌套空间权重矩阵、winv_wknn3 嵌套空间权重矩阵开展实证检验。回归结果见表 8-6。数字经济存在显著的正向空间溢出效应，并且

---

① 由于篇幅有限，不在文中进行汇报。感兴趣的读者可以向笔者索取。

数字经济对外资高质量发展存在显著的正向空间溢出效应；发展数字经济会显著促进外资高质量发展。

总体而言，表8-5和表8-6的结论与表8-4的结论一致。这说明，结论较为稳健。

表8-5 矩阵替代回归效应值

变量	wbin_winvsq 和 winv_wknn3 矩阵替代			wbin_winvsq 和 winv_wknn4 矩阵替代		
	直接效应	间接效应	总效应	直接效应	间接效应	总效应
ln$DIGITALE$	0.170 ** (2.54)	2.319 *** (3.39)	2.148 *** (3.66)	0.179 *** (2.67)	1.969 *** (2.92)	2.148 *** (3.21)
ln$DIGITALE^2$	0.022 *** (3.22)	0.156 *** (2.60)	0.165 *** (3.00)	0.024 *** (3.47)	0.141 ** (2.36)	0.165 *** (2.78)
控制变量	是			是		
时间固定	是			是		
地区固定	是			是		
rho	0.132 *** (2.75)			0.120 ** (2.39)		
rho2	0.107 *** (3.56)			0.123 *** (3.63)		
Log-Likehood	−1736.536			−1738.373		
No. of Obs.	3315			3315		

表8-6 矩阵替代和变量替代回归效应值

变量	wbin_winvsq 和 winv_wknn5 矩阵替代			HQUFDI 和 HQUFDI_GDP		
	直接效应	间接效应	总效应	直接效应	间接效应	总效应
ln$DIGITALE$	0.180 *** (2.69)	1.913 *** (2.94)	2.093 *** (3.24)	0.167 *** (2.60)	3.460 *** (3.69)	3.627 *** (3.89)
ln$DIGITALE^2$	0.024 *** (3.50)	0.135 ** (2.30)	0.159 *** (2.74)	0.022 *** (3.30)	0.297 *** (3.77)	0.319 *** (4.06)

变量	wbin_winvsq 和 winv_wknn5 矩阵替代			HQUFDI 和 HQUFDI_GDP		
	直接效应	间接效应	总效应	直接效应	间接效应	总效应
控制变量	是			是		
时间固定	是			是		
地区固定	是			是		
rho	0.047 (0.90)			0.034 (0.63)		
rho2	0.190 *** (5.18)			0.161 *** (7.16)		
Log-Likehood	−1731.3609			−1591.827		
No. of Obs.	3315			3315		

注：*** 、** 、* 分别表示在1%、5%、10%水平上通过了显著性检验；括号中的值为 t 值。

3. 空间异质性检验

考虑到数字经济与外资高质量发展在空间上可能存在异质性，将全国分为东部地区与中西部地区进行实证检验。回归结果见表8-7。总体而言，在东部地区发展数字经济可以显著提高外资高质量发展水平；在中西部地区，不论是数字经济的一次项回归系数还是二次回归系数都表明，发展数字经济可以显著提高外资高质量发展水平。

总而言之，在东部地区和中西部地区得出的结论与全国层面得出的结论一致。

表8-7　东部地区和中西部地区回归效应值

变量	东部地区			中西部地区		
	直接效应	间接效应	总效应	直接效应	间接效应	总效应
ln$DIGITALE$	0.071 (1.32)	2.891 *** (3.69)	2.962 *** (3.49)	0.276 *** (2.94)	2.621 ** (2.56)	2.897 *** (2.81)
ln$DIGITALE^2$	0.007 (1.17)	0.016 *** (3.77)	0.022 (0.24)	0.036 *** (3.77)	0.180 ** (2.01)	0.216 ** (2.40)
控制变量	是			是		

续表

变量	东部地区			中西部地区		
	直接效应	间接效应	总效应	直接效应	间接效应	总效应
时间固定	是			是		
地区固定	是			是		
rho	0.060 （0 94）			0.060 （0 94）		
rho2	0.204 *** （4.90）			0.204 *** （4.90）		
Log-Likehood	398 197			−1616 051		
No. of Obs.	945			2370		

注：***、**、*分别表示在1%、5%、10%水平上通过了显著性检验；括号中的值为 t 值。

4. 内生性讨论

使用工具变量法的前提是存在内生解释变量，在标准计量经济学中可以通过豪斯曼检验进行处理。鉴于目前空间计量经济学中还没有开发出内生性检验的命令，无法进行内生性检验。加之，在标准计量经济学中即使计量模型不存在内生性也可以使用工具变量法，这样的操作并不会影响估计量的一致性、无偏性和回归效率，缺点是"无病用药"，会增大方差。因此，本文假设核心解释变量存在内生性，而基于工具变量法处理内生性问题。具体而言，首先假设本文的空间计量模型中的核心解释变量存在内生性；其次借鉴标准计量经济学中将核心解释变量的时间滞后项作为工具变量的做法，[①] 将核心解释变量的三期空间滞后项作为工具变量；最后对模型进行估计。

估计结果见表8-8。采用工具变量法得出的核心结论与基准回归得出的结论一致。这在一定程度上说明核心解释变量可能不存在内生性问题。

---

① 董婉怡、张宗斌、刘冬冬：《双向 FDI 协同与区域技术创新抑制环境污染的效应》，《中国人口·资源与环境》2021 年第 12 期。

表 8-8　工具变量法回归效应值

变量	直接效应	间接效应	总效应
ln*DIGITALE*	0. 223 *** （3. 25）	6. 911 *** （4. 87）	7. 134 *** （4. 99）
ln*DIGITALE*^{2}	0. 023 *** （3. 32）	0. 241 *** （2. 93）	0. 264 ** （3. 21）
控制变量	是		
时间固定	是		
地区固定	是		
rho	0. 033 （0. 61）		
rho2	0. 154 *** （6 81）		
Log-Likehood	−1720. 800		
No. of Obs.	3315		

注：***、**、*分别表示在1%、5%、10%水平上通过了显著性检验；括号中的值为 t 值。

5. 长三角区

上文分析发现影响高质量利用外资的因素包括：产业结构合理化、产业结构高级化、金融深化、创新水平、创新能力、城镇化水平、城市生产率水平。那么，在长三角地区上述因素会影响高质量利用外资吗？

采用相同的方法对影响长三角高质量利用外资的因素进行筛选，结果见表 8-9。与全国层面相比，长三角地区影响高质量利用外资的因素有所变化。在长三角地区，除了产业结构合理化、产业结构高级化及创新水平之外，科技水平、基础设施及医疗水平也会显著促进高质量利用外资水平的提高。

表 8-9　长三角地区回归效应值

变量	直接效应	间接效应	总效应
ln*DIGITALE*	0. 010 （0. 10）	1. 195 *** （2. 78）	1. 204 *** （2. 71）
ln*DIGITALE*^{2}	−0. 013 （−1. 38）	0. 100 *** （2. 67）	−0. 086 ** （2. 33）

续表

变量	直接效应	间接效应	总效应
lnTI	-0.007 (-0.33)	-0.122 (-1.23)	-0.129 (-1.18)
lnTS	-0.042 (-0.54)	0.796*** (2.70)	0.754** (2.54)
ln$TECH$	0.046 (1.51)	0.385*** (2.66)	0.431*** (2.71)
ln$INNOL$	0.033* (1.93)	0.222*** (2.83)	0.255*** (3.00)
ln$INFRA$	0.153*** (3.18)	0.271 (1.04)	0.424 (1.49)
ln$BEDS$	0.246** (2.58)	0.331 (0.88)	0.577 (1.48)
控制变量	是		
时间固定	是		
地区固定	是		
rho	-0.009 (-0.08)		
rho2	0.169* (1.65)		
Log-Likehood	169.429		
No. of Obs.	420		

注：***、**、*分别表示在1%、5%、10%水平上通过了显著性检验；括号中的值为t值。

（五）主要结论和政策启示

在我国致力于追求高质量发展的大背景下，学术界开始从经济高质量发展[①]、

[①] 魏敏、李书昊：《新时代中国经济高质量发展水平的测度研究》，《数量经济技术经济研究》2018年第11期；陈景华、陈姚、陈敏敏：《中国经济高质量发展水平、区域差异及分布动态演进》，《数量经济技术经济研究》2020年第12期。

旅游高质量发展①、城市高质量发展②等多个视角对高质量发展进行深入研究。本文以外资为切入点，通过文献调研构建了外资高质量发展的指标体系，并基于熵值法实现了对外资高质量发展的量化测度。在学术观点和研究技术层面有所创新。具体而言，在学术观点方面，认为发展数字经济有利于促进外资高质量发展。这与以往观点的不同之处在于，不仅从理论层面进行了分析，而且从实证层面进行了检验。更进一步，研究了数字经济与外资高质量发展的非线性关系。在研究技术方面，采用了空间单方程模型中最前沿、最复杂、最具解释力度、代表着空间单方程模型最高发展水平的双权重空间杜宾模型对数字经济与外资高质量发展之间的非线性关系进行了统计测度。

1. 主要结论

本文立足于数字经济极大地影响了中国社会经济发展这一典型事实，从外资的视角切入，基于中国 2007~2021 年《中国城市统计年鉴》、《中国城市建设统计年鉴》、31 个省域的统计年鉴与各地级及以上城市的统计年鉴。基于数字经济综合发展水平指数与外资高质量发展指数，由邻接空间权重矩阵、反距离空间权重矩阵及最近邻空间权重矩阵构建了 wbin_ winv 嵌套空间权重矩阵、winv_ wknn3 嵌套空间权重矩阵，多维度实证检验了数字经济对外资高质量发展的影响，主要结论如下：①数字经济存在显著的正向空间溢出效应，且数字经济对外资高质量发展存在显著的正向空间溢出效应；②发展数字经济有利于促进外资高质量发展。

2. 政策启示

发展数字经济是建设现代化经济体系③、打破内循环障碍④、实现经济

---

① 肖黎明、王彦君、郭瑞雅：《乡愁视域下乡村旅游高质量发展的空间差异及演变——基于黄河流域的检验》，《旅游学刊》2021 年第 11 期；谢朝武、赖菲菲、黄锐：《疫情危机下旅游韧性体系建设与旅游高质量发展》，《旅游学刊》2022 年第 9 期。

② 孙久文、蒋治、胡俊彦：《新时代中国城市高质量发展的时空演进格局与驱动因素》，《地理研究》2022 年第 7 期。

③ 周清香、何爱平：《数字经济赋能黄河流域高质量发展》，《经济问题》2020 年第 11 期。

④ 许梦博：《充分发挥数字经济助推经济增长的重要作用》，《人民论坛·学术前沿》2021 年第 6 期。

转型升级[①]、推动经济增长[②]、实现绿色发展[③]的重要途径，因此，提出切实可行的发展数字经济的路径、策略非常重要。基于主要结论，得出发展数字经济的政策启示。

一是确立数字化结构转型意识，实施数字化转型战略措施。明确数字经济下企业管理主要是围绕用户创造服务价值，区别于工业化时期只关注产品数量与质量等属性。从国家层面上看，《全球数字经济白皮书（2022年）》显示，2021年全球47个国家的数字经济规模达到38.1万亿美元，其中美国15.3万亿美元、中国7.1万亿美元。在数字经济占GDP比重方面，德国、英国及美国排名前三，均超过65%。中国数字经济占GDP比重为39.8%。因此中国数字经济在规模和占GDP比重上仍有巨大的发展空间。这也意味着中国数字经济还有很长的发展周期和很大的发展潜力，因此从根本上转变传统理念刻不容缓。

从企业层面看，数字化战略转型过程本身就是一个复杂的系统工程，不仅仅是技术层面选择也是管理方面的考验，因此需要考虑体制改革内在要求妥善安排利益集团。企业是数字经济发展的主体，应该把数字化结构转型提升到企业总体发展战略高度，利用数字化转型打造企业的核心竞争力。龙头型数字企业应承担更多的社会责任，做好传帮带工作，引领中小型数字企业共同发展，确保对数字化系统的资金投入，并保证企业骨干的数字化技能提升。同时应加大政企之间的协同力度，健全政策体系，合理利用产业引导基金，提高企业自主研发、创新能力，使企业发展目标在整体上符合国家发展趋势和要求，促进整个产业与产业群协同发展。

二是加强数字化人才的内培外引，消除数字化人才的安家创业忧虑。一方面，要明确数字化经济发展的基础和保障是数字化人才。为实现数字化转

---

① 梁琦、肖素萍、李梦欣：《数字经济发展提升了城市生态效率吗？——基于产业结构升级视角》，《经济问题探索》2021年第6期；李韵、丁林峰：《新冠疫情蔓延突显数字经济独特优势》，《上海经济研究》2020年第4期。

② 王露宁、朱海洋：《大型供应链企业数字化转型规划与实施路径》，《中国流通经济》2022年第4期。

③ 孙耀武、胡智慧：《数字经济、产业升级与城市环境质量提升》，《统计与决策》2021年第23期。

型，建设数字化中国，发展数字化经济，需要培养造就大批数字化人才。另一方面，要不断完善人才培养激励机制，考虑以股权激励措施来引进高端人才，重视培养重点行业、前沿领域创新型人才，加强人才团队的能力互补，提升团队数字化技能。教育部门加快推进数字经济学科建设，积极发展数字经济领域的新兴专业，大力推广数字化技能培训。支持数字经济企业与科研院所联合建设数字人才培养基地，不断推动数字经济新知识和新技能的普及、推广及应用。深化校企合作，高校不仅要加大对计算机、集成电路、自动化、虚拟现实、机器学习等相关学科或领域的人才培养力度，还要加强数字技能职业培训，搭建数字化终身学习教育平台，构建数字素养和技能培育体系，持续提升干部队伍的数字思维、数字技能和数字素养，为数字化发展奠定基础，从而为建设科技强国提供有力支撑。

三是发挥区域数字人才的溢出作用，实现区域间数字经济协调发展。各省、自治区、直辖市之间要加强交流，破除地方保护主义，定期进行数字人才磋商交流以及产业之间互利合作等，从而推动数字人才在区域间流动。同时，加快数字人才在不同区域集聚的进程，有效发挥数字人才集聚的空间溢出效应，互相影响、带动，增加外部收益。另外，引进数字人才，提升科技主体质量，推进高新技术产业投资。政府应该充分发挥有形之手的作用，协调人才分配，优化产业结构，重点支持高新技术产业发展，为数字人才集聚发展起到催化剂的作用，从而依靠集聚效应进一步提高区域经济的数字创新能力以及生产力，最终实现区域间数字经济协调发展。

三　高速铁路支撑长江经济带高质量发展研究[*]

交通运输是国民经济中具有基础性、先导性、战略性的产业，是服务性行业和现代化经济体系的重要组成部分，是构建新发展格局的重要支撑和服务人民美好生活、促进共同富裕的坚实保障。党的十八大以来，在以习近平

---

[*] 崔建刚，南通大学江苏长江经济带研究院兼职研究员。

同志为核心的党中央领导下，我国交通运输事业发展实现历史性进步、取得历史性成就、发生历史性变革，建成名副其实的交通大国，正在向交通强国迈进。党的二十大报告将加快建设交通强国作为"加快构建新发展格局，着力推动高质量发展"的重要工作之一，作为交通强国建设的重要组成部分，高速铁路建设对经济高质量发展而言至关重要。

（一）高速铁路建设对经济增长的影响机制

铁路是国民经济大动脉和重大民生工程，是服务构建新发展格局和支撑高质量发展的关键基础设施。高速铁路更是使时间和空间发生了前所未有的缩减，产生了"不断缩小的大陆"。高速铁路建设促进了区域间要素的流动，破除了区域间的地域隔离，其展现的前所未有的时空效应，显著推动了经济结构调整、产业结构升级、生态文明建设与和谐社会建设，带来了区域经济的新增长，是转变经济发展方式、保证经济社会可持续发展的重要力量。具体而言，高速铁路对区域经济发展的影响主要有以下三个方面。

一是促进区域间要素流动。高铁网络的构建和覆盖有利于把不同区域连接起来，不仅提高了通达性，而且为劳动力、资本、技术等要素的快速流动和集聚创造了便利条件。点—轴开发理论认为，随着重要交通干线，如铁路、公路、河流航线的建立，连接地区的人流和物流迅速增加，生产和运输成本降低，形成了有利的区位条件和投资环境。产业和人口向交通干线聚集，使交通干线连接地区成为经济增长点，沿线成为经济增长轴。随着交通的便利性与新的经济增长点和增长轴出现，一些人才因面临大城市的高竞争、高消费而想要前往中小城市的意愿增强，促进了人才要素在区域间流动，在一定程度上增强了中小城市的活力。而区域间人才要素流动，也间接使区域企业间的面对面交流效率大大提升，进一步促进了隐性知识的流动，加强了中心城市对周围城市的"知识辐射"作用，使知识、智力要素在区域间的流动更加高效，知识溢出效应明显，经济落后的地区可以以更低的成本学习和接收新的知识与技术，从而实现经济发展。

　　二是带动沿线区域产业发展。高速铁路将不同的区域纳入网络，加速区域各要素资源流动，使城市群之间的经济联系更加紧密，推动产业集聚与产业转移，从而实现了产业结构优化调整和区域递进发展的统筹协作。一方面，高速铁路建设会带动上下游产业发展，带动沿线地区采掘业、钢铁业等上游传统产业的调整升级，也会带动机车零部件制造、通信信号设备生产等下游高新制造业的快速发展，加快科技创新步伐。另一方面，高铁的通达性兼具低碳、节能、轻污染等绿色特点，也带动了物流、仓储、电子商务等新兴服务业的跨越式发展，企业可以在很大程度上降低沿线企业的原料成本和工资成本等，获得更多经济效益，从而有助于企业实现规模经济。此外，高铁的开通大大方便了人们出游，提高了人们出行的舒适度和满意度，促使以高速铁路站点为中心的高铁经济圈形成，"高铁游"的兴起可以促进当地第三产业发展，增加经济效益。高铁为沿线城市带来的大量人口，推动了当地旅游业、餐饮业、零售业甚至房地产业的发展。

　　三是重塑经济增长空间格局。高速铁路的建设使城市的通勤范围扩大，加强了中心城市与周边地区的联系，提高了资源的可达性，很大程度上促进了经济集聚，驱动了城市的发展与空间格局的改变。高速铁路使沿线城市的空间距离缩短，不同区域间人口、信息、技术等经济要素的交流变得频繁且高效，扩大了要素流动的范围，提高了沿线中心城市的商业辐射力，有利于新的产业价值链的形成，使城市的经济增长空间发生改变。在集聚理论中，中心地区必定会对周围地区产生集聚—扩散效应，而高速铁路的出现，就扮演了这个中心角色，既拉近了空间要素距离，吸引高速铁路周边投资，又通过自身的辐射作用，带动沿线城市发展，形成一定的经济产业带，随着各种利好条件的形成，高速铁路沿线的区位优势日益明显，集聚—扩散效应越来越强，区域经济发展形成良性循环。城市的经济发展格局由单纯的"散漫式"无序成长转变为以高铁站点为"点"、高铁沿线城市为"轴"、高速铁路枢纽站周边地区为"面"的新的经济增长，使城市在新经济时代的浪潮中保持活力和竞争力，实现经济可持续发展。

（二）长江经济带沿线高铁发展存在的问题

过去十年间，我国高铁网从"四纵四横"扩展到"八纵八横"，高铁里程从2012年的9000多公里到突破4万公里，已通达中国93%的50万人口以上城市，老少边及脱贫地区建成高铁2万多公里，占同期全国高铁投产里程的80%。高速铁路既是旅游路又成为脱贫路。高速铁路发展深刻诠释了以人民为中心的发展理念。然而，也要看到，在我国推动高铁实现跨越式发展的同时，发展不平衡不充分问题仍然存在，推动长江经济带高质量发展的动能还没有充分释放。

一是高速铁路覆盖率不足和布局不均衡的矛盾仍然存在。长江经济带沿线城市高铁覆盖率大幅提升，江苏13个地级市实现了高铁（动车）全覆盖，县级市的高铁覆盖率也提升到70%以上。但是除江苏、上海、重庆外，其他省份地级市都未实现高铁全覆盖，如浙江舟山，安徽宣城、阜阳、亳州，湖南益阳，湖北荆门，四川攀枝花等。此外，还有数量众多的县级市也未实现高铁覆盖，如江苏未覆盖的县（市）中有9个为全国百强县，既包括经济总量连续多年位居全国百强县第二位的江南重镇江阴，也包括经济总量和人口数量均位列苏北县市首位的沭阳。进一步，长江经济带高铁发展不均衡问题也很明显，长三角地区高铁网密度为180公里/万平方公里，长江中游城市群的高铁网密度为105公里/万平方公里，而长江上游城市群的高铁密度仅为46公里/万平方公里。可喜的是，不论是国家"十四五"规划还是地方"十四五"规划，都根据发展实际最大限度地将未实现高铁覆盖的城市列入规划建设之中，特别是中西部地区，如成渝地区将有四大高铁项目年内开工。

二是铁路客货运在交通运输体系中占比偏低。虽然近年来高铁建设呈现出快速发展态势，但总体来看，铁路客运和货运在运输体系中占比偏低。江苏高铁近年来发展迅猛，高铁网密度跃居全国首位，以江苏省为例进行分析，能够更清晰地看出铁路客货运在运输体系中的变化，根据《江苏统计年鉴》绘制了改革开放以来江苏省铁路客货运结构的变化。从图8-1可以看出，改革开放以来，江苏铁路客运量始终处于较低水平，2007年仅占客

运总量的 4.07%。2013 年以来，江苏铁路客运量实现"六连增"，2019 年
达到 18.94%，但与公路客运量相比差距还非常明显。

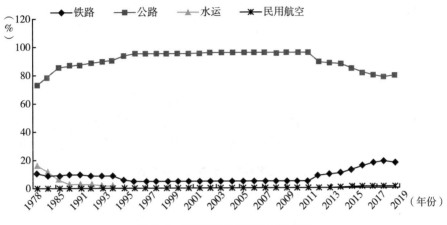

图 8-1　江苏客运量市场份额变化

资料来源：根据历年《江苏统计年鉴》整理。

从货运结构来看，江苏铁路货运量占比始终较低，近年来一直维持在
2.4%左右。货物周转量占比持续走低，江苏高速铁路的节能减排优势还没
有充分发挥。从江苏高速铁路客货运水平可以看出，整个长江经济带运输结
构存在类似问题。

三是高速铁路可达性有待进一步提升。提升城市和区域间的可达性，缩
短城市和区域间乘客的通行时间，增强城市间和区域间的沟通和交流是高速
铁路建设的主要作用之一。要实现可达性的提升，不能仅仅依靠单一的高速
铁路布局，而是要打造多层次轨道体系，既要补上城市群城际和都市圈市域
（郊）铁路发展短板，也要补上站城连接的"最后一公里"。目前，长江经
济带交通大动脉——沿江高铁正在建设中，长江经济带交通大动脉还没有完全
打通，还远远不能满足长江经济带各城市间客货通达性的需求。对大多数城
市而言，高铁站与市中心还没能实现无缝连接，公共交通换乘时间较长。为
了便于比较高铁站到市中心的公共交通时间，选择江苏 13 个设区市进行分
析，将各设区市的市政府设定为市中心，并以设区市高铁站为起点、设区市

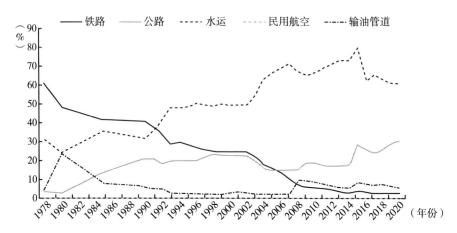

图 8-2　江苏货物周转量市场份额变化

资料来源：根据历年《江苏统计年鉴》整理。

政府所在地为终点，通过百度地图估算乘坐公共交通的时间，统计结果如表 8-10 所示。

表 8-10　设区市高铁站到市中心公共交通时长

设区市	起点	终点	公共交通方式	平均时长（分钟）
南京	南京站	南京市政府	公共汽车/地铁	30
无锡	无锡高铁东站	无锡市政府	公共汽车/地铁	80
徐州	徐州东站	徐州市政府	公共汽车/地铁	70
常州	常州高铁站	常州市政府	公共汽车/地铁	30
苏州	苏州北站	苏州市政府	公共汽车/地铁	50
南通	南通西站	南通市政府	公共汽车	90
连云港	连云港站	连云港市政府	公共汽车	65
淮安	淮安东站	淮安市政府	公共汽车	60
盐城	盐城站	盐城市政府	公共汽车	60
扬州	扬州东高铁站	扬州市政府	公共汽车	60
泰州	泰州站	泰州市政府	公共汽车	60
宿迁	宿迁站	宿迁市政府	公共汽车	60

可以看出，只有南京、常州高铁站乘坐公共交通市中心时间在30分钟左右，大部分设区市高铁站到市中心的公共交通时长在60分钟左右，南通和无锡高铁站到市中心时间则在90分钟左右。

（三）高速铁路支撑长江经济带高质量发展的对策建议

高速铁路建设既要从"人民便利"的角度考虑高速铁路作为交通运输工具的基本功能，也要从促进高铁沿线经济发展的角度充分发挥交通布局的引导作用。从经济规律看，高速铁路布局少导致有效运能不足，"拉面条"式的单线对地区经济和资源集聚的促进作用也不明显。为此，在长江经济带高铁建设上要以满足多样化的运输需求为基础，以充分带动沿线经济发展为出发点，因地制宜、统筹兼顾。

一要突出建设层次，满足多样化的运输需求。经过"十三五"时期的跨越式发展，高铁上一轮密集建设期基本结束，"八纵八横"主框架已经形成。然而，长江经济带沿线多层次铁路网还没有形成，多种运输方式还不能形成合力，多样化的运输需求还不能得到满足。在新形势下，以现有高铁主框架为依托，一是关注暂未开通高铁区域，特别是人口规模和经济总量都比较大的地区，要让高铁尽快覆盖到这些区域，满足更多人的出行需求；二是关注已建和在建高铁线路，对满足复合通道建设和多种方式联运接入条件的，要为复合通道建设和多式联运预留发展空间；三是关注运输结构优化，充分发挥铁路绿色环保、集约高效、运力强大等比较优势，开通货运专线，为公铁联运、铁水联运创造条件；四是对于经济不发达地区，在创造条件建设高速铁路的同时，也要保留普通铁路满足基本货物运输需求。

二要强化战略协同，串联各类要素资源。高铁网络的构建和覆盖，把不同区域的要素资源连接起来，同一条线路上叠加的资源要素越多、战略协同越充分，高铁网络产生的能级越高。因此，在规划建设高铁网络时，既要关注不同省区市的重点产业布局和战略开发区域，如江苏的苏锡常高新技术产业创新带、通泰扬先进制造业发展带、连宿淮盐重工业产业支撑带，也要关注区域发展战略，尤其是长江中游和长江上游不仅拥有大量的可开发空间，更处于长江经济带推进区域协调性均衡发展战略的优先地位，在接下来规划和建设高铁网络时应该优先予以关注，更要关注已有高铁线路和城市未来发展的深度融合，优化战略留白区域，为高铁沿线长期发挥效用预留空间。

三要打造复合通道，共振开发经济腹地。从国外经验看，单条铁路的带动作用不如多条、多层次线路的带动能力强；复合交通线路之间最好能有横纵交叉通道作为补充，以充分带动腹地发展、形成更强的集聚效应。因此，为了在铁路沿线打造高质量经济发展带，应注重规划打造具有复合通道功能的铁路网络，使之拧成一股绳，发挥"1+1>2"的效用。长江经济带的区位特点决定了过江通道在功能上非常重要，而现有过江铁路通道不足，已有线路还较为单薄、站点密度不高、内在功能关联度不足，作为经济发展带发挥的共振作用有限。

四要促进要素集聚，叠加多重城市功能。要想形成要素汇聚、统筹整合、功能互补、辐射带动的高能级铁路辐射带，实现点、轴的联动协同，要素的集聚程度和要素之间契合程度也是重要的影响因素。因此，必须强化长江经济带高铁沿线城市服务业和制造业相互促进、生活功能和产业功能相互融合。在站点的选取上，既要为围绕枢纽打造产业园区和中央商务区预留空间，也要打通连接站城的"最后一公里"。积极围绕高铁布局，加强各城市高铁站点的服务辐射能力，积极促进以车站为中心的经济增长，通过要素集聚打造城市新的增长极。

四 共同富裕为导向的区域协同治理探索[*]

放权让利或分权自主改革推动形成了以沿海地区迅速崛起支撑我国经济高速增长的格局，"单一"格局转向沿海地区、中西部地区多个增长极共生格局，衍生出了以城市群、都市圈为核心的区域经济社会发展新形态。这一时期，政府关注不同群体、不同地区间的收入公平合理分配，构建起区域协同治理新型范式。区域协同治理是社会主义公正、平等理念在区域关系上的

---

[*] 研究阐释党的十九届六中全会精神国家社科基金重大项目"新时代实施区域协调发展战略研究"（22ZDA054）阶段性成果。臧乃康，南通大学二级教授，江苏长江经济带研究院区域政策与法律研究所所长，江苏省中国特色会主义理论体系研究中心特聘研究员。

制度化表达和政策性显现，体现着不同区域、不同人群平等关系的诉求；共同富裕则是空间科学的协同范畴，其宗旨是区域经济的协同发展和全体社会成员福利的增进。

（一）中国共产党区域协同治理的实践进程

马克思主义区域协调发展的要义在于，生产力发展是区域协调发展的基础，在生产力合理布局基础上促进生产力均衡布局。马克思主义认为，在未来社会，生产力要平衡分布，表现为比资本主义更高级的社会形态。在遵循马克思主义"普遍的公平原则"和"一切人的自由发展"的同时，若对区域间差距问题放任自流，则会从根本上违背平等和自由的本义。区域协调发展是社会主义发展的重要原则，更是中国社会主义发展道路的鲜明特色。

改革开放以来，城镇化快速发展以及社会的流动性、开放性提升，区域和城乡流动规模庞大，使得跨域治理成为新的需求。由于传统治理的单一、碎片、分割问题突出，跨域性公共问题不断涌现，行政界限把完整的自然空间切割为不同的单元和权力主体，跨域治理难以实现。这里的"域"是自然、经济、政治、社会、文化、制度的多维叠加和组合，不是单纯行政边界或地理空间的划分。跨域治理会产生复杂的逻辑关联，使得区域协同、共同富裕的过程充满变数和不确定性。消除贫困是世界各国努力实现的目标，在追求富裕的道路上，中国以可持续、完备体系为支撑，避免出现其他国家因政党轮替、政府更迭而导致的返贫困境频现。中国共同富裕目标下的区域协调发展道路，突破了国外区域协同均衡动能不足的局限。除了统一的组织外，国家层面的统一取决于各地方主体间的协同和合作。中国共同富裕目标下的区域协同治理，既有执政党的政治聚合力又有政府的行政动员力，既有高尚的道德内敛力又有持续的市场驱动力。

早期区域合作治理的内容是物品交换、人才交流。随着经济的深入发展，更多表现为资本、技术、信息等要素跨行政区的配置、流动。区域经济发展实践证明，在经济持续增长和社会流动性增强情况下，区域空间要素会重组，最终实现经济全面一体化。新中国建立以来，中国共产党区域发展理论的传承与创新，大体上可分为四个历史阶段。

1. 区域均衡发展理论的主导阶段（1949~1979年）

新中国建立后，在生产力水平低且地区分布不均衡的基本国情下我国面临的是总体生产力极其落后和极不平衡的区域经济状况。中国共产党坚持区域均衡发展思想，旧中国遗留下来的重沿海、轻内地的生产力布局得到基本扭转，重工业为基础、门类齐全的后方基地在内地相继建立，我国经济发展极不平衡的状况明显改观，促进了总体生产力的发展。

我国区域均衡发展的实践路径是：围绕沿海与内地、"三线建设"实行"均衡布局，重点发展中西部"。区域均衡发展战略的实施为推动生产力均衡布局，缩小东西部间差距，促进中西部及少数民族地区的发展，奠定了扎实的基础。毛泽东同志的《论十大关系》中所涉及问题多数与均衡发展、利益共享、协同治理相关联，要消除经济与国防、城市与乡村、工业与农业、中央与地方、沿海与内地、汉族和少数民族等发展不均衡状态。实现均衡发展要"好好地利用和发展沿海的工业老底子，可以使我们更有力量来发展和支持内地工业"，[①] 国家的大区管理、"三线建设"，为中西部地区的城市化和工业化奠定了基础。毛泽东同志提出的协调发展战略思想，为共同富裕的区域协同治理思想的形成指明了方向、奠定了坚实的基础。

能够推动实现区域均衡发展的原因在于，在党的领导下，充分运用国家力量，坚持全国"一盘棋"，服从区域生产力平衡发展大局。东北和沿海地区发扬协作精神，援助建立了内地工业化基础，迅速改变了我国生产力空间分布极不平衡的格局，促进了生产力均衡发展。

无须讳言，在西方国家封锁和社会主义阵营孤立的特定历史背景下，为协同和实现经济增长与社会资源的平衡，通过强制实行社会资源的均等共享，抑制个人或地方利益的合理增长，致使平均主义盛行，经济与社会发展也付出了沉重的代价。

2. 区域非均衡发展战略的主导阶段（1979~1992年）

改革开放以来，实施区域经济非均衡发展战略。邓小平提出，沿海地区

---

① 毛泽东：《毛泽东文集》（第八卷），人民出版社，1999。

要加快对外开放，使这个地带较快地先发展起来，从而带动内地更好地发展，"内地要顾全这个大局。反过来，发展到一定的时候，又要求沿海拿出更多力量来帮助内地发展，这也是个大局。那时沿海也要服从这个大局"。①改革开放初期，沿海地区是重点区域，国家实施政策倾斜，扶持其优先快速发展；沿海地区先富起来之后，国家政策则向落后地区倾斜。在这一效率优先、兼顾公平的政策下，沿海地区的经济获得了快速发展，同时我国形成的立体交叉的开放格局，为我国融入全球化奠定了坚实的基础。实践证明，区域经济总是要经过非均衡增长，才能逐步实现区域间平等。区域非均衡发展实践过程中"先富带动后富"和"两个大局"等的共识和模式，为中国生产力的解放和发展作出了巨大贡献，找到了区域协调发展和共同富裕的中国路径。邓小平提出，"一部分地区有条件先发展起来，一部分地区发展慢点，先发展起来的地区带动后发展的地区，最终达到共同富裕"。②有重点的非均衡发展，是实现共同富裕和区域经济协调发展的必由之路。

邓小平从共同富裕的角度来认识社会主义本质，把共同富裕提升到社会主义本质属性的高度。发展生产力和人民生活水平相结合，实现国富民强，彰显社会主义的优越性和生命力。在社会主义初级阶段，东中西部间差距仍然存在，区域非均衡发展状况将持续存在。沿海地区优先发展是实现区域协调发展的先行路径，最终为区域协调发展和共同富裕创造条件。

3. 区域协调发展战略的主导阶段（1992~2012 年）

差序发展模式带来沿海地区经济腾飞的同时，先富带动后富问题日渐凸显、更为迫切。在区域协调发展战略下，实施西部大开发，东西部地区呈现出并驾齐驱的发展格局。③随着西部大开发战略的深入实施，区域统筹发展被提上议事日程，区域经济优势互补、协调发展格局逐步形成。党的十六大提出全面建设小康社会目标，进一步深化了对共同富裕的理论认知。事实表明，将西部大开发纳入全面建成小康社会和社会主义现代化的建设进程，有

---

① 邓小平：《邓小平文选》（第三卷），人民出版社，1993。
② 邓小平：《邓小平文选》（第三卷），人民出版社，1993。
③ 江泽民：《全面建设小康社会开创中国特色社会主义事业新局面》，人民出版社，2002。

效的促进了区域协调发展，对共同富裕起到了积极的推动作用。

进入新世纪，发展不平衡不协调问题较为突出，特别是区域间差距进一步扩大，人们要求更加公平地分享发展成果、实现共同富裕。党的十七大报告指出，我国的东部、中部、西部和东北地区都实现了不同程度的经济发展，西部地区增长最快，基础设施建设、生态环境建设、人民生活水平都获取了均衡协调的效果，区域协调发展成就显著。[1]

区域协调发展要遵循市场法则，鼓励市场要素充分流动，流向能够发挥比较优势的领域。共同富裕是中国特色社会主义的目标，意味着所有发展的落脚点是人民群众能够享受到美好生活。因此，基本公共服务均衡是考量区域协同治理的标准，也是市场有效、政府有为的重要考量。

4. 区域协同发展战略的主导阶段（2012 年至今）

党的十八大以来，以习近平同志为核心的党中央提出了区域经济协同发展战略，支持西部大开发、全面振兴东北地区、推动长江经济带发展和京津冀协同发展等，促进各地区协调发展、协同发展和共同发展。习近平指出，"不平衡是普遍的，要在发展中促进相对平衡"。[2] 新时代社会的主要矛盾是人民日益增长的美好生活需要和不平衡不充分的发展之间的矛盾，区域发展不平衡是新时代社会主要矛盾的重要表现，必须遵循区域发展的内在规律，着力推动区域协调发展，满足人民群众对美好生活的向往。社会主义制度超越了市场经济的自发性和盲目性，自觉地将区域协调作为发展目标，解决不平衡不充分发展问题。新时代中国经济进入高质量发展阶段，区域经济也相应进入高质量发展阶段。[3] 区域协同治理的关键是通过有效市场与有为政府的有机统一，实现新时代区域共同发展、共同富裕。

加强区域经济研究的目的在于更好地发挥各区域比较优势，通过有效的

---

① 《十七大报告辅导读本》，人民出版社，2007。
② 习近平：《习近平谈治国理政》（第三卷），外文出版社，2020。
③ 孙久文、苏玺鉴：《新时代区域高质量发展的理论创新和实践探索》，《经济纵横》2020 年第 2 期。

治理，在分工合作的基础上实现各区域协调发展。[①] 马克思主义的生产力平衡布局思想，以及新中国建立后区域经济的均衡发展、非均衡发展、协调发展、协同发展的嬗变，都是一脉相承、与时俱进的区域发展理论，都是以人民共同富裕和人的全面发展为最终目标。总体上说，市场在解决区域发展不均衡上无能为力。西方区域发展理论远离社会制度，主张"地理决定论"；以不平衡求突破，缺少整体性思维。中国共产党制定了一系列区域发展扶持政策，强调政策引导对于区域均衡发展的重要作用，为共同富裕提供了充分的条件。

许多国家和地区都通过采取措施来改善落后地区的发展条件，力图促进区域经济的平衡增长和追求公平目标，最终实现共同富裕。区域协同发展在于缩小地区间、城乡间收入差距，提升发展的均衡性、协同性、包容性，以高质量发展推进实现共同富裕。习近平总书记指出，"要建设彰显优势、协调联动的城乡区域发展体系，实现区域良性互动、城乡融合发展、陆海统筹整体优化、培育和发挥区域比较优势，加强优势互补，塑造区域协调发展新格局"。[②] 在不同的历史阶段，战略重点并不一样。非均衡发展与均衡发展、协调发展、协同发展在表述上有所差别，但本质仍然是鼓励部分地区先富起来，先富带动后富，最终实现共同富裕。从增长到均衡的战略调整，既需要后进地区的均衡发展，也需要先进地区的创新推动，协同构成共同富裕的"两个车轮"。

新时代协同发展既与均衡发展、非均衡发展、协调发展同源，又是对其的超越，是更高境界的政治、经济、文化、社会、生态协调发展状态。新时代对于区域协同治理、共同富裕的内涵界定，应特别关注以人的全面发展为核心的意蕴。共同富裕是全体人民的共同富裕，要允许和鼓励各类要素高效集聚与合理流动。尊重区域的比较优势，通过流动性来缩小区域间差距，开展全国养老保险统筹，统一开放要素市场，实现基本公共服务均等化、优质

---

① 顾钰民：《社会主义市场经济论》，复旦大学出版社，2004。

② 习近平：《习近平谈治国理政》（第三卷），外文出版社，2020。

公共服务资源共建共享。注重各要素对实现总体目标的贡献，形成趋同和同一的系统。协同强调要素间的合作，协同发展强调要素之间的共赢与互惠，内蕴着公平、协调、开放、共享等发展理念，公平和共享是指区域经济发展机遇和结果公平、发展成果惠及区域内所有公众。

（二）共同富裕是区域协同治理的行动价值

公平正义是西方传统文化的重要价值主张，荷马时代就萌芽着"正义"观念，既含有社会公平的价值，也包含共享和分享的意蕴。古希腊城邦公民对城邦公共政治生活的广泛参与，是浸润着自由、民主、共享价值观念的行动。中国传统文化中家国一体、天下大同的共享情怀，体现着公众认同的共享观，如儒家的仁爱万物、道家的物无贵贱、墨家的兼爱思想等，不以血缘关系的亲疏远近和社会地位的高低贵贱来区分个体，主张"共同、兼备"。

托马斯·莫尔在《乌托邦》中描述的美好的未来社会，是生产资料共有、集体劳动、按需分配的理想社会。托马斯·康帕内拉在《太阳城》中描绘了消灭了私有制的大同世界：财产共享、没有压迫、没有剥削、人人劳动、人人平等。巴贝夫谴责私有财产制度，主张财产共有，其设想建立的"共产主义公社"有着很浓的小农经济色彩与平均主义和禁欲主义特点。19世纪欧洲三大空想社会主义者圣西门、傅立叶、欧文提出了生产资料公有、人人平等、各尽所能、消灭三大差别、共享公共收入的主张，为科学社会主义的创立奠定了坚实的基础。第一次世界大战结束后，西方国家福利主义盛行，进行企业股权改革，改变股份制结构，提高基本公共服务水平，改善国民的福利待遇，但这是为缓和阶级矛盾而采取的策略，不是真正意义上的"共享"，是极少数人的"共享"。

区域协同治理是多元主体以追求公共利益为目的的共同治理公共事务的过程，具有跨区域、跨部门、跨层级、跨领域的特点。新时代的区域协同治理要努力缩小贫富差距，将共同富裕作为目标，实现全体民众的共享共富。空间意义上的共同富裕，意蕴着各个区域的协同发展和全体社会成员福利的增进，是各地区和社会成员的共同富裕。区域经济发展实践表明，在经济持续增长和社会流动性增强的情况下，区域空间各要素会重组，最终走向经济全面一体化。共同富裕是对社会主义本质的坚守，邓小平把公有制占主体地位和实现共同富裕作为社会主义的根本原则。在中国特色社会主义事业中，共同富裕不仅是收入与财富的公平合理分配，而且包括保障权利和自由，围绕权利、机会以及规则公平，构建分配正义的制度体系，让人民群众充分共享经济发展成果，同步提高自身素质以及生活品质。

中国区域经济发展的最大特点在于党的领导。[①] 中国共产党执政历史证明，坚持党的集中统一领导既是我国区域经济发展的优势和制度保障，又是应对复杂局势、化解重大风险、保障人民利益的必然选择。在共同富裕目标指引下，党带领人民以区域为空间载体，解决了困扰中国的绝对贫困问题，创造了人类文明史上的奇迹。

进入新世纪，现代信息技术突飞猛进并获得了广泛发展。全球化进程中，环境污染、生态失衡、资源短缺、贫富分化等问题凸显，世界发展不平衡不可持续，不仅加剧了不同国家，在资金、技术、市场和资源方面的争夺和竞争，而且扩大了国家内部的贫富差距。失衡的发展使得人类的现代化进程陷入多重困境，如何推动世界经济社会均衡发展和共同繁荣？中国共产党主张"创新、协调、绿色、开放、共享"的治理理念，这是不同以往以零和博弈思维垄断发展优势的现代化新道路，让发展机会均等共享、让发展成果普惠分享，建设人类命运共同体。

习近平总书记强调，要实现全体人民的共同富裕，推进基本公共服务均等化。建设协调联动的城乡区域发展体系，实现区域良性互动，塑造区域协调发展新格局。[②] 共享新时代经济社会发展成果，丰富共享发展的内涵，对共享发展的制度设计开展更深入的探讨。"推动西部大开发形成新格局，推动东北振兴得新突破，促进中部地区加快崛起，鼓励东部地区加快推进现代化"[③]，因此，"十四五"时期应构建利益共享机制，最大限度保证区域共同

---

① 金碚：《中国经济发展 70 年的区域态势》，《区域经济评论》2019 年第 4 期。
② 习近平：《习近平谈治国理政》（第三卷），外文出版社，2020。
③ 《中共中央关于制定国民经济和社会发展第十四个五年规划和二〇三五年远景目标的建议》，人民出版社，2020。

富裕的动力。为实现共同富裕目标，我国加大区域间转移支付力度，提高财政政策的精准性和高效性，推进基本公共服务均等化；综合运用财税政策支持区域协调发展，释放落后地区发展潜力。长三角地区是我国区域一体化条件最好的区域，位于沪苏浙交界处的长三角生态绿色一体化发展示范区备受关注，打破了省域合作的"藩篱"。

实现共同富裕，需要深化市场改革，完善一次分配格局，深化政府改革，优化二次分配政策，其中重点和难点是教育、住房、医疗改革政策。现阶段，中国收入差距、分配不公问题比较突出，城乡区域公共服务水平差距较大。在共享改革发展成果上，实际情况和制度设计都存在待完善之处。[1]要实现共同富裕目标，在协同治理上必须着力于以下四个方面。

一是治理职能协同。在全球化背景下，人口、资金、信息、技术等要素的快速流动与陈旧僵硬的体制会产生矛盾和冲突，改变原有行政体制架构的需求更为强烈，治理职能协同的要求更为迫切。要将规划、决策、执行三者职能协同整合，形成纵向上下衔接、横向整体配套的区域职能体系。举国动员体制是一种任务体制，重大任务的提出和执行需要经过完整的政治过程，取决于政治领导的战略眼光和坚定决心。要发挥政府、市场与社会力量在区域协调发展方面的作用，科学定位第一、二、三次分配职能，协同"做大蛋糕"与"分好蛋糕"的核心治理职能，缩小区域差距，推进实现共同富裕。

区域经济属于宏观与微观之间的中观范畴，完成重大任务需要设立由国家决策层直接领导并对任务结果直接负责的协同机构，强化区域治理职能，发挥财政、产业、税收、人才、社保等多项职能的整体效应，以集中统一领导来保障各项工作运行的有效性。我国各地区的经济社会发展千差万别，应该从区情出发，因地制宜、协同发展，促进各区域都走上共同富裕的道路。

二是治理体系协同。整体性和网络化是两大治理形态，治理体系协同

---

① 习近平：《习近平谈治国理政》（第二卷），外文出版社，2017。

需要将整体性和网络化的治理结合起来。整体性治理偏重于政府主导下的协调和整合，通过治理层级、治理功能、治理机构三者整合，以非分离的整体型服务解决地方治理碎片化问题。协调与整合是整体性治理的关键环节，整体性治理的实质是构建各种治理要素和治理主体有效整合的治理体系。

网络化治理是以多主体参与、多主体协商来构建合作治理体系，在政府主导下，非政府组织、企业、公众等多种主体形成平等、多元的主体协商治理网络，共同参与公共服务的生产和供给。社会组织在促进区域经济协调发展、提供优质共享基本公共服务、区域生态文明建设等方面发挥着重要作用。应从国家、省层面推动设立区域一体化的常设机构，并组织以各类专委会、联盟或行业、企业家联盟为核心的市场主体或社会组织等参与区域协同治理，从而形成扁平化、网络化的治理体系。

地方政府需要突破行政边界，在更为复杂的区域环境中实现发展目标。借助区域性公共管理机构的组织网络，形成包括政府、企业、非政府组织和公民个人在内的社会协同多元治理体系。浙江以社会组织推进城乡区域协调发展的制度建设与政策试点，为全国共同富裕积累经验和拓展空间。在新机制实施的背景下，结合功能分层和利益格局，正确认识和把握区域治理体系现代化对实现共同富裕而言至关重要。

三是治理机制协同。面对新时代社会主要矛盾的变化，我国经济发展转型呈现一系列新特征：我国主要依靠要素投入、外需拉动、规模扩张的原有增长模式受到明显的约束和限制。由注重经济增长、经济总量转变为以人民为中心、人的全面发展等。转变发展方式、优化经济结构、转换动力机制，促进高质量发展，是区域健康、可持续发展的主旋律。共享发展涵盖经济增长、统一市场、均衡协调、生态保护、公平正义、全球治理等内容，新时代的区域协同治理应落实于服务、人才等体制机制上。通过打造治理共同体、构建基层治理新格局、区域治理体系现代化、治理工具数字化等路径和方法，以区域高质量协同治理，实现共同富裕。

共享发展理念归根到底是一切为了人民，使全体人民在共建共享中有更强的获得感和幸福感。"党的一切工作必须以最广大人民根本利益为最高标准。"① 新时代要解决好广大人民最关切的公共安全、权益保障、公平正义等问题，集中力量做好区域的基础性、普惠性民生工作，不断提高区域公共服务能力。我国区域协同治理要以地方政府的自主协作为主要形式，纵向连接不同层级政府、社会组织，通过横向协作与纵向嵌入的有机结合，综合权衡治理机制本身的成本与区域实际需求，增强区域治理合作、规避区域治理风险，以协同治理创新推进和破解共同富裕的复杂进程。以现代信息技术回应区域治理中的"官僚制""碎片化"缺陷，通过治理机制创新协同实现公共服务的无缝隙供给。

四是治理时空协同。逐步建构以标准一体、城乡一体、区域一体为导向的区域共同体、发展共同体、命运共同体和文明共同体。人类步入后工业化时代，积极探索治理模式的未来转型。在中心—边缘模型认知下，相邻的城市之间形成不同的地域空间组织形式，在地理空间上低等级城市的核心与高等级城市的边缘相邻，两地的距离较近产生了比较严重的同城化现象，如上海与江苏昆山、上海与浙江嘉兴、南京与安徽马鞍山等，成为社会流动、产业转移、城乡建设的典型案例和行为范式。

从区域产业转移的角度看，在产业承接地实现超大城市产业链延伸。从超大城市为周边城市引入创新资源和要素，推动产业升级。从区域共同富裕的视角看，要积极推动上海和近沪区域同城化，实现超大城市与周边城市空间意义上的共同富裕的关键在于建立高质量、均等化、一体化的区域公共服务体系，实现超大城市与周边城市共同发展、协同治理、成果共享。振兴苏北、皖北是长三角一体化，探索区域协同治理、动态平衡的重要举措，苏北、皖北应积极承接较发达地区的产业转移，在各类政策支持下，释放长三角区域经济发展的新动能。

共同富裕和共享发展是既相互关联又区别明显的两个概念。共同富裕是

---

① 习近平：《决胜全面建成小康社会夺取新时代中国特色社会主义伟大胜利》，人民出版社，2017。

建立在经济社会高度发展基础上的终极价值目标，共享发展则可以呈现在经济社会发展的任何阶段和过程。我国正处于社会主义初级阶段，发展不均衡不充分，共享发展要体现在发展的全过程中，才能最终实现共同富裕。习近平总书记指出，"共享理念实质就是坚持以人民为中心的发展思想，体现的是逐步实现共同富裕的要求"。① 全员性、开放性、参与性是共享经济的特征，人们借助网络共享平台实现共赢，激发人民创新创业热情，共享发展创造物质财富的同时，要尽可能协调和包容区域各主体的利益，让更多地区、更多人有获得感、安全感、幸福感，实现整个社会的进步发展。尽管共享经济为共享发展提供了平台，但共享经济追求利润最大化，注重资本的融合，市场主体发展水平参差不齐，缺乏有效的监督和引导。这表明，共享发展要求构建推动实现共同富裕的制度体系，共享经济的健康发展、经济成果的共享，应更注重社会的公平正义和全面发展。

（三）共同富裕的区域协同治理路径选择

改革开放以来，中国创造了世所罕见的经济快速发展奇迹。这是因为中国共产党始终坚持以共同富裕为出发点和落脚点，形成了持续强劲的经济发展动力，国家有充盈的财政投入到公共服务、民生改善、基础设施，创设了共同富裕的物质基础和社会条件。

1. 创新区域合作的协同机制

协同意义上的区域合作形态：一是制度性和约束性协同机制。比如，欧盟的区域协同机制，是超越国家层面的权威组织，对区域发展进行统筹和协调。二是自愿组合而成的非正式协同机制。这是通过协商谈判而建立的松散型合作机制。从功能而言，区域性公共管理机构应作为跨地域的地方政府总代表，消除区域内不合作意愿，发挥其跨地域的影响力。区域性公共管理机构作为上层政府和下层政府的协调平台，应向上级政府反映区域内下级政府的诉求和建议，释放宏观政策与微观政策之间的张力，破解"上有政策、下有对策"的执行困境。在区域协调发展过程中，政策指向是大多数群体

---

① 习近平：《习近平谈治国理政》（第二卷），外文出版社，2017。

的利益，市场更青睐能带来经济效益的企业或群体。在政府和市场双失灵的情况下，需要构建社会组织与政府、企业的跨部门协同机制，社会组织是有效推进区域协调发展的载体。现阶段，中国大量资源配置权掌握在政府手中，不断创新体制机制，成为区域协调发展的重要环节。

区域经济作为包含众多子系统的复杂系统，其整体效益取决于各子系统的运行效率及子系统间的要素分配与利用效率，满足对象复杂性、目标统一性、内部关联性、运行合作性的协同要求，形成涉及政府内外多元主体的治理网络，融合多元资源，形成治理合力。国家制定经济社会发展重要战略的同时，需要设立协同机构，直接负责实施项目。承担和完成跨地域任务需要逾越现有体制的边界，在更大范围内动员和协调各方资源，建立职能和资源集成的执行机构。因此，执行跨域跨界任务的责任链条必须清晰，突破体制限定。

比较优势是区域合作的前提与考量，能否将比较优势转化为合作动力，需要由政府推动。基于比较优势和比较利益，区域协同应以产业合作为契机，利用开发各方资源，形成合理的产业链，避免产业结构趋同，增强产业整体竞争力，实现可持续发展。打破行政区划约束，通过协同利益分配，实现共建共享、互利共赢。在实践中发挥比较优势，工业经济发达地区输出工业项目，向欠发达地区转移产业，而欠发达地区提供工业项目建设资源、供应充足的土地资源和人力资源，两地共享利税，如深圳与汕尾合建的"深汕合作区"、南京与滁州跨省合作区等。区域合作并非单一市场行为，涉及经济、环境、生态等多重元素的影响，会引发冲突，应本着求同存异的原则，建立有效的合作机制，减少合作主体间的摩擦，以法律保证区域合作组织和政策工具的合法性，为共建共享提供有效支持。

2. 加强区域之间的政治协同

政治协同是在复杂环境下降低交易成本的机制。区域发展中的政治协调既不能单纯采用市场手段，因为价格失真会诱发市场失灵，也不能完全依赖行政手段，因为同层级的地方政府不存在行政隶属关系。政治协同的目标是通过调整交易成本、优化治理结构，构建合作关系，突破行政区边界在合作中的束缚，实现行政区与经济区行为主体的目标协同一致。一方面，上级政府要减少区域内地方政府间的合作壁垒，或通过创设合作政策平台，降低交易成本。另一方面，明确区域政府合作治理的主体、客体、职能、规则等，减少过程中的交易障碍，以合理机制凝聚协同来自不同层次、不同领域的利益相关者，降低交易成本，实现知识和信息共享。不能混淆的是，我国区域合作是经济与社会意义上的。

区域内外各经济主体协同共生，合力推进区域经济实现由无序向有序的动态转变，形成"互惠共生，合作共赢"的内生增长机制，促进区域整体有序发展。协同发展要求区域内部各要素间有统一的目标和规划，有高度的均衡性，地区间平等开放的同时也向外部开放，既有利于内部子系统的发展，又有利于与外部环境的互动。合理配置治理资源，在相互协作、功能优化中实现整体发展，以区域公共政策促进区域一体化。超越地理和行政边界的经济融合成为区域合作的主要形态。政治协同对于区域治理而言，其指向市场统一、合作共赢、产业布局、生态环境、共同富裕等，覆盖公共事务合作。这样，推动政府与市场形成合力、区域要素合理配置，促进实现共同富裕。

区域协调发展是对欠发达地区的特殊保护，本质上也是一种实质平等。这种实质平等主要并不存在于个体之间，而主要体现在区域之间。实现基本公共服务均等化是区域协调发展战略的核心问题，通过统一规范的区域发展水平评价体系，创新区域协同发展机制，加快调整和完善国家宏观区域政策，实现区域的协调合作、互利共赢。政治协调是区域平等和公正最为便捷的协同方式，以共同富裕为导向的区域政治协调意味着在宪法实质性平等保护体系中增加了区域实质性平等的内涵，通过国家的积极作为，渐进缩小不同地区间发展差距，实现区域间均衡发展和共同富裕，彰显社会主义实质性平等的价值。

3. 创设区域协同的利益格局

区域空间一体化的基础是利益格局，这是博弈与合作的内生动力。区域间合作与协同需要通过利益协调、制度保障实现跨域治理，解决跨区域公共产品的供应以及各类跨界外部性问题。跨区域治理受制于：一是区域内部各个地区间的经济关联，这决定了区域间合作机制所带来的整体利益问题，其变化与市场机制发展有关，取决于所在地区的资源禀赋。二是地区间的利益关系调整，后者决定了区域合作的交易成本和成本分摊，在很大程度上与外部制度安排有关。因此，要建立统一协调的区域政策管理机构，建立成本与收益的共担共享机制，按照公共服务和产业要素转移并行的要求，统筹研究制定区域的发展战略、发展规划和发展政策，推动合作共治取得实质性成果，促进区域协调发展，实现共同富裕。

为保证区域间合作均衡最终能够实现，多个利益主体相互间进行合作的条件包括：一是有合作收益增加的预期；二是收益在成员间有效合理分配。要实现区域间经济发展的优势互补、优势共享、优势叠加，激发区域潜在的活力，增加社会财富，以完善的利益共享机制深化区域共建共享。

平衡经济发展与环境保护之间的利益关系。基于保护生态环境的共识，建立有效的资源类产品定价机制以及资源开发的生态补偿机制，加大对限制开发和禁止开发区域的生态投入，将产业发展引向生态环境压力小的领域；通过转移支付实现区域间基本公共服务均等化。

为解决区域发展不平衡不充分问题，应形成承东启西、连南接北的区域协同利益格局，以区域经济高质量发展助力实现共同富裕。新时代应持续提升城市群的人口和经济承载能力，寻求保护与发展之间的平衡点，激发区域协同发展的内生动力，探索区域合作的新道路。

区域协同发展、共同富裕需要淡化行政区划界限，由"行政区治理"向"跨行政区公共治理"转变，强化经济区域市场功能、公共服务功能、利益均衡与协同功能。这里，要关注地方政府间的区域性、公共性要素，缩小落后地区与发达地区间的发展差距。区域利益关系错综复杂，区域性经济协同关系需要本着自愿对等的原则，发挥核心成员的引领作用，消除众多领域的差异，破解因短期利益冲突而出现"合作失灵"的协同难题。

4. 优化共同富裕的政策体系

协同联动是深化区域合作的重要途径。目前，我国区域合作形态丰富多样，要按照分类指导原则，通过不同形式的区域合作，让我国的区域发展更加均衡、更可持续、更具活力。

一是以共同发展政策优化区域空间发展格局。建设各类开发区和示范区等功能性平台，充分发挥其引领作用；根据比较优势，加强区域和城市间协同，实现区域间的协调联动；在沿江、沿河、沿路等形成的经济带，不断优化空间格局和政策体系。依托长江经济带发展战略，创新区域合作模式与途径，促进东部沿海地区产业向中西部地区转移，推动东中西部的协同联动、整体发展。

二是以中央政策主导区域发展一体化。区域均衡发展必须发挥中央政府的主导作用，在发挥市场在资源配置中的决定性作用的基础上，通过区域政策协调区际利益，促进地区基本公共服务均等化。通过财税政策，增加转移支付和专项转移支付的规模，持续、稳定地支持落后地区发展，通过投资税收减免等优惠政策，对能源资源开发、特色产业发展、农畜产品加工产业发展给予支持。

三是以城市群政策推动区域发展一体化。首先，打破城市间行政壁垒。加强基础设施、产业协作、社会治理、旅游发展等方面的合作，促进要素自由流动，构建互联互通的交通网络和要素市场体系。其次，推动边界地区成立合作区域。在省区市交界处成立合作区，充分利用区域间的比较优势，带动以往被忽略的地带发展，实现区域间的充分协调联动。最后，建立"飞地园区"合作机制。推动政府主导的跨区域合作园区建设，探索规划共编、园区共建、利益共享、风险共担的机制，通过自主管理或委托管理形式对合作园区进行管理。

四是让有效市场与有为政府协同发力。要发挥好市场和政府的协同作用，实现区域的共同发展、共同富裕。首先，构建市场一体化的发展机制。通过投资政策、产业政策、土地政策，消除区域发展的制度差异，打破影响要素自由流动的区域壁垒；接轨国际市场，建立统一的企业服务平台，实现要素自由流动。其次，发挥政府在实现共同富裕中的引领作用。为城乡居民提供均等化的基本公共服务，建立健全政府区域扶持机制和支持机制，增强区域发展的协同性、联动性、整体性。

在财政分成和行政分权背景下，区域发展中会出现各种各样的困境。不同地区有不同的发展目标，区域协调必须坚持党的领导，以共享发展成果缓解利益冲突，夯实实现共同富裕的利益基础。区域协调发展的理论创新和实践探索，不是对世界现有减贫理论的简单移植，而是推动区域间协同发展、实现共同富裕的中国式新探索。

五　增强国内大循环的内生动力研究*

习近平总书记在二十大报告中指出，我们要坚持以推动高质量发展为主题，把实施扩大内需战略与深化供给侧结构性改革有机结合起来，增强国内大循环的内生动力和可靠性，提升国际循环的质量和水平。增强国内大循环的内生动力是一个具有全局意义的战略命题，也是关系我国经济路径走向的现实命题，对于加快经济转型升级、加速新旧动能转换和推动高质量发展具有重要意义。

（一）我国经济发展的动力回顾

西方供给学派强调长期经济发展的动力主要来自供给侧的资本和要素积累，以凯恩斯主义为代表的需求学派则强调需求对经济平稳循环的调节。供给和需求是经济循环的两个方面，两者之间平衡是相对的，不平衡是绝对的。经济发展是一个螺旋式上升过程，供给和需求的互动和相互增强构成了经济持续向上的集成。现实中，供给和需求并非独立运行，而是相互影响、相互作用，基于供给侧的资本和技术积累的经济发展驱动力，以及基于需求侧的消费升级驱动力并不是独立运行的。具体是侧重于供给侧还是需求侧，通常依据发展阶段的不同而不同，政策当局根据经济运行的主要矛盾变化，有侧重地运用供给侧和需求侧手段，引导需求与供给达到匹配与平衡。一个经济体在进行宏观调控时的基本方法都是从需求端和供给端着手，而当一个经济体处于不同发展阶段时，供给与需求之间的作用途径不同决定了二者在

＊　陈长江，南通大学江苏长江经济带研究院沿海沿江发展战略研究所副所长，副研究员。

不同阶段扮演的角色、发挥的作用不同。可见，需求侧管理和供给侧结构性改革之间存在同时进行、动态协同的关系。事实上，我国在供需两侧的宏观经济治理上具有丰富的实践经验，在不同的发展阶段，供给侧和需求侧的宏观经济治理各有侧重，呈现动态协同关系。改革开放以来，我国宏观经济调控的政策导向处于不断演变之中，分布从供给侧动力和需求侧动力推动了我国高速增长，从政策角度，大体可以划分为四个阶段。

1. 1978~1997 年：供给侧数量调节

1978~1997 年，计划经济导致商品短缺，以及生产力相对落后，我国经济主要表现为"供不应求""供给结构不平衡"特征。这个阶段我国面临的主要矛盾是"人民日益增长的物质文化需要同落后的社会生产之间的矛盾"。以人民为中心，则必须要改变落后的生产力。要解放生产力，发展生产力，必须要推动资本积累，遵循资本运动的基本规律，不断加强资本累积，不断解放和发挥民营经济和外资的作用。这一时期国家重点扶持轻纺工业等劳动密集型产业发展，充分发挥我国劳动力比较优势，符合工业化初期阶段的发展特征。同时由于这一阶段内需乏力，我国只能通过大量投资铁路、公路等老基建和房地产来拉动经济增长。依靠资本和劳动力的持续投入以及要素效率的不断提升，为我国经济快速发展提供强劲的动力。

2. 1998~2014 年：需求侧调节

1998 年亚洲金融危机对我国造成冲击，外需不稳定的特征开始显现，我国把经济发展重心转向需求侧，通过大量投资铁路、公路等基建和房地产来拉动经济增长。尤其是 2001 年我国加入世界贸易组织，积极参与全球一体化发展进程，同时对内积极进行经济体制改革，制度红利的释放使得我国经济增长保持较强的韧性，此时，经济发展进入"增量时期"，投资需求对GDP 增长的贡献率长期维持在 40% 以上，部分年份如 2003 年、2004 年、2009 年更是高达 60%。2008 年国际金融危机后，我国采取了需求侧刺激政策，通过向市场注资 4 万亿元来熨平经济波动。

3. 2015~2020 年：宏观调控与供给侧结构性挑战

通过需求侧投资可以刺激经济快速增长，但是也会带来政府债务恶化、杠杆率一路走高、债务风险不断积累、投资效率逐步降低等一系列问题。2015年中央经济工作会议提出进行供给侧结构性改革，并指出我国进入经济新常态，经济结构性矛盾较为突出，主要矛盾是供给与需求不匹配、不协调和不平衡，矛盾的主要方面不在需求侧，而在供给侧。因此，宏观经济调控在战略上强调，坚持稳中求进，把握好节奏和力度，做好打持久战的准备；在战术上强调，要抓好去产能、去库存、去杠杆、降成本、补短板五大任务，也就是所谓的"三去一降一补"。此后，供给侧结构性改革作为经济工作主线，其政策内涵也不断深化。2017年中央经济工作会议进一步将"三去一降一补"政策延伸为"破""降""立"——大力破除无效供给、大力降低实体经济成本、大力培育新动能。2018年供给侧结构性改革政策进一步被概括为"巩固、增强、提升、畅通"八字方针——巩固"三去一降一补"成果、增强微观主体活力、提升产业链水平、畅通经济循环。

4. 2021年至今：强调供需协同的动力塑造

进入"十四五"时期，加快形成以国内大循环为主体、国内国际双循环相互促进的新发展格局，成为我国经济发展的重大战略任务。与以往不同的是，新发展格局强调的是经济循环，更具系统性和动态性，更能反映经济活动的本质。新发展格局的战略含义在于把发展的立足点放在国内，通过畅通国内大循环，为我国经济发展培育新动能，进一步提高经济发展质量，从而主动加速国际大循环、带动世界经济复苏，最终形成以国内大循环为主体、国内国际双循环相互促进的新发展格局。

（二）国内大循环的动力逻辑要求——供需互动

破解我国供需错配困境，不能仅限于对经济现象或技术细节做"就事论事"的讨论，而应从更广范围的社会背景、转型条件、时代规律等出发，还原经济增长的历史环境和发展过程，从供需适配体系角度考察供需适配的内在机理。

我国经济发展实践表明，单独供给侧或者需求侧的动力管理并不符合实践。经济循环体系是一套供需良性互动、适配协同的动态体系，其理论内涵体现在：一是供需适配体系呈现良性互动与循环适配的动态关系，而不是量的比例关系或静态对应关系。这种动态关系由需求牵引供给、供给创造需求，形成高水平的动态平衡。供需适配是根据不同历史阶段的宏观市场条件从需求端开始变化。随着劳动者收入水平的提高，消费者的收入约束减弱、偏好约束增强，供给侧对消费者偏好的捕捉难度越来越大。同时，国际贸易环境的变化使得外部技术引进受限，供给侧的技术不确定性越来越强。此外，数字经济所带来的信息高度联通使消费者的国外购买渠道便捷，并使消费主体的联合与垄断成为可能。这种对劳动者、生产工具和生产对象的综合影响，已开始凸显从生产主导向消费主导转变的宏观阶段转型意义。这使得供给侧面临的关键结构难题从以生产者内部竞争为主的市场结构转变为生产者与消费者竞争的关系结构，进一步要求供给体系必须要提高对国内需求的适配性，而非反过来由需求适配供给。当供给侧适配需求侧之后，将进一步满足或创造需求，在更高水平上进行适配。

二是供需适配体系是由一组关系、一套机理、一系列维度形成的适配系统，包含主体、动力、方式、运行、保障五大类基本要件。其独特内涵在于五大系统构成循环关系：①"核"部门支撑的主体系统。由家庭部门、企业部门、政府部门、国外部门四大核心部门组成，包含企业部门衍生的创新部门、中间部门、最终部门，也可计为六部门。②需求演进主导的动力系统。需求是整个系统动力的启动点，消费需求从以生存型消费为主的低端消费逐渐转向精神层面的高端消费，品质化、个性化、多样化消费活跃。③联动式循环的再生产系统。由生产环节—分配环节—消费环节—交换环节形成闭环，以四部门为主体进行循环再生产。④输入—输出式的供给运行系统。由需求数量决定生产多少，由需求质量要求怎么生产，由需求结构调整生产什么。⑤协调式的市场保障系统。包括产品市场、公共品市场、贸易市场、技术市场、劳动力市场及其囊括的部门结构、投入结构、空间结构、创新结构的调整保障。五大系统基于"两地区—三阶段—五环节—六部门"（R-S-C-S）的多维度，根据供需适配要求，在主体、对象、质量、空间等方面进行系统适配，综合处理政府与市场、内需与外需、城市与农村、投资与消费等多重关系。增长阶段，随着收入的提升，需求的扩张速度加快，供给数量同步增加，供给总体上能根据需求变动而实现调整。而随着收入水平和生活质量的进一步提升，人民日益增长、不断升级和个性化的美好生活需求不再仅指消费数量的增加，而是质量的提升。此时，供需有机结合面临的制约并非有效需求不足，而是缺乏有效供给。扩大内需的前置条件转变为更好地适应需求体系变化的速度、方向、范围，及时提供适销对路的产品。从长期来看，提升供给体系对国内需求的适配性，更为主要的支撑因素在于有效供给对于需求的回应与引导，核心在于系统解决"谁来供给""供给什么""怎么供给""在哪供给"等结构性问题。

（三）新发展格局下增强国内大循环内生动力的实现路径

新时代背景下，实施扩大内需战略与深化供给侧结构性改革有机结合是推动经济增长和发展的重大现实问题。实施供需有机结合，不仅关系到内需驱动型经济体系的构建，而且关系到社会主义现代化目标的顺利实现。从供需错配到供需适配是供需有机结合的根本途径。基于企业创新结构、政府投入结构、市场产业结构、城乡空间结构等的支撑，形成推动创新驱动、优化政府投资引导、提升国内产业竞争力、加快城乡一体化等方面的制度创新，为扩大内需和供给侧结构性改革有机结合提供现实路径。

1. 促进企业投资需求转向，推动供给侧创新结构改革

实现扩大内需的首要保障在于确保资金流向实体部门，解决企业投机需求所带来的企业创新挤占问题，调整创新部门间和部门内结构，推动企业投资从寻租部门转向创新部门。一是创新部门的结构改革，重点解决创新与房地产、金融等之间的结构调整问题。房地产具有准金融属性，与金融相互渗透。首先，进行住房部门改革，构建稳定住房市场的体制机制，明确我国住房需求存在的消费和投资双重属性，实施以盯住属性为主的精准调控，形成"属性管理、上下分工、精准分类、区别对待"的调控方案。对住房投资属性的存量与增量进行分类调控，在交易环节针对增量进行调控，并逐步过渡到保有环节的存量调控。其次，改革投融资体制机制，构建金融有效支持实体经济的体制机制，提高投机性交易的成本，重点包括：控制和打压套利型企业与投资者；通过去杠杆等方式增加企业进行金融交易性投资的成本；提

高生产性、消费性投资向金融性、投机性投资转化的门槛，加强制度约束，建立资金流向的监管机制。二是创新部门内的结构改革，重点关注水平创新与垂直创新的技术结构差异、创新链条不同部分的衔接、创新主体与创新生态间的关系，形成创新型企业正常利润生成机制及激励企业家的需求发现机制。

2. 发挥政府投资需求的引导作用，推动供给侧投入结构改革

当前，加强政府投资的刺激引导是扩大内需的关键之举，急需以政府投资为切入点，推进供给侧投入结构改革。一是保障投入结构高端化，使基础设施投资从传统的基建转向有助于提升居民消费水平的未来新型基础设施和产业，使政府资金精准投向"两新一重"领域，有效引导后续消费和企业投资，对政府投资进行精准的投入结构统筹与配置，推动扩大内需和经济高质量发展。二是确保投入结构的可持续性，由一次性投资刺激转变为长期拉动经济的持续消费和增长。保障投入结构向服务业倾斜，促使服务业部门顺利吸纳土地、劳动力等生产要素，增加服务业需求。同时，推进财政收入导向型政府投入模式向企业成长助推型政府投入模式转型。三是政府合理引导民间投资进入服务业等重要产业，合力破解政府投入中出现的投资目标偏差、有效落实不力、地方投资协同监管乏力等瓶颈，建立健全政策效果评估机制，强化政府投资对民间投资的引导作用，助推投资结构转型。

3. 适应对外贸易需求转向，推动供给侧产业结构改革

实现外需回流的基本途径在于深化供给侧结构性改革，而改革的重心在于实现要素有效匹配，甄别潜在竞争优势产业，并培育贸易竞争优势产业。一是以提升供给侧服务和产品质量为基本出发点，依托有效的改革举措消除生产要素、产品质量等方面的配置扭曲。二是合理推动供给侧产业结构改革。在结构调整中，既要扩大开放，深度融入全球经济，又要深练基本功，优化高端产品和服务供给能力，适应国内中高端消费需求内容和方式的变化，更要针对国家间的贸易竞争格局，实现体制机制创新。三是明确以贸易"社群"间利益协调及"社群"间资源匹配流动为主的国家间产业关系调整

思路。我国应形成以"社群"中心的产品产业为核心、以其他"社群"为外围的"核心—外围"贸易竞争结构，加强与资源输出型外围"社群"既有的"产业—资源"型合作，深化与产业基础薄弱外围"社群"的贸易分工，形成与其他"社群"内国家间的产业"雁阵"布局，优化自身的贸易分工。

4. 促进城乡内需一体化，推动供给侧空间结构改革

以破除阻碍城乡内需一体化的限制因素为导向，实现供给侧空间结构改革的高质量推进，打破内需分割困局，集中消除城乡物流运输成本差异、投资的城乡结构性问题、城乡融合不畅等主要阻碍因素。一是充分考虑我国空间非均质性特征，从市场功能、企业合作、政府协同等多种角度，制定有益于消费需求和投资需求空间一体化的政策。二是深化支撑畅通国内循环的流通体制机制，构建现代大交通网络和物流网络，打通农村地区流通中的堵点。三是构建城乡要素双向自由流动的机制，推进土地要素自由流转，加快户籍制度改革，消除农村和城市间的行政制度阻碍，畅通要素流动渠道。四是推动新型城镇化与农村收入水平提升等体制机制创新，确保农业转移人口市民化，引导和保障处于生产地与户籍地分离状态的劳动力尽快融入城镇生活。

5. 有效结合需求侧管理，实现供需总量平衡和结构平衡的有机统一

新发展格局中大循环的最终目标是实现供需总量平衡和结构平衡的有机统一。以供给侧结构性改革为主线，这一过程同样离不开有效的需求侧管理，以解决总量不平衡问题。一方面，从释放消费需求入手扩大内需。一是深化收入分配制度改革，扩大就业和提高居民收入，特别是提高中低收入群体的收入和扩大中等收入群体的比重，全面释放消费潜力。二是实现社会保障全覆盖，缩小城乡收入差距。三是建立促进消费的制度和机制，培育快消经济市场，提高消费比例。另一方面，从释放投资需求入手扩大内需，具体包括：推进以人为本的新型城镇化建设，加快新基建与数字经济产业发展，减税和减少融资约束等。

六　坚定不移推动长江经济带高质量发展 *

高质量发展是全面建设社会主义现代化国家的首要任务。党的二十大报告强调，加快构建新发展格局，着力推动高质量发展，要推进长江经济带发展。推动长江经济带高质量发展是习近平总书记亲自部署的重大国家战略。从"推动"到"深入推动"再到"全面推动"，习近平总书记先后3次主持召开长江经济带发展座谈会并发表重要讲话，为推动长江经济带高质量发展定航指向。立足新发展阶段、贯彻新发展理念、加快构建新发展格局、推动长江经济带高质量发展，要以习近平总书记在全面推动长江经济带发展座谈会上的重要讲话中提出的"五新三主"新定位、新目标、新任务为指引，着力推动长江经济带国家战略取得新的突破性进展。

（一）谱写生态优先绿色发展新篇章

习近平总书记强调，"长江经济带作为流域经济，涉及水、路、港、岸、产、城和生物、湿地、环境等多个方面，是一个整体，必须全面把握、统筹谋划"。我们要重点抓好三个方面的工作：一是加强生态环境系统保护修复。从生态系统整体性和长江流域系统性着眼，统筹山水林田湖草等生态要素，推动长江上中下游、江河湖库、左右岸、干支流协同治理，全面实施生态修复和环境保护工程，同时建立健全长江水灾害监测预警、灾害防治、应急救援体系，推进安澜长江建设，切实保持长江生态的原真性和完整性。二是推动经济社会发展全面绿色转型。以新发展理念为引领，把实现减污降碳协同增效作为促进经济社会发展全面绿色转型的总抓手，充分发挥长三角生态绿色一体化发展示范区等的示范作用，加快建立健全绿色低碳循环发展经济社会体系，全面提高资源利用效率。三是完善生态产品价值实现机制。"绿水青山就是金山银山"，加快建立生态产品价值实现机制，深入探索推广绿水青山转化为金山银山的路径，努力把绿水青山蕴含的生态产品价值转

---

　　* 杨凤华，南通大学江苏长江经济带研究院常务副院长，教授；朱璠，南通大学经济与管理学院硕士研究生。本部分内容发表于《群众·大众学堂》2022年第5期。

化为金山银山，让保护修复生态环境获得合理回报，让破坏生态环境付出相应代价。

（二）打造区域协调发展新样板

习近平总书记指出，沿江各省市要正确把握自身发展和协同发展之间的关系，努力将长江经济带打造成为有机融合的高效经济体。在实际工作中，一是深入推动上中下游协同联动。强化生态环境、基础设施、公共服务共建共享，引导下游地区资金、技术、劳动力密集型产业向中上游地区有序转移，发挥产业协同联动整体优势；围绕建设长江大动脉，整体设计综合交通运输体系，构建统一开放有序的运输市场。二是完善城镇化空间布局。长江经济带横跨我国东中西三大区域，要以城市群、都市圈为依托促进大中小城市和小城镇协调联动、特色化发展，加快推进以县城为重要载体的城镇化建设。各大中小城市要立足所在城市群、都市圈的发展定位和方向找准自身错位发展的重点方向，并通过实施城市更新行动，推动城市空间结构优化和品质提升。三是着力推动城乡融合发展。长江经济带各省市要深入推进新型城镇化与乡村振兴协同发展，充分发挥浙江嘉湖片区、江苏宁锡常接合片区、江西鹰潭、四川成都西部片区、重庆西部片区等国家城乡融合发展试验区和长江经济带各农村改革试验区的示范带动作用，加快实现巩固拓展脱贫攻坚成果同乡村振兴有效衔接。四是加快完善区域协调发展体制机制。进一步深化长江经济带"1+3"省际协商合作，协调解决跨区域基础设施互联互通、流域管理统筹协调等重大问题。创新财税体制安排，完善区域间生态补偿和对口合作机制，处理好本地利益和区域利益的关系。

（三）构筑高水平对外开放新高地

习近平总书记提出，要统筹沿海沿江沿边和内陆开放，加快培育更多内陆开放高地，提升沿边开放水平，实现长江经济带高质量引进来和高水平走出去。要突出四个方面：一是统筹沿海沿江沿边和内陆开放。沿江省市要在国内国际双循环相互促进的新发展格局中立足比较优势扩大开放，强化上中下游区域间开放联动，推动构建陆海内外联动、东西双向互济的开放格局。二是推进规则标准等制度型开放。沿江省市要以自贸试验区为先导稳步拓展制度型开放，率先推动构建与国际通行规则相衔接的制度体系和监管模式，为全国推进规则标准等制度型开放积累新经验、探索新路径。三是深化长江经济带发展和共建"一带一路"相融合。加快推动"一带一路"建设，加强与"一带一路"沿线国家发展战略层面的对话与协商，深化长江经济带与"一带一路"国家之间的人文合作。四是健全开放安全保障体系。增强机遇意识和风险意识，树立底线思维，加快构筑与长江经济带更高水平开放相匹配的监管和风险防控体系，织密织牢开放安全网，有效应对全球经贸格局新变化引发的潜在经济、产业和金融风险。

（四）塑造创新驱动发展新优势

习近平总书记强调，必须走出适合国情的创新路子，把原始创新能力提升摆在更加突出的位置。加强创新驱动，推动长江经济带高质量发展，一是提升原始创新能力和水平。长江经济带要提升长三角城市群创新策源能力和全球资源配置能力，强化区域科技创新中心建设，提升国家自主创新示范区、高新技术产业开发区、经济技术开发区等创新功能。依托科创中心等重大科技创新平台，突破一批关键核心技术，强化关键环节、关键领域、关键产品的保障能力。二是推进产业基础高级化和产业链现代化。按照智能化、绿色化的要求推动传统产业升级改造，大力推动新兴产业加快发展，打造具有国际竞争力的先进制造业集群，打造自主可控、安全高效并为全国服务的产业链供应链。三是完善科技创新体制机制。加快科技管理职能转变，强化规划政策引导和创新环境营造，改革重大科技项目立项和组织管理方式，给予科研单位和科研人员更多自主权，强化企业创新主体地位，激发各类主体活力，推动科技成果转化。坚决破除创新要素自由流动的壁垒，探索建立促进产学研有效衔接、跨区域通力合作的体制机制。

（五）绘就山水人城和谐相融新画卷

习近平总书记强调，"要把长江文化保护好、传承好、弘扬好，延续历史文脉，坚定文化自信"。为此，要采取切实有效举措，推进山水人城和谐发展。一要保护好长江文物和文化遗产。建立健全历史文化遗产资源资产管理制度和不可移动文物保护机制，强化技术支撑和社会参与，提升系统保护长江文物和文化遗产的能力。二要推动优秀传统文化创造性转化、创新性发展。让收藏在博物馆里的文物、陈列在广阔大地上的遗产、书写在古籍里的文字都活起来。把"生态优先、绿色发展"的新时代长江生态文化，培植为引领经济社会全面绿色低碳转型发展的先进文化理念，树立生态产品价值观。三要推进长江历史文化、山水文化与城乡发展相融合。坚决摒弃急功近利和大拆大建的做法，以珍爱之心、尊崇之心对待城市和乡村的古城、古墟、古建筑、老宅子、老街区和传统村落，注重延续城市、乡村历史文脉，突出地方特色，采用"绣花""织补"等微改造方式对历史文化街区、传统村落进行修复，补足配套基础设施和公共服务设施短板，保留城市和乡村历史文化记忆。因势利导发挥山水人文资源优势，将长江历史文化元素融入现代城乡建设和现代产业发展，着力打造富有长江特色的建筑风格和文旅产业高地。

七　在顺畅循环中实现更高质量的区域协调发展[*]

我国幅员辽阔、人口众多，发展不平衡是基本国情，促进区域协调发展始终是我国重要的战略任务。党的十八大以来，以习近平同志为核心的党中央把促进区域协调发展摆在更加重要的位置，京津冀协同发展、长江经济带发展、粤港澳大湾区建设、长三角一体化发展等重大区域战略"落地开花"，有效地推动了区域差距缩小和协调发展迈上新台阶。

习近平总书记指出，新时代促进区域协调发展，不仅影响一时一地，更对把握新发展阶段、贯彻新发展理念、构建新发展格局、推动高质量发展具有重要意义。2021年底召开的中央经济工作会议强调，区域政策要增强发展的平衡性、协调性。立足新发展阶段，促进区域协调发展需要准确把握贯彻新发展理念与构建新发展格局的深刻逻辑、内生特点、内在要求，分析我国经济在各区域之间通过生产、分配、流通、消费进行循环互动的现实特征和难点堵点，在顺畅循环中实现更高水平、更高质量的区域协调发展。

---

[*]　陈长江，南通大学江苏长江经济带研究院沿海沿江发展战略研究所副所长，副研究员。本部分内容发表于《中国财经报》2022年8月9日。

（一）区域发展不平衡不协调的历史性原因

我国区域发展不平衡不协调的动态变化，与区域之间参与国际大循环不均衡情况密切相关。

改革开放之前，经济大循环主要在国内进行。东北、中西部地区主要为东南沿海地区提供机器设备、工业中间品和原材料，形成了国内大循环产业链上游；东南沿海地区从事轻工业生产，为国内市场提供消费品，形成了产业链下游。在中央的计划安排下，各区域之间建立产业链互动联系，区域差距逐渐缩小。

改革开放以后，东南沿海地区充分利用区位、要素和政策优势，率先切入国际大循环，形成市场和资源"两头在外"的外向型发展模式，推动了投资快速积累和经济高速增长，但同时也割裂了与东北及中西部地区的产业链和市场联系。一是沿海地区从国外进口更先进、更适应国际市场的机器设备以及中间品，与东北及中西部地区的产业链联系被割裂。二是东南沿海地区转向海外市场出口加工产品，生产供给体系对中西部需求的敏感度和适配性下降，国内大循环以及区域之间的市场供需动态平衡被打破。三是东南沿海地区融入全球价值链所形成的增长极效应，进一步吸引了中西部和东北地区高质量劳动力、资金"孔雀东南飞"，导致中西部经济增长缺乏必要的要素支撑，区域差距持续扩大。2008年后，随着东南沿海地区土地、劳动力等各项成本的上升，沿海地区产业融入国际大循环的竞争力减弱，部分产业向中西部以及国外转移，从而呈现经济减速态势，同时中西部经济开始加速，区域之间的差距呈现缩小态势。

（二）重塑区域间协调的内在动力机制

国内大循环是区域协调发展的强大内生动力，构建国内大循环有助于形成高质量的区域协调关系，同时高质量的区域协调关系也能有效助力国内大循环。构建新发展格局，要求区域之间形成纵向一体化的产业价值链关联和供需协调一体化的市场关联，从而增强国内大循环的畅通性和主导性，因此，构建新发展格局的过程也是重塑区域间协调的内在动力机制的过程。

一是要更加整体化。当前，以行政单元为主体的各种区域战略，跨区域的空间治理成本较高，割裂了与其他区域的联系。而且不同区域战略规划之间缺乏衔接，尤其在产业发展方面，区域协调战略依然以政府为主、市场为辅，城市群间的协调难度依然较大。基于新发展格局的区域政策需站在整体角度，重视区域政策的衔接互动，将重点从"区域自身"更多转向"整体发展"、从"区域内"更多转向"区域间"、从"差异化"更多转向"一体化"，统筹考虑粤港澳大湾区、长三角一体化、京津冀协同发展等区域战略之间的协调，整体推动产业协调、城乡协调、绿色协调、基础设施协调。

二是更加市场化。当前我国区域战略已经基本做到全覆盖，但在落地的过程中，一些地方想走"要特殊政策"的捷径，抢夺政策红利的先机，这在一定程度上导致缺乏创新和发展的内生动力，只靠政策和转移支付，使得区域战略和政策规划难以落实。同时，由于较少关注企业诉求，在落实区域战略的过程中常常偏离战略规划初衷，区域合作的市场协同组织发展也不够成熟。只有发挥企业的市场主体地位，才能带动跨区域产业和市场的形成。

三是更加现代化。以信息化技术为核心的数字经济为增强区域发展平衡性协调性提供了新的可能性。数字经济具有跨越地理特征的优势，对于跨区域产业、生态环境、交通等战略和政策的动态联动和协调具有重要作用，建设发展跨区域产业平台、要素平台、公共服务平台，能够显著减少各区域之间产业链和产业要素合作成本。尤其是在数字经济加快发展的形势下，推动东中西部地区数字经济合作，能够加快形成以国内市场为支撑的产业链体系，克服疫情影响进一步推动数字技术赋能传统产业，促进西部地区人口和产业向物流枢纽中心流动，实现集聚优化，形成更多新增长极。

（三）形成高水平区域协调发展格局

随着世界百年未有之大变局的演化，以高水平区域协调助力推动构建国内大循环、实现高质量发展和共同富裕的任务愈加迫切。区域协调政策要更加有力、精准、有效，进一步强化区域协调顶层设计和政策的外生动能，大力培育产业链衔接和市场互动的内生动能，并使外生动能与内生动能相结合，形成可持续、良性互动的高水平区域协调发展格局。

第一，立足构建新发展格局，强化区域战略的整体协调。我国各类区域战略的实施角度不同、各有侧重,进入新发展阶段推进区域协调发展,必须要推动各区域重大战略的有机衔接和协调联动。一是加强规划协调联动。要加强各区域战略总体规划和专项规划以及中央各部门和地方各级政府规划间的衔接。做好京津冀、长江经济带、粤港澳大湾区、长三角一体化等战略重点区域规划纲要或实施方案的全流程衔接,促进相关主体功能区规划全面对接协调、融入国土空间规划。以产业协调、全国产业链构建和生态环境共同保护为主线,建立区域规划动态对接调整办法,加快形成点面结合、远近结合、上下结合的区域战略规划协同体系。二是加强政策协调联动。在区域战略落地过程中,中央和地方各部门、各领域相关政策要着力发挥政策合力效应,紧盯动态变化的国内外经济形势,及时做好政策的更新调整。长三角、粤港澳、成渝双城等区域政策协同应瞄准更高水平对内对外开放一致化,西部开发、东北振兴等区域政策协同应加大产业跨区域转移、生态综合补偿等政策创新力度。三是加强实施机制协调联动。支持不同区域各级政府探索构建形式多样的区域性交流和合作机制。以共建产业链为核心,创新地区间对口帮扶、援助和合作机制,引入市场化机制,更加强调发挥比较优势实现合作共赢,提升合作的稳定性和可持续性,着力推动形成架构支撑、重点带动、纵横互促的区域战略机制协同体系。

第二,引导跨区域产业合作,鼓励东部与中西部地区共建产业链。一是强化跨区域产业的战略合作。优化完善西部开发、东北振兴、中部崛起和东部率先发展四大板块差别化协同发展的区域总体发展战略和相互之间产业联动安排,鼓励东部沿海地区面向国内市场增强产业综合协同优势,全面提升创新能力,加强与中西部地区的联系。鼓励中西部地区提升区位优势和产业配套能力,加强中部地区以及与东南沿海地区的全方位经济联系与合作,培育壮大内生型、嵌入式产业体系和集群,建设承接国内外产业和功能转移的高地。鼓励东北建立先进装备、大农业等现代特色产业基地,加强跨区域产业合作。二是以产业集群为基础,强化区域之间产业链合作。梳理各地产业链、重点企业和上下游核心关联企业以及重点技术分布信息,形成跨区域产业链协同合作的思路、方向和路径。三是创新产业链跨区域合作的制度安排。推动跨区域的"链长合作"和"链主合作"，突破产业链协调的行政边界限制，建立跨区域产业链对接合作的平台载体等。以产业联系、资源共享等为标准，遴选若干跨区域产业集群，形成跨区域产业集群示范。四是对处于同一条产业链的企业进行资产重组或业务整合，推动不同区域企业合作，并着力提高产业链龙头企业的国内配套能力。

第三，开展有效的跨区域产业合作，形成互利共赢的区域协同机制。国内产业转移是实现产业空间协调配置的必然选择，全球价值链中升级受阻的东南沿海地区企业作为产业转移链的组织者和治理者，能够通过区域产业转移实现升级发展，而承接产业转移的中西部地区可以实现产业规模扩大和结构优化。一是探索产业转移的利益分享新机制。鼓励地方进一步探索跨区域产业转移的利益分享机制和企业激励机制，探索跨区域产业转移和产业园区共建新模式。结合各地产业基础和资源禀赋条件，推动差异化承接产业转移，形成互利共赢的区域产业转移新模式。二是探索跨区域的合作园区发展模式。继续推动以政府为主导的跨地合作园区建设，探索跨区域的规划共编、园区共建、利益共享、风险共担机制，尤其是在对口援助中积极探索市场化的产业园区合作。三是重视企业跨地域经营产生的区域协调发展效应。鼓励企业跨区域参股、兼并、收购、重组，促进各类所有制企业自觉自愿参与并购，使不同地区间的低水平产业竞争转变为集团内部各个部门间的合作。推广长三角、珠三角企业的跨区域发展经验，使区域一体化分工演变为大型企业集团内部的产业链、价值链、创新链分工，实现产权融合和管理整合。四是充分发挥东部地区在物联网、5G、人工智能、大数据、区块链等新兴产业领域的优势，加快推进东部地区新兴产业与中西部地区传统产业的深度融合。

第四，建立全国统一的要素服务和产业信息平台。强化提升数字经济龙头产业的引领作用，支持中西部地区制造企业积极向数字产业靠拢。充分利用中西部地区制造业的比较优势和腹地市场，助推数字新兴产业扩大应用场景、迭代升级。一是利用数字技术建设全国要素交易平台（土地市场、劳动力市场、资本市场、技术市场、数据市场）和全国商品交易平台

（大宗商品交易平台），从信息价格公开的角度破解市场"分割"问题。通过构建全国统一、相互衔接、分级管理的空间规划体系，解决跨区域政策不协调问题。二是建设全国统一的公共服务平台。以全国统一的社会保险公共服务平台为突破口，优化各区域联网交换库的数据指标，完善转移接续业务经办校验规则，在完善数据共享、信用体系的基础上，增加告知承诺制事项，明确惩戒规范，扩大应用范围。三是通过政策工具推动发达地区与落后地区、中心城市与周边地区在数字化领域的合作，加强落后地区数字化基础设施建设和数字化产业培育，避免在数字化浪潮中出现"马太效应"。

第三节　绿色发展与协同发展研究

一　长江经济带绿色发展协调机制及其政策推动[*]

习近平总书记站在历史和全局的高度，为长江经济带发展举旗定向、谋篇布局，要"使长江经济带成长为我国生态优先绿色发展主战场、畅通国内国际双循环主动脉、引领经济高质量发展主力军"，[①] 绿色发展是长江经济带实现高质量发展的必由之路。推动长江经济带绿色发展的整体进程，破解发展难题、走出协调困境，就要构建长江经济带绿色发展协调机制和政策体系。

（一）推动长江经济带绿色发展的协调困境

新时代以来，长江经济带绿色低碳发展取得了显著的成效。但是，绿色低碳是一项复杂的系统性变革，长江经济带作为典型的流域经济形态，至今没有形成一体化格局，非均衡、碎片化现象凸显，从而成为经济带绿色发展

---

[*] 成长春，江苏省政府原参事，南通大学原党委书记、江苏长江经济带研究院院长兼首席专家，教授，博导；臧乃康，南通大学经济与管理学院教授，江苏长江经济带研究院区域政策与法律研究所所长。

[①] 习近平：《习近平谈治国理政》（第四卷），外文出版社，2022。

的障碍。长江经济带横跨上游、中游、下游三大区域，区域间经济发展水平、生态环境、绿色发展基础存在较大差异。长江经济带作为巨大的生态系统，如果不注重绿色发展，容易诱发或造成污染转移、相互污染、生态破坏。总体上说，长江经济带在绿色发展上，还没有真正形成协同格局。

1. 地域辽阔和非均衡发展

长江经济带上中下游发展板块中，生产力发展不均衡，长江上游与长江下游之间的发展差距巨大。生态敏感区和高山地区多分布在上游地区，发展成本高、保护难度大，平原多分布在下游地区，有利于生产力布局和开放流通。上下游区域资源禀赋和生产力发展水平的巨大差异，给制定和实施经济带绿色发展政策带来诸多障碍。下游地区已经从工业化时代转向后工业时代，绿色发展的基础扎实和资源丰厚;[①] 上游地区的云贵等地方处于工业化早中期，绿色发展的技术和资金严重不足，这就形成了上下游区域绿色发展资源和环境的重大差异。因而，对于地域辽阔和非均衡发展的长江流域而言，构建相应的协调机制，整体高效推进长江经济带绿色发展意义重大。

2. 政策权威和协调平台缺失

长江经济带各地仍然沿用传统的管理模式，条块分割和职能交叉问题比较严重，影响治理权威，区域与部门间难以实现有效的沟通，生态环境保护与流域自主发展存在冲突。长江经济带涉水管理上，纵向管理部门职能交叉重叠，横向职能部门各自为政、画地为牢，导致程序标准与规划实施、治理政策与利益分配之间的矛盾加剧了流域治理、绿色发展困境。虽然，长江经济带上中下游的地方政府有合作基础和对话协商惯例，但是大部分区域的政府合作意向并没有促成有效政策的实施，主体利益难以统筹协调，许多政策仅仅停留在文件文本阶段。

3. 治理体系和组织架构复杂

长江经济带绿色发展涉及沿江上百个城市，在产业招商、市场建设、基础设施建设中存在互设藩篱、恶性竞争。同时，长江是我国最大内河和

---

① 彭劲松：《长江经济带区域协调发展的体制机制》，《改革》2014 年第 6 期。

最繁忙黄金水道，国家设立了数十个副部级行政办事和派出机构，涉及水利、交通、环保等多项政府重要治理职能，以推动长江流域及经济带的发展、保护、协调。沿江地区绿色发展和生态治理的大型项目建设，需要多家机构审批，经济带绿色发展的掣肘重重、困境频现。作为长江流域最具权威性的管理机构——水利部长江水利委员会主要以水资源管理、水行政为主，并没有其他的法律赋权。其他相关政府部门的派出或下属机构则承担着长江流域某一事项或要素的管理，对于综合性事项、系统性工程的统筹和协调，治理主体的职能重叠与职能盲区会交叉迭现。

4. 市场空间受限于行政壁垒

各地基于自身立场来寻求利益最大化，长江经济带绿色发展的整体性、系统性就会受到影响。并且，区域管理主体复杂多元、协调难度大，长江经济带绿色发展进程迟缓。长江经济带上中下游地区间还未建立起有效的市场分工体系，不同城市竞相压低地价、争夺国际产业转移的资源和项目。中上游地区之间经济发展水平接近，产业同质强化了地区间的行政壁垒，难以对区域绿色发展形成有效支撑和驱动。

5. 流域产业链条的关联性薄弱

长江经济带行政分割导致"行政区经济"，市场化程度严重受限、市场资源流动性不足，产业链条中断和碎片化，阻碍了长江经济带资源的高效配置，直接影响了流域经济体的整体性、关联性、韧性，严重制约了沿江地域的绿色发展。区域经济体无序发展，下游工业向经济腹地的转移，有的只是产业单向迁移，缺乏市场动力。目前，长江沿岸分布着40余万家化工企业，以及多家大型或超大型的钢铁厂、炼油厂、石化基地，生态环境承载力临近极限。区域间缺乏协同与合作，影响了绿色产业发展。

（二）优化长江经济带绿色发展的协调机制

习近平总书记指出，"必须统筹兼顾、整体施策、多措并举，全方位、全地域、全过程开展生态文明建设"。[①] 因此，以系统方法、全局角度，统

———————

① 习近平：《习近平谈治国理政》（第三卷），外文出版社，2020。

筹兼顾、优化协调长江经济带绿色发展至关重要。

1. 建立健全经济带绿色发展的统筹机制

党的十八大以来，长江经济带发展上升为国家战略，长江经济带特别是长三角地区市场一体化、公共服务协同化、公共交通同城化呈现出向好的发展趋势，成为经济带区域合作的风向标和先行区。国家相关法律法规注意保障公众参与的权利，公众在立法、规划、环保领域的参与意识、参与能力显著增强。要基于顶层设计来建立长江经济带绿色发展统筹机制，吸纳各类社会主体参与决策，从而形成统筹协调的强大合力。最重要的是，建立权威统一的组织机构，根据各省市绿色发展的基础、特点、优势，制定适合各自的绿色发展规范，统筹长江经济带的绿色发展。

建立"长江经济带绿色发展协调小组"（简称"协调小组"），发挥好集中力量办大事的优势，下好长江经济带绿色发展的这盘大棋，形成长江经济带高质量发展的整体合力。加快流域间、左右岸的统筹协同，完善省际、城际协商对话机制，推动相邻省市的有机融合、错位发展、协调发展，实现人与自然的和谐共生。因此，要根据长江经济带各省市生态现状，协调小组负责统筹各区域的生态环境保护工作，协调各行政区域制定生态保护红线和绿色发展政策。欧洲莱茵河治理经验表明，相关地区在充分协商的基础上达成莱茵河治理共识；设立权威执行机构，有效执行政策；建立专门的工作组，处理和解决实际问题。协调小组负责统筹长江经济带绿色发展，其他职能单位要主动配合协调小组的工作。具体来说，强调协调小组在长江经济带绿色发展中的主导地位，站在长江经济带顶层高度设计和制定政策，整合绿色发展资源；明晰权责划分，避免多部门的推诿扯皮，加强对责任主体的有效监督。管理机制的形成能更好地落实长江经济带绿色发展定位，消除区域内的行政壁垒，集聚经济带整体力量，高质量推进长江经济带绿色发展。显然，整体推动长江经济带绿色发展，首先要建立健全绿色发展统筹管理机制。

2. 建立健全经济带绿色发展的联动机制

消除长江流域内的行政壁垒，畅通上中下游地区的沟通渠道，促进绿色发展要素的流动，加强绿色发展的整体协作，这是长江经济带绿色协调发展要突破的难题。欧洲在莱茵河治理中，高度重视联动机制的作用，如一体化系统生态修复治理、流域间高效合作机制、共享流域治理规划、建立流域监测预警体系和信息互通平台等，推动了流域发展要素的自由流动。

建立健全长江经济带上中下游协调联动机制。下游在人才、市场、资金、技术等绿色发展要素方面具有绝对优势，协调全流域的绿色发展最重要的就是发挥下游地区的要素优势，带动上中游区域的绿色发展。一是市场联动。建设全域统一的绿色发展要素市场，驱动中上游产业升级、淘汰高污染高耗能企业，拓展市场空间，建设绿色产业集群和低碳产业带。二是人才联动。加强全域的产学研合作，鼓励人才流动，为长江经济带绿色发展提供充足的人才资源。三是技术联动。建立一批高新科技产业基地，为长江经济带绿色发展提供创新动能。借助下游地区绿色发展的科技创新优势，推动上中游地区绿色技术发展。四是资金联动。拓宽长江经济带融资渠道，为绿色发展资金不足的中上游地区提供支持，补齐中上游地区绿色发展短板。五是设施联动。实现绿色发展基础设施均等化、普惠化，提高绿色发展公共服务水平，促进绿色发展要素流动，实现全域绿色发展基础设施的协调联动。

建立健全长江经济带绿色发展区域联动机制，通过长江这条主"线"和流域这个重点"面"，在流域整体生态环境保护的前提下推进产业分工与合作，实现各流域、多领域的互联互通、市场一体、产业协调、开放合作、生态文明、公共服务的共建共享，形成生态兼容的绿色发展新动能。

（三）完善长江经济带绿色发展的政策推动

"要把保护修复长江生态环境摆在压倒性位置"，[①] 这需要以完善的政策体系来推动长江经济带绿色发展。中国围绕绿色发展逐渐形成了相对完善的政策体系，所有的发展政策都凸显了绿色、生态价值。从功能上看，绿色发展政策既要覆盖生态环境相关领域，又要作为政策工具发挥调节作用。

---

① 习近平：《习近平谈治国理政》（第四卷），外文出版社，2022。

1. 推进《长江保护法》和其他法律法规的协同

长江经济带绿色发展协调机制离不开制度保障，习近平总书记强调，"用最严格制度最严密法治保护生态环境"，① 《中华人民共和国长江保护法》（简称《长江保护法》）的正式实施，标志着长江经济带绿色发展战略将从法律意义上予以全面落实，夯实长江经济带"共抓大保护"的制度基础。必须推进与《长江保护法》相关领域的法律法规修改、完善，细化下位法的规章体系，形成生态保护和经济社会发展相协调的制度体系。要注重加强与其他法律法规的对接，增强现行法律法规的整体合力。一是以法律手段规范和推动长江经济带绿色发展，提出长江经济带全域协调均衡和沿江产业布局的政策建议。二是制定绿色发展和生态保护的法律、标准、规范，有效解决长江经济带绿色发展和生态环境难题。

2. 发挥政府在绿色发展中的政策协调作用

政府作为政策的制定者，发挥好政策协调作用，最重要的是设计好绿色发展政策，确定绿色发展目标和思路。要通过政策功能和作用，协调好市场组织、社会组织、社会公众在绿色发展中的利益和需求，制定能整合各方力量的绿色发展政策。

政府准确定位于绿色发展中的组织者，必须加强政府与企业、民众等主体的沟通协调。以制度创新和政策推动，积极鼓励跨域协同，制定跨域规划，加强政府协同引导职能，推动互联共享的大数据平台建设，形成从单点向整体、线性向立体的生态治理格局，打造跨地域、跨部门的全域联动机制。建立全方位、多渠道的生态补偿长效投入和治理绩效评估机制，完善省际生态补偿机制和跨域利益共享机制，切实保障长江流域沿线各省市绿色发展权利与义务。

3. 构建经济带绿色发展的公共政策体系

一是推进绿色投融资。经济高增长必然伴随环境的高投入。② 加快长江

---

① 习近平：《习近平谈治国理政》（第三卷），外文出版社，2020。
② 常纪文、杨朝霞：《环境法的新发展》，中国社会科学出版社，2008。

经济带的产业结构转型、生态环境建设，绿色金融发展至关重要。大力发展绿色金融。首先，建立绿色金融大数据综合服务系统，统筹整合多部门、多机构数据；其次，建立多层级的绿色发展项目库，让绿色金融服务更精准、更高效；最后，建设跨区域、覆盖全产业链的绿色金融信息平台，为全域共建绿色产业链提供高质量的金融服务、营商环境和政策工具。

二是聚焦碳达峰碳中和。伴随着碳达峰碳中和目标的提出，碳交易市场迅速成长，碳定价和交易机制逐渐形成，生态补偿模式创新稳步推进。碳达峰碳中和的核心要义是在绿色转型中实现更大发展，绿色经济是现代经济转型发展的最优路径。"十四五"时期，要深化城市间合作，建设生态产品与资源环境权益区域交易平台，实现互联互通的绿色发展；把握"实现减污降碳协同效应"的总体要求，以能源结构转型为重点，构建安全高效的能源体系。

三是加强现代科技支持。长江经济带涉及水、路、港、岸、产、城和生物、湿地、环境等多个领域和多重要素，现代科技的支撑引领是长江经济带生态保护、生态治理、产业转型升级、绿色产业发展的迫切需要。创新要素汇集、创新主体活跃、传统产业与新兴产业相互交织，要促进创新驱动产业转型，把资源优势转化为发展优势。建立健全绿色技术创新体系，强化企业创新的主体地位，加大先进的绿色技术推广力度。以重大科技项目和重点实验室为基础平台，支持创新园区体制创新和模式创新，发挥其引领、示范、载体作用。加大科技成果转化力度，驱动创新发展，在深化长江经济带区域合作中形成协同创新格局。

二 争做长江经济带产业绿色转型的探路先锋*

党的二十大报告指出，"中国式现代化是人与自然和谐共生的现代化"，"要加快发展方式绿色转型，实施全面节约战略，发展绿色低碳产业"。绿

---

* 林珊珊，南通大学经济与管理学院副教授，硕士生导师，江苏长江经济带研究兼职研究员，研究方向为产业经济与低碳经济。

色是长江经济带高质量发展最亮丽的底色，也是江苏推动长江经济带发展最鲜明的特色。党的十八大以来，江苏认真贯彻执行习近平总书记关于推动长江经济带发展的系列重要讲话和指示精神，牢牢把握"共抓大保护、不搞大开发"的战略导向，将"生态优先、绿色发展"作为"国之大者"，铁腕治污、源头治水、系统推进、开拓创新，生态环境实现从严重透支到明显好转的历史性转变。但产业绿色转型涉及经济社会的系统性变革，具有复杂性和长期性，且同质化竞争、重复建设、地区壁垒等隐性和显性障碍不同程度的存在，区域发展中利益协同的体质机制尚未有效建立，产业绿色转型是长江经济带"生态优先、绿色发展"中的难点和痛点。作为经济强省和稳定宏观大盘"压舱石"的江苏，有责任有能力扛起艰巨使命，在长江经济带绿色转型中勇挑大梁，争做"探路先锋"。

（一）江苏长江经济带产业绿色转型取得的主要成就

1. 国家战略部署有效落实

根据《长江经济带发展规划纲要》《"十四五"长江经济带发展实施方案》，江苏率先出台《长江经济带发展实施规划》，使全省融入长江经济带发展，而后出台《江苏省长江经济带生态环境保护实施规划》《江苏省全面推进落实长江经济带高质量发展战略任务行动方案》等数十项专项规划及政策文件，其中《江苏省生态环境监测条例》是全国第一部地方性监测法规，形成了以规划为龙头、专项行动为抓手的政策体系。江苏成立省级层面推动长江经济带发展领导小组及省长江办，统筹协调各部门工作，落实国家推动长江经济带发展领导小组和国家长江办的会议精神，每半年召开一次长江大保护现场推进会等专题会议及各类长江论坛，以更高的政治站位，准确把握长江经济带"五新三主"的使命要求，以强烈的政治责任和使命意识，在全面推动长江经济带高质量发展中争当"排头兵"和"先行军"。

2. 长江江苏段水质大幅提升

江苏铁腕治理"重化围江"，全力推进长江"十年禁渔"，2021年长江干流江苏段水质总体为优，连续4年保持Ⅱ类，年均水质达到或好于Ⅲ类断面占98.3%，无劣于Ⅴ类水质断面，不仅超额完成国家考核任务，而且在国考断面数量为全国最多的情况下，江苏的水质提升幅度超过全国平均水平。2021年长江经济带生物多样性恢复明显，据统计，江苏段物种同比增加857种，达到6903种，"长江三鲜"和太湖的"吉祥三宝"重新回归，东方白鹳、马口鱼等国家重点保护物种在沿江分布范围进一步扩大。特别值得一提的是，被认为是长江生态"晴雨表"和"微笑天使"的江豚重新出现，且母子江豚嬉戏的区域已由部分江段扩大至整个江苏段。

3. 江苏段岸线治理成效显著

作为全国拥有长江岸线最长的省份，江苏多措并举实施岸线生态修复，已建成两岸葱绿的漫长岸线。江苏累计退出72.6公里长江生产岸线，自然岸线比例提高到73.2%，沿江两岸造林超过115万亩；近年来，累计关停沿江化工企业3505家，压减沿江1公里范围内化工企业145家，取消25家化工园区，一批战略性新兴产业及高新技术产业在长江岸线相继崛起。江苏高标准打造沿江特色示范段，南通五山、南京幕燕、江阴滨江等20个特色示范段串点成线、连珠成串、连片成带，将工业生产型岸线打造成集防洪、旅游、交通于一体的生活型、生态型、休闲型、景观型岸线，带动沿江岸线整体环境提升。

4. 经济发展含绿量显著增强

十年间全省单位GDP能耗累计下降38%，其中工业能耗累计下降50%，均超额完成国家节能任务。产业绿色低碳转型成效明显，累计创建国家级绿色工厂199家、绿色园区17家、绿色供应链企业23家。以风电光伏为代表的新能源装机占比30.3%，煤电装机比重由2012年的82.8%降至2021年的不到50%，各类新能源已由最初结构单一、数量有限、零星分布的补充能源发展为品种多元、规模庞大、地域广泛的替代能源。江苏加快培育战略性新兴产业和高新技术产业，2021年产值分别占规上工业的39.8%和47.5%，产业结构进一步优化，现代产业体系初步形成。软件、物联网、纳米新材料等10个产业集群入围国家级先进制造业集群，数量居全国第一。

5. 污染防治攻坚战成效明显

"消纳"存量，积极进行生态修复的同时，控制"增量"，加强污染物的源头处理，是长江经济带绿色发展的核心内容。江苏生态环境质量创新世纪以来最好水平，在国家污染防治攻坚战考核中获评优秀。2021年全省PM2.5年均浓度33微克/米³，空气质量优良天数比例达82.4%，首次以省为单位达到国家空气质量二级标准，并做到PM2.5和臭氧浓度"双控双减"，实现历史性突破。2021年，江苏10万千瓦及以上燃煤机组的烟尘、二氧化硫和氮氧化物等主要污染物排放浓度远低于国家超低排放标准，同时全省"无废城市"建设成效显著。长江经济带国家和省警示片披露的4批次问题全部整改完毕并实现"当年整改全部清零"。

（二）江苏长江经济带产业绿色转型存在的突出问题

1. 区域差异偏大，区域协调机制较弱

一是江苏南北区域差异明显。江苏南北区域在经济发展、文化特色等方面差异较大，南强北弱的历史积淀、苏南地区的辐射带动不足、城市群都市圈的影响效应有限、国家战略叠加的空间效应不强等阻碍了生产要素有效流动和产业有序转移，导致江苏产业同构现象明显，同质竞争激烈，产能过剩严峻。二是协调机制尚未有效建立。目前长江经济带省级层面的法律效力明显不足，"九龙治水"等现象明显，尤其在生态公共基础设施、生态产品价值补偿、绿色发展长效机制等方面依然存在分段管理、多头治理、职能交叉重叠、部门职责不清等问题，省际仍缺乏有效的利益协调、政策联动等协作机制，实践操作层面仍面临政策难以落地、执行手段缺乏、政策执行不力等问题。

2. 能源结构偏煤，能源供需矛盾凸显

一是传统化石能源占比高。制造大省江苏能源消费总量为长江经济带最高，工业占能源消费总量的70%以上，传统化石能源占比高，尤其是煤炭占比超过一半，远高于浙江、上海，单位面积耗煤量更是长江经济带其他省市的数倍。江苏能源严重匮乏，一次能源自给率较低，绝大部分从省外和国外调入，风能、太阳能等低碳清洁、可再生能源占比低。二是南北能源供需矛盾凸显。江苏约99%的风电、70%的光伏能源在苏北，但60%以上的用电在苏南，受苏南苏北地区电网结构、过江输电通道、沿海输气管道等影响，江苏尤其是苏南地区电力供应相对紧张，电网调峰压力巨大，甚至为保障生活用电及"能耗双控"目标及时完成，面临拉闸限电的困境。

3. 产业结构偏重，产业布局不甚合理

一是沿江发展模式比较粗放。江苏长江沿线产业链中的重工业及资源型、高污染、高能耗产业占比较大，处于产业链、创新链、价值链的中低端，产业发展模式比较粗放，江岸线港口等资源利用率不高。沿江企业进入工业园区后产业空间集聚度明显提升，但相关园区的绿色循环体系尚不完备，企业绿色改造动力不足。二是沿江产业布局不合理。江苏沿江产业布局相对分散，缺乏系统规划，产业低水平重复建设、同质性竞争等现象依然存在。沿江综合交通体系尤其是苏北过江通道等仍有待进一步完善，工业企业相对集中，带动性、龙头型高端制造业及具有支撑作用的现代服务业企业偏少。

4. 排放强度偏高，空气质量排名靠后

一是主要污染物排放强度偏高。江苏铁腕破解"重化围江"成效显著，长江干流江苏段水质总体为优，治污攻坚成效显著，但江苏面积小、人口密集、城市密集、产业密集程度高。作为制造大省，江苏的单位面积化学需氧量、二氧化硫、氨氮排放量、固体废弃物等主要污染物排放强度偏高，生态环境超载、透支等现象依然存在。二是空气质量排名靠后。2021年江苏空气质量达到历史最好水平，但并不稳定，2022年空气质量不升反降，上半年江苏 PM2.5 平均浓度为 36.9 微克/米^3，高于全国 4.9 个浓度，优良天数比例为 72.3%，低于全国 12.3 个百分点。江苏的空气质量不仅在长江经济带中排名靠后，甚至不及全国的平均水平。

5. 双链融合偏弱，绿色核心技术缺乏

一是创新链条薄弱影响产学研合作。2021年江苏研发强度 2.95%，远低于上海、北京，基础研究经费占全社会 R&D 经费比重远低于上海、安徽甚至不及全国平均水平的一半。作为关键核心技术的源头支撑，基础研究经费不足导致创新链条薄弱，产业链条缺乏核心技术，影响产学研合作和科技成果转化。近五年，江苏高校科研机构的科技成果转让率仅为 9.15%，双链合作严重脱节。二是产业绿色低碳创新技术明显不足。江苏绿色核心技术对外依存度较高，新材料领域仅有4.5%的技术处于全球领跑或并跑水平，集成电路芯片制造设备、高技术船舶、汽车关键设备等领域至少70%的技术依赖进口。关键核心技术缺乏导致产业链条长度偏短，且专业化分工、模块化生产水平不高，绿色低碳循环经济体系尚未有效形成。

（三）江苏长江经济带产业绿色转型的对策建议

1. 推动区域协同联动，探索生态长效机制

一是构建省级毗邻区域协调机制。牢固树立全国"一盘棋"思想，形成在思想意识、管理模式、管控方式、治理体系等方面的全线"一盘棋"，加强省际的制度衔接和政策协同，统筹协调长江大保护，做好上中下游的共建共享和均衡性协调。强化江苏省际毗邻区域在联防联控、重大项目规划、应急事件处理、生态信息共享等重大领域的对接与协调，以长三角生态绿色一体化发展示范区为引领，增强南京都市圈与合肥都市圈的联动、苏锡常都市圈与大上海都市圈的互融，探索建立一批省际交界地区产业融合一体化绿色发展示范区。

二是推动江苏南北区域协调发展。以国家重大战略为牵引，持续实施"1+3"重点功能区战略，结合江苏各区特色开展跨江融合、沿海开发、淮海崛起等，促进江海联动，加快陆海统筹，扩大南京、苏州、徐州等中心城市的辐射效应，进一步推广"飞地经济"与"反向飞地"模式，实行"宿迁模式"，促进由"点"到"面"的全方位拓展，实现南北区域在产业发展、园区共建、公共服务等领域的对口帮扶合作。完善跨江交通等综合交通体系，促成长江经济带下游北翼的重心由长江南岸拓展到长江两岸，实现两岸协同发展。

三是探索横向生态补偿长效机制。作为生态产品价值实现机制的省级试点，江苏应借鉴新安江、赤水河流域省际生态补偿机制的成功经验，以干流水质断面考核为基础，扩大至主要支流、重要湖泊、饮用水源及省内县（市、区）域间的补偿机制，探索补偿标准及多元化的补偿方式，并以补偿机制为契机，倒逼流域产业绿色转型，积极培育优势特色产业，使优质生态

与农旅、文旅等深度融合，拓宽生态产品价值实现路径，提高绿色产品附加值，创新"造血式"补偿模式，在实现"绿水青山"向"金山银山"的价值转换中，争做生态补偿机制的"探路先锋"。

2. 加快新旧动能转换，建立现代能源体系

一是加快新旧动能转换。先立后破推动制造业、电力、交通运输等能源结构与空间布局调整，着力提高能源利用效率，严格控制煤炭和油气消费，大力发展可再生能源，推进风电、光伏发电等可再生能源和氢能、核能等清洁能源发展，构建以风电、光伏发电等新能源为主体的现代电力系统，推动分布式光伏与储能、微电网等融合发展。促进煤炭和新能源优化组合。以"三新经济"作为江苏新动能的"激活因子"，促进其与江苏实体经济深度融合，加速传统产业的转型升级并进一步完善落后产能退出机制。

二是大力培育绿色产业。以居全国首位的3家国家首批绿色产业示范基地为引领，加强绿色低碳技术攻关和应用示范，促进传统能源向绿色低碳转型，构建自主可控的绿色低碳循环发展供应链产业链，增强绿色产业动能，大力发展绿色低碳产业，培育绿色发展领军企业，树立绿色发展行业标杆，提高产业发展的"含绿量"。同时，提供支持绿色产业发展的相关技术和服务，加大对绿色领域的金融支持力度，创新绿色金融产品，提高绿色金融服务质量，拓展绿色金融服务的广度与深度。

三是构建现代能源体系。利用江苏盐城"海上风电总装机容量全国第一"、南通"全国首个风电母港、亚洲最大海上风电群"等沿海城市海上风电装机规模占全国60%的优势，依托海上风电项目等新能源产业，加快推进"海上三峡"项目建设，促进风电全产业链布局和光伏产业集群发展，积极探索"风光火气氢"一体化开发，大力提升新能源在江苏能源结构中的比重，实现新能源从能源电力增量补充到增量主体角色的转变，加快构建清洁低碳安全高效的现代能源体系，争做新能源产业发展的"探路先锋"。

3. 把握数字经济引擎，促进产业"智改数转"

一是建立强劲的制造产业链。在产业分工逐渐深化、产业链条不断延长、产业体系日趋复杂的大背景下，充分利用江苏拥有全国约1/7的制造业规模、居全国首位的 10 个国家级先进制造业集群优势，促进制造业上下游形成有效衔接、良好互动、环环相扣的"一体化"产业链，大力培育在长江经济带担任"链主"角色的领军制造业，进一步确立江苏制造企业作为科技创新主体、专利申请主体、资源整合主体的核心作用，积极打造自主可控、绿色强劲的江苏制造品牌。

二是强化减污降碳协同效应。坚决遏制"两高"项目盲目发展，加强对上新项目的环保考核，做好碳排放的严格把关。坚决淘汰传统产业尤其是钢铁、化工等江苏制造业中的落后产能，为新能源、高新技术等新兴产业发展腾出空间，依法取缔关闭各类"散乱污"、环保不达标、低端低效的生产企业，通过供给侧改革打通产业链、供应链中制约发展的痛点和堵点，通过绿色税制、碳市场交易等财政金融政策引导企业实现从"被动减排"走向"主动治污"，将全面节约、减污降碳等贯穿于制造业发展的全过程。

三是促进制造业"智改数转"。以智能制造为总牵引，以产业链为纽带，建设先进网络基础设施和数据智能基础设施，打通数字江苏的信息"大动脉"，促进数字要素与传统要素有效整合，打造"智改数转"新高峰与新高原，既要有对标世界一流的龙头领军企业，又要有"专精特新"的广大中小微企业，并匹配"云服务"等相关配套和机制，"串联"上下游，推动产业链群协同升级，提升产业链现代化水平，加快制造业尤其是重化工行业等数字化改造步伐，实现新兴产业"一绿到底"、传统产业"向绿而生"，打造全国先进的绿色制造业集群，争做制造业绿色转型的"探路先锋"。

4. 抓好长江保护工程，做好长江岸线治理

一是持续拓展"河长制"，建设生态岸线。持续推进"十年禁渔"，深化"河长制""湖长制"并推广苏州吴江与青浦、嘉善、秀洲、吴中的"联合河长制"及太仓—嘉定等"跨界联合河长制"的经验，借鉴南京滨江、南通五山的治理措施，健全联合防控、联合巡查、联合治理的工作机制，强化多种污染物协同控制，通过沿江岸线多景观布局、多元化利用等，将生产岸线转化为生态岸线，纵深推进长江经济带污染治理"4+1"工程，实现腾

笼换新鸟、岸线添绿意。

二是持续破解"重化围江"，促进"关改搬转"。铁腕治理"重化围江"，对产能落后、高污染、高能耗的沿江化工企业和园区实行"关改搬转"。作为长江经济带第一化工大省，江苏的治污攻坚任务尤为艰巨，要持续推进实施"退江向海"战略，实现沿江、沿湖、沿河"一公里内"关改搬转，通过对重污染行业的取缔关闭、钢铁化工煤电等行业的搬迁转产和转型升级，深层次调整重化产业结构，系统性重构绿色高端安全的现代产业体系，为绿色发展、高质量发展注入新动能。

三是引入新型生态产业，打造"零碳岸线"。对不宜在长江岸线发展但确需保留的产业以及向长江岸线提供相关配套服务的产业，可通过与其他城镇、街道、园区等开展跨区域合作的方式，促进项目投产落地。利用长江得天独厚的生态系统、地理风貌、历史人文、自然景观等，结合江苏的地域特色，借助物联网、数字技术等大力发展数字传媒、数字创意、数字娱乐等新型文化业态产业，深入发展"文化+"系列，形成长江文化创意产业集群，打造集生活、文化、旅游、休闲、娱乐、教育于一体的度假胜地，利用江苏长江岸线最长的优势，争做长江岸线治理的"探路先锋"。

5. 瞄准绿色技术创新，构建绿色低碳体系

一是加大基础研究支持力度，促进原始创新突破。加大开展基础研究的考核力度，依托重大科技项目提高对基础研究的支持力度，促进基础研究的"洼地效应"，鼓励社会力量多渠道投入基础研究并给予政策扶持，形成多元化持续稳定的投入机制。对接国家"强基计划"，围绕世界前沿科技、重大国家需求、战略性新兴产业、高新技术产业、制造业转型升级等适当超前部署，争取实现"从0到1"的突破，为解决中国乃至世界性科学难题贡献"江苏智慧"。

二是完善主体长效协作机制，促进政产学研用合作。完善江苏企业与高校院所两大创新主体的长效协作机制，建立技术经纪制度，培育强大的技术转移中介市场，打破企业与高校、科研机构之间的藩篱，强化产学研紧密对接和深度融合。围绕产业链布局优化创新链，聚焦产业链关键环节的重点企

业研发需求，制定相关激励政策，引导高校院所、科研机构等其他创新主体集聚，探索政产学研用合作新模式，优化科研激励等长效机制，形成高效协同的创新合力，组建"长江创新联合体"，实现从"单兵作战"到"抱团突围"的转变。

三是利用江苏科技创新优势，构建绿色技术体系。建立全新的零碳产业体系，通过对基础研究、前瞻科技、核心科技、绿色科技等进行全链条设计规划，强化零碳排放、负碳排放、碳捕捉、碳利用与封存等技术，加大对前沿绿色技术的超前部署力度，布局绿色低碳领域的各类技术创新中心、创新平台，积极开展政产学研用专项合作和专题研究，解决江苏高端制造业"缺芯少魂"的突出问题，为江苏产业绿色转型提供强大的绿色技术支撑，打造长江经济带绿色创新示范区，争做绿色技术创新的"探路先锋"。

三 长江经济带生态公共产品供给的区域协同及其实践进路[*]

有效供给生态公共产品是生态文明建设的重要内涵和标志，是一个国家和地区实现经济可持续发展的前提条件。长江经济带作为我国的重大战略发展区域，不仅在于它是具有全球影响力的内河经济带，是我国东中西区域互动合作的协调发展带，而且是全国生态文明建设的先行示范带。党的十八大以来，沿江11省市在党中央的统一部署下，遵循"共抓大保护，不搞大开发"的战略方针，强力推进长江生态保护与修复，生态公共产品供给的规模和影响力呈现前所未有的巨大变化，长江经济带的生态系统显著改善。但也必须认识到生态公共产品的特殊性以及跨流域生态公共产品供给的复杂性，受地区经济利益及管理体制等因素的制约，长江经济带生态公共产品供给的区域协同较为脆弱，合作虚多实少或缺乏可持续性。如何遵循生态系统运行的内在规律，有效加强区域间横向协同，提升长江经济带生态公共产品供给质量，是一项需要深入研究的现实课题。

---

* 季燕霞，南通大学江苏长江经济带研究院特聘研究员、经济与管理学院教授，主要研究领域为公共政策、区域经济发展。

（一）生态公共产品供给概念的提出及其价值意蕴

生态公共产品是满足人们生产和生活所必需的自然资源与环境服务类公共产品，是自然生态系统服务和人类对自然生态管理维护活动的共同产物。狭义上，它主要是指优良的空气、水、土壤、森林等自然资源及优美宜人的生态环境。广义上，它还包括生态污染监控与处置技术的创新、环境保护设计、生态修复工程以及促进生态环境保护的政策、制度、法规等，是优良自然生态公共产品供给的重要基础和保障，① 体现着人类为追求美好生态状况所付出的努力及取得的成果。在过去较长时期内，人类习惯于坐享大自然赋予的丰富资源，乃至肆无忌惮地侵害生态环境，在掠夺式开发、破坏式发展中，"公地悲剧"日益凸显。在经历了"增长的极限""可持续发展"等现实议题的深刻反思之后，"实现人与自然和谐共生"的生态文明思想逐步得以确立。通过技术创新和制度创新，遏制生态环境污染行为，提供质优量足的生态公共产品，成为事关经济社会长远发展和民生福祉的一项普遍的、强烈的社会公共需要。

生态公共产品具有效用的不可分割性、受益的非排他性、消费的非竞争性等公共产品的一般特性，同时，还具有要素之间整体性、关联性的重要特质。在词源上，所谓的"生态"也就是指一切生物的本源状态，包含着不同生物个体之间以及生物与环境之间的相互联系、相互影响、相互作用的关系。在现实世界，一定生态关系中的各种自然因素与条件内在地构成系统整体，通过能量循环与交换而不断演变，逐步形成相对平衡而稳定的生态大系统。② 生态系统的可持续性反映生态系统持久地维持自身存在和发展的能

---

① 樊继达在《提供生态型公共产品：政府转型的新旨向》一文（刊载于《国家行政学院学报》2012 年第 6 期）中将生态公共产品划分为自然型、物质型、制度型三大类别，为本研究带来启示。但关于将污染监管工具定义为物质型生态公共产品，值得商榷，因为忽略了生态保护设计、生态工程建设等内容，而这些连同生态保护制度法规的制定和实施，都是生态环境公共服务的重要内容，是优质自然生态公共产品供给的基础和保障，本研究将这些方面界定为广义生态公共产品的重要组成部分。

② 特别需要指出的是，生态范畴事实上也包含着人这一高级进化生物与自然生态环境之间和谐共生的关系。本研究着重阐述的是流域自然生态要素之间的内在联系。

力，它取决于系统的整体性以及各因素的自维持活力、自调解力。保持和维护优良生态正是尊重和顺应生态各要素之间的系统性、整体性、关联性以及自组织力的客观事实或需要，相应地要求有整体性或综合性公共机构统筹管理、监督以及各具体管理部门之间互相协同。

生态公共产品供给是对生态正义原则的遵循，是人类文明进步的新跃升。正义以公共利益为依归，突出利益分配关系的公平与和谐。"和谐状态的行为是正义的好的行为。"① 生态正义原则强调维护和增进人类生存、发展的公共利益基础，关注作为主体的人如何公平合理地分配现有的自然资源、担负维护生态的责任，其核心在于促进个人或社会的生产和生活行为符合生态平衡原理，符合可持续发展的要求。从人类社会发展的实践历程来看，生态正义事实上是对个人主义价值观及资本逐利原则②大行其道之下的严峻生态危机的反思和建构，认识到人必须要为人与自然、人与人的关系立法，确立行为的准则和边界。近代西方文明所推崇的个人主义价值观倡导个人应拥有自由权利，追求个人利益最大化。在处理与自然环境的关系上，这种个人主义的价值观演化为人类中心主义，具体表现为人对自然的统治。资本主义生产方式作为个人主义价值观的实现路径，更是表现出无限膨胀的贪欲，借助于现代化的技术工具无限地索取自然资源。在很大程度上可以说，整个近代文明就是在人统治自然这一思想基础上建立和发展起来的。这种"人类中心主义实际上是资本主义生产方式的人类沙文主义的体现"，是导致生态灾难的重要根源。"正是由于那1%最富有人的自私和贪婪，迅速导致了其余99%的人不再适于居住在这个星球上。"③ 生态文明是对旧有生产方式的彻底革命，它以尊重和维护自然为基本逻辑，以实现人与自然和谐共生为根本宗旨，以构建可持续的生产方式和消费方式为具体内涵，彰显人类

① 〔古希腊〕柏拉图：《理想国》，郭斌和、张竹明译，商务印书馆，1986。
② 姜涌：《生态正义的前提和基础——马克思主义政治哲学视域下生态问题反思》，《齐鲁学刊》2019年第2期。
③ 〔美〕菲利普·克莱顿、贾斯廷·海因泽克：《有机马克思主义——生态灾难与资本主义的替代选择》，孟献丽等译，人民出版社，2015。

文明的理性自觉与行为自律，努力推动人与自然环境的相互依存、共处共融，以及人与人在生态利益分配关系上的和谐、公正。生态公共产品供给是生态文明的重要实践方式，体现在努力运用先进技术手段监督和遏制损害生态行为，设计制度法规引导和约束人们正确处理生态利益关系，维护生态系统的平衡及各要素的功能发挥，促进人与自然、人与社会和谐共生、永续发展，是人类文明进步的伟大跃升。

生态公共产品供给满足社会公共需要，是新时代实现社会主义共同富裕的重要内涵。生态公共产品作为人类生存发展的重要资源和条件，它的供给没有人与人之间的"差别对待"，也不存在群体之间的"序差结构"，均等共享是基本前提，公平性、普惠性是其显著特征。生态公共产品供给在于满足社会的共同需要，正成为新时代我国增进民生福祉的重要内涵。如果说在生产力水平低的年代，民生事业主要集中解决人民群众的温饱问题。在经济发展进程中，教育、就业、医疗、养老、住房、交通等民生需求日渐突出，成为政府公共服务的现实议题，是促进社会主义共同富裕的重要内涵。而伴随着经济高速增长，生态环境问题日益严峻并对社会生产和人们的生活产生深刻影响，生态环境的公共产品属性愈加凸显，清新的空气、清洁的水源、安全的食品、优美的环境成为人们美好生活的必需。与此同时，随着经济社会的发展和人们生活水平的提高，人们对富裕的理解和追求也不仅仅局限于经济、社会、文化层面，共享良好生态环境和自然条件成为共同富裕的新内涵。在此背景下，满足人民日益增长的优美生态环境需要成为现代政府公共服务的一项重要职能，有效供给生态公共产品成为新时代我国增进民生福祉、实现社会主义共同富裕的新内涵、新使命。

生态公共产品供给突出公共价值导向，激发生态环境管理体制创新。公共价值根植于人们的期望之中，是反映公众需要和期望的积极效用，这是公共价值正当性之所在。同时，公共价值也必定是符合社会规范的共识，它不仅是社会成员应享有的权利，也是社会成员及相关利益主体对国家和社会应尽的义务。公共价值归属于公共领域、公共需要，与社会公共理性、公共管理创新相辅相成。公共产品是公共价值的载体，公共产品供给必须符合或体现公共价值原则。具体到生态公共服务领域，生态公共产品承载着公共安全、生态正义、可持续发展等公共价值诉求，相应地，也就需要有社会公共理性以及公共管理架构与之配适。在现实中，生态公共产品供给涉及诸多管理部门，不仅有生态环境部、自然资源部，以及农、林、牧、副、渔等专业管理部门，而且也与发改委、工信部、监察部以及行政执法等职能部门工作密切相关。由于各部门自身定位及工作目标存在差异的客观事实，常常造成生态治理政出多门、各自为政的现象，面对环境问题，各部门往往习惯于从自身利益出发进行应对，乃至互相推诿。对于跨域性的生态公共产品供给，地方政府也都是心怀地区利益的考量，在实际行动上常常是"协而不作"。增加生态公共产品供给，提升公共价值，必须构建统筹性的权威管理机构，突出法律制度的引导与规范功能，这将是我国生态管理体制改革的重要实践向度。

（二）长江经济带生态公共产品供给的实践与成就

长江经济带生态公共产品供给本质上是围绕"水"这一核心资源而展开的系统公共服务。在空间上，覆盖上中下游、干支流、左右岸，以及河、湖、湿地等全流域。在目标内涵上，直接涉及水生态、水岸、水系、水路、水质、水源等多个方面的安全维护，也关系着全流域的水源涵养、水土保持、气候调节、生物多样性保护等立体层面的生态平衡功能发挥以及优美宜人的生态环境营造。实现这些目标，主要面临着两大任务，一是需要处理好长江经济带的污染整治与生态修复之间的关系，涉及水、固废等污染存量及增量的清理与控制，努力使全流域的社会生产和生活所带来的影响控制在自然生态所能承载的范围之内。二是需要处理好生态环境保护、资源合理开发利用与区域经济发展的关系，涉及多区域、多层次、多部门、多主体的责任和利益诉求。为此，一方面需要增强技术治理能力，设计和运用先进的污染监控工具与处理设施，提高污染防治和生态保护的技术水平。另一方面则要不断增强制度供给能力，制定引导和约束相关利益主体的制度法规，平衡和协调各种因水而生的复杂利益关系，发挥制度治理效能。在此意义上，为有效克服全流域水生态、水资源、水环境等问题而进行的技术创新和制度创新，也成为长江经济带生态公共产品供给的有机组成部分。长江经济带是我国经济发展的"金扁担"，横跨东中西三大区域，人口规模和经济总量占据全国近"半壁江山"。在传统发展模式下，大量的高投入、高消耗、高污染项目建设，使这一区域付出了沉重的自然资源和生态环境代价。特别是在我国工业化发展的中期阶段，在地方政府围绕"GDP"展开激烈竞争的过程中，一大批重化工业项目依托长江的水路运输以及取、排水的便捷优势纷纷落户干支流的两岸，一度出现了"化工围江"现象，危险化学品码头和船舶数量多、分布广，污染物排放量不断增加，其中，废水、化学需氧量、氨氮排放量分别占全国的43%、37%、43%，①导致长江生物完整性指数几乎达到最差的"无鱼"等级。与此同时，长江岸线港口乱占滥用、占而不用情况也十分突出，固体危废品跨区域违法倾倒事件频发，非法采砂屡禁不止，致使自然河道损坏严重。而地方政府的注意力则主要集中于辖区内的经济发展利益，对这些突出生态问题熟视无睹或包庇纵容，乃至抱有"谁治理、谁吃亏"的心态，对国家出台的环境治理政策"有选择、搞变通、打折扣"地执行，致使全流域的公共生态危机日益严峻。

超越地方局部利益，遵循流域污染治理与生态修复整体性、系统性、协同性的内在规律与要求，统筹协调增强生态公共产品供给，促进经济社会可持续发展，成为新时代长江经济带高质量发展的重要战略选择。近十年来，长江经济带的生态公共产品供给呈现出以下显著特征。

一是中央政府的高瞻远瞩与顶层设计。以习近平同志为核心的党中央从中华民族伟大复兴和永续发展的战略高度，对长江经济带发展中存在的生态环境问题作出积极回应，将保护和修复长江生态提升到"压倒性位置"，确立"共抓大保护，不搞大开发"的战略方针，强调"要从生态系统整体性和流域系统性出发，追根溯源、系统治疗"，对长江经济带生态公共产品供给进行了一系列顶层设计，制定了《长江保护修复攻坚战行动计划》，明确了从源头上系统开展生态环境修复和保护的整体方案，并于

---

① 习近平：《在深入推动长江经济带发展座谈会上的讲话》，《求是》2019年第17期。

2021年正式实施《中华人民共和国长江保护法》，为长江生态保护奠定了法治基础。

二是垂直式责任督促和压力传导。2015年8月正式建立的中央生态环境保护督察制度是我国生态文明建设的一项重大创新，其运行机制是坚持问题导向，以直接受理转办群众生态环境信访举报为中心工作，实施清单化管理，并采取多种调度和盯办的方式进行督办。对一些整改不力的情况，采取通报、督导、约谈、专项督察、群众回访和行政问责等多项措施，有效传导压力，推动地方各级政府真正将存在的问题整改到位。中央生态环境保护督察开展的两轮十多批次的巡视监察活动覆盖全国各省区市，并通过"回头看"等整改检查，有效督促解决人民群众反映强烈的生态环境问题。在此过程中，中央生态环境保护督察还注重发挥舆论媒体的监督与促进作用。自2018年开始，生态环境部与中央广播电视总台联合，连续5年拍摄制作长江经济带生态环境警示片，工作人员通过对沿江省市的暗查暗访和核实，拍摄制作环境保护警示片，并要求在沿江各级政府相关会议上播放，先后曝光了污水偷排、岸线破坏、违规侵占自然保护区、禁渔不力等突出问题，形象直观，具有很强的现场感和警示性。每一个警示片播放后，都会要求将问题移交地方部门督促整改。这种垂直式责任督促和压力传导的方式，对实现全流域的生态保护与修复发挥了强有力的推动作用。

三是举国体制优势赋予巨大财力支撑。举国体制是以实现国家利益为目标，通过动员和调配全国有关力量，攻克某一世界尖端领域或国家重大项目的工作体系和运行机制，表现为"集中力量办大事"，是中国特色社会主义制度和国家治理体系优越性的重要体现。它贯穿于我国经济建设和社会发展历程之中，从竞技体育发展到核心技术攻关，从抗击自然灾害、应对突发疫情到重大工程建设，举国体制彰显出历久弥新的生命力。长江生态保护与修复不仅关系着全流域经济社会的可持续发展和民生福祉诉求，而且对全国生态文明建设、引领人与自然和谐共生具有深刻而长远的影响，是"国之大者"。从理论层面而言，生态公共产品的非排他性、非竞争性以及代际延展性也决定着政府作为其供给主体的必然性。近年来中央财政通过加大纵向生态补偿力度、专项补助基金以及要求地方财政予以资金配套协同等方式，极大地夯实了长江经济带生态公共产品供给的财力基础。据财政部的相关统计，2018~2021年，中央财政向长江经济带省份重点生态功能区累计下达转移支付1321亿元，在大气、水、土壤、污染防治专项资金补助方面累计下达504亿元，重点向禁止开发、限制开发地区以及上游地区倾斜，增强了这些地区政府的生态保护能力。此外，还累计拨付资金92亿元，对重庆、芜湖、九江等21个城市的黑臭水体治理示范予以政策支持。为贯彻落实全面推动长江经济带发展座谈会精神，构建长江生态保护和经济高质量发展的激励机制，财政部2021年9月印发《关于全面推动长江经济带发展财税支持政策的方案》，从五个方面提出了17项具体政策措施，强调完善财政投入和生态补偿机制，提出更好地发挥一般性转移支付的调节作用，加大污染防治专项资金投入力度，这对于破解资金瓶颈困境、发挥资金杠杆效应、进一步推动长江经济带的生态保护与修复具有重要现实意义。

在中央和沿江各省市政府的积极努力下，全流域生态公共产品供给的质和量得到显著提升。在最为重要的水质方面，生态环境部发布的数据显示，2021年长江流域监测的1017个国考断面中，优良的水质断面占97.1%，长江干流水质再次全线年均值达到了Ⅱ类，长江干流和主要支流水质均为优。在森林覆盖的建设方面，它不仅关系着空气质量、生态景观，也关系着全流域的水土保持与涵养。"十三五"期间，11省市累计造林1499.4万公顷，用全国21.4%的土地面积支撑了全国41.1%的造林面积。第九次全国森林资源清查结果显示，长江经济带森林覆盖率达到44.4%，比全国平均水平高21.4个百分点。如今，从高空俯瞰，长江"绿带"愈加明显。在污染监控及整治装备的设置和运用方面，长江流域水生态监测横跨青海至上海的长江干流、8个重点支流和重点湖库，共设331个点位。此外，卫星遥感、无人机、红外成像等多种技术装备也成为全流域生态监测的重要工具，这些检测技术的充分运用不仅可以准确识别全流域水生态问题，引导地方开展水生态保护和修复，改善水生态系统健康状况，同时，也为全流域生态文明绩效评价考核和责任追究奠定了重要的基础。

（三）长江经济带生态公共产品供给面临的区域协同困境

在充分肯定长江经济带生态公共产品供给所取得的显著成就的同时，我们也应当看到实践中存在的一些深层次的矛盾和问题，突出表现为区域协同机制尚较为脆弱，地方政府及管理部门之间的横向合作虚多实少，不能适应生态公共产品供给整体性、系统性、协同性的规律与要求，其现实困境主要如下。

在价值追求上，"GDP至上"的惯性力对生态保护的"压倒性位置"常常构成现实冲击。当遇到实际问题和矛盾冲突时，地方政府更多的是注重辖区内经济利益，对于中央统一部署的环境污染整治项目，地方政府往往把它们视为对地方经济发展的损害和制约，千方百计进行博弈。典型如2020年对国家发改委提出的"化工围江"问题整治方案，要求长江流域两岸的化工企业实施"关、停、并、转、迁"，沿江省市政府多表现为从成本、就业、财税所带来的直接影响与上级管理部门讨价还价，或千方百计搞变通。

在行动力上，地方政府对污染治理多表现为"政策驱动"和"压力应付"。在现实中，各级地方政府对污染治理的直接动力，一方面在于努力争取上一级的财政补贴，政策"推一推"才有实际的"动一动"；另一方面污染治理很大程度上还带有"环保风暴"的应付色彩。在过去的几年中，长江经济带的生态环境治理多表现为聚焦某一突出问题，以超常规的行政强制方式，进行自上而下的行政动员和"运动式"压力传导，相应地，环境治理的区域协作也表现为短暂的、应景式的行动。在这种运动式治理模式下，"监管难以常态化；协而不作，作而不同；治理效果容易反弹"。①

在组织架构上，缺乏体现流域管理规律的权威机构。"共抓大保护"本身蕴含着对全流域进行整体性综合管理与保护的要求，需要有更大程度、更大范围的多部门参与和协同保护。而从实际情况来看，尚缺乏有效的统筹管理机构，整体性治理合力尚未形成。长江流域现行的生态管理体制是一种流

---

① 胡中华、周振新：《区域环境治理：从运动式协作到常态化协同》，《中国人口·资源与环境》2021年第3期。

域公共部门管理与区域行政管理相结合的模式，一方面多部门分散管理导致流域管理呈现单一目标生态服务供给，另一方面跨行政区域的地理模式则导致流域生态环境保护呈现碎片化态势，总体上不可避免地导致流域生态整体性保护与行政区分割性之间的矛盾。此外，上下游、左右岸等不同地区之间的生态环境保护、生态利益协调以及综合管理机制尚未建立，政府间生态公共产品供给的合作组织化、行动制度化程度较低，缺少稳定的平等对话平台及制度化的协商与决策机制。

（四）增加长江经济带生态公共产品区域协同供给的实践进路

长江经济带生态公共产品供给取得历史性、系统性改进成效，充分体现了中国特色社会主义的制度优势和国家治理体系优势。其中，党中央的正确决策和基于自上而下的责任传递发挥了强有力的纵向推动作用。在新发展阶段，需要在继续发挥我国政治优势的基础上，强化地方政府间的横向区域协同，遵循生态保护与修复的整体性、系统性内在规律和要求，高质量提升长江经济带生态公共产品的供给水平，在实践中，需着力把握以下环节。

突出安全、公平、可持续发展的公共价值导向。应对现实中的利益博弈，增强生态公共产品供给的区域协同，需要突出能充分反映公共需要、凝聚社会共识的公共价值导向功能。关于生态公共产品供给的价值目标，已有研究多强调促进可持续发展和增进民生福祉，应当说，这是根本性目标。为此，还需要有具体化的价值目标和判断标准。如前所述，长江经济带生态公共产品供给本质上是围绕"水"这一核心资源而展开的系统公共服务，实现"水安全"是最基础的价值目标。它意味着"这样一种社会状态：人人都有获得安全用水的设施和经济条件，所获得的水满足清洁和健康的要求，满足生活和生产的需要，同时可使自然环境得到妥善保护"。[①] 在内涵上，它是水环境、水资源、水生态安全的有机统一。水安全目标的实现应是由社会系统的合力行动而促成的，与利益主体的体验、认知和评价密切相关。为此，需要牢固树立水安全的价值目标，细化评价标准，并使之成为一切相关

---

① 成建国等：《论水安全》，《中国水利》2004 年第 1 期。

活动的前置性刚性约束条件。公平是社会利益分配的核心原则，长江经济带生态公共产品供给不仅涉及沿江省市与水安全直接相关的经济利益、生态利益的公平分配，也涉及代际利益的公平分配。在制定具体公共政策时，需要遵循和彰显"公平"这一基本价值，消解区域利益矛盾，努力形成"利益共享""合作共赢"的发展新格局。

概言之，长江经济带生态公共产品供给需要突出公共价值导向，其中，实现水安全是基础性目标，促进利益公平是基本目标，推动可持续发展是根本目标，三者构成有机整体。只有明确并有效落实好基础性、基本性的价值目标，才能在更充分的意义上实现根本目标。

提升生态公共产品供给的法制化、一体化水平。生态治理和修复是长江经济带生态公共产品供给的主线，以往的实践行动蕴含着两大特征：一是凸显"问题导向"，无论是专项整治行动，还是环保政策制定，目标都是为了解决某方面存在的突出问题。一定意义上，"对症下药"是治理"长江病"的迫切需要，但生态系统内在的关联性、整体性则需要"系统治理""长效治理"，为此，需要突出"规则导向"。二是落实"条块责任"，一方面是水利、农林等专业职能部门的纵向管理和服务，往往存在部门分割、多头管理的弊端；另一方面是以辖区为大小单元的生态环境服务，与经济发展等公共事务一起嵌入于地方政府职能之中，呈现"属地化"特征。各部门、各级政府的职责和利益诉求不同，对问题的症结和影响的理解不同，常常导致"政出多门""行动不一"甚至相互冲突。2021年3月1日正式实施的《中华人民共和国长江保护法》，是我国生态文明建设进程中的一项重大制度创新，对长江保护的总体规划与管控及其所涉及的资源保护、水污染防治、生态修复、绿色发展、保障与监督、法律责任等作出了明确规定，凸显了长江经济带生态公共服务法制化、一体化的原则要求。制度的生命力在于执行，在于不断完善。需要强化各级政府及社会利益主体的法律权威意识，增强对长江保护法的敬畏，严格执法、司法、守法。同时，应切合实际情况和现实需要不断予以完善。应当说，《长江保护法》在很大程度上是原则性、方向性的规定和指引，在具体实践中会遇到诸多难点，需要细化和完善相应规则。同时，也需要各部门、各地区的密切配合与协调行动，推动相关的行政立法和地方立法，进而形成以《长江保护法》为核心的长江保护法律体系，建构以法律规则为导向和约束的生态公共服务新格局。

发挥技术创新促进生态公共产品区域协同供给的功效。"工欲善其事，必先利其器"，技术创新是提升生态公共服务水平的必要条件。长江经济带的生态公共服务涵盖生态环境、资源、水文、航运、气象以及自然灾害等方面的信息监测、分析和技术治理。实现跨区域、跨部门的生态公共服务协同，信息的互动和共享是必要前提和重要途径。互联网、大数据、云计算等技术的发展为提高生态环境数据采集监管水平、保障环境监管决策的科学性和准确性带来了前所未有的机遇。而在现行体制下，地方及管理部门的生态环境信息公开缺乏透明性，"数据孤岛"现象仍然突出，对全流域生态数据的采集、适配、重构和共享构成障碍，也制约着数据内在价值的充分发挥。在互联网时代，大数据资源的科学开发和合理运用正在成为国家治理能力现代化的重要体现。统筹协调国务院有关部门和沿江各省市人民政府在已建台站和监测项目的基础上，构建长江全流域生态公共信息平台，是促进跨区域生态公共服务协同的迫切之举。通过生态云和智慧监管平台，实现水文、气象、交通、环境质量的有效监测和评价以及智能远程执法、现场联动执法，实现环境保护和污染治理技术创新，以智慧监管中枢促进全流域生态公共产品供给的区域协同。与此同时，也需要多层面加大投入，激励对长江生态保护与修复技术的研发和推广应用，以科技化手段促进节能减排、提高全流域生态修复的能力和水平。

构建体现流域管理特性和要求的协同机构。流域不同于行政区域，并不限于某个固定的地域。以流域为基本单元的自然地理区域内的公共服务，客观上必须遵循生态环境要素内在关联性、整体性要求。从实践来看，流域内生成的公共问题常常超出行政区政府治理的范围，某一层级或范围内的地方政府也难以承担公共责任。现行的生态公共产品供给模式突出的是行政责任，强调在中央的统一部署下实现长江生态治理责任的分解，并通过巡视监督和行政问责等方式推动责任落实。然而，由于主客观的原因，地方政府承担责任的意愿并不强烈，乃至常常会采用各种方式规避应承担的责任，偏离流域整体性治理和公共服务一体化的要求。克服流域生态管理与行政管理之间的现实矛盾，根本出路在于构建权威性统筹管理机构。《长江保护法》特别强调"国家建立长江流域协调机制"，并赋予其明确的法定职责，即统一指导、统筹协调，审议长江保护的重大政策与规划，协调跨地区、跨部门的重大事项并督促落实，这为打通各地方、各部门的"组织边界"，构建长江流域生态公共服务的整体合力指明了方向。实践表明，有效的协调一般都包含着两个必不可少的内容：一是程序架构，即必须要有合理的协调程序安排；二是组织架构，即建构推动和落实协调的组织载体。缺少了组织载体，无法保证协调目标的实现。目前，长江流域协调机制在组织载体上主要依托于2014年成立的中共中央推动长江经济带发展领导小组，由国务院副总理担任组长，并依托国家发改委设立办公室（简称"长江办"），沿江各省市发改委也都设立了相应的对接机构。从协同程序安排及职能属性上看，长江办事实上更偏向于纵向的行政管理。需要进一步促进长江流域协调机制实体化，构建负责全流域、全生态要素的综合管理与服务的权威机构，理顺流域生态综合管理的"统"与各部门、各地方协同的"分"之间的关系，降低跨部门、跨区域的协调成本，减少生态管理服务的碎片化式内耗，实现长江经济带生态公共产品供给"统"与"分"的有效结合。

四 沿江地区推动生态产品价值实现路径探讨*

党的二十大报告指出，中国式现代化是人与自然和谐共生的现代化。推动生态产品价值实现，是建设人与自然和谐共生的现代化之关键路径之一。其目的在于，坚持"在保护中发展、在发展中保护"战略导向，在保护修复生态环境、夯实绿色家底的同时，走"生态产业化、产业生态化"之路，从多方面系统推进，通过低碳农业、生态工业、生态文旅、生态康养、生态碳汇等渠道，促进生态优势转变为发展动能，实现经济效益、社会效益和生

---

* 冯俊，南通大学江苏长江经济带研究院生态与可持续发展研究所副所长、副研究员。

态效益的最大化，使人民群众的民生福祉得到增强，获得感、幸福感、安全感得到提升。江苏是全国现代化建设的重要领跑者，而沿江八市又是江苏现代化建设的重要引擎。沿江八市贡献了全省80%的生产生活用水，创造了80%的经济总量，而且在生态产品价值实现方面也形成了不少成功经验和典型案例，对于引领全省构建绿色低碳循环发展的现代化经济体系、实现人与自然和谐共生的现代化具有重要的示范意义。

（一）沿江八市探索生态产品价值实现路径的现实基础

习近平总书记指出，要积极探索推广绿水青山转化为金山银山的路径，选择具备条件的地区开展生态产品价值实现机制试点，探索政府主导、企业和社会各界参与、市场化运作、可持续的生态产品价值实现路径。江苏沿江八市近年来积极探索"绿水青山""金山银山"双向转化路径，形成了不少成功经验和典型案例。

1. 多措并举修复生态环境

以"三生融合"理念推进岸线整治，是江苏夯实"绿水青山"存量的工作亮点。2015～2021年，江苏圆满完成596个长江岸线利用项目清理整治任务，依法拆除取缔117个沿江非法码头，累计腾退长江岸线60.3公里。长江江苏段岸线利用率由2018年的41.7%降至2021年的36.8%。率先排查出1.57万个长江入河排污口，迅速开展监测溯源，全面实行分类整治、动态管理。① 2018～2021年，长江两岸累计完成造林绿化2.03万亩。长江江苏段水质加快改善。"十三五"期间，干流5个断面从Ⅲ类提高到Ⅱ类，主要支流断面水质优Ⅲ比例提高41个百分点。长江"禁捕退捕"实施以来，省委、省政府高度重视生物多样性保护，沿江各地高质量完成长江流域禁捕退捕工作，2.1万艘渔船、4.2万名渔民全面退捕安置。

2. 给生态产品贴上价格标签

生态产品价值实现存在难度量、难交易、难抵押、难变现四大难题。后三个难题之所以难破解，归根结底还是受制于第一个难题"难度量"。为了

---

① 《八百里大江展新图》，《新华日报》2022年1月5日。

寻求"难度量"的破译密码，南京高淳以"政府+科研院所"模式，尝试构建生态系统生产总值（GEP）的核算办法、核算标准与指标体系。2020年9月高淳正式发布全省首个县域GEP核算标准体系，构建了一套核算指标、一项核算标准、一套核算表格、一个考核办法、一批应用场景"五个一"体系。2021年4月，高淳区出台GEP专项考核意见，试行GDP和GEP双核算、双评估、双考核制度。同时，高淳还编制了《高淳区生态产品价值实现机制试点试验区三年行动纲要（2021—2023）》。2022年10月，高淳农商银行推出南京市首笔"GEP生态价值贷"，赋能绿色发展。

3. 积极探索经营开发新模式

沿江八市探索把生态优势转化为经济优势。苏州吴中金庭镇明确"环太湖生态文旅带"的全域定位，依托丰富的自然资源资产和深厚的历史文化底蕴，推动传统农业转型升级，打造"生态农文旅"融合发展新样板，实现了经济价值、社会价值、生态价值、历史价值、文化价值的全面提升。常州溧阳建立天目湖生态产品交易平台，实行"流域内水产养殖污染退出与康养服务生态受益付费购买"的闭合模式。[1]

此外，溧阳还将1号公路作为串联全域旅游的"珍珠链"，构建"三山两湖宋团城"的全域旅游大格局。泰州兴化实施大纵湖、蜈蚣湖、平旺湖、陈堡草荡、得胜湖、洋汊荡湖泊湖荡退圩还湖生态修复工程，构建"里下河湿地保护生态岛"，打造新时代鱼米之乡。南通市通州区推进"农业+生态""农业+旅游""农业+电商"等新业态发展，开心农场、金土地、鲜花小镇、渔湾水道等依托生态资源的一批农旅产业项目逐步成熟，推动了农业与二、三产业有机融合发展。

（二）沿江八市可采用的生态产品价值实现模式

1. 产业生态型

沿江八市在破解"化工围江"问题上取得了显著成就。未来要在此基

---

[1] 冯俊、南通大学江苏长江经济带研究院调研组：《建立健全生态产品价值实现机制　培育壮大绿色发展新动能》，《新华日报》2022年3月15日。

础上，进一步优化产业结构，促使特定地域空间内产业系统、自然系统与社会系统充分耦合优化，按照中央和省委提出的"绿色低碳循环发展"新要求，利用先进生态技术，发展资源利用率高、能耗低排放少、生态效益好的新兴产业，采用绿色技术改造传统产业，在不同产业、企业间建立循环经济生态链，控制好废弃物排放，降低对生态环境的污染破坏，降低从原材料采掘到产品制造、运销、使用和报废处理整个生命周期中对生态环境的影响。

2. 生态产业型

生态产业化就是按照产业发展规律，在确保生态系统功能不被破坏的基础上，将生态系统作为一种特殊的资本，即"生态资本"来运营，推动生态要素向生产要素、生态财富向物质财富转变，对绿水青山进行产业化开发和经营。实质是针对独特的资源禀赋和生态环境条件，发展生态农、林、牧、副、渔业，建立生态建设与经济发展之间良性循环机制，实现生态资源保值增值，促进生态与经济良性循环发展。重点是要构建"产业生态化、生态产业化"两化融合发展理论框架，重塑保护与发展的价值体系。

3. 产权交易型

目前生态产品价值难以实现的主要原因在于资源产权虚置和要素流动障碍导致的"交易成本过高"。森林、草地、水域等乡村生态资源具有复杂的生态空间结构，生态产品容易产生交叉、重叠，产权界定难度较大，导致生态资源闲置，价值尚未被全面激活。需要构建市场化运行机制，促进生态企业形成内生激励动力，实现基于生态资源资产的产品设计，其本质是通过产权赋能、赋利，使其成为可抵押、可融资的生态资产，将生态产品的非市场价值转化成市场价值，如碳排放权、排污权、碳汇交易、水权交易等产品。

4. 生态补偿型

生态补偿是以保护和可持续利用生态系统服务为目的，以经济手段为主，调节相关者利益的制度安排，对基于双方协定而产生被补偿的生态系统服务进行有条件的付费。就横向补偿而言，是由受益地区和生态保护地区政府通过协商或者按照市场规则进行生态补偿，包括流域补偿、生态移民、异地利用等。目前，跨省县域合作是江苏的一大亮点。例如，常州溧阳以天目湖流域生态产品交易为基础，在苏皖合作示范区及"一岭六县"逐步建立可量化、可计算的跨区域生态容量交易标准，使跨界横向生态补偿有价可询、有据可依。

（三）进一步完善生态产品价值实现机制的对策建议

针对四大难题，今后沿江八市应进一步增强答卷意识，奋力担当作为，探索具有地方特色的生态产品价值显化转化路径和生态资产价值盘活路径，推动形成"绿水青山"转化为"金山银山"、"金山银山"反哺"绿水青山"的新格局。

1. 统筹谋划，提升绿色发展质效

在全球性气候变化和城市化背景下，人地矛盾突出、生态系统服务供需不均衡等问题愈加凸显。当前，江苏长江经济带生态文明建设正进入绿色动能集聚、环境加速改善的新发展阶段。

第一，提高思想认识，深刻领会推动长江经济带高质量发展对于实现中华民族伟大复兴中国梦的重大意义，深刻认识在新发展阶段，以新发展理念为指引，加快探索生态产品价值实现路径的重要性和紧迫性，破除"不必转化"的守成心态，克服"不敢转化"的畏难意识，摆脱路径依赖，积极开展制度创新、市场创新、产品创新、技术创新等，力争形成一批有代表性、引领性的特色示范工作成果。

第二，加大生态环境保护修复力度。落实《中华人民共和国长江保护法》，围绕"三水"共治，打好长江保护修复攻坚战。同步推进工业点源污染与农业面源污染治理，加大港口和船舶污染防治力度，推广岸电利用，打造绿色智慧港口，统筹推进江海河湖生态环境质量提升，以"十年禁渔"为抓手，加大生物多样性保护力度。同时，加快生态修复技术研发与应用。已有的生态修复技术多围绕单要素展开，如水生态修复技术、土壤修复技术、植被修复技术、矿山生态修复技术等。上述单要素修复技术难以满足新时期一体化保护修复需求。要加快开发陆海统筹、时空协调的多层级、多目标国土空间复合生态系统修复技术，夯实绿色存量、扩大绿色增量。

第三，把推动"两山"双向转化与优化空间结构、产业结构和能源结构结合起来，在有效破解空间格局耗散等突出问题的同时，深入推进沿江能源重化工业转型升级，着力构建绿色低碳循环发展产业体系。要把推动"两山"双向转化、生态产品价值实现与实现碳达峰碳中和目标衔接起来，以电力价格形成机制调整倒逼清洁能源应用推广，通过江海河湖、森林、湿地等生态资源的保护修复，有效提升生态系统碳汇功能。要把推动"两山"双向转化、生态产品价值实现与巩固脱贫成果、促进城乡融合发展贯通起来，形成特色鲜明、功能互补、布局合理、综合竞争力强的区域现代农业产业体系，以"绿起来"带动"富起来"，实现"强起来"。

2. 双轮驱动，形成政府+市场发展合力

更好发挥政府在生态产品价值实现过程中的主导作用以及市场在资源配置中的决定作用，是对市场发挥资源配置决定性作用的有力支撑。政府发挥主导作用并不是包打天下，而是在生态补偿、基础投入、体制机制改革等领域发挥应有作用，纠正市场失灵。

第一，打造有为政府，发挥主导带动作用。以公共生态产品政府供给为原则，建立基于 GEP 核算的生态产品政府采购激励机制，引导政府机关、事业单位优先采购生态产品；有序开展资源权益指标交易。要进一步开展跨区域合作，在完善纵向补偿机制的基础上，建立横向生态保护补偿机制，综合考虑生态产品价值核算结果、生态产品实物量及质量等因素，完善横向保护补偿标准，形成长效机制，探索产业转移、共建园区、人才培训等多样化横向造血型补偿方式。

第二，构建有效市场，发挥市场主体作用。构建有效市场，提高资源配置效率。研究制定生态资产交易管理办法，探索建设省级和基层生态产品交易中心，盘活"沉睡"的资源资产，建立包括交易系统、交易规则、交易鉴证、交割结算、服务标准、交易监督、诚信体系在内的全域覆盖的生态资产与生态产品市场交易服务体系，提高资源配置效率。鼓励各地推进排污权、用能权、用水权市场化交易，积极参与全国碳排放权交易市场。

第三，以绿色金融助力生态产品价值实现。发挥金融资本的杠杆作用。金融是生态产品价值实现的高效催化剂。从政府层面看，要加强顶层设计，强化财税政策、货币政策、信贷政策与产业政策等一揽子政策的协调与配合，为绿色金融发展创建良好的政策环境。要鼓励金融机构创新生态资产融资授信方式，围绕农田水利建设、防洪工程建设、水资源配置工程建设、水生态保护修复工程建设等项目，探索水资源融资新模式。按照资源统一整合、资产统一营运、资本统一融通的原则，探索建立实体化运营的"两山银行"，推进资金供需精准对接，以生态资源抵押等方式，使资源变资产、资产变资本，为市场经营开发主体提供资金保障。特别是要探索打造"数字化两山银行"。可借鉴丽水等地"两山银行"实践经验，充分运用大数据、人工智能、物联网、区块链等数字技术，打造生态资源集中转化的"数字化两山银行"，实现全省生态资源统一规划、统一收储、统一开发。充分利用数字赋能，实现生态资源系统内直接资产化、资本化。以"数字化两山银行"为依托，通过"信用+经营权""信用+收益权"抵押，创新推出"GEP贷""两山贷"等一系列金融产品。

3. 因地制宜，拓展"两山"转化渠道

推动"两山"转化不能照搬套路、照抄样本，必须立足自身资源禀赋和发展实际，创造性地发掘生态优势，释放生态红利。

第一，鼓励生态产品标识鲜明的地区借鉴浙江丽水、江苏溧阳、云南普洱等地的经验，选择特色、优势、主导、高效的产业作为突破口，加强区域公用品牌培育和生态产品标准化建设，逐步形成"公用品牌+产业品牌+产品品牌"三级品牌战略路径。同时，按照"一产是基点，二产是重点，三产是亮点"的一体化发展思路，优化产业空间布局，发挥各类农产品加工企业、专业合作社等新型农业经营主体的作用，形成农村一二三产融合发展格局。着力打造"水韵江苏"等具有较大影响力的文化旅游品牌。加大对张家港长江文化艺术节的投入和宣传力度，使之成为最具国际影响力的长江文化盛典之一；推出长江下游唯一滨江游轮线路——"长江传奇"等拳头产品。依托沿江板块在创意设计、现代演艺等领域的优势，打造文化创意产业等特色集聚区。

第二，鼓励旅游资源富集优越的地区借鉴重庆广阳岛、湖北恩施等地的经验，有效挖掘生态资源的经济效益，推动旅游全要素、全产业链发展，引导社会资本盘活闲置资源，品质化提升乡村民宿、农村电商、森林康养等业态，变"美丽风景"为"美丽经济"。同时，要保护传承弘扬好长江文化，推动长江文化与生态旅游融合发展。加快数字赋能生态文旅，通过互联网、App、微信、微博等多种信息渠道，推进生态产品供需精准对接，搭建生态产品资源供给方与需求方之间的桥梁，提升社会关注度。以保护传承弘扬长江文化为主线，系统谋划长江国家文化公园建设。以沿江八市为主，建设长江国家文化公园主题区、专题展示区。例如，南京建设长江国家文化公园主题区，苏州、常州、无锡联合打造吴文化专题展示区，镇江、泰州、扬州联合打造津渡文化和运河文化专题展示区，南通建设近代工业文化专题展示区。

第三，依靠数字技术拓展"两山"转化渠道。生态产品价值实现是生态资源转化为生态资产再转化为生态资本的演进过程。在这一过程中，数字技术可以提高"绿水青山"向"金山银山"转化的效率。应借助新基建推进数字乡村建设，推动生态农业和生态工业数字化发展。推广溧阳打造"溧阳行""美音溧阳"等 App 的经验，以数字化全方位、全角度、全链条加快生态文旅和生态康养融合发展。尤其是要加快直播营销、社区团购、社群消费等营销模式的发展，促进农产品与消费市场直接对接。此外，要运用区块链具有的时间溯源性，结合物联网和其他技术，支撑江苏生态产品的高品质发展。

4. 明晰产权，促进"两山"可量化

按照科斯定理，如果产权明确且交易成本趋近于零，无论初始产权赋予谁，市场均衡的最终结果都能实现资源配置的帕累托最优。目前我国生态产品实现价值的障碍之一就是资源产权虚置。

第一，厘清产权。明晰产权是解决交易难、抵押难、变现难的前提和基础。要丰富使用权的内涵，将使用权细分为不可流转权能和可流转权能；丰富使用权内容，建立涵盖水域使用权立体分层设权、分别流转等多种"有用性"的产权体系；丰富环境权内容，重视环境容量权和环境质量权。加快推进自然资源确权登记和信息普查，全面摸清自然资源资产数量分布、质量等级、权益归属等信息，利用 5G、区块链、云技术等建立开放共享的生态产品信息平台，构建生态产品清单和生态资源资产负债表。

第二，完善生态产品价值核算方法。目前，生态产品价值核算方法有 GEP、绿色 GDP、生态元核算 3 种代表性方法。现有 GEP 核算仍存在统计基础不牢、核算体系不全、数据统计口径和来源不一、价值核算结果认可度不高等问题。要不断修正和优化指标体系、具体算法、数据来源和统计口径等，切实解决价值核算概念不清晰、边界不明确、思路不统一等问题。要针对不同地区、不同类型的生态产品，配套相应的核算方法，逐步形成科学合理的生态产品价值核算体系，为实现生态产品价值提供核算理论和方法支撑。

第三，强化核算结果应用。目前各地区"两山"转化效率有待提升，生态补偿资金分配与生态系统价值在空间上存在错位。GEP 核算结果可作为生态补偿科学合理的定量评价结果，以推动生态补偿制度的完善。为此，树立"抓好 GEP 同样是为了 GDP，抓好 GDP 才有更好 GEP"的评判标准，逐步把生态产品价值总量及其变化、生态产品价值实现率等纳入高质量发展绩效考核和干部考核评价体系，对承担不同主体功能和发展定位的生态系统，探索 GDP 与 GEP 双考核、双提升的有益做法和政策安排，促进 GEP 和 GDP 双增长、GEP 向 GDP 高效转化。推广领导干部离任 GEP 审计的成熟经验，推动形成"抓好是本职、不抓是失职、抓不好是不称职"的思想自觉和行动自觉。可探索建立以 GEP 为导向的生态补偿制度，将 GEP 纳入生态补偿绩效考核，促进生态补偿更加科学合理。

五 协同推进长三角交通运输现代化，当好中国式现代化的开路先锋*

交通运输是国民经济重要的基础性、先导性、战略性、服务性行业，在

---

* 陈为忠，南通大学江苏长江经济带综合交通运输研究所副所长、副教授。

人类文明进程中发挥着重要推动作用。党的十八大以来，习近平总书记高度重视交通运输工作，围绕"交通先行"做出系列重要论述，2021 年 10 月，在第二届联合国全球可持续交通大会上发表主旨讲话时指出，交通是经济的脉络和文明的纽带，交通成为中国现代化的开路先锋。以交通运输现代化推动中国式现代化具有深刻理论逻辑、历史逻辑和重大现实意义。新时代的交通运输现代化主要是指系统推进交通设施网络、交通服务、交通技术装备、交通治理等的现代化。目前，江苏正在推进交通现代化示范区建设，长三角三省一市共同发布了《关于携手推动长三角地区交通运输现代化建设的共同宣言》，正在成为国家推进交通运输现代化的引领者。

（一）长三角交通运输现代化发展现状

长江三角洲地区拥有世界级规模的港口群、机场群，是我国国际联通性最高、经济发展最活跃、开放程度最高的区域之一，是畅通国内国际双循环的主通道，在保障国内外产业链供应链畅通安全方面发挥着重要作用，在国家现代化建设大局和全方位开放格局中具有举足轻重的地位。

1. 长三角交通运输现代化发展成就

区域交通基础设施加速互联互通。2021 年，区域省际公路通达能力提升，长三角区域高速公路网规模达到 1.6 万公里，实现陆域县县通，公路联通能力加速提升；长三角区域高铁营业总里程达到 6542 公里，占全国的比重为 16.40%，覆盖三省一市 95% 的设区市，将三省一市、41 个地级市"抱"得更紧，使得上海、南京、杭州、合肥等城市间基本实现城际客运高频次快速通达。

国际区际联通保障能力显著提升。目前，长三角区域共有运输机场 24 个，以上海为核心，南京、杭州、合肥等机场为重点的长三角世界级机场群初具规模，保障能力不断增强。2021 年长三角地区机场货邮吞吐量达 624.6 万吨，占全国的比重达 35.3%，机场旅客吞吐量达 1.7 亿人次，占全国的比重达 18.40%。长三角拥有全球最大的港口群，包括上海港、宁波舟山港、连云港港、温州港、盐城港、台州海门港、嘉兴港（外港）、南通港（海港）8 个海港，南通港（江港）、苏州港、常州港、无锡江阴港、泰州港、扬州港、南京港、合肥港、芜湖港、安庆港、马鞍山港、铜陵港、池州港、滁州港14个沿江港口，以及大量内河港，在国际国内集装箱运输、大宗散货、江海物资转运等领域发挥着关键作用。2021年长三角规模以上港口集装箱吞吐量约1.1亿标箱，占全国的比重为37.8%，港口货物吞吐量64.9亿吨，占全国的比重为40.1%，外贸吞吐量16.21亿吨，占全国的比重为34.5%。另外，"水上长三角"格局持续优化，长三角区域高等级航道网规模超4100公里，等级航道里程约占全国的30%，初步形成了通江达海的干线航道网络。

交产融合科技创新能力显著增强。建成杭州湾跨海大桥、苏通大桥、洋山港集装箱全自动码头、12.5米长江口深水航道、沪苏通大桥等一批交通超级工程，彰显了中国交通"硬实力"。长三角拥有能够建设航空母舰、大型邮轮、LNG运输船等高附加值产品的船舶与海洋工程装备制造集群，是全球最大的造船基地。长三角大飞机制造项目进入全新发展阶段，随着上海中国商飞的落户发展，加之临空经济、通航产业等新经济、新产业风口的叠加，长三角航空产业园建设热潮涌动，正在逐步实现收益；上海甚至整个长三角都将拥有一个全新的、体量大、产值高、技术精的飞机制造业集群。交产融合新业态新模式蓬勃发展，"巴士管家""皖美出行""城市大脑"等定制客运和智慧交通工具广泛应用，建成我国首个"国家智能网联汽车（上海）试点示范区"封闭测试区，互联网+交通、现代物流等率先取得突破。

2. 交通运输现代化存在的突出问题

地区间、交通方式间发展不平衡现象依然突出。据《2020年长三角交通一体化发展年度报告》，在长三角旅客运输结构中，公路占70.2%，在长三角货物运输结构中，公路占59.3%，道路交通通行压力日益加大。例如，在进出上海的线路上，每天约有4万辆集装箱卡车行驶在相关公路上，其中大约超过30%的时间处在拥堵和阻塞状态，造成严重的交通拥堵、大气污染问题。目前，上海港仍然有超过2000万TEU依靠公路集卡运输。新冠疫情期间，集卡短缺导致上海港港口供应链断裂充分暴露了集疏运体系的脆弱性。长三角全社会货物周转量中铁路占比不到 3%，运输结构优化调整任重道远。另外，受经济发展水平和地质地貌条件的影响，各省份普遍存在区域交通发展不平衡现象，例如沪杭—沪宁合交通走廊是交通基础设施最密集、交通最便捷的区域，亟待分流减压，京沪二通道沿线地区受过江通道、高速铁路等级影响，仍然没有形成快速交通走廊。另外，浙南山区综合交通条件普遍逊于海拔较低的平原地区。

基础设施互联互通仍有短板。上海辐射长三角周边城市群的部分快速通道能力紧张，京沪、沪昆通道部分区段公路铁路能力接近饱和，跨海湾跨长江干流通道数量仍显不足。例如，苏通大桥设计流量 8 万辆，现在日常流量在 9 万辆以上，节假日更是高达 15 万辆，呈现常态化拥堵状态。区域内中心城市之间快速通道能力不足，局部区域轨道交通网络功能定位不准、标准层级不清，例如同为沿海战略大通道的组成部分，沪通铁路设计时速 200 公里，而盐通高速铁路、连盐高速铁路设计时速 350 公里。跨省交通规划对接仍然不顺畅，部分省际公路省界处交互不顺畅，存在不少服务"断头路"；各省份偏好高速铁路建设，货运铁路建设滞后，疏港铁路"最后一公里"衔接问题突出。

枢纽国际竞争力和分工协作水平亟待提升。上海国际航运中心的现代航运服务功能亟待改善，港口重点货类运输系统有待优化。2017 年以来，上海港、宁波舟山港频繁出现的港口拥堵甚至塞港事件，对长三角与全球产业链供应链安全产生了巨大冲击，短期看是由班轮公司布局调整、极端天气、苏伊士运河堵塞、新冠疫情等外因引发的偶然事件，长期看则是由集装箱过度集聚引发的常态化压港、集疏运体系失衡等内因持续发酵的必然结果。长三角港口分工协作水平仍然较低，港口地域分割决策模式和地方"唯箱论"仍然大行其道。这种局面严重影响了国际中转箱规模，不利于提升上海国际航运中心的国际航运资源配置能力。另外，跨区域的资源统筹开发利用、口岸一体化发展等体制机制亟待完善，尤其是空域资源利用矛盾突出，核心枢纽机场设施保障能力不足，机场间统筹合力尚未形成，部分机场存在同质化竞争现象。

交通运输区域协作治理体系有待完善。目前，虽然长三角区域一体化在各个领域深入推进，但区域交通一体化的顶层设计仍然没有形成，跨地区、跨部门规划建设运营等统筹协调能力不足，土地、岸线、空域等供需矛盾突出，资源集约节约利用效率不高；区域统一开放的交通运输市场也尚未完全形成，中欧、中亚班列协作程度不高，缺乏发挥集拼集运作用的中欧班列集结中心；港口、机场企业合作深度和广度亟待拓展，毗邻地区公交及道路客运的管理衔接机制不健全；信息不共享、政策不完善、标准不统一等因素制约行业一体化发展。

（二）推进交通运输现代化的对策建议

在现行交通管理体制机制下，地域分割决策模式广泛存在。这使得地方推动的长三角交通一体化大多停留在打通"断头路""断头桥"开通公交车等浅层次。深层次的利益调整需要中央政府基于产业链供应链畅通安全、环境刚性、交通运输现代化等战略布局予以推动，破解"锁死"状态。

加快完善内畅外联的综合交通设施网络。协同推进交通快速通道建设，强化上海、南京、杭州、合肥、宁波、苏锡常等都市圈对周边地区的辐射带动作用；以港口和民航枢纽为牵引，以轨道交通网络、高速公路网络、内河水运网络为基础，统筹推进畅通"大动脉"和疏通"毛细血管"，构建通达全球、联通全国、区内互联的区域综合立体交通网。其中，轨道方面，加快构建集高速铁路、城际铁路、城市轨道交通于一体的现代轨道交通运输体系，同时加快建设货运铁路及疏港铁路支线，挖掘高快速铁路的货运潜能；公路方面，优化路网层次结构，强化高速公路对区际和省际接口、县城、重点产业集聚区和重要旅游景区的全覆盖，减少省际交通与城际交通的相互干扰，逐步实现相邻城市间高速公路的连接；水运方面，依托长江黄金水道和内河高等级航道网络，加快完善高等级的海江河联通水运体系；跨江跨湾通道方面，集约利用通道和线位资源，完善过江跨海通道布局，在城市群融合发展需求突出、跨江交通需求旺盛的区域加密过江跨海通道，提高通道运输能力和服务水平。

全面畅通海陆空国际性大通道。一是加快建设世界级港口群。集装箱运输方面，加快建设长三角北翼通州湾长江集装箱新出海口，形成北翼集装箱分流港，推动由上海港、宁波舟山港集装箱"双枢纽港"格局向上海港、宁波舟山港、太仓—通州湾港"一体两翼"格局转变。港口协作分工方面，按照港口定位科学化、资源利用集约化、港口运营一体化、市场竞争有序化、港口服务高效化要求，持续深化港口管理运营体制机制改革，从更高层次推进区域港口一体化，坚决打击核心港口航线垄断、箱源垄断、重复建设、恶性竞争等不正当行为，持续推进集装箱运输、外贸大宗散货、江海物资转运三大物流体系港口间的分工协作，加快建设上海国际航运中心组合港体系，完善宁波舟山港、通州湾港江海联运枢纽功能。集疏运体系方面，持续加快内河高等级航道、内河港、货运铁路及场站建设，系统推进运输方式结构调整，支持企业物流"陆改水""公转铁""散改集"，不断提升本地企业货物集装箱运输比重，不断提升水水中转、海铁联运比重。二是加快建设世界级机场群。按照地区客货组合需求，以及区域航空服务需求趋势，加快推进机场跨行政区协同联动，加快构建分工明确、功能齐全、运行高效的机场体系。巩固提升上海国际航空枢纽地位，增强其面向全球的辐射能力；优化提升杭州、南京、合肥等区域航空枢纽功能，增强宁波、温州、无锡等区域航空服务能力；加快提升苏南硕放机场、南通新机场的货运功能，建设区域货运枢纽机场。三是加快建设中欧班列集结中心。以"一带一路"交汇点建设为契机，借鉴西部陆海新通道新加坡港—北部湾港—重庆中欧班列集结中心联动机制，推动香港自由港—通州湾港—郑州中欧班列集结中心协同联动，打造 RCEP 板块—长三角—中原地区—"丝绸之路"经济带沿线地区—欧盟板块的陆海新通道；引导和推动长三角中欧班列品牌跨域整合，协同打造长三角中欧班列集结中心，依托上海港、太仓港、通州湾港集聚RCEP 国家或地区过境班列，加快建成开行频率、国际连通性均属国内一流的中欧班列节点。

系统打造一体化的交通运输服务体系。加快推广旅客联程运输发展模式，积极推进长三角城市间跨运输方式的客运联程系统建设，逐步实现旅客出行"一票到底"。加快构建都市圈、城市群城际客运服务网络，加快推进北沿江高速铁路、通苏嘉甬铁路、如通苏嘉城际铁路等建设，推动"环+放射线"的长三角城际铁路网建设，促进四网融合发展，做好干线公路与城市快速路对接，打造都市圈内1小时通勤圈。系统优化长三角物流枢纽布局，协同推进综合货运枢纽和物流园区建设，依托内河港、铁路港，加快推进一批铁路物流基地、港口物流枢纽、航空转运中心、公共服务平台等规划建设、设施改造，推广复制上海港ICT项目通关承运模式，提升口岸枢纽货运服务功能。

加快提升交通科技创新和智慧发展能力。加快推进区域交通关键技术和装备联合攻关，联合推进交通关键技术自主研发，加快大飞机、智能网联汽车、大型远程无人机等新技术、新装备的应用进程；依托国家自主创新示范区建设，推动交通科技成果转化和产业化规模化发展；完善长三角综合交通运输信息资源共享机制，联合建立集装箱大数据中心，推进水公铁多式联运平台建设，完善港口智慧物流体系，深入推进港口作业单证电子化，引领全国智慧港口建设；积极推进跨省市高速公路不停车收费和无感支付。

加快建立健全长三角交通协调联动治理体系。以推进交通运输现代化为契机，系统理顺条条与块块关系，加快建立跨地区、跨部门的协调联动机制，推动铁路、民航、直属海事等领域的垂直管理、区域管理和属地管理的协调配合，系统构建推动综合交通运输一体化发展的顶层设计；加快推进交通综合执法改革，聚焦长江黄金水道运输安全和生态保护，积极探索建立常态化的跨区域联合执法管理机制；系统推进长三角机场资源整合、功能优化，加快推动长三角地区空域管理改革，围绕重点机场，优化长三角地区航路航线结构，深化军民航空管融合，全面实行空域精细化管理，全面提升航空服务水平；推进跨省交通基础设施运营机制协同，加快建设长三角交通运输一体化政务服务平台；联合建设长三角交通运输新型智库，开展大区域交通运输现代化研究，提升专业的智力支持、第三方评估。

六 同频共振双向赋能，沪通一体化融合发展有了新故事*

从地理空间上看，若是将长江比作一条腾跃的"巨龙"，入海口是"龙头"，上海是"龙头"的下颚，南通则是上颚，只有两个城市共同发展，才能更好地发挥"咬合"的作用。

《上海大都市圈空间协同规划》（以下简称《规划》）应时而生，进一步拉近了上海和南通之间的距离。南通作为《规划》中唯一地处长江北岸的核心城市，跨江融合发展是几代南通人的梦想与追寻，现在有了《规划》助力，南通应主动作为、借势而上，更大步伐、更宽领域、更深层次接轨上海、融入苏南，在上海大都市圈共生共荣中展现更大担当作为。

（一）风从海上来

近代之前，上海、南通两地虽都"襟江带海"，但由于长江阻隔，交通不便，来往较少。近代以来，随着交通运输业的不断发展，上海、南海的联系越来越密切。南通与上海同处长江头，同沐太平洋来自世界的风潮，都有着浓郁且相近的"海派"色彩。

明清以来，棉花种植和传统纺织使两地经济关系密切，19世纪中后期，上海开埠后不久就逐步发展为我国商业、工业、金融、教育、文化中心。清末民初，张謇在南通办实业时就充分利用上海的经济、技术和人才等方面的优势，形成了"前店"（上海）、"后厂"（南通）的事业格局。除了创办实业，张謇也意识到人才培养的重要性，在南通、上海等地创办学校。其中，在上海参与创办了震旦公学、复旦中学等学校，对上海的教育事业也产生了较大的影响。张謇以实业为发端，次第从事教育、慈善、社会建设等事业，助力南通从偏居江北一隅的落后小城发展成为当时全国模范的明星城市，南通也成为接受上海辐射效应并且与之协同发展的成功样板。

改革开放以后，上海与南通共同成为对外开放的沿海港口城市，两个城市

---

* 陈晓峰，南通大学经济与管理学院教授、江苏长江经济带研究院兼职研究员。本部分内容发表于《解放日报》2022年11月2日。

对外贸易更加频繁，彼此交流合作增加。2002 年，在长江流域发展主题研讨会上，南通市政府提出建设"北上海"的目标。2003 年，南通印发《接轨上海工作纲要》，首次明确提出"融入苏南、接轨上海、走向世界、全面小康"的发展思路。历届南通市委、市政府始终将接轨上海、建设长三角北翼经济中心作为南通中心发展战略，一任接着一任干，一张蓝图干到底，沪通合作不断升温。

从"北上海"到"上海北"再到"上海北大门"，相关称谓变化更替，与南通接轨上海的进程息息相关，也对激发当时南通上下各界寻求跨江合作、共谋发展的主观能动性起到了重要的促进作用。

（二）天堑变通途

南通滨江临海，既受益于舟楫之便，也受困于江海之阻。

传统观点认为，南通拥有"靠江靠海靠上海"的区位优势条件，但从行政区划来看，南通虽"靠"上海但并不"邻"上海中心城区。而南通中心城区实际是与苏州沿江县级市隔江相望，这与昆山、嘉善等地区和上海浦西区域直接相连有着"质"的区别。客观而言，在围绕上海中心城区的交通圈中，目前南通城区直达上海城区的时间与周边其他城市相比，不具任何优势。

不过，沪苏通铁路建成后，上海中心城区跨城时空效用增强，将可能优先加速苏州沿江县级市与上海的一体化进程。此种局面，待南通新机场、北沿江高铁、海太通道等过江通道建成后，有望得到根本性扭转。南通新机场将通过建设轨道上的机场，与上海虹桥机场、浦东机场一起构建上海国际航空枢纽的主枢纽。随着机场的建设和投入运营，来自上海的旅游人口、技术专家、投资项目将逐渐增多，各个领域的交流日益密切；北沿江高铁将为南通增添直达上海通道和新跨江通道，弥补高铁"向南不通"的缺憾，上海、苏南联动更加通畅，有利于深化区域联动，让南通得以在更高平台享受长三角核心区和大上海都市圈高质量一体化的红利；南通现有苏通大桥、崇启大桥、沪苏通公铁大桥三条过江通道，海太过江通道已开工建设，另外四条过江通道也已经列入规划，"八龙过江"将带着南通以更快步伐真正融入上海大都市圈。

届时，南通拥江抱海融入上海优势凸显，并且随着市内外交通脉络不断舒展，南通环沪优势将进一步增强。

（三）共织同心圆

跨江融合、接轨上海，是篇大文章，做好并不易。交通基础设施互联互通是先导，而产业和载体的对接才是真正的难点所在。

2019 年，《长江三角洲区域一体化发展规划纲要》江苏实施方案提出，"支持南通沪苏跨江融合试验区建设，探索江海联动、跨江融合新模式，在基础设施、高端产业、要素流动、公共服务等方面加强协同共建，打造上海北翼门户"。宝山作为上海历史上最为重要工业区之一，如今也已成为亟须转型的"工业锈带"，正在对标上海自贸区的创新经验，提出"科创宝山"品牌战略，加速推进实施"北转型"的发展战略。有鉴于此，南通可以锚定上海宝山，秉承"接入宝山就是融入上海第一站"理念，深度学习深汕特别合作区的成功经验，全力建设"上海北"的沪苏跨江融合发展先行区，尽可能成为上海主城区生产力连绵带北向节点区。同时，南通可借助新机场建设契机，直接联动浦东枢纽，依托中天钢铁等重特大项目落地的通州湾新出海口，与曾因钢铁而兴的宝山共筑"双城记"，以期通过构建上海北部物资大通道，充分发挥南通作为地级市在资源丰度、规模体量、发展空间等方面的相对优势，有效吸引上海方面的产业流、人才流乃至信息流，落实好上海大都市圈"1+8+5"行动体系中长江口和海洋港口两大空间板块协同策略。

接轨上海是一项渐进式系统工程，道阻且长。对于其中的主动一方南通而言，接轨服务是起点，同城发展是终点。现阶段要精准定位、摆正心态、凝心聚力、开拓创新，走好一体化融合这段中间路才是关键。

第四节　文化与创新发展研究

一　沿江科创走廊助推江苏产业科创中心建设*

在当前全球经济不确定性增强以及新冠疫情影响广泛而深远的背景下，

---

* 胡俊峰，南通大学经济与管理学院副教授，南通大学江苏长江经济带研究院产业创新研究所副所长。

江苏产业科技创新面临巨大挑战，主要表现在外部科技合作低迷、内部科技转化动能减弱。因此，在全球新一轮科技革命和产业变革加速演进的新形势下，打造具有全球影响力的产业科技创新中心，是适应世界科技发展趋势、大力实施创新驱动发展战略、前瞻布局未来科技竞争领域、加快建设科技强省的重要方略。

（一）产业科技创新中心的概念、特征与发展趋势

目前关于"具有全球影响力的产业科技创新中心"，学界与产业界有不同的提法。联合国提出了"全球创新中心"的概念，并将美国硅谷、法国巴黎、英国伦敦、印度班加罗尔等46个城市列为"全球创新中心"；美国《有线》杂志提出了"全球高新技术中心"，也有学者提出"国际产业研发中心"等概念。但纵观具有全球影响力的产业科技创新中心所在的城市与地区，其共同点在于，综合经济实力较强、科教资源丰富、高新技术产业与研发机构聚集、企业集群影响力大、对外经济联系广泛且具有开放和包容的创新文化氛围等特征。同时，有学者还把高校培养技能工人或开发新技术的能力、稳定的跨国公司、人才创业的积极性、活跃的风险投资作为构成全球科技创新中心的必要条件；杜德斌教授认为，"具有全球影响力的产业科技创新中心"应集聚众多跨国公司、全球性和区域性的研发机构，以此来成为世界新产品和新技术的策源地。综上所述，"具有全球影响力的产业科技创新中心"应具有以下能力：拥有丰富的科教资源和雄厚的产业基础，研发创新能力全球领先，创新氛围浓厚，主要产业国际竞争优势明显，能引领全球与地区产业未来发展的方向，是全球重大原创性技术成果的重要策源地，是全球产业科技创新高端人才、高成长性企业和高附加值产业的集聚区。

"产业科技创新中心"聚焦产业，更多地强调产业创新要素的集聚，更加注重依靠科技创新提升区域产业在全球价值链分工中的地位和竞争力。因此，"产业科技创新中心"应具备四个方面的特征：一是拥有世界一流水平的高等院校和研究机构，持续对本区域、周边地区输出高水平的科技成果、人才和技术，研发创新活动活跃、技术转移转化效果显著；二是当地产业具

有较强的国际竞争力，主导产业呈现集聚化、网络化、高端化发展特征，拥有自主核心技术群并在世界上处于领先地位，能够引领带动全球产业发展；三是区域内集聚一批在全球具有广泛影响力的创新型企业、高新技术企业，其产品、技术与运营模式已成为行业标杆；四是区域内形成鼓励创新创业、容忍失败的创新氛围，具有优良的创新创业生态环境，崇尚企业家精神，不断涌现具有全球显示度的科技创新领袖。

放眼全球重要的科技创新中心，其发展趋势为：一是支柱产业多元化和空间布局均衡化愈发显著，新兴产业和硬核科技产业（如芯片、生命科技等）的发展远超传统的移动通信、电子信息、软件开发等产业；在土地资源约束条件下，科技创新中心依据产业链、价值链重新定位城市科技园、开发区的功能，实现科技产业均衡布局。二是新兴产业与传统产业的融合发展注重"重点突破、优势强化"，新兴产业围绕本地需求选择聚焦领域，在满足传统产业新技术需求的同时，进一步增强原有的技术优势，与本地传统优势产业的新兴需求之间建立联系，从而使得新兴产业形成独特优势，传统产业的技术需求得到满足，原有优势进一步增强。三是重视人才需求，大力建设产住并重的"创新街区"，吸引新兴科技产业人才并推动本地产业转型。

（二）江苏建设具有全球影响力的产业科创中心的现实基础

江苏是我国经济大省，2021年实现地区生产总值116364.2亿元，仅次于广东，排名全国第二。同时，江苏也是制造业强省，产业优势明显，工业经济规模自2010年以来稳居全国第一，据统计，2021年规上工业增加值突破4万亿元、增长13%左右，制造业增加值占地区生产总值的比重达35%左右、稳居全国第一。江苏高新技术产业销售收入占GDP的比重达42%，分别比北京和上海高22.4个和10.4个百分点，在新一代信息技术、新能源与新能源汽车、节能环保、生物技术和新医药、新材料等行业领域具有全球领跑和并跑优势，两化融合发展水平连续七年居全国第一。截至2021年底，江苏省高新技术企业数量超过32000家；规模以上高新技术企业占全省规上工业企业的23.4%，并完成了38%的规上工业产值、49.6%的规上工业利润，高新技术产业成为全省经济结构调整和产业转型升级的中坚力量。江苏企业创新能力全国领先，企业专利申请量和授权量均常年保持全国第一的位置，2021年全省专利授权量64.1万件，万人发明专利拥有量41.2件，是全国平均水平的2.3倍，科技进步贡献率66.1%；全省研发经费的80%来自企业；全省拥有各类独立研发机构近1000家，包括省部属科研院所和438家新型研发机构，数量与规模均居全国前列；江苏企业研发机构约1.5万家，位列全国第一。在区域创新方面，江苏还拥有国家级高新区18个，获批国家创新型城市11个，国家创新型县（市）5个，均居全国第一。

"十三五"时期，江苏科技综合实力实现新跃升，全社会研发投入占地区生产总值的比重达2.85%，研究与试验发展（R&D）人员92.4万人，科技进步贡献率达65.1%，技术市场合同成交额达到2335亿元，科技服务业金额超过1万亿元，企业科技税收减免额连跨四个百亿元台阶。此外，江苏科技创新资源丰富。江苏拥有168所普通高校，数量居全国第一，十年累计毕业生556.9万人，并有16所高校入选第二轮国家"双一流"建设高校；江苏全省拥有中国科学院和中国工程院院士118人，院士数量仅次于北京、上海，列全国第三。江苏已建国家和省级重点实验室186个，其中国家重点实验室总数达42个、居全国第一；江苏省级以上科技公共服务平台260个，工程技术研究中心4464个，院士工作站144个、国家级高新技术特色产业基地172个，省级以上众创空间达1075家。由此可见，江苏最大的资源是创新资源，最大的优势是实体经济优势，在新形势下，建设"具有全球影响力的产业科技创新中心"符合江苏的现实基础和产业需求。

（三）江苏建设有全球影响力的产业科创中心存在的短板

1. 产业的竞争力不足、引领性不够

江苏是制造业大省和全国重要的制造业基地，已经形成数百个初具规模的产业集群集中区，涌现出苏州/无锡的电子信息、连云港/泰州的生物医药、沿海沿江地区的钢铁/石化等产业集群核心区域。但从全球产业链的布局而言，江苏制造业尚处于全球产业链的中低端，表现为代工型/组装型产品、中间配套型产品、产业链低端产品较多，高端产品和终端制成品较少，对核心技术掌握不够，产业高端化与高技术发展不同步问题比较突出。同时，对外商投资依赖度较大，核心技术和设计、品牌等掌握在外商手中，使得企业对国外先进设备形成很强依赖，导致企业研发能力提升速度较慢，产业的国际竞争力不足。江苏产业领军企业不够多、不够强，品牌影响力不够强，存在"有高原、缺高峰"的现象，缺乏像海康威视、大疆无人机、华为等这样的头部企业、单项冠军企业、制造型链主企业，以及研发型/销售型"链主企业"，从而导致产业链现代化水平不高，在全球价值链、创新链上尚处于"参与者"角色。

2. 产业与科技融合不够紧密，企业创新能力不强

一方面，江苏产学研合作较为活跃，但各个主体在合作观念上存在差异：高校科研院所偏重"课题研究"而企业更关注市场需求项目开发；校企双方信息不对称，以及对技术价值的评判标准不一致，影响了双方信任度以及利益分配关系。此外，产学研合作的深度与广度亟待拓展，导致成果转化的"二次创新"不够。另一方面，江苏专利成果数量位居全国前列，但成果转化质效偏低、产业化率不高。尽管研发投入大、创新成果多，但缺乏突破性、引领性重大创新成果，科技创新促进产业发展的效用不显著；且基础研究和应用研究投入相对不足，重大科技突破性、引领性不够强，在国际上有重大影响的科技成果不多，特别是在支持产业升级、引领前沿突破的源头技术和底层技术储备方面严重不足，缺乏像华为的5G、阿里的云计算、科大讯飞的语音AI等在全国乃至全球具有引领性和影响力的重大技术成果。

江苏高新技术企业数量位居全国前列，但自主创新能力和技术成果产出还有待加强。据统计，与广东相比，仅华为所拥有的发明专利数量就相当于江苏省前100名企业发明专利数量的总和；江苏企业研发产出数量仅为广东的2/3。企业科研经费不足，江苏企业科研经费仅占企业销售额的1%，直接影响企业创新能力的提升；企业科技人才储备不足，硕士以上科技人才首选政府部门、科研院所、高校或是国有大型企业就业，民营企业人才流失严重。

3. 关键技术和装备受制于人，产业自主可控与安全性存在问题

产业发展安全性缺乏，江苏经济对外依存度高，2021年进出口总额约占全国的 13.3%，制造业所需的关键技术及核心零部件大约 2/3 依赖进口。江苏关键技术和装备受制于人，产业自主可控程度不高，大量核心技术仍然受制于人；高端装备赶超工程、关键核心技术攻关等系列工程，尚处于起步阶段。在关键技术方面，新材料领域仅有 4.5% 的技术处于全球领跑和并跑水平。全省重点培育的 13 个先进制造业集群中，有 16 个重点产业领域的 126 项"卡脖子"技术短板亟待攻关突破。在关键装备方面，众多行业所需的工业母机、高端数控机床、高精密加工设备、智能制造装备、检验检测设备等关键装备的平均国产化率仅为 69%。其中，关键制造工艺环节用的高精度工业机器人、高档数控机床、智能检测检验装备等关键装备，以及部分关键装备的工业控制软件、制造执行系统等核心软件系统大多由国外厂商提供。

4. 科教资源对产业发展贡献率低，成果转化质效偏低

江苏高校院所较多，拥有 167 所高校，其中有 16 所是双一流高校；科研机构 450 家，重点实验室数量达 97 家，其中国家级 28 家，覆盖电子信息、新能源、新材料等重点发展领域，工程技术研究中心 3263 家，其中国家级技术中心 163 家；科研机构研发人员近 10 万人。江苏科教资源丰富，但其对产业贡献率和带动作用相对不足。但高校院所的科研成果转化率较低，仅为 3.3%，其中还有一定比例的无效转化被企业用作申请高企或申报项目的背书材料；全省科技成果转化率不到 10% 左右；产学研活动虽然较为频繁，但多是技术咨询和项目合作。对产业的实际贡献和带动作用较小。江苏专利成果虽多，但成果转化质效偏低、产业化率不高。江苏在专利成果转化质量、效率与产业化率方面存在明显短板。据统计，江苏专利整体质量评价指数远低于北京和广东，江苏专利总体实施率和产业化率仅分别为 47.3% 和 33.8%。

5. 区域产业发展差异大，科创资源空间分布不均衡

江苏区域经济发展差异较大，苏南地区经济发展水平远超苏中、苏北地区。在产业结构方面，苏南的苏锡常产业结构呈现"两极化"集聚态势，苏州、无锡和常州专门化程度较高的行业，大部分属于电子、电气、汽车、

通用设备、专用设备等先进制造业，但仍有部分集中在冶金、化纤等"双高产业"。而苏中、苏北地区传统产业的专门化程度很高，以纺织、机械制造、建筑、化工、酒业、烟草等反映当地特色的产业以及劳动和资源密集型的传统产业为主，主要集中分布在南通、淮安、宿迁、徐州、连云港等苏中和苏北城市。苏南地区产业结构具有高度相似性，重复建设现象时有发生。近年来，苏中、苏北地区先进制造业发展水平虽呈现快速追赶态势，但规模和质量还远逊于苏南地区。经过多年的发展，在江苏形成了以沿江、沿太湖为主的产业空间格局，总量庞大的制造业远超沿江地区资源环境承载能力，可持续发展面临巨大挑战。总体而言，江苏的产业国际化水平不高，配置资源能力较弱。

创新资源空间分布极端不平衡，高水平科研机构、高校主要分布在苏南、南京地区，2022年教育部公布的江苏16所双一流高校中，有15所在南京以及苏南地区，苏中、苏北地区只有1所双一流高校。苏南以及南京地区的省级以上企业研发机构、科创平台数量占全省的2/3，苏南、南京地区科技人才比重也远高于苏中、苏北地区。科创资源空间配置不平衡严重制约江苏产业创新发展。

（四）科创走廊的基本特征与发展趋势

科创走廊实质上是指沿主要交通线或运输通道的相关城市通过创新要素集聚、创新机制改革，打造创新要素高度集聚、高端人才汇集、高新技术产业密集、创新生态优异、对区域创新发展支撑强劲的重点发展区域。在空间上，科创走廊一般沿某一交通要道或运输通道形成创新资源与新兴产业跨区域的"廊状"或"带状"布局。科创走廊在推进原始创新能力提升、创新创业服务体系建设、企业创新网络构建、创新服务配套体系构建等方面呈现许多鲜明的特色，并成为区域创新竞争的新赛道与引领区域高质量发展的新引擎。科创走廊的基本特征如下。

一是在空间特征上，科创走廊在地理空间上呈现出"廊带"分布的特点。一方面要有一定纵深范围的带状空间，其连接城市的点越多，走廊越长，能够容纳的高新技术企业和科研机构越多，有利于形成高技术产业集群与创新网络；另一方面走廊过长又会导致资源要素流动减缓，集散效用弱化。二是在交通特征上，科创走廊一般依托于交通线路。科创走廊一般沿城市主干道、高等级公路、铁路以及其他运输通道布局，有利于企业间、企业与高校间、科研机构间的密切联系，形成学习和模仿效应、思想碰撞与商业伙伴关系，以促成产业链的联系、创新关联与技术溢出。三是在智力支撑层面，科创走廊以高校与科研院所为智力依托，开展科学研究与技术创新，创新互动频繁、创新氛围浓厚。四是在协同创新层面，跨区域创新合作是科创走廊的主要特征，不仅涉及区域层面的协同创新，还涵盖微观层面的产学研合作。五是科产城联动层面，科创走廊通过科技创新、产业联动，实现城市产业结构优化，而城市发展又为科创走廊提供强力的支撑。

科创走廊发展新趋势主要表现在以下几个方面：一是产业多元化格局与均衡化布局愈发凸显。全球重要科创走廊逐步从单一产业支撑转向多元产业支撑，产业空间布局从单一核心集聚向多核心集聚转变。二是新兴产业与传统产业的融合发展态势明显，世界著名的科创走廊已在新兴产业与传统产业间形成融合，不断衍生出新的产业。三是将人才置于发展首位。发达国家科创走廊内的"创新社区""创新群落"等产住并重的空间载体发展迅猛，借以大力吸引新兴科技产业人才，积极打造城市创新产业发展与社区居民生活并重的创新驱动型产业社区，提高创新效率。四是创新生态持续优化成为发展的着力点。构建创新发展最优平台，大力营造人才创新创业最优生态，全力培育具有活力的中小企业创业群体，发展壮大并形成高新技术企业集群。五是助力区域整体协调发展。科创走廊建设涉及企业、高校、科研院所、各地政府等多方合作，并衍生出政策协同、产业链重塑、科产城融合、跨区域合作、利益分配、生态环境打造等诸多解决方案，从而实现区域联动发展，推动区域产业分工协作水平提升、区域创新环境优化、区域整体创新能力与竞争力增强。

（五）沿江科创走廊助推江苏建设有全球影响力的产业科创中心的路径

围绕产业链部署创新链，聚力形成"一带、二翼、四区、多园"的沿江科创走廊发展格局，策应国家"十四五"规划与《长三角科技创新共同体建设发展规划》中提出的"依托黄金水道,打造沿江创新发展带"的战略设想。以"科创+产业"的总体发展思路,江苏沿江科创走廊将构建以南京创新名城为核心,苏州、南通沿江区域为支点,区域发展战略为支撑,沿江园区为载体,企业为主体的协同创新新格局,大力发展物联网、前沿新材料、生物医药、新型医疗器械、高端纺织、集成电路、海工装备、智能电网、节能环保、集成电路等先进制造业集群,着力打造科创资源集中承载区、创新经济发展引领区、高新技术与战略新兴产业联动区、体制机制改革创新示范区。

"一带"即以南京为龙头的沿江技术研发带。南京是江苏省省会,长江经济带的重要节点城市,高等院校、科研院所密集,科创资源丰富,应加快推进"创新名城"建设,在沿江科创走廊中起到"领头羊"与"最强大脑"的作用。

"二翼"即苏州与南通沿江地区,苏州产业基础发达、经济实力强劲、企业创新能力强,在 2021 年全国城市排名中列第六名;南通是国内 GDP 突破万亿元的少数城市之一,2021 年全国城市排名第 21 位,产业基础较好,位于上海的"北大门",便于承接上海的技术溢出与辐射;南通临江靠海,基础教育全国领先,区位优势独特,发展潜力巨大。苏州和南通沿江地区与沿江科创走廊的核心南京形成相互呼应的稳定三角形态,辐射镇江、常州、泰州、扬州等市,实现 400 公里江苏沿江地区全覆盖。作为"一翼",南通应努力构建全国一流的科技创新生态,并成为长三角科技创新共同体的重要成员,打造成长三角一体化下沪苏通核心三角强支点城市;作为沿江科创走廊的另"一翼",苏州则要向建设高水平的创新之城、开放之城、人文之城、生态之城、宜居之城、善治之城迈进。

"四区"是指江苏沿江科创走廊要依托苏南国家自主示范区建设、南京江北新区建设、江苏省跨江融合示范区建设以及通州湾江海联动开发示范区建设,全面推动沿江科创走廊内城市间协同创新、产业联动与成果转化。

"多园"是指江苏沿江地区的经济技术开发区、高新区、创新示范区、国家特色产业基地等各类产业园区,以沿江各类产业园区为节点与纽带,集聚创新生态所需的各类要素资源，引进各类科技人才、产业人才，促进科技成果转化，打造高新技术产业与战略性新兴产业的重要载体和科产城融合的样板。

（六）沿江科创走廊助推江苏建设具有全球影响力的产业科创中心的对策

1. 以数字化赋能引领江苏沿江科创走廊建设

一是加快推进数字信息基础设施建设，优化数字经济区域发展布局。加快"光网城市"建设，实现江苏沿江地区产业园区、科技园区 5G 全覆盖；对接"东数西算"工程，在沿江科创走廊科学布局云数据中心，规划建设绿色云数据中心；以新基建为助手，加快人工智能、区块链、云计算等信息基础设施建设，实现企业技术、业务、人才与资本的优化配置，推动全域数字化转型。

二是加快功能性平台建设，着力突破关键核心技术。在江苏沿江科创走廊中加快功能性平台建设，促进数字信息共建共享，打造数字信息服务平台，实现海量数据存储、大数据分析计算以及数据共享等功能；构建以企业为主体的技术创新体系，利用沿江科创走廊高校、科研院所密集的优势，构建由重点学研机构与龙头企业共同打造的数字经济创新联合体。

三是推动产业智能化转型，培育数字经济龙头企业。利用沿江科创走廊先进制造业发达的优势，大力发展工业互联网，挖掘 5G 在制造业领域的应用场景，创建国家级"5G+工业互联网"融合应用升级版，推进企业内外网改造升级，建设工业互联网大数据中心体系，打造高质量工业 App。

四是营造良好的数字经济发展生态，加强数字经济人才培养。在沿江科创走廊创建优良的营商环境，构建公平竞争的市场制度，加强知识产权保护和法律法规建设；利用多元风险投资渠道，助推数字技术孵化体系建设，着力培育数字产业领域的独角兽企业。

2. 以沿江技术研发带为抓手带动沿江科创走廊建设

一是依托长江黄金水道和沿江科技园区密集优势，大力发展新型研发机构，推进体制机制改革，广泛实行"股权激励""合同科研""一所两制""管理层和核心骨干可占大股"等创新性改革措施；鼓励新型研发机构建立从上游创新源头到下游产业化的全产业链对接体系。

二是加快沿江科创走廊科技服务业发展，营造良好的创新创业生态系统。加大政策集成与资金专项对科技服务机构、科技服务集聚区的支持力度，高水平建设创业社区等新型创业载体，构建覆盖科技创新全链条的科技服务体系，高标准提升创业孵化水平。在沿江走廊打造一批具有国际竞争优势的科技服务业集群，不断加强科创走廊的企业关联、产业关联及各园区的关联。打造一批开放协同、共建共享的公共服务平台。发展研发设计服务业，提供产业技术创新所需的研发和设计服务，实现沿江科创走廊绿色发展。

三是创建一批国家级战略性新兴产业基地和高新技术特色产业基地，加快建设产业创新带。培育高新技术产业、战略性新兴产业集群，促进知识外溢、技术扩散与新兴产业发展，充分发挥产业集群的规模效应，推动高技术产业、战略性新兴产业基地发展，进而形成集群与基地的良性互动。

四是发展绿色技术，促进跨江融合。在生态环保领域布局建设一批创新平台载体，强化绿色技术源头供给与科技研发，拓展绿色技术的应用场景，促进绿色科技成果转化与应用，全面提升沿江科创走廊的绿色技术创新能力。加强跨江融合协同创新，推动沿江科创走廊协同创新平台建设，推动沿江两岸城市优势互补，开展多层次、多方位的跨江互动合作；优化区域协同创新的制度环境，促进跨江协同创新合作，提升协同创新效率，促进南沿江地区技术创新优势向北沿江地区溢出，构建完善的沿江科创产业融合发展体系。

3. 以产业链和创新链互动融合推动沿江科创走廊建设

一是突出创新引领，围绕产业链构建创新链。沿江科创走廊要以企业为主体，发挥高校、科研院所等创新资源丰富的优势，集合高校、社会资本共建各种类型的科研平台，集中面向产业价值链的中高端环节，进行科技攻关，掌握中高端环节的核心、关键技术，共享科研成果。通过创新链的准确指向和高效运作，破解沿江科创走廊产业链的重大技术难题，提升原始创新能力、催生变革性技术，降低产业链上下游关键核心环节的对外依存度。

二是突出自主可控，围绕创新链布局产业链。沿江科创走廊要坚持高端化、智能化、绿色化方向，改造升级沿江地区化工和纺织、冶金、机械制造等传统产业，大力发展新型电力和新能源装备集群、物联网集群、高端新材料集群、高端纺织集群、生物医药集群等5个综合实力国际领先的产业集群以及新型医疗器械集群、集成电路与新型显示集群、信息通信集群、新能源（智能网联）汽车集群、高端装备集群、高技术船舶和海洋工程装备集群、节能环保集群、绿色食品集群、核心软件集群、新兴数字产业集群等10个综合实力国内领先的集群，大力发展和引进产业头部企业、顶尖团队与重大项目，分行业打造特色优势制造业基地。

三是突出基础再造与规模发展，在补链强链中催生产业新能级。疏通产业链上下游关系，打通产业链关键环节，重点围绕新能源、新材料、生物医药、智能装备、物联网、节能环保、数字产业等优势产业，加大对核心技术、关键零部件、原材料的研发攻关力度，推进基础领域的研发与成果转化；建立上下游互融共生、分工合作、利益共享的一体化组织创新模式，通过强链补链，打造一批具有标志性且带动力强的产业链。做强产业园区与龙头企业，持续推进产业园区低成本运营和绿色生态化改造；做优企业品质，形成一批能整合沿江科创走廊产业链上下游资源的核心龙头企业，培育一批产业"单项冠军"与"隐形冠军"。

四是突出企业主体，聚力打造创新共同体。推动开展以企业为中心，与高校、科研院所紧密合作的协同创新活动，完善技术创新市场导向机制，促进各类创新要素向企业集聚。发挥大企业创新引领作用，培育一批核心技术能力突出、集成创新能力强的创新型领军企业，建设一批高水平的企业工程技术中心。构建长三角科创共同体，进一步强化各城市间的分工协作、优势互补、整体联动，相互赋能，全面加强对科技创新的部署，构建合理科学的创新合作机制与利益分享机制，推动人才、信息、科研设备和技术专用平台等共享共用，以及各类创新活动的系统化、组织化，并实现产业链、创新链、服务链的有效融合。

4. 突出科技体制改革，完善科技治理体系

深入推进科技体制改革，优化科技治理链，优化科技计划体系和运行机

制，打破区域行政壁垒，破除科技创新体制机制障碍，最大限度盘活资源，激发创新潜能，推动科技成果转化，为产业链、供应链提供强大支撑。一体化推动重点领域、重点项目、人才、资金、科学基础设施的优化整合与合理配置。关键领域、重点项目要集合优势资源，扎实有序建立创新攻关的"揭榜挂帅"体制机制。出台政策，推动各类新型研发机构落地。营造良好的创新环境，在重点领域加快形成有利于人才集聚、成长以及人尽其才的引进、培养与使用机制，加快构建符合科研规律和人才成长规律的科技人才评价体系，加大人才投入，优化人才政策，激发人才创新活力，营造有利于创新创业的政策环境，着力夯实创新发展的人才基础。完善科技创新制度体系，最大限度地发挥科技项目与资金对科技创新的引领、支持作用，提升创新体系整体效能，增强科技成果的转化供给能力；营造风清气正的创新生态，针对基础研究、应用研究，建立开放式创新环境，培育新型产学研一体化、系统化的应用研发能力，充分释放高校、机构、企业、人才等各类创新主体的创新活力。

二　把握综合性国家科学中心的使命定位[*]

科技立则民族立，科技强则国家强。当下，世界百年未有之大变局加速演进，综合国力的竞争演变为国家战略科技力量的竞争。2021 年 5 月 28 日，习近平总书记在中国科学院第二十次院士大会、中国工程院第十五次院士大会、中国科协第十次全国代表大会上发表重要讲话并指出，"要支持有条件的地方建设综合性国家科学中心或区域科技创新中心，使之成为世界科学前沿领域和新兴产业技术创新、全球科技创新要素的汇聚地"。这充分揭示了综合性国家科学中心在新发展阶段重大的科技使命与突出的战略地位。

目前国家批准的综合性国家科学中心有 4 个，其中，处于长江经济带和长三角城市群的安徽合肥综合性国家科学中心，在辐射和带动效应上将发挥

　　* 成长春，江苏省习近平新时代中国特色社会主义思想研究中心特约研究员、江苏长江经济带研究院院长，教授。本部分内容发表于《光明日报》2022 年 7 月 22 日。

明显作用。该中心围绕"建成国际一流水平、面向国内外开放的综合性国家科学中心"目标，在服务国家重大需求、服务国家重大战略、服务区域发展上集中发力，可以说找到了较为精准的定位。

在服务国家重大需求中强化使命担当，意义重大。综合性国家科学中心是国家创新体系建设的基础平台，是代表国家参与全球科技竞合的重要力量，是构建区域创新网络的重要龙头，是驱动高质量发展的重要引擎，应着力推动我国从全球科技竞争"跟跑者"向"并行者""领跑者"转变，在规划建设、科技创新、产业成果、制度安排上体现国际水平，取得更多战略性、引领型创新成果，以高水平创新驱动高质量发展。目前，合肥综合性国家科学中心聚焦能源、信息、生命、环境四大国家需求领域，集中布局大科学装置集中区等创新平台，力求打造新型研发机构集聚地；着力建设国家实验室、建设世界一流重大科技基础设施集群、建设一批交叉前沿研究平台、建设一批产业创新转化平台、建设"双一流"大学和学科，是以"合肥目标"求索"国家使命"，未来基础性设计的重大意义将得以展现。

在服务国家重大战略中强化使命担当，眼光长远。综合性国家科学中心地域分布与国家区域重大发展战略相吻合，所在地城市都是京津冀、长三角、粤港澳大湾区等城市群或都市圈的龙头城市和重要枢纽城市。建设综合性国家科学中心既是这些城市提升核心竞争力的必然选择，也是服务国家重大战略的迫切需要。当前，新一轮科技革命和产业变革加速演变，更加凸显加快提高我国科技创新能力的紧迫性。长三角区域不仅要提供优质产品，更要扩大高水平科技供给，支撑全国高质量发展，勇当我国科技和产业创新的开路先锋。合肥综合性国家科学中心和上海张江综合性国家科学中心应充分用好上海资本市场发达、合肥在城市住房和土地成本方面的明显优势，通过G60科创走廊和"沪宁合"产业创新带建设整合三省一市科技力量，聚焦重点领域和关键环节，共同为长三角科技和产业创新作出贡献，从而实现"合肥聚变"。

在服务区域发展中强化使命担当，定位精准。当今，科技创新成为城市发展升级最强劲的动力，成为城市竞争力的核心要素。合肥综合性国家科学中心形成了以大科学装置为主体的核心层，以高校和科研院所、系统创新平台为主体的中间层，以"三重一创"为主体的外围层的圈层结构，构建了原始创新、自主创新、协同创新和合作创新的科技创新体系。宜于发挥大科学装置"沿途下蛋"优势，推动更多前沿成果在皖孵化转化，通过清单跟踪、专项引导、补投结合、院企协同等方式推动成果产业化。通过源头创新，使安徽实现从过去的产业集群、产业集聚向知识集群、知识集聚的跨越，发挥知识溢出效应，提高区域科技成果转化能力和科技生产力、吸引外部资源能力、决策与管理能力，打造全面提升区域科技创新能力的核心引擎，在整个产业链上游的基础材料上实现突破，从而助力安徽补链、强链、固链，通过提高区域创新绩效带动区域高质量发展。此外，作为体现国家意志的国家战略科技力量，合肥综合性国家科学中心还可借助地方政府的组织、资金、土地、人才等要素保障，集聚建设"底气"，实施深化科技体制改革、推进创新安徽建设的示范工程，推动模式创新转化为新的"合肥速度"。

三　环境正义视域下的精神生活共同富裕进路研究[*]

（一）引言

中国特色社会主义进入新时代，我国社会主要矛盾已经转化为人民日益增长的美好生活需要和不平衡不充分的发展之间的矛盾。为满足美好生活的需要，"美丽""生态文明"于 2018 年 3 月历史性地被写入宪法。不平衡不充分的发展，体现在环境领域，就是环境不正义。美丽中国建设以人和自然相和谐为目标，但不回避"有差别的主体"，通过环境正义解读现阶段社会主义主要矛盾。正义作为人类文明的最高目标，作为区分善恶的准绳，始终是人类进化的精神驱动力。作为其子范畴，环境正义的完善程度，是精神生活共同富裕的一个重要判断标准。中国作为社会主义制度的本质要求，精神生活共同富裕并非是完全不顾客观物质条件的理想建构，其诚然具有

---

　　[*] 靳匡宇，南通大学经济与管理学院讲师，南通大学江苏长江经济带研究院兼职研究员。

目标上的超越性，然而其在发展链条上紧密承接共同富裕理论及社会主要矛盾变化的新需求，"是中国共产党人在新征程下对共同富裕理论的重大发展"。①

在美丽中国的背景之下，走出追求饱暖阶段的人们，开始将注意力转移到精神审美领域，在环境正义的理念引领之下，美丽的大自然在整体上升华了人们的精神生活。然而，自然资源禀赋的差异和政策供给结构的不均衡，导致在环境善物和恶物分配上存在不少落差，很大程度上影响到人们对公平的信心，有违环境正义的价值目标。在精神生活未能和物质生活相同步的情势之下，单向度的价值取向将不可避免地笼罩在部分落后之域，让人们束缚在物质的锁链之中，从而丧失多元目标和独立价值。本研究拟在分析环境不正义及其呈现形式的基础上，分析其对精神生活共同富裕的影响，进而提出环境正义维度的精神生活共同富裕优化路径。

（二）环境不正义及其对精神生活共同富裕的影响

随着生态文明建设的稳步推进，人民在整体上获得了更加优美的环境，在美丽中国的愿景之下，普惠分享着环境的种种好处，平等承担着环境治理的种种义务。但要看到的是，鉴于环境治理和美丽中国建设的阶段性，在环境领域，存在一些对标环境正义尚存不足的情况，在很大程度上影响到人们的正义感、存在感、价值感和自我认同感，进而使精神生活共同富裕面临挑战。

1. 环境不正义及其具体呈现形式

（1）分配的不正义

环境正义追求环境善物和环境恶物的对等分配，体现在法律层面，就是权利和义务的对等。权利和义务的均衡分配是环境正义的核心内涵。在很长一段时间内，承受环境最大恶果的人常常是没有从环境利用活动中获益的人。权利和义务呈现出一种不对等状态，从微观层面，体现为工业企业和周

① 李茹佳：《精神生活共同富裕的内蕴、意义与推进》，《学校党建与思想教育》2022年第10期。

边居民之间的关系；从宏观意义上，体现为城乡二元环境控制体系的差异；从更大的视野，体现为东西部地区发展差异。虽然国家建立了全方位的生态补偿体系，但由于其制度不完善，在环境利益的分享和环境义务的承担方面仍然存在不公平的情况。这会影响人们的公平感受，影响人们保护环境的热情。

（2）承认的不正义

目前在一些环境法律制度中存在一些过于理想化的情况。比如以《自然保护区条例》规定的十项禁止内容为例，在涉及居民的一些传统利用情况时，省级条例对其进行了限缩，并事实上消解了法律应有的权威，导致实践中违法情形普遍化。这显然是不利于民众法治素养的提高。在一种不被承认的法律环境中从事环境利用行为，内心自然会少了许多安定感，由之带来的不确定感，必然会成为人们精神生活共同富裕的障碍。为此，在法律和政策的制定过程中，应该注重少数民族或原住民独特的环境认同，警惕环境理解同质化情形出现。

（3）参与的不正义

人具有社会性，只有通过社会活动才可能更加确认自己的存在意义。参与是一种资格，是人被尊重的一种表示。在环境领域，还存在没能充分参与的情况，在一些政府信息公开语境下，参与者并没有获得真正的建言机会，在某些地方，调查问卷也存在"公众作为影子"的精妙设置，在实质上损害了公众的参与权利，让公众在许多关切的问题上陷入无力状态。在海洋公益诉讼中，社会组织参与诉讼的资格在司法实践中被否定，不得不采取一些曲径通幽的手段去弥补，以上种种，无不说明了在环境参与方面存在不正义的情况。

（4）能力的不正义

以城乡差别为例，城乡在污染治理投入和水平上存在明显的差距。这种情况下，必然会让农民在环境保护方面缺少必要的抓手，近年来，国家通过公厕建设等惠民工程，对农村地区加大投入，然而存在不切实际的情况，导致很多情景被限制。此外，城乡法制资源分配不均，在立法和执法上存在明显的城市中心色彩。农民的法治意识有待增强，即便有很强的环保意识，其手段也相对匮乏。此外，自身能力的缺乏，可能导致依赖，西部落后地区在自身能力短板之下，会更加依赖于国家的转移支付。然而，授之以鱼不如授之以渔，过度对他者的依赖将进一步降低自身的能力，从而陷入恶性循环，这本身也是对精神生活的极大消耗。

2. 通向环境正义是精神生活共同富裕的必由之路

通过上述环境不正义的类型化分析可以看到，在环境领域还有不少影响精神生活共同富裕的短板。精神生活代表着一种精神气质，具有很强的主观性，然而这种主观性是建立在客观的基础上的。丰满的精神都是置于肉身之中的，自然难以抽离于生态环境和生活环境之外。其中的不和谐自然会影响到精神生活质量，从这个角度上理解，环境正义是实现精神生活共同富裕的必由之路。

（三）精神生活共同富裕有利于环境正义的实现

1. 精神生活共同富裕拓展了环境正义的维度

精神生活共同富裕和物质生活共同富裕并非在一定的时空顺序中演进，而是呈现出彼此交错之态。这决定了物质生活共同富裕是精神生活共同富裕稳定拓展的基础，对于此，马克思也有深刻论断，"物质生活的生产方式制约着整个社会生活、政治生活和精神生活的过程"。[①] 在很长一段时间内，人们在物质生活上捉襟见肘，导致精神生活质量处于较低状态。比如"不患寡而患不均"事实上是一种较低物质义化条件下的狭隘心态，代表着一种保守的精神状态，当对"均"的追求成为一种国民精神时，则会导致物质生活上"难富"、精神生活上"真虚"。真正的精神生活共同富裕拥抱一种多元的价值观，在于这种价值观的浸润下，小富起来的人们可能不会面对着"更富"的人群兀自惆怅，而是更加瞩目于精神生活的丰盛，甚至因洞察物化这一时代困境而警惕物质欲求的不断膨胀。由此对精神生活共同富裕的追求，将可能让大量"单向度的人"的追求更加丰满更加立体。在环境

---

① 《马克思恩格斯文集》（第二卷），人民出版社，2009。

领域，物质条件相对落后地区人民将可能更加理解其在多元化布局中的特殊处境，在更全面的视角下各安其位。需要注意的是，人本来不同于物，精神是人区别于物的重要维度。在物质世界中精神空虚的人，他们内心的山丘常常就是丰盈的自由精神。

在早期的共同富裕实践中，更多地侧重其物质层面的内涵，这是遵循事物发展的基本规律的。诚然，精神生活渗透在物质发展的过程之中。但精神生活共富对物质的均衡性发展有很大的依赖性。"不患寡而患不均"的传统心理，便生动地说明了这一点。在物质财富尚不足的情况之下，财产难以在广大人群中合理分配，这时，精神共同富裕便难以在整体层面实现，当然，不影响精神共富在局部区域的实现，不影响顶层设计在这一方面的提前谋划。在中国人民齐心协力消除了绝对贫困之后，整体层面的精神共富已经刻不容缓，它契合了社会主义本质的需求，在力证社会主义制度合法性的同时，也在不断拓展社会主义的实践深度。美丽中国已经发生了巨大的变化，但必须看到其蕴藏的非均质性，一些经济落后地区，拥有极具生态价值的青山绿水。人们守着大量自然资源，却不能享受到物质上的便利，心态容易失衡。应该说，在一般情况，当人的物质生活水平超过平均线时，如果能有丰满精神的托举，将可能体会到远远超过更多物质财富的幸福感。这也是精神生活共同富裕可以提供的一个有益维度。精神生活是感性和理性的统一。登山则情满于山，观海则意溢于海。当然，我们反对过度强调精神的价值，但要看到，感性在精神生活中发挥着很大的作用，社会主义精神富裕会塑造出从容的人们，敢于释放健康情感，当然，在此理性也要有其位置。感性在陶醉于世界的同时，不能对他人造成干扰，需要理性来引领精神生活，从而让精神生活的感性面张弛有度、收放自如。

2. 精神生活共同富裕增进了环境正义的强度

既有的环境正义多从物质利益分配出发，并不直接关照精神层面。这是由环境正义追求的具体阶段所决定的，符合人认识和落实正义的正常规律。但从一个更为长远的视野来看，对于人们在精神层次的利益应该给予更充分的重视，如提高环境审美的能力，从青山绿水中感知适当超越于物质生活的情趣。通过精神维度的拓展，不仅会拓展环境正义的内涵，而且可能让人们在更为积极的精神状态下，更加有效地去追逐环境正义。精神生活共同富裕会通过更加从容的思考、更加多元的视角，催生出更加理性的权利认知。在这种情况下，对环境资源的分配会基于更具建设性的诉求，相对于那些非理性手段，将更加能保障环境正义在资源分配层面的体现。从分配角度，其能提高环境正义的实现质量，以一种低消耗的方式实现高效益的普惠；从承认角度，能够赋予人们以尊严感和价值感，让正义以更加超越的形式予以呈现；从能力角度，能够挖掘更多的实现可能性，让环境正义走出单一评价的"窠臼"。

（四）基于环境正义的精神生活共同富裕路径优化

1. 加快生态补偿制度建设，是促进精神共同富裕的物质前提

加大生态补偿力度，国家不仅要根据生态贡献加大转移支付力度，也要从人员支持、文化扶植等方面入手，不仅在量上增加落后地区、农村地区的环境利益，而且要增强其获取正当环境利益的能力。通过自我输血，实现一种能力的自信，从而摆脱依赖感，通过自强精神的培育和生成，在环境领域实现精神生活共同富裕。此外，要发动市场和社会组织的力量，让政府提供的保姆式服务逐渐退出，让老百姓真正成为主体，唯有如此，才可能成就全面发展的个体，实现真正的精神生活共同富裕。

2. 拓展和提升环境正义的维度和强度，是构筑精神共同富裕的理念基础

应该认识到的是，分配只是环境正义的一个维度，其无法单独起到增加人们精神库藏的重任。必须进一步拓展环境正义的维度，从参与、承认等更根本的层面提升正义追求的层次。精神共同富裕基于尊严的正式制度承认，在环境保护领域，应该正确认识部分相对落后地区的传统处理行为，如农民烧秸秆的权利等。

3. 提升生态价值实现程度，是发掘精神共同富裕的自强因子

在生态产品价值实现之后，需要检视其共享性是否能够体现为本地区民众的普惠，需要对相关产销渠道进行优化，谨防相关生态产品业态萎缩，避免背离普惠初衷。在自然资源转化的过程中，必然有绿色文化的生成。很难

想象，一个优秀的生态产品不具有增进文化的积极性，相反，一个不注重文化融合的生态产品，很难最大化其市场价值。然而文化的打造必须遵循社会主义核心价值观，以能否丰富人们的精神生活为标准，警惕落入为了增加销量而实施短视行为的物质化陷阱。

（五）结语

在环境正义视域下考察精神生活共同富裕，需要在"有差别的主体"前提下展开，早期的环境伦理将人与自然结构下的人作为一个整体看待，较少考虑其异质性和利益冲突可能，虽然在一定历史阶段取得了环境保护的丰功伟绩，但是存在将人抽象化符号化的弊端。在这种情况下，人的尊严向度被遮蔽、积极性和主动性被压抑，在很大程度上会影响人的全面和自由的发展，不利于精神生活共同富裕目标的实现。只有认识到这一点，从环境正义的具体实践出发，通过丈量不正义到正义之距离，正道直行，才可能在丰富社会主义生态文明建设成果之时，让精神生活共同富裕在环境领域开花结果。

四　文旅融合赋能中国式现代化的作用机理与路径研究 *

习近平总书记在党的二十大报告中提出"以中国式现代化全面推进中华民族伟大复兴"，强调中国式现代化"是物质文明和精神文明相协调的现代化"，中国式现代化的本质要求包括"丰富人民精神世界"以及"创造人类文明新形态"。要坚持以文塑旅、以旅彰文，推进文化和旅游深度融合。文旅融合是繁荣发展文化事业和文化产业的必由之路，有助于丰富人民精神世界和创造人类文明新形态，推动中国式现代化高质量发展。

（一）中国式现代化要求文旅融合

中国式现代化的本质要求包括"丰富人民精神世界"以及"创造人类文明新形态"。中国式现代化包含着文化的现代化，有深厚的文化内涵，需

---

* 瞿锦秀，南通大学江苏长江经济带研究院讲师，研究方向：教育经济与文化产业。

要全面立体的文化支撑；中国式现代化包含着人的现代化，作为人的生活方式和生产活动，旅游是中国式现代化的重要体现。近年来，随着文化和旅游的融合，文化产业和旅游产业的边界逐步被打破，旅游成为文化产业发展的重要载体和途径，文化为旅游产业发展提供了灵魂和活力源泉，文旅深度融合成为必然趋势。中国式现代化是人口规模巨大的现代化，要落实"健全现代公共文化服务体系"的要求，在公共服务领域实现文旅深度融合，积极推动公共文化服务和旅游公共服务整合，促进公共服务的旅游休闲功能、旅游空间的公共服务之间的双向奔赴。中国式现代化是全体人民共同富裕的现代化，要结合乡村振兴和东西部扶贫工作，使乡村产业与旅游现代化相结合，进一步填补城乡之间的旅游洼地，通过发展文化和旅游产业带动不发达地区和相对贫困地区的经济发展，使文旅融合成为沟通城乡生活、沟通发达地区和不发达地区生活的桥梁，助力城乡一体化发展。中国式现代化是物质文明和精神文明相协调的现代化，从现代旅游发展来看，当下旅游已从观光过渡到观光与休闲并重，而休闲旅游本身就是精神层面的，没有文化内涵和主题，也就谈不上精神感知和体悟。中国式现代化是人与自然和谐共生的现代化，要让文化和旅游领域成为碳减排和可持续发展的典范，以文化和旅游发展推动生产发展、生活富裕、生态良好的生态文明建设。中国式现代化是走和平发展道路的现代化，面对世界百年未有之大变局，我们要以自信的步伐、开放的姿态和广博的胸怀，通过观念创新、思路创新、体制机制创新和方式方法创新，大力构建全方位、多层次、宽领域的中外文化和旅游交流合作新格局，坚持以文载道、以文传声、以文化人，不断提升中华文化的国际影响力，推动中华文明与各国文明平等交流、和合共生。

（二）文旅融合助力服务中国式现代化发展

物质贫困不是社会主义，精神贫乏也不是社会主义。中国式现代化既要不断厚植现代化的物质基础，不断夯实人民幸福生活的物质基础，也要大力发展社会主义先进文化，加强理想信念教育，传承中华文明，促进物的全面丰富和人的全面发展。"以人民为中心"是中国式现代化的重要遵循，人民生活幸福是"国之大者"，江山就是人民，人民就是江山。党团结带领人民进行革命、建设、改革，根本目的就是让人民过上好日子。文旅融合与中国式现代化的目标一致，是解决人民日益增长的美好生活需要和不平衡不充分的发展之间的矛盾的重要手段。

首先，文旅融合促进人民群众物质生活和精神生活共增进。人民群众物质生活富裕是实现美好生活的前提和基础，居民人均可支配收入水平、居民人均消费性支出水平等都是人民群众物质生活富裕程度的重要衡量指标。① 近年来，文旅融合发展如火如荼，业已成为我国经济社会发展中一道亮丽的风景线，在提高人民群众物质生活水平方面发挥着越来越重要的作用。既有研究表明，文旅融合发展能够促进当地基础设施建设不断提质改造，从而为当地居民提供新的就业机会和收入来源。② 而且文旅融合发展的经济示范带动能力较强，据世界旅游组织测算，旅游收入每增加 1 元，可带动相关行业增收 4.3 元；旅游业每增加 1 个就业岗位，可间接带动 7 人就业。③ 这也就意味着，文旅融合发展能够通过带动相关产业或新兴产业发展来拓展当地居民的就业渠道，从而有效提高居民人均可支配收入水平。研究表明，文旅融合发展对居民的消费性支出有正向影响，④ 文旅融合发展会进一步丰富居民消费的物质产品类别，通过引导居民消费来促进产业结构转型升级，提升地方经济增长能力进而提高居民收入水平和福利水平。除能够增加人民群众的物质生活富裕程度外，既有研究表明，文旅融合发展还能够通过优化当地人文环境、保护和传承地方优秀文化资源以及提供优质的文化旅游体验来达到提升人民群众精神生活质量的目的。⑤

---

① 郑自立：《文旅融合促进共同富裕的作用机理与政策优化研究》，《广西社会科学》2022 年第 9 期。

② 赵宏中、雷春燕：《旅游发展、城市化对城乡收入差距的影响——基于 1996～2015 年省级面板数据空间计量研究》，《北京邮电大学学报》（社会科学版）2019 年第 1 期。

③ 李宁：《为何旅游消费是稳增长调结构惠民生的新支点》，http://www.gov.cn/zhengce/2015-07/30/content_ 2905665.htm，2015 年 7 月 30 日。

④ 赵磊：《旅游发展会影响居民消费吗？——来自中国的经验证据》，《旅游学刊》2012 年第 6 期。

⑤ 朱海艳、孙根年、杨亚丽：《旅游恩格尔系数对我国城乡居民生活质量和幸福度的跟踪试验》，《社会科学家》2018 年第 2 期。

其次，文旅融合缩小人民群众不平衡、不充分发展之差距。文化旅游融合发展在缩小城乡、地区和不同群体居民之间的物质生活和精神生活差距方面具有较强的有效性。在缩小城乡差距方面，文旅融合发展能够提升农业产值、增加农民就业机会以及促进乡风文明建设等。研究表明，普通的农产品，在赋予其文化内涵之后，其价格也会大幅提升；与此同时，乡村文化旅游具有较强的就业吸纳能力，据测算，一个年接待能力达10万人次的乡村文化旅游项目，可解决300多名农民的就业问题。乡村文化旅游能够促进乡村文化振兴和提高当地居民的思想道德素养。[1] 在缩小地区差距方面，文旅融合发展能够通过挖掘落后地区的文化资源和自然风光资源，使其资源优势转化为产业优势，并且带动相关产业发展，从而实现落后地区经济硬实力和文化软实力的"弯道超车"，逐渐缩小本地区人民群众物质和精神生活与发达地区之间的差距。[2] 在缩小不同群体居民的物质生活和精神生活差距方面，文旅融合发展能够通过有针对性地开发适应某一特定群体需要的文化旅游产品和项目来丰富其精神文化生活，缩小该群体与其他群体的精神文化生活差距；能够通过培育新业态为特定人群提供增加收入的机会，缩小该群体与其他群体的物质生活差距。近年来，新兴文化旅游行业领域的灵活就业人口增加较快，据不完全统计，目前我国文化和旅游业领域的灵活就业人员超过200万，[3] 这使得许多被传统产业边缘化的劳动力有了新的增加收入的机会，在一定程度上缩小了这些边缘劳动群体与其他劳动群体在物质生活方面的差距。

最后，文旅融合推动人民群众致富权利、机会和规则之平等。实现美好生活的核心问题不仅在于发展生产力，而且要着力维护社会公平正义，让每一个人都拥有平等的致富权利、高超的致富能力、充足的致富机会以及遵循

---

① 肖宏伟：《乡村旅游发展对农民增收的影响研究——基于省际面板数据的空间计量分析》，《发展研究》2014年第11期。

② 鲁小波、皮特·斯特鲁奇科夫、陈晓颖：《区域协调发展背景下新疆旅游业平衡地区经济差距作用评价》，《西部经济管理论坛》2019年第3期。

③ 钟正生等：《国际视角下的灵活就业：现状、挑战与保障》，http://www.cf40.com/news_detail/12511.html，2022年4月16日。

公正的致富游戏规则。文化和旅游发展是当前经济社会发展的重要维度，对其他经济社会发展领域的示范带动作用较强，因此文化和旅游领域公平与正义的实现必然会极大地促进整个社会的公平与正义。既有研究表明，福利旅游、弱势群体旅游等文化旅游新业态发展有助于促进整个社会的公平与正义。发展福利旅游，可以通过为残障群体、低收入者、鳏寡孤独等游客提供低价甚至免费的文化旅游体验来保障其文化旅游权利，也为其提供了学习和交流的机会与场所。在这个过程中这些群体可以增长见识，习得致富的经验，提升自身致富的能力。① 因此，采取措施推动文旅深度融合，培育和壮大福利旅游等文化旅游新业态，不仅体现了国家和社会对残障群体、低收入者、鳏寡孤独等人群的人文关怀，更体现了党和国家在实现文化和旅游公平与正义方面的决心和意志。

总之，中国式现代化是现代化的新形态新道路，是一个系统性、持续性、历史性的过程。在此过程中，文旅融合发挥着重要而独特的作用。

（三）文旅融合赋能中国式现代化的路径建议

1. 着力实现文旅全要素生产率的高效率转化

过去 40 多年，我国文旅产业取得了骄人成绩，但在一定程度上还是依靠大量的资源投入、资本投入、低成本劳动力投入和盲目的土地投入来推进的。文旅融合高质量发展要与深化供给侧结构性改革相结合，从现有文旅资源中寻找可变现的文旅产品增量，推动文旅融合业态创新和产品创新。一是以"核心资源—核心产品"思路为引领，实现文化资源产品化。文化资源产品化的关键在于处理好符号提取和意义生成的关系，也就是要做好核心资源的 IP 化，即从现有文旅资源的内涵入手，让有形的文旅资源派生出无形的增量收益，从而实现存量的高效率转化。二是布好新业态、用好环境性价值。先推动"流量"向"留量"转化，再消化"留量"变"销量"，注重传统文化的时尚表达、厚重历史的轻松表达、中国故事的国际表达。三是兼

---

① 柴寿升、张道远、郑玮：《国民旅游公平视角下的弱势群体旅游发展研究》，《旅游论坛》2017 年第 10 期。

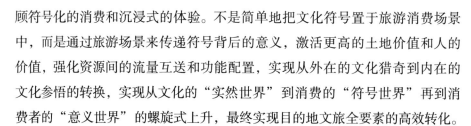

顾符号化的消费和沉浸式的体验。不是简单地把文化符号置于旅游消费场景中，而是通过旅游场景来传递符号背后的意义，激活更高的土地价值和人的价值，强化资源间的流量互送和功能配置，实现从外在的文化猎奇到内在的文化参悟的转换，实现从文化的"实然世界"到消费的"符号世界"再到消费者的"意义世界"的螺旋式上升，最终实现目的地文旅全要素的高效转化。

2. 着力实现文旅产业链韧性的高效能锻造

疫情期间我国文旅行业发生根本性转变，长途游受到影响。在人们出游热情推动下，周边游、微度假、数字文旅、智慧旅游等实现快速发展，开辟了文旅发展的新阵地，展现出了文旅产业链的韧性。文旅高质量发展要立足这种市场新变化，继续夯实、锻造文旅产业的这种韧性。一是要打造更稳定的消费市场。要充分结合本地、周边客群的特点，彻底激发本地、周边市场的消费活力，把微度假作为文旅产业创造稳定消费来源的基本盘。一方面要打造一批注重内涵延伸的微度假业态，探索居住形式、美食餐饮/娱乐方式等的创新，发展轻奢露营、野游探险、田园剧场、市民农场等业态，满足市场客群的精致化追求。另一方面要推出一批注重互动串联的线路产品，实现微度假产品与周边的山水、乡村、田园、古镇等的有机结合，提升微度假体验。此外，要打造符合微度假需求的服务系统，围绕短途自驾、短时居住、亲子休闲等微度假客群需求，优化车辆租赁、自驾驿站、公共休憩平台、公共交通工具等相关配套设施与服务。二是要打造更安心的场景。疫情对游客出行造成深远影响，文旅场景的安全成为不可忽视的问题。伴随着科技手段、娱乐方式的不断更新，文旅体验形式及场景发生翻天覆地变化。文旅高质量发展，一方面可以探索数字技术在文旅新场景中的应用，结合 VR、AR、全息影像、虚拟现实等技术消除传统文旅空间屏障，创造更安全的虚拟体验场景，让"小空间、大世界"成为现实。另一方面可以大力发展智慧旅游技术，将 5G、互联网技术运用于文旅服务之中，打造更便捷的服务产品，营造更安心的体验环境。三是形成更系统的动能。文旅开发正逐渐脱离传统的发展模式，传统的单一型景区产品逐渐式微，个性化、定制化、自由化产品需求日益旺盛，推动产业发展的动能发生了转移。这就要求文旅高质量发展要立足市场需求的多样化，尝试在教育、商管、交通等领域挖掘消费动机。产业链将是未来文旅产品开发的核心，要勇于突破产业界线，通过"文旅+""+文旅"的方式，提供研学游、自驾游、遗产游、文创游等新消费产品。

3. 着力实现城乡发展之间的高水平融合

随着生活水平不断提升，大众的文旅认知发生革新，文旅不再单单是传统的观光出行，而成为一种诗与远方相结合的生活方式。在大众需求引导下，城市、乡村中的生活化体验形式走进人心，文旅空间也成为大众生活空间的延伸，拉近了城乡之间的距离。在中国式现代化建设场景下，文旅高质量发展要立足城市、乡村生活服务，成为一座桥梁，构建城乡之间的新关系。在城市，要结合城市更新，塑造能抚摸城市历史、感触城市风水、体验城市人文的新型体验空间，培育新一代城市旅游市场。要用文旅再现城市人文历史，结合社区改造、街区提升、景观亮化，打造城市微剧场、生活博物馆、城市灯光秀等一批承载着城市历史发展脉络的人文场景。要依托文旅勾织城市生活全貌，打造城市微旅行、社区创意街、公园艺术秀等呈现城市生活风貌的生活场景。要依托文旅刺激城市消费，打造网红博物馆、夜游美食街、文商旅综合体等丰富城市居民生活内容的消费场景。在乡村，要结合乡村振兴，使乡村产业与旅游现代化相结合，打造寄托心灵的乡村生态旅居场景。在这过程中，要保存乡村生活的原真性，打造一批能够展现乡村生活原真风貌的非遗体验、农耕体验、观光体验项目，培育依托乡村生活的生态消费、文化消费和养生消费。要彰显乡村生活的创新性，开展新乡土主义设计，开发田园民宿、亲子农场、开放餐厅等符合现代人生活需求的旅居产品。要凸显乡村生活的独特性，探索休闲、创意、养老、健身、会展等与乡村特色资源的结合，发展乡村特色生活产业。

五　延续老城历史文脉　推动城市有机更新*

党的二十大报告指出，坚持人民城市人民建、人民城市为人民，提高城

---

* 刘峻源，南通大学江苏长江经济带研究院助理研究员，研究方向：城市更新与再开发、城乡融合研究。

市规划、建设、治理水平，实施城市更新行动，打造宜居、韧性、智慧城市。[①] 城市的本源就是人民群众活动的空间载体。城市应该由人民而建、为人民而建。吴良镛先生以人们诗情画意般地栖居在大地上为毕生追求，创建了人居环境科学，以人为本是重要核心。[②] 实现中华民族伟大复兴是近代以来中华民族最伟大的梦想，而城市正是中国经济、政治、文化、社会等的中心，是民族复兴的中坚力量。

改革开放以来，我国经历了世界上规模最大、速度最快的城镇化进程，用了不到50年的时间，走过了西方发达国家近300年的城镇化道路，8亿农民进城，400多个城市新建，创造了人类城市发展史上的伟大奇迹。[③] 2021年，我国常住人口城镇化率达64.72%，进入城镇化的"下半场"，城市社会结构、生产生活方式和治理体系发生重大变化。如今大规模的城市扩张建设已接近尾声，我国进入了城市更新的重要时期，城市发展由增量建设阶段逐步进入以存量改造为主、注重品质提升的阶段。城市更新不仅是物质空间层面的拆拆建建、修修补补，而且是一项推动城市全面开启现代化新征程的重要决策，更是城市可持续发展、高质量发展、高水平治理的实践探索。要将市民幸福作为城市更新的最高要求，丰富文化内涵，重感知、重细节、重品质，探索渐进式、可持续的有机更新模式，提升城市的品质。

（一）实施城市更新行动的政策背景

党的十九届五中全会首次提出城市更新行动，第一次将城市更新作为国家城市战略提出。战略的提出不是一蹴而就的，是经历了长期的、充足的准备。2015年中央城市工作会议提出应对"城市病"，推动城市发展由外延扩张式向内涵提升式转变。2017年住建部提出"城市双修"，印发了《关于加强生态修复城市修补工作的指导意见》。2019年中央经济工作会议强调"城市更新"概念，提出要加强城市更新和存量住房改造提升，做好城镇老旧

---

① 习近平：《高举中国特色社会主义伟大旗帜为全面建设社会主义现代化国家而团结奋斗——在中国共产党第二十次全国代表大会上的报告》，《人民日报》2022年10月26日。
② 吴良镛：《人居环境科学导论》，中国建筑工业出版社，2001。
③ 吴良镛：《人居环境科学的探索》，《规划师》2001年第6期。

小区改造。2020 年 7 月国务院办公厅发布的《关于全面推进城镇老旧小区改造工作的指导意见》明确老旧小区改造任务、组织实施机制等。2020 年 10 月《中共中央关于制定国民经济和社会发展第十四个五年规划和二〇三五愿景目标的建议》提出实施城市更新行动。2021 年 8 月，住建部印发《关于在实施城市更新行动中防止大拆大建问题的通知》，确定了未来城市更新的主基调，核心就是要推动由过去的单一"开发方式"转向"经营模式"。2021 年 9 月，中办、国办印发《关于在城乡建设中加强历史文化保护传承的意见》。

2021 年 11 月，住建部印发《关于开展第一批城市更新试点工作的通知》，决定在北京等 21 个城市（区）开展第一批城市更新试点工作，明确了城市更新的多元规划路径，主要包括城市整体功能结构的调整与优化、人性化公共空间的营造与提升、老旧小区的居住环境与生活条件改造、城市历史文化的保护与活化利用、老工业区的产业结构转型与升级等，提出实施城市更新行动的总体目标是建设宜居城市、绿色城市、韧性城市、智慧城市、人文城市，不断提升城市人居环境质量、人民生活质量和城市竞争力，走出一条具有中国特色的城市发展道路。[①]

（二）城市更新是新时期城市发展的战略选择

实施城市更新行动对构建新发展格局具有重大战略意义。一是城市更新是适应发展新形势、推动城市高质量发展的必然要求。当前我国的城市建设，已经从关注增量扩张向存量优化提质转变，从过去解决"有没有"向现在解决"好不好"转变，评价的目标、诉求、标准都发生了变化。二是城市更新是坚定实施扩大内需战略、构建新发展格局的重要路径。过去某些城市在文化中心建设中，往往采用单独选址、集中建设大型文化场馆的方式进行宏大叙事。盲目崇拜外来文化，缺失文化自信，与当地文化毫不相干的"歌剧院"甚至一度成为标配。新时代的城市更新行动要避免这些误区，将文化设施融入城市生活，告别对明星地标建筑的推崇，实现公共文化建筑与

---

① 吴晨、郑天:《迈向人民城市的复兴》,《北京规划建设》2018 年第 4 期。

街区共生、产业与街区共兴、多元市场主体共荣、街区与居民共享。三是城市更新是推动城市开发建设方式转型、促进经济发展方式转变的有效途径。过去的城市开发建设方式以土地增值为核心、以融资开发为手段、以商品住房消费为支撑，形成高投资、高周转、高回报的闭环。在存量更新时代，要改变以房地产作为短期刺激经济增长的手段，倒逼城市发展方式转型。四是城市更新是推动解决城市发展中的突出问题和短板、提升人民群众获得感幸福感安全感的重大举措。杨浦滨江地区是上海老工业区的代表，有大量老旧厂房。在以科技创新引领经济结构转型、以城市更新带动城市建设转型的发展机遇下，更新改造后的杨浦滨江已经从厚重的工业厂区转身成为开放、共享的世界级滨水空间。

（三）新时代老城更新的基本认识

老城是指城镇中能体现其历史发展过程或某一时期风貌的地区。大部分老城承载着厚重的历史记忆、人文精神和重要的生产生活功能。但是，当前老城发展普遍面临一些突出问题：有的长期不投入导致老城公共服务和基础设施缺失、人居环境恶化；有的采用"旧城改造"方式大规模拆除老城进行房地产开发；有的拆真遗存、建"假古董"等。2019年，习近平总书记指出，把老城区改造提升同保护历史遗迹、保存历史文脉统一起来，既要改善人居环境，又要保护传承历史文化，让历史文化和生活融为一体。

1. 老城更新是美好生活提升的路径重构

城市承载着人们对美好生活的向往，新时代老城更新的动力来源于人们对美好生活的追求。人们对美好生活的需要包括三个层次：第一层次是对水、空气、食品以及安全、健康、个人财产保护的基本需求；第二层次是对住房、就业、社会福利、生活便利以及精神、情感、社会关怀、人际关系等的需求；第三层次是对社会地位、消费能力、时间支配以及个人和群体创造力激发、社会贡献度和成就感提升、自我价值实现等的需求。因此，老城更新不能简单理解为空间的修修补补，而是以更好满足人们对美好生活的需求为目标，调整原有建设方式，补齐为生活服务的公共设施和基础设施短板，提升老城环境品质和精细化管理服务水平。同时，老城更新在各个方面要充分彰显人的价值，因地制宜地引入创新功能和产业，为各类人群提供多元化的就业、生活和服务设施，通过功能有机更替和提质增效让老城重新焕发活力，更加包容、宜居。

2. 老城更新应遵循发展演化的客观规律

城市是有机生命体，在自然环境、资源条件、经济、社会、文化等多重因素影响下形成了交织、模糊、叠合的复杂网络，具备生长连续性、多样性、复杂性、系统性、包容性等特征。过去一个时期，一些老城内全面复古、整体搬迁居民的做法，破坏了老城长期形成的自组织机制和丰富的社会生活网络，违背了城市发展规律，对老城肌体造成了不可逆转的损伤。新时代的老城更新实践，应当充分认识、尊重、顺应城市发展演化的客观规律，优化老城丰富多元的社会生活网络，促进老城的自然、经济、社会、文化系统相辅相成、良性互动，实现老城的可持续发展。

（四）新时代老城更新的路径探索

1. 注重整体谋篇布局

中国传统城市营建活动自始至终都是以整体环境的营造为出发点的，而非仅专注于一座建筑的设计，或仅钟情于一片风景的塑造。① 因此，中国传统城市具有很强的"整体性"。在快速城镇化时期，城市建设方式过于粗放，注重规模扩张，长期忽视老城内小微空间和环境的精细化营造。

一是要统筹新老功能互补。城市更新需要从整体层面"先布棋盘再落子"，要妥善处理新城和老城之间的关系，形成新老协调互补的格局，要在城市整体层面积极探索新老城项目联动下的容积率奖励、转移、存储制度，完善优惠政策，引导企事业单位、社会团体和个人参与老城更新，探索多元化的运营机制。二是优化老城传统格局。从老城自身来看，我国大部分老城的传统空间格局要素呈现"碎片化"状态，要修补、强化老城在特定自然人文环境中长期演化形成的稳定空间结构特色。这种思路不同于部分城市在老城里大规模拆真建假、整体复古甚至恢复到某个历史时期的错误做法，而

---

① 吴良镛：《山地人居环境浅议》，《西部人居环境学刊》2014年第4期。

是要根据现代生产生活需要不断更新，但所有的更新都要顺应、延续和强化，而不是异化、割裂甚至扭曲老城的传统空间结构。

2. 追求天人合一

一是传统天人合一智慧。追求天人合一、寻找人工与自然的和谐共生是中华文明的最显著特征之一。中国传统城市历来将周边山水形胜、自然资源和环境承载力作为城市营建重要的前提来加以关照和考量。注重城市规模与自然环境承载力相匹配。在选址、营建、扩展过程中，相土尝水、丈量土地、评估自然环境的丰腴程度，并作为城市建设的前提。古代城市在布局中会寻找山水秩序参照，在城垣轮廓、空间形态、轴线、街巷、廊道、对景、节点等方面注重呼应，并将城外风景秀美之地予以一体化考虑，形成"山—水—城"互融互通的格局形态。① 二是当代建设与自然融合的路径。自然资源环境是城市发展的基础。水能载舟，亦能覆舟，如果城市无序建设、过度索取自然资源，则会遭到大自然的报复。因此，新时代的老城更新，需要充分借鉴古人的智慧，寻求城市与自然的平衡，尊重自然、顺应自然、保护自然，以自然为美，把好山好水好风光融入城市，把低碳、绿色理念融入老城更新，具体包括：首先，利用自然资源建立相应规则。新时代的城市更新需要制定合理的制度，"用天之利，立人之纪"，合理利用自然资源。倡导老城社区形成新时代的乡俗民约，倡导绿色出行、垃圾分类、节能生活，打造绿色低碳家园。其次，修复"山—水—城"良好空间秩序。如何将城市融入绿水青山是新时代城市更新需要重点关注的议题。最后，山水特色与生态休闲紧密结合。随着经济发展和社会进步，人们对生活品质的追求从数量转向质量、从物质转向精神、从户内转向户外，生态休闲逐步成为人们日益增长的美好生活需求的重要内容。

3. 采用绣花功夫

习近平总书记指出，城市规划和建设要突出地方特色，注重人居环

---

① 杨保军、王军：《山水人文智慧引领下的历史城市保护更新研究》，《城市规划学刊》2020年第2期。

境改善，更多采用微改造这种"绣花"功夫，注重文明传承、文化延续，让城市留下记忆，让人们记住乡愁。因此，老城应制定科学、审慎、循序渐进的更新发展时序，不急于求成。老城内的基础设施完善和既有建筑的更新要充分尊重历史和现状进行分区分类精细化整治，并通过老城功能改善、建筑功能调整等方式调节人口结构，形成健康多元的老城社会生活网络。

一是建筑分类保护更新。老城的建筑产权复杂、私搭乱建情况严重，文物古迹、传统建筑散布其中，一次性更新难度大、成本高，而且很容易对历史文脉造成破坏。因此，要按照"留改拆并举、以保留保护为主"的思路，明确建筑保护更新的"四不"原则——建筑产权基本不动、空间肌理基本不改、原有居民基本不迁、社会网络基本不变。按照"四不"原则，对每栋建筑详细调查评估，以微改造的方式分类制定风貌保护、修复和提升措施。二是扩大小微公共空间。结合重要历史地标进行布局，充分利用现状巷口、民居宅旁闲置地等空间设计口袋花园，巧妙引入自然山水和文化主题，提升人居环境品质，因地制宜形成特色文化场所，为密不透风的老城核心区域腾出驻足、放松、留白的自然空间。

4. 传承历史文脉

城市由历史累积而成，风貌由文化滋养而生。历史文脉是城市的根和魂，是城市的性格基因，也是城市更新的重要战略资源。因此，老城更新中要精心保护、修缮、展示体现不同时期、不同文化内涵的建构筑物及其历史环境。老城的风貌、尺度和建筑形态发生了不同程度的改变，但是千百年来积淀的历史文脉却体现在经济、社会、建筑、空间、生活、习俗、礼仪、秩序等方方面面。新时代的城市更新需要注重文脉的修补与传承。尤其是对于历史文脉丰富、复杂、多元的老城，需要通过分层解析，认识不同时期的历史资源、空间秩序、文化秩序，在更新中延续历史、记忆、生活的真实状态，将历史文化作为老城发展的重要推动力，以文化人、化力为行，传承城市文脉和人文精神。

5. 主动跨界融合

一是搭建多位一体平台。新时代的老城更新工作量大面广、千头万绪，面临的社会背景、主要问题和目标与过去截然不同，当前的学科各自埋头工作和单一流线组织方式很难适应城市更新要求，亟待探索新的研究体系和工作组织模式。这就需要充分借鉴中国传统的营城思想，以规划、建筑、景观等为主导，主动"跨界融合"，整合更多的相关专业，搭建集规划、设计、经济、文化、艺术、策划、运营、社会学等于一体的研究实践平台，利用群体智慧进行协同创新，针对老城更新和发展制定有创意的、系统性方案。二是实现居民共同缔造。新时代的老城更新应坚持共同缔造的理念。美好的人居环境是全社会共同的向往，老城更新不再是政府单打独斗、大包大揽的建设过程，而是全社会共同参与的结果。更新过程中，尤其要关注老城原住民的需求，最大限度地获得原住民的支持和参与，在物质空间更新的同时注入有情感有温度的社区生活。注重建立完善的社区自组织机制，以找准事关社区发展的根本问题和诉求为切入点，包括房屋修缮、建筑外观装饰、街头巷尾的公共空间改造以及特色产业培育等。更新过程中，通过各类激励政策引导居民与 CBC 建筑中心等机构、专家团队密切合作，共同打造美好家园。

（五）结语

城市更新是一个持续不断、生生不息的过程，是立足新发展阶段、贯彻新发展理念、构建新发展格局的重要举措。老城更新要建立全局的、整体的研究视野。不谋全局者，不足以谋一域，新时代的城市更新要从全局性、系统性维度统筹新老城之间的关系，统筹政府、市场、社会之间的关系，积极衔接区域协调发展战略和乡村振兴战略，推动城市经济发展方式转变。老城更新要想真正深入人心，需要强化以人为中心的理念，切实解决老百姓的生活问题，兼顾"面子"和"里子"。除了关注物质形态的修补外，也要关注社会网络延续、生活品质提升和历史文脉传承。新时代的老城更新应当充满人文关怀，努力把老城建设成为人与人、人与自然和谐共处的美好家园。老城更新是一个持续不断、动态复杂的过程，许多影响因素不可预知，并不存在一套完美无瑕、一劳永逸的方法。当前更迫切的是尽快推动城市更新由空间设计向制度设计转变、由政府主导向共同缔造转变。

六　加快建设长江国家文化公园先行示范段*

建设国家文化公园，是以习近平同志为核心的党中央作出的重大决策部署，是推动新时代文化繁荣发展的重大文化工程。推进长江国家文化公园江苏段建设，要立足于国家重点建设区的定位，以保护好传承好弘扬好长江文化为主线，高质量推动长江国家文化公园建设走在前列，为长江国家文化公园建设提供宝贵的经验借鉴。

（一）正确阐释长江国家文化公园示范段内涵

凸显长江特色。长江国家文化公园与其他国家文化公园的区别在于长江本身的特质，在长江国家文化公园建设中要充分凸显长江是"母亲河"和"涵养社会主义核心价值观的源泉"这两个核心要素，展现长江"开放包容""浪漫自由""精勤内敛""家国天下""创新超越"的特质。

彰显国家高度。国家文化公园的一个关键词是"国家"，是从国家层面打造文化形象、推进文化建设、传承优秀文化的"大手笔"。长江国家文化公园建设要放眼全国，同中存异，"把一整条长江放在心里"。要综合考虑长江干流区域和长江经济带区域，综合参考长城、大运河、长征国家文化公园建设甚至黄河流域发展规划和"一带一路"建设，全国一盘棋，东西南北一个面，确保长江国家文化公园建设高质量推进。

体现文化内涵。"文化"是国家文化公园的另一个关键词，需要尊重文化内部规律、尊重历史文脉，超越属地、层级、分类和行业内部。要集结巴蜀文化、荆楚文化、两湖文化、吴越文化、江淮文化等长江文化元素，以及3项世界文化遗产、13个国家历史文化名城、27个国家历史文化名镇为长江国家文化公园建设提供主要能量。

---

* 成长春，南通大学江苏长江经济带研究院院长、长江保护与绿色发展研究院特聘研究员；瞿锦秀，南通大学江苏长江经济带研究院讲师。本部分内容发表于《新华日报》（思想周刊）2022年4月19日。

突出为民服务。"公园"是长江国家文化公园的最终表现形式和落脚点，要充分体现公共性和人民性。要高水平建设滨江生活生态空间，打造还江于民的融合发展空间。加大长江文化宣传力度，让长江文化发展成果更好地融入生活、惠及群众。

突出示范性。要把江苏长江沿线左右岸大道建成畅通大道、景观大道、人文大道，使长江江苏段成为长江中最精彩的一段，研究长江文化必须到江苏，展示长江形象让全国向往着江苏。

（二）加强研究论证，整合长江国家文化公园建设力量

一是摸清家底。尽快开展江苏长江文化资源的全面调查和认定，对濒危遗产遗迹遗存实施抢救性保护。继续完善长江江苏段非物质文化遗产保护名录体系，大力保护长江江苏段非物质文化遗产。

二是整合研究力量。牵头设立并召开国家长江文化发展论坛，探索文化旅游资源整合新模式。设立长江文化研究系列课题，推动创造性转化。实施长江文化研究工程，打造长江文化研究智库和传播交流中心。

三是建设长江文化资源数字化平台。用数字化赋能文物保护，联合长江流域文博单位，整合全线文物资源数据，推出"云游长江"项目，打造线上长江文化体验与呈现系统。

（三）以保护传承弘扬长江文化为主线，系统谋划长江国家文化公园建设

强化保护传承，树立长江文化保护意识。严格践行保护为主、抢救为先，真实完整保护传承长江文物和非物质文化遗产。率先设立"长江文化保护日"，提高社会保护长江文化的意识。坚持活态传承，坚定文化自信，让一江碧水成为助力江苏高质量发展的重要源泉。

坚持文旅融合，实现长江文化价值引领。坚持文旅深度融合发展，着力打造"水韵江苏"等具有较强影响力的文化旅游品牌；加大对张家港长江文化艺术节的投入和宣传力度，使之成为最具国际影响力的长江文化盛典之一；推出长江下游唯一滨江游轮线路——"长江传奇"等拳头产品。依托沿江板块在创意设计、现代演艺等领域优势，打造文化创意产业等特色集聚区。

做好科学规划，率先完善长江文化特色标识。规划建设长江国家文化公

园江苏段文化旅游带等一批标志性文化保护与传承项目、重点基础工程，在国内率先打造一批先行示范区；加快编制《江苏省长江文物保护利用专项规划》《长江国家文化公园建设（江苏段）保护规划》。完善长江文化特色标识体系，建设江苏长江文化遗产基础数据库和图谱，打造长江中下游地区有代表性的长江文明"大遗址"和长江文化风貌群。

注重因地制宜，彰显长江文化江苏特色。协同大运河文化带及大运河国家文化公园建设和淮河发展，充分挖掘省内外市场潜能，形成以"山、水、文化历史、乡村、城市（群）、交通"为空间构成要素，对接东西、联动南北的多层次、多元化格局。

（四）聚焦江苏、开放共享，打造江苏长江国家文化公园展示体系

紧扣江苏文化特征、资源禀赋和发展趋势，布局江苏长江文化全方位体验区。江苏要把全省范围纳入长江国家文化公园建设体系，打造"文化长江大美江苏"整体映像。围绕"融合·创新·共享"主题，融合长江文化、大运河文化、淮河文化等流域文化，推动文化精品的创作生产。

以沿江八市为主，建设长江国家文化公园主题区、专题展示区。南京、镇江、扬州、泰州、无锡、常州、苏州和南通8个设区市是孕育形成长江文化的主要空间，也是长江文化带的关键区域。南京可建设长江国家文化公园主题区，苏州、常州、无锡可联合打造吴文化专题展示区，镇江、泰州、扬州可联合打造津渡文化和运河文化专题展示区，南通可建设近代工业文化专题展示区。

在沿江的苏北5市，建设长江文化深度融合发展区。徐州可重点打造"汉"文化，与"吴文化"共同展示江苏"吴风汉韵"的风采；连云港可与盐城、南通共同打造海洋文化体验区，还可与淮安共同演绎名著文化；宿迁既可单独打造淮河文化展示区，也可与江苏其他地区共同打响"水韵江苏"品牌。

附 表 基础数据

附表 协调性均衡发展指数分项情况

城市	城乡居民人均可支配收入（元）D1	人均社会消费品零售额（元）D2	人均住户年末储蓄存款余额（元）D3	城镇登记失业率（%）D4	每万人拥有病床数（张）D5	每万人拥有公共图书馆藏书（册）D6	城镇职工基本养老保险覆盖率（%）D7	互联网接入户数（万户）D8	建成区路网密度（公里/公里²）D9	建成区排水管道密度（公里/公里²）D10	第二、第三产业占比（%）D11	规上企业利润总额（亿元）D12	"三资"企业数量占比（%）D13	中心城区人口占比（%）D14	城乡居民人均可支配收入比 D15
上海	55674	64037	15.39	3.70	57.73	32524	72.80	918.96	4.44	17.57	99.74	2882.67	34.7	100.00	2.19
南京	48587	77286	10.41	1.70	61.65	25923	41.70	506.97	7.56	11.99	98.00	713.43	16.9	100.00	2.28
无锡	50232	40139	9.76	1.80	57.48	12909	67.00	365.81	8.07	24.61	98.96	1302.51	16.1	58.98	1.81
徐州	29376	36190	4.99	1.80	45.85	4934	35.90	343.84	8.69	6.74	90.17	290.46	6.1	39.53	1.77
常州	46446	45859	9.61	1.80	45.19	10284	42.20	259.32	6.42	17.52	97.90	721.66	12.7	85.04	1.87
苏州	54265	60408	9.56	1.80	49.89	20353	57.40	606.26	14.76	13.24	99.02	2232.36	33.2	52.68	1.89
南通	39313	43602	10.42	1.80	50.28	9418	31.90	338.38	8.68	18.80	95.43	576.19	13.6	48.77	2.01
连云港	27980	24006	4.02	1.80	40.63	7957	38.70	173.20	5.86	8.92	88.22	261.75	12.4	48.26	1.91

续表

城市	城乡居民人均可支配收入（元）D1	人均社会消费品零售额（元）D2	人均住户年末储蓄存款余额（元）D3	城镇登记失业率（%）D4	每万人拥有病床数（张）D5	每万人拥有公共图书馆藏书（册）D6	城镇职工基本养老保险覆盖率（%）D7	互联网接入户数（万户）D8	建成区路网密度（公里/公里²）D9	建成区排水管道密度（公里/公里²）D10	第二、第三产业占比（%）D11	规上企业利润总额（亿元）D12	"三资"企业数量占比（%）D13	中心城区人口占比（%）D14	城乡居民人均可支配收入比 D15
淮安	30024	36751	4.58	1.80	43.30	9934	31.60	173.44	8.07	17.25	89.81	152.17	10.9	62.12	2.04
盐城	32037	33027	6.31	1.80	46.74	8912	28.20	271.60	8.81	5.70	88.89	170.8	9.6	35.47	1.71
扬州	36008	30248	8.16	1.80	41.46	12632	49.60	205.75	9.60	16.62	94.92	272.24	8.7	57.89	1.90
镇江	41487	35574	8.67	1.70	38.87	18754	33.90	148.93	9.47	10.25	96.44	249.13	14.5	39.56	1.92
泰州	36859	29497	8.26	1.80	48.97	7810	45.50	191.11	9.73	14.30	94.23	375.71	8.0	38.25	1.99
宿迁	25741	25212	3.48	1.70	61.69	5010	25.00	172.21	8.13	13.54	89.55	293.21	5.1	32.54	1.64
杭州	53683	50589	11.86	2.40	70.39	21938	75.40	547.58	6.02	13.44	97.97	1302.4	12.4	89.72	1.77
宁波	53570	44992	9.05	2.20	40.79	12357	66.30	438.34	3.66	14.69	97.27	1502.74	15.6	53.82	1.74
温州	47955	36473	8.92	1.80	40.33	14891	49.20	401.83	5.92	11.24	97.68	367.91	1.7	31.49	1.96
嘉兴	51963	38675	8.92	1.70	44.74	19926	51.10	196.15	6.62	12.32	97.75	658.47	15.6	28.10	1.61
湖州	49494	42268	8.26	1.50	49.93	10742	76.80	222.28	7.22	13.65	95.63	366.86	8.4	46.29	1.66
绍兴	52695	43904	9.90	1.70	45.55	14064	68.80	224.45	5.26	12.18	96.35	560.04	8.5	56.71	1.72
金华	45955	36996	8.55	1.60	43.74	8159	54.60	301.94	7.68	15.73	96.66	214.23	3.7	20.82	2.03
衢州	37795	32975	6.87	1.80	59.89	16623	71.40	93.76	8.29	24.53	94.39	147.34	4.8	39.47	1.88
舟山	51399	44114	9.70	1.60	52.01	21121	79.30	59.91	8.05	15.68	89.88	174.60	6.4	75.86	1.63
台州	47393	36140	9.09	1.40	42.66	13952	65.20	261.19	16.23	8.56	94.39	395.61	3.2	32.58	1.94
丽水	36085	28983	8.36	1.60	51.86	12510	63.20	102.19	6.38	18.93	93.18	117.51	2.0	22.31	2.05

续表

城市	城乡居民人均可支配收入（元）D1	人均社会消费品零售额（元）D2	人均住户年末储蓄存款余额（元）D3	城镇登记失业率（%）D4	每万人拥有病床数（张）D5	每万人拥有公共图书馆藏书（册）D6	城镇职工基本养老保险覆盖率（%）D7	互联网接入户数（万户）D8	建成区路网密度（公里/公里²）D9	建成区排水管道密度（公里/公里²）D10	第二、第三产业占比（%）D11	规上企业利润总额（亿元）D12	"三资"企业数量占比（%）D13	中心城区人口占比（%）D14	城乡居民人均可支配收入比 D15
合肥	36282	48172	6.02	3.10	63.26	8282	37.30	390.98	5.95	15.65	96.70	401.77	8.1	54.64	1.99
淮北	25823	23391	5.06	2.80	56.51	5228	43.30	73.00	7.22	12.15	92.85	128.40	3.4	65.75	2.39
亳州	24726	19834	3.37	2.40	39.23	2980	20.60	145.43	5.61	13.31	85.82	82.71	1.3	40.61	2.23
宿州	24371	20311	3.42	2.80	43.08	2852	20.00	166.90	9.46	5.56	84.84	102.74	3.0	51.49	2.39
蚌埠	28566	36439	4.17	2.60	65.07	8273	41.40	105.50	7.50	9.19	87.76	93.84	4.0	44.91	2.17
阜阳	24409	22397	3.76	2.30	47.63	2268	18.50	228.70	6.38	8.78	86.03	130.19	1.1	52.79	2.42
淮南	26559	25555	5.01	3.10	51.35	3102	36.40	94.73	7.60	6.79	89.38	430.15	2.6	64.12	2.44
滁州	25892	29639	4.52	2.80	49.50	5789	25.90	131.75	8.28	23.92	91.03	288.46	5.3	19.18	2.29
六安	24048	21299	4.43	2.20	38.95	3394	24.10	129.97	7.33	5.69	85.69	95.11	2.7	39.85	2.33
马鞍山	38612	36842	6.98	2.80	53.91	10880	46.20	82.82	4.35	15.95	95.48	173.29	6.7	19.55	2.04
芜湖	34531	43407	6.20	2.50	63.59	6329	37.40	146.31	8.33	16.22	95.69	363.50	7.1	25.98	1.82
宣城	30531	25065	5.21	2.60	50.30	5720	50.20	95.74	8.87	15.99	89.92	140.40	3.0	33.21	2.23
铜陵	29141	26742	7.58	2.60	62.15	19160	43.90	49.35	3.69	19.70	94.42	110.73	4.5	44.87	2.41
池州	26497	30323	6.26	3.10	55.20	5522	29.70	55.32	11.23	19.37	89.87	61.15	2.8	30.80	2.06
安庆	25757	27060	5.93	2.60	52.06	7938	35.00	139.19	4.21	5.80	90.27	154.30	3.4	46.27	2.31
黄山	28518	34760	7.10	2.80	58.74	9474	46.40	57.30	8.07	11.54	92.12	28.66	3.5	31.20	2.11
南昌	33859	39181	6.90	2.90	61.98	5607	45.60	275.20	4.56	8.24	95.91	444.94	7.5	67.09	2.24

续表

城市	城乡居民人均可支配收入（元）D1	人均社会消费品零售额（元）D2	人均住户年末储蓄存款余额（元）D3	城镇登记失业率（%）D4	每万人拥有病床数（张）D5	每万人拥有公共图书馆藏书（册）D6	城镇职工基本养老保险覆盖率（%）D7	互联网接入户数（万户）D8	建成区路网密度（公里/公里²）D9	建成区排水管道密度（公里/公里²）D10	第二、第三产业占比（%）D11	规上企业利润总额（亿元）D12	"三资"企业数量占比（%）D13	中心城区人口占比（%）D14	城乡居民人均可支配收入比 D15
景德镇	30790	28872	5.93	3.12	51.23	8580	44.80	62.30	7.55	5.70	92.90	39.65	4.3	35.80	2.19
萍乡	30618	18359	4.60	3.80	45.80	16243	46.70	67.80	8.20	2.17	92.10	106.62	3.9	49.17	1.94
九江	28694	26002	4.76	3.40	43.54	6978	26.30	170.6	6.74	11.15	92.93	502.90	5.0	25.22	2.37
新余	31639	28496	6.12	3.50	45.51	7750	40.40	48.00	6.22	11.59	93.10	71.43	2.7	77.50	2.05
鹰潭	28963	29836	5.40	3.30	47.60	4087	36.10	41.50	6.48	6.24	92.57	111.28	4.9	53.04	2.07
赣州	25034	18779	4.29	3.10	40.38	5474	29.20	261.8	8.95	13.46	88.62	273.54	8.4	28.87	2.84
吉安	28049	19577	5.12	2.90	41.28	6689	40.50	142.00	8.70	13.22	89.16	381.89	4.8	14.32	2.4
宜春	27167	18156	4.99	3.30	43.40	3713	42.00	153.30	8.01	13.47	88.42	312.90	4.1	22.36	2.09
抚州	27007	14897	4.69	3.00	39.52	6188	42.70	112.40	7.80	13.58	85.88	121.54	2.4	41.16	2.11
上饶	27767	18943	4.35	3.00	45.79	2604	38.90	175.80	6.63	16.81	88.72	254.80	1.7	31.90	2.50
武汉	37210	49877	8.28	3.00	65.88	14891	51.10	479.53	7.71	9.57	97.42	656.56	11.5	100.00	2.09
黄石	27230	30721	4.90	3.80	54.30	7733	51.60	82.71	10.46	19.73	92.93	106.83	5.0	35.22	2.29
十堰	22251	30726	5.88	3.10	68.21	5079	30.40	153.56	7.93	10.34	90.08	95.79	2.3	45.43	2.79
宜昌	27873	34865	6.44	3.50	55.73	9449	53.10	157.44	8.01	8.76	89.20	419.62	3.5	40.60	2.01
襄阳	28065	29796	5.66	3.60	49.98	5475	40.10	160.36	8.10	10.29	88.85	323.40	4.2	44.11	2.05
鄂州	26908	30238	4.68	2.90	40.19	12500	45.10	42.75	5.94	13.98	90.15	72.77	2.8	100.00	1.86
荆门	27969	30681	6.56	3.60	55.41	3701	50.80	86.48	8.77	15.32	86.83	172.96	2.9	31.10	1.80

续表

城市	城乡居民人均可支配收入（元）D1	人均社会消费品零售额（元）D2	人均住户年末储蓄存款余额（元）D3	城镇登记失业率（%）D4	每万人拥有病床数（张）D5	每万人拥有公共图书馆藏书（册）D6	城镇职工基本养老保险覆盖率（%）D7	互联网接入户数（万户）D8	建成区路网密度（公里/公里²）D9	建成区排水管道密度（公里/公里²）D10	第二、三产业占比（%）D11	规上企业利润总额（亿元）D12	"三资"企业数量占比（%）D13	中心城区人口占比（%）D14	城乡居民人均可支配收入比 D15
孝感	26232	23701	5.03	4.10	41.63	4638	32.60	96.98	10.47	15.64	84.36	110.62	4.3	24.15	2.07
荆州	26646	24893	5.16	3.26	44.99	2636	47.90	163.12	9.67	7.93	80.88	129.01	2.4	23.84	1.83
黄冈	22759	19864	5.01	2.90	41.63	7254	38.20	203.51	7.82	6.87	79.81	82.80	2.8	8.12	2.10
咸宁	24377	22539	4.07	3.30	41.60	5187	32.20	89.86	7.45	12.54	85.76	144.55	3.9	25.37	1.98
随州	24105	25847	5.94	4.56	41.84	2637	29.90	62.97	4.84	5.74	84.19	80.34	2.9	34.83	1.74
长沙	46363	44431	7.46	3.30	66.81	12028	50.10	434.51	3.93	8.46	96.51	882.12	4.6	59.54	1.67
株洲	36014	27957	5.69	2.50	56.61	9231	43.20	141.44	11.91	7.14	91.76	163.24	1.7	44.36	2.10
湘潭	32220	27492	5.99	3.10	61.89	6227	42.00	115.96	3.40	8.50	92.79	100.99	2.7	40.29	1.85
衡阳	29892	24011	4.67	3.18	52.24	3886	38.60	177.56	5.77	8.22	87.40	88.63	2.0	20.48	1.81
邵阳	22482	18427	3.78	4.50	52.42	4223	12.80	160.43	3.03	6.67	82.23	217.67	1.1	12.20	2.18
岳阳	27468	31168	3.81	2.48	53.59	3842	36.80	157.71	7.03	12.72	88.50	283.15	2.0	26.53	1.45
常德	26713	27060	4.72	3.11	49.97	4261	47.90	166.35	6.25	15.53	87.60	228.03	2.5	27.84	1.98
张家界	19711	12959	3.88	2.99	46.51	2895	30.70	58.71	8.28	7.03	85.25	8.16	1.8	38.82	2.42
益阳	26046	18447	4.31	2.20	53.10	2727	36.10	115.73	6.36	11.62	82.74	109.88	2.0	32.47	1.77
郴州	27260	19701	4.13	2.61	55.24	3697	22.00	138.92	2.24	13.60	88.65	183.33	3.5	21.58	2.11
永州	24610	14773	3.64	2.64	55.18	8453	28.30	129.74	7.86	9.32	81.31	82.58	4.4	21.70	2.00
怀化	21160	13253	3.79	2.40	61.23	5699	31.00	131.07	7.02	7.80	84.45	64.04	2.0	15.50	2.53

续表

城市	城乡居民人均可支配收入（元）	人均社会消费品零售额（元）	人均住户年末储蓄存款余额（元）	城镇登记失业率（%）	每万人拥有病床数（张）	每万人拥有公共图书馆藏书（册）	城镇职工基本养老保险覆盖率（%）	互联网接入户数（万户）	建成区路网密度（公里/公里²）	建成区排水管道密度（公里/公里²）	第二、第三产业占比（%）	规上企业利润总额（亿元）	"三资"企业数量占比（%）	中心城区人口占比（%）	城乡居民人均可支配收入比
	D1	D2	D3	D4	D5	D6	D7	D8	D9	D10	D11	D12	D13	D14	D15
娄底	23152	17725	4.29	2.30	56.54	3420	46.00	112.34	5.67	5.99	88.09	162.38	1.3	19.58	2.27
重庆	28184	36732	6.30	4.50	54.52	6223	54.00	1424.09	6.32	12.96	92.78	1506.53	6.2	79.21	2.45
成都	37512	38752	8.17	3.00	61.05	8585	58.20	771.90	5.11	10.64	96.31	917.76	8.2	73.65	1.84
自贡	28784	23428	6.25	3.70	73.89	2570	20.50	93.37	8.47	7.56	84.16	72.06	2.0	52.21	2.06
攀枝花	32074	19433	6.44	3.80	77.92	7521	41.70	48.20	9.48	5.22	90.68	145.61	1.9	66.12	2.22
泸州	28791	23798	4.88	2.70	58.45	4742	56.40	149.60	5.26	8.90	88.13	242.94	1.7	37.56	2.19
德阳	29575	24601	6.21	3.50	52.17	3671	43.30	134.86	6.29	16.62	88.64	195.34	2.5	30.06	1.99
绵阳	29492	28630	5.90	2.70	56.66	4517	60.40	193.32	8.09	17.42	87.67	151.21	2.7	45.79	2.06
广元	25053	18149	5.36	3.50	77.10	6623	58.50	91.30	7.44	12.39	81.45	94.92	1.2	38.10	2.49
遂宁	27466	16573	5.03	3.60	56.46	3475	48.00	82.89	3.79	14.89	84.46	108.83	3.9	45.04	2.08
内江	28127	17800	5.04	3.80	59.29	3057	26.40	99.74	6.65	9.46	81.65	47.14	4.1	37.58	2.14
眉山	29311	18353	6.31	3.00	45.69	1554	35.60	113.45	7.41	12.53	84.34	90.32	3.7	39.24	2.14
南充	26244	21703	5.46	3.80	62.58	4082	49.00	175.31	4.77	12.06	80.84	209.68	1.5	34.58	2.19
乐山	28553	23681	6.44	3.60	58.97	3418	38.10	118.25	8.60	11.54	85.52	105.47	2.1	41.55	1.97
宜宾	28867	22375	3.95	3.30	60.01	3007	47.60	139.88	5.52	9.84	87.68	481.7	1.0	47.06	2.11
广安	27969	16905	5.36	3.30	66.05	6954	56.20	208.40	8.00	10.37	81.93	93.51	2.5	30.15	2.13
达州	26439	20130	4.93	4.10	69.37	9239	36.40	118.21	8.07	6.75	81.44	132.13	0.6	34.32	2.13

续表

城市	城乡居民人均可支配收入（元）D1	人均社会消费品零售额（元）D2	人均住户年末储蓄存款余额（元）D3	城镇登记失业率（%）D4	每万人拥有病床数（张）D5	每万人拥有公共图书馆藏书（册）D6	城镇职工基本养老保险覆盖率（%）D7	互联网接入户数（万户）D8	建成区路网密度（公里/公里²）D9	建成区排水管道密度（公里/公里²）D10	第二、第三产业占比（%）D11	规上企业利润总额（亿元）D12	"三资"企业数量占比（%）D13	中心城区人口占比（%）D14	城乡居民人均可支配收入比 D15
雅安	26540	18448	6.10	3.90	32.19	7273	66.60	58.79	8.48	10.31	79.86	46.76	3.1	43.36	2.34
巴中	25125	17786	4.27	3.60	55.41	5646	25.50	85.87	7.43	7.07	78.88	29.11	0.9	39.48	2.48
资阳	28319	16335	5.14	3.70	57.94	6797	57.10	73.10	5.02	14.91	79.08	13.62	6.0	37.66	1.97
贵阳	29490	36532	5.22	4.00	61.23	5409	53.00	199.40	3.77	9.59	95.88	179.37	4.7	75.29	2.16
六盘水	23319	14457	2.33	3.90	51.23	2739	26.70	74.33	4.58	10.26	87.24	53.65	1.6	26.4	2.89
遵义	25954	15693	3.35	3.50	62.24	3585	31.40	173.29	3.84	3.33	86.82	755.96	0.8	35.7	2.53
安顺	22849	19961	2.44	4.10	46.24	2955	27.30	59.32	4.71	11.13	81.8	35.75	2.5	49.39	2.88
毕节	22756	13043	1.66	3.80	50.91	2087	20.20	109.34	3.72	6.02	75.89	20.28	0.8	18.99	3.05
铜仁	22449	19199	2.57	3.60	59.69	6061	18.00	88.27	5.25	8.50	78.24	29.30	1.2	18.18	3.04
昆明	32869	36294	7.05	4.20	68.90	4173	30.50	298.40	4.14	12.53	95.37	335.53	6.8	70.33	2.71
曲靖	26725	16202	2.98	4.30	50.24	2721	18.20	137.30	8.25	8.94	81.32	83.00	1.1	27.56	2.61
玉溪	29480	35124	4.68	3.80	52.28	6711	29.90	64.90	9.02	14.91	89.94	118.08	3.3	37.33	2.50
保山	24930	17607	3.22	3.90	47.92	3580	29.50	65.90	5.40	7.62	76.92	53.81	2.2	37.04	2.71
昭通	21145	8557	2.06	3.80	49.82	2043	17.80	73.20	3.97	6.41	82.47	91.12	4.1	17.88	2.75
丽江	24696	18537	3.92	3.80	43.90	6032	26.30	31.28	5.57	26.20	84.79	26.83	2.0	23.02	2.99
普洱	22512	12128	2.65	3.30	55.65	4689	31.40	63.93	8.09	21.67	75.13	21.30	4.2	17.43	2.64
临沧	21809	14028	2.13	3.60	43.10	2434	18.30	67.30	5.52	12.09	70.53	16.40	0.6	15.49	2.40

续表

城市	社会网络联系度 D16	失业保险覆盖率(%) D17	人口密度比 D18	经济密度比 D19	城镇密度比 D20	环境空气质量优良天数 D21	万元GDP"三废"污染排放 D22	建成区绿化覆盖率(%) D23	单位行政区面积实有城市道路面积(米²/公里²) D24	单位行政区面积实有高速公路里程(公里/公里²) D25	人均GDP(元) D26	R&D经费支出占财政支出的比重(%) D27	国内100强企业分支机构数 D28	世界100强企业分支机构数 D29	以水资源保护与水环境综合治理为核心的联防联控机制和生态环境补偿机制 D30
上海	0.0475	39.69	11.12	19.39	4.20	319	0.882	37.32	4.891	0.133	155800	5.01	534	78	3
南京	0.0427	35.33	4.01	7.15	1.92	304	0.879	44.69	2.590	0.082	159322	5.75	133	20	3
无锡	0.0269	32.95	4.57	8.49	2.24	293	1.604	43.43	1.604	0.060	165851	4.03	37	12	3
徐州	0.0230	9.35	2.19	1.98	1.76	261	0.444	43.10	0.413	0.039	80673	2.24	18	8	3
常州	0.0247	25.90	3.42	5.67	1.77	294	1.513	43.30	1.281	0.078	147939	3.01	25	6	3
苏州	0.0281	42.12	4.17	7.40	1.36	308	1.814	43.10	1.326	0.071	158466	9.56	83	14	3
南通	0.0048	17.14	2.08	3.02	1.22	321	1.361	43.30	0.572	0.046	129900	3.80	41	5	3
连云港	0.0071	10.41	1.71	1.37	1.36	297	1.064	42.29	0.359	0.047	71303	1.66	8	2	3
淮安	0.0075	11.84	1.29	1.28	1.18	293	0.600	42.60	0.409	0.040	87507	1.47	9	2	3
盐城	0.0042	11.21	1.12	1.12	0.92	308	1.541	43.60	0.210	0.023	88731	2.75	11	5	3
扬州	0.0089	16.30	1.96	2.92	1.52	293	1.169	44.67	0.454	0.045	132784	1.87	8	2	3
镇江	0.0184	17.21	2.37	3.49	1.82	297	1.198	43.38	0.688	0.050	131580	3.31	9	1	3
泰州	0.0034	15.66	2.21	2.92	1.92	297	0.873	42.57	0.540	0.055	117542	1.84	13	3	3
宿迁	0.0030	7.59	1.66	1.22	1.32	268	2.042	44.99	0.254	0.029	65503	2.68	17	4	3
杭州	0.0427	43.75	2.01	3.04	1.25	334	1.263	43.36	0.598	0.048	136617	6.97	135	35	3
宁波	0.0130	33.80	2.72	4.02	1.86	339	1.259	42.23	0.645	0.058	132614	6.46	61	20	3

续表

城市	社会网络联系度 D16	失业保险覆盖率(%) D17	人口密度比 D18	经济密度比 D19	城镇密度比 D20	环境空气质量优良天数 D21	万元GDP"三废"污染排放 D22	建成区绿化覆盖率(%) D23	单位行政区面积有城市道路面积(米²/公里²) D24	单位行政区面积有高速公路里程(公里/公里²) D25	人均GDP(元) D26	R&D经费支出占财政支出的比重(%) D27	国内100强企业分支机构数 D28	世界100强企业分支机构数 D29	以水资源保护与水环境综合治理为核心的联防联控机制和生态环境补偿机制 D30
温州	0.0145	15.08	2.24	1.80	1.64	355	0.672	37.85	0.302	0.047	71766	2.70	23	11	3
嘉兴	0.0178	28.90	3.63	4.15	2.16	319	3.426	40.92	0.470	0.099	102541	4.78	53	2	3
湖州	0.0096	26.09	1.64	1.75	1.42	321	2.433	46.33	0.490	0.072	95579	4.03	29	2	3
绍兴	0.0082	24.85	1.81	2.30	1.45	354	4.475	44.12	0.463	0.065	113746	4.60	12	3	3
金华	0.0229	16.64	1.83	1.37	1.32	337	1.557	41.54	0.234	0.037	67329	2.91	7	4	3
衢州	0.0123	17.04	0.73	0.59	0.86	353	5.491	43.55	0.155	0.048	72192	3.23	0	1	3
舟山	0.0000	22.27	2.25	3.29	2.66	357	0.958	44.15	0.979	0.029	130130	2.31	9	1	3
台州	0.0069	17.02	1.87	1.66	1.32	358	0.970	43.89	0.318	0.050	79889	2.50	8	0	3
丽水	0.0074	12.23	0.41	0.28	0.61	361	1.702	42.82	0.044	0.024	61811	2.18	2	0	3
合肥	0.0262	20.85	2.32	2.79	1.30	310	0.392	41.99	0.779	0.042	108427	14.03	102	10	3
淮北	0.0023	13.14	2.04	1.30	1.50	259	1.326	45.25	0.565	0.033	56661	1.38	1	0	3
亳州	0.0046	3.41	1.66	0.67	1.19	252	0.738	39.89	0.189	0.038	36156	1.41	5	1	3
宿州	0.0063	2.53	1.52	0.65	1.17	261	7.537	39.67	0.192	0.036	38368	1.24	4	1	3
蚌埠	0.0122	8.09	1.57	1.11	1.30	297	0.772	43.06	0.439	0.031	63209	5.40	3	4	3
阜阳	0.0116	4.04	2.30	0.88	1.77	263	0.737	38.00	0.250	0.025	34399	1.08	4	0	3
淮南	0.0079	9.72	1.55	0.77	2.03	265	2.996	39.81	0.384	0.035	43557	1.38	4	1	3

续表

城市	社会网络联系度 D16	失业保险覆盖率(%) D17	人口密度比 D18	经济密度比 D19	城镇密度比 D20	环境空气质量优良天数 D21	万元GDP"三废"污染排放 D22	建成区绿化覆盖率(%) D23	单位行政区面积实有城市道路面积(米²/公里²) D24	单位行政区面积实有高速公路里程(公里/公里²) D25	人均GDP(元) D26	R&D经费支出占财政支出的比重(%) D27	国内100强企业分支机构数 D28	世界100强企业分支机构数 D29	以水资源保护与水环境综合治理为核心的联防联控机制和生态环境补偿机制 D30
滁州	0.0062	6.45	0.84	0.71	0.97	297	0.801	42.30	0.176	0.043	76087	3.28	16	2	3
六安	0.0074	5.66	0.81	0.34	0.78	310	0.343	43.80	0.109	0.023	37899	1.64	21	0	3
马鞍山	0.0047	12.83	1.51	1.72	1.48	323	4.201	46.28	0.418	0.053	101011	4.54	13	0	3
芜湖	0.0145	14.13	1.72	1.99	1.48	323	0.962	41.01	0.787	0.046	102964	11.22	31	4	3
宣城	0.0075	9.87	0.58	0.41	0.77	338	0.974	42.02	0.104	0.035	64301	4.47	8	0	3
铜陵	0.0067	12.86	1.24	1.07	1.34	335	3.116	45.57	0.473	0.048	75748	5.65	4	0	3
池州	0.0045	7.59	0.45	0.33	0.71	324	0.609	46.13	0.098	0.031	64843	1.52	5	1	3
安庆	0.0055	6.80	0.87	0.58	0.94	322	1.158	39.49	0.117	0.030	58684	2.41	10	2	3
黄山	0.0039	9.88	0.39	0.28	0.80	364	0.874	48.03	0.117	0.037	63940	3.16	1	0	3
南昌	0.0257	10.42	2.46	2.54	1.49	335	0.695	41.3	0.497	0.060	92697	4.44	81	15	3
景德镇	0.0019	8.07	0.87	0.58	1.04	364	2.080	53.96	0.282	0.038	59134	2.18	3	0	3
萍乡	0.0134	8.98	1.33	0.80	1.14	337	0.420	50.72	0.452	0.032	53302	2.81	0	0	3
九江	0.0060	7.71	0.68	0.54	1.29	318	2.720	48.83	0.095	0.036	70340	2.38	8	1	3
新余	0.0096	9.78	1.07	1.00	1.02	354	2.227	50.7	0.387	0.041	83583	1.91	3	0	3
鹰潭	0.0148	8.32	0.92	0.88	1.68	344	0.965	44.02	0.138	0.028	84139	3.91	0	0	3
赣州	0.0074	4.24	0.65	0.29	0.49	354	1.612	49.85	0.104	0.040	40754	3.03	11	1	3

续表

城市	社会网络联系度 D16	失业保险覆盖率(%) D17	人口密度比 D18	经济密度比 D19	城镇密度比 D20	环境空气质量优良天数 D21	万元GDP"三废"污染排放 D22	建成区绿化覆盖率(%) D23	单位行政区面积实有城市道路面积（米²/公里²）D24	单位行政区面积实有高速公路里程（公里/公里²）D25	人均GDP（元）D26	R&D经费支出占财政支出的比重（%）D27	国内100强企业分支机构数 D28	世界100强企业分支机构数 D29	以水资源保护与水环境综合治理为核心的联防联控机制和生态环境补偿机制 D30
吉安	0.0064	5.33	0.50	0.27	0.07	345	1.314	46.42	0.049	0.030	48307	2.63	0	0	3
宜春	0.0116	5.46	0.76	0.47	0.88	353	1.225	48.55	0.094	0.043	55452	3.89	4	0	3
抚州	0.0020	5.97	0.54	0.27	0.68	354	1.226	50.27	0.117	0.040	43305	2.98	3	0	3
上饶	0.0172	4.59	0.81	0.37	0.68	352	2.504	48.91	0.087	0.030	40430	1.96	4	0	3
武汉	0.0312	22.26	4.11	5.79	2.29	309	0.860	42.07	1.577	0.102	131441	6.34	190	38	3
黄石	0.0059	9.94	1.53	1.14	1.25	329	1.982	40.42	0.432	0.053	66446	2.06	3	0	3
十堰	0.0022	8.50	0.38	0.26	0.45	347	0.370	42.24	0.075	0.022	58304	1.44	7	0	3
宜昌	0.0085	15.69	0.52	0.64	0.54	308	2.368	41.13	0.141	0.034	104807	2.56	8	0	3
襄阳	0.0061	8.45	0.76	0.74	0.65	274	0.832	44.27	0.119	0.035	84773	3.06	5	0	3
鄂州	0.0036	7.73	1.92	2.00	1.72	320	1.446	43.28	0.373	0.117	93986	2.03	3	0	3
荆门	0.0008	7.77	0.59	0.64	0.58	294	1.200	41.12	0.102	0.036	70162	3.03	3	0	3
孝感	0.0052	5.74	1.36	0.78	1.52	321	1.762	41.25	0.175	0.053	51367	2.33	11	2	3
荆州	0.0058	6.19	1.04	0.43	0.93	320	1.835	37.01	0.082	0.045	44143	1.68	9	0	3
黄冈	0.0017	4.19	0.95	0.39	0.79	324	1.222	42.49	0.058	0.043	35784	1.78	10	1	3
咸宁	0.0075	6.92	0.77	0.50	0.74	344	1.162	41.39	0.133	0.049	58319	2.23	7	0	3
随州	0.0035	3.33	0.6	0.36	0.58	319	0.302	40.63	0.081	0.033	54474	1.13	3	0	3

续表

城市	社会网络联系度 D16	失业保险覆盖率(%) D17	人口密度比 D18	经济密度比 D19	城镇密度比 D20	环境空气质量优良天数 D21	万元GDP"三废"污染排放 D22	建成区绿化覆盖率(%) D23	单位行政区面积实有城市道路面积(米²/公里²) D24	单位行政区面积实有高速公路里程(公里/公里²) D25	人均GDP(元) D26	R&D经费支出占财政支出的比重(%) D27	国内100强企业分支机构数 D28	世界100强企业分支机构数 D29	以水资源保护与水环境治理为核心的联防联控机制和生态环境补偿机制 D30
长沙	0.0301	18.17	2.41	3.27	1.75	309	0.326	39.46	0.847	0.061	123297	3.69	67	10	3
株洲	0.0075	32.09	0.34	0.88	1.09	317	0.668	4300	0.278	0.044	79581	7.75	10	0	3
湘潭	0.0080	35.46	0.56	1.49	1.67	315	0.952	42.00	0.332	0.057	85911	5.91	7	0	3
衡阳	0.0141	27.61	0.44	0.73	1.18	337	0.782	43.00	0.134	0.044	52550	2.00	5	0	2
邵阳	0.0044	14.13	0.32	0.34	0.89	342	0.686	43.00	0.055	0.028	34293	1.20	5	0	3
岳阳	0.0094	24.55	0.33	0.84	0.97	331	1.571	43.32	0.140	0.032	78868	2.57	10	1	3
常德	0.0013	16.97	0.31	0.66	1.02	310	0.129	44.51	0.099	0.025	70496	1.70	7	1	3
张家界	0.0026	20.06	0.16	0.19	0.51	359	0.173	37.00	0.050	0.019	36708	0.95	0	0	3
益阳	0.0022	15.95	0.34	0.48	0.83	308	0.548	40.06	0.109	0.037	47784	1.65	5	0	3
郴州	0.0097	19.70	0.25	0.41	0.79	349	1.451	47.00	0.336	0.027	53581	2.66	5	0	3
永州	0.0037	17.73	0.24	0.3	0.79	344	0.278	38.10	0.056	0.022	38013	2.05	4	0	3
怀化	0.0158	18.71	0.18	0.19	0.52	359	0.859	39.00	0.025	0.026	36365	2.67	2	0	3
娄底	0.0125	24.82	0.49	0.66	2.07	351	1.468	41.00	0.026	0.046	43913	1.58	10	0	3
重庆	0.0172	17.09	1.10	0.96	1.30	333	0.901	40.57	0.286	0.041	78173	1.69	127	28	3
成都	0.0195	28.98	4.14	3.93	2.28	286	0.524	43.75	1.180	0.082	85679	5.08	171	35	3
自贡	0.0011	6.82	1.61	1.06	2.51	294	0.721	44.00	0.520	0.063	58059	1.72	0	0	3

续表

城市	社会网络联系度 D16	失业保险覆盖率（%）D17	人口密度比 D18	经济密度比 D19	城镇密度比 D20	环境空气质量优良天数 D21	万元GDP"三废"污染排放 D22	建成区绿化覆盖率（%）D23	单位行政区面积实有城市道路面积（米²/公里²）D24	单位行政区面积实有高速公路里程（公里/公里²）D25	人均GDP（元）D26	R&D经费支出占财政支出的比重（%）D27	国内100强企业分支机构数 D28	世界100强企业分支机构数 D29	以水资源保护与水环境综合治理为核心的联防联控机制和生态环境补偿机制 D30
攀枝花	0.0000	14.35	0.46	0.45	0.57	360	4.721	42.02	0.153	0.031	85806	0.82	3	0	3
泸州	0.0009	7.49	0.99	0.56	1.21	324	1.944	42.18	0.244	0.042	50758	0.98	4	0	3
德阳	0.0042	11.68	1.66	1.29	1.69	295	1.489	42.60	0.313	0.035	69443	1.39	3	0	3
绵阳	0.0050	9.12	0.68	0.47	0.83	324	0.639	41.52	0.138	0.021	56955	1.81	2	0	3
广元	0.0052	6.94	0.40	0.20	0.91	355	0.665	40.15	0.056	0.024	43337	0.28	4	0	3
遂宁	0.0029	4.98	1.50	0.84	2.16	348	0.894	41.99	0.315	0.068	49495	0.70	3	0	3
内江	0.0032	6.03	1.65	0.86	1.93	328	0.648	39.04	0.204	0.058	46228	0.40	0	0	3
眉山	0.0035	7.65	1.17	0.63	1.31	320	3.073	41.80	0.172	0.053	48132	0.31	9	1	3
南充	0.0030	4.39	1.27	0.61	2.04	344	0.636	44.53	0.193	0.046	42482	0.22	3	0	3
乐山	0.0043	8.49	0.70	0.5	1.12	319	0.825	42.19	0.080	0.036	63259	0.22	3	0	3
宜宾	0.0045	6.54	0.98	0.67	1.12	306	2.351	40.58	0.178	0.027	61182	1.42	3	0	3
广安	0.0014	5.16	1.46	0.65	2.25	332	0.763	42.72	0.195	0.064	40073	0.23	0	0	3
达州	0.0030	3.11	0.92	0.41	1.28	327	0.520	39.15	0.030	0.033	38068	0.51	4	0	3
雅安	0.0005	8.71	0.27	0.16	0.56	352	1.042	41.30	0.055	0.023	52366	1.75	3	0	3
巴中	0.0003	5.15	0.63	0.20	1.35	353	0.202	41.70	0.063	0.032	27951	0.18	4	0	3
资阳	0.0026	5.10	1.14	0.45	1.65	325	0.411	38.46	0.163	0.066	34806	1.22	3	0	3

续表

城市	社会网络联系度 D16	失业保险覆盖率(%) D17	人口密度比 D18	经济密度比 D19	城镇密度比 D20	环境空气质量优良天数 D21	万元GDP"三废"污染排放 D22	建成区绿化覆盖率(%) D23	单位行政区面积实有城市道路面积(米²/公里²) D24	单位行政区面积实有高速公路里程(公里/公里²) D25	人均GDP(元) D26	R&D经费支出占财政支出的比重(%) D27	国内100强企业分支机构数 D28	世界100强企业分支机构数 D29	以水资源保护与水环境综合治理为核心的联防联控机制和生态环境补偿机制 D30
贵阳	0.0209	20.12	1.59	1.70	1.86	362	1.357	41.80	0.378	0.076	72246	3.79	51	10	3
六盘水	0.0035	25.66	0.23	0.43	0.83	362	4.494	40.77	0.083	0.044	44224	1.94	3	0	3
遵义	0.0054	20.71	0.22	0.38	0.94	363	0.373	40.80	0.042	0.042	56334	1.44	4	0	3
安顺	0.0061	11.09	0.37	0.33	0.97	364	0.406	41.30	0.128	0.050	39161	1.88	3	0	3
毕节	0.0040	22.47	0.14	0.24	0.88	360	1.057	40.89	0.028	0.037	29295	2.43	0	0	3
铜仁	0.0009	22.30	0.09	0.23	0.92	361	3.109	40.36	0.060	0.041	40269	1.56	2	0	2
昆明	0.0107	14.80	1.14	1.02	0.73	366	0.477	42.15	0.245	0.055	80584	1.93	59	12	3
曲靖	0.0081	4.71	0.56	0.32	0.42	364	0.554	38.93	0.059	0.037	51245	0.35	1	0	3
玉溪	0.0012	7.94	0.43	0.44	0.41	362	0.989	41.72	0.064	0.037	91290	3.24	2	0	3
保山	0.0000	4.26	0.35	0.17	0.26	362	0.819	38.92	0.044	0.020	43200	0.26	3	0	3
昭通	0.0003	3.04	0.64	0.18	0.59	365	2.365	36.03	0.025	0.032	25255	0.15	0	0	2
丽江	0.0000	4.93	0.17	0.08	0.20	366	0.598	40.06	0.011	0.016	40857	0.38	0	0	3
普洱	0.0000	5.53	0.15	0.07	0.19	358	5.609	40.89	0.009	0.013	39172	0.36	1	0	3
临沧	0.0001	4.80	0.27	0.11	0.18	363	1.422	37.42	0.013	0.007	36213	0.57	0	0	3

参考文献

蔡昉、都阳：《中国地区经济增长的趋同与差异——对西部开发战略的启示》，《经济研究》2000 年第 10 期。

蔡晓珊、陈旭佳、陈和：《发达地区实现基本公共服务均等化了吗？——以广东为样本的实证分析》，《华东经济管理》2015 年第 9 期。

柴寿升、张道远、郑玮：《国民旅游公平视角下的弱势群体旅游发展研究》，《旅游论坛》2017 年第 10 期。

长江流域发展研究院课题组：《长江经济带发展战略研究》，《华东师范大学学报》（哲学社会科学版）1998 年第 4 期。

孙尚清、薛永应、周明镜、石铭鼎、张思平：《长江综合开发利用考察报告》，《中国社会科学》1985 年第 1 期。

陈栋生：《论区域协调发展》，《北京社会科学》2005 年第 2 期。

陈鸿宇等编著《协调发展理念研究：新时代全面发展的制胜要诀》，社会科学文献出版社，2020。

陈景华、陈姚、陈敏敏：《中国经济高质量发展水平、区域差异及分布动态演进》，《数量经济技术经济研究》2020 年第 12 期。

陈小辉、张红伟、吴永超：《数字经济如何影响产业结构水平？》，《证券市场导报》2020 年第 7 期。

陈晓东、杨晓霞：《数字经济发展对产业结构升级的影响——基于灰关联熵与耗散结构理论的研究》，《改革》2021 年第 3 期。

陈晓红、李杨扬、宋丽洁、汪阳洁：《数字经济理论体系与研究展望》，《管理世界》2022 年第 2 期。

陈修颖、陆林：《长江经济带空间结构形成基础及优化研究》，《经济地理》2004 年第 3 期。

陈秀山、杨艳：《区域协调发展：回顾与展望》，《西南民族大学学报》（人文社科版）2010 年第 1 期。

成长春：《长江经济带协调性均衡发展的战略构想》，《南通大学学报》（社会科学版）2015 年第 1 期。

成长春、刘峻源、殷洁：《"十四五"时期全面推进长江经济带协调性均衡发展的思考》，《区域经济评论》2021 年第 4 期。

成长春、杨凤华等：《协调性均衡发展：长江经济带发展新战略与江苏探索》，人民出版社，2016。

程玉鸿、李克桐：《"大珠三角"城市群协调发展实证测度及阶段划分》，《工业技术经济》2014 年第 94 期。

崔凡：《国际高标准经贸规则的发展趋势与对接内容》，《人民论坛·学术前沿》2022 年第 1 期。

邓小平：《邓小平文选》（第三卷），人民出版社，1993。

丁志帆：《数字经济驱动经济高质量发展的机制研究：一个理论分析框架》，《现代经济探讨》2020 年第 1 期。

董婉怡、张宗斌、刘冬冬：《双向 FDI 协同与区域技术创新抑制环境污染的效应》，《中国人口·资源与环境》2021 年第 12 期。

杜宾、郑光辉、刘玉凤：《长江经济带经济与环境的协调发展研究》，《华东经济管理》2016 年第 6 期。

段学军、邹辉：《长江岸线的空间功能、开发问题及管理对策》，《地理科学》2016 年第 12 期。

范恒山：《国家区域政策与区域经济发展》，《甘肃社会科学》2012 年第 5 期。

方创琳：《中国人地关系研究的新进展与展望》，《地理学报》2004 年第 S1 期。

方创琳、鲍超：《黑河流域水—生态—经济发展耦合模型及应用》，《地理学报》2004 年第 5 期。

方创琳、王振波、马海涛：《中国城市群形成发育规律的理论认知与地理学贡献》，《地理学报》2018 年第 4 期。

冯德显、张莉、杨瑞霞等：《基于人地关系理论的河南省主体功能区规划研究》，《地理研究与开发》2008 年第 2 期。

干春晖、郑若谷、余典范：《中国产业结构变迁对经济增长和波动的影响》，《经济研究》2011 年第 5 期。

甘成：《县域主体功能区划与开发管制研究》，西南大学硕士学位论文，2012。

耿彦斌：《基于更高质量一体化要求的长三角交通发展路径》，《科技导报》2021 年第 24 期。

谷人旭：《长三角省际边界的区域关系演变及协调发展路径》，《上海城市管理职业技术学院学报》2009 年第 6 期。

谷树忠：《持续发展思想及其对自然资源问题的含义》，《中国人口·资源与环境》1993 年第 1 期。

顾钰民：《社会主义市场经济论》，复旦大学出版社，2004。

顾芸、董亚宁：《地方品质对异质性劳动力流动的影响——基于中国CMDS 微观调查数据的分析》，《财经科学》2021 年第 11 期。

郝寿义：《区域经济学原理》，上海人民出版社、格致出版社，2007。

何书瑶、狄斐：《9 组数据读懂长三角一体化这四年》，《解放日报》2022 年 8 月 16 日。

洪涛：《长江经济带物流业与制造业耦合协调发展与效率提升探讨》，《商业经济研究》2022 年第 15 期。

侯润秀、官建成：《外商直接投资对中国区域创新能力的影响》，《中国软科学》2006 年第 5 期。

黄勤、林鑫：《长江经济带建设的指标体系与发展类型测度》，《改革》2015 年第 12 期。

贾妮莎、韩永辉、邹建华：《中国双向 FDI 的产业结构升级效应：理论机制与实证检验》，《国际贸易问题》2014 年第 11 期。

江泽民:《全面建设小康社会开创中国特色社会主义事业新局面》,人民出版社,2002。

蒋清海:《区域协调发展:对区域差距的分析与思考》,《贵州社会科学》1995年第2期。

蒋欣娟、孙倩倩、吴福象:《技术专业化分工、地区创新能力演化与区域协调发展》,《城市问题》2022年第1期。

金碚:《中国经济发展70年的区域态势》,《区域经济评论》2019年第4期。

李大伟、陈大鹏:《RCEP对全球化机制的创新及我国的推进策略》,《开放导报》2022年第1期。

李敬、陈澍、万广华、付陈梅:《中国区域经济增长的空间关联及其解释——基于网络分析方法》,《经济研究》2014年第11期。

李娜娜、杨仁发:《FDI能否促进中国经济高质量发展?》,《统计与信息论坛》2019年第9期。

李宁:《为何旅游消费是稳增长调结构惠民生的新支点》,http://www.gov.cn/zhengce/2015-07/30/content_2905665.htm,2018年4月28日。

李强:《产业升级与生态环境优化耦合度评价及影响因素研究——来自长江经济带108个城市的例证》,《现代经济探讨》2017年第10期。

李茹佳:《精神生活共同富裕的内蕴、意义与推进》,《学校党建与思想教育》2022年第10期。

李晓西:《西部地区大开发新思路的探讨与阶段分析》,《中国统计》2000年第10期。

李晓钟、吴甲戌:《数字经济驱动产业结构转型升级的区域差异》,《国际经济合作》2020年第4期。

李韵、丁林峰:《新冠疫情蔓延突显数字经济独特优势》,《上海经济研究》2020年第4期。

梁琦、肖素萍、李梦欣:《数字经济发展提升了城市生态效率吗?——基于产业结构升级视角》,《经济问题探索》2021年第6期。

林发勤、马振东：《CPTPP 促进中国对外开放高质量发展的机遇和路径探究》，《长安大学学报》2022 年第 3 期。

刘畅、曹光宇、马光荣：《地方政府融资平台挤出了中小企业贷款吗?》，《经济研究》2020 年第 3 期。

刘传明、张春梅、任启龙等：《基本公共服务与经济发展互动耦合机制及时空特征——以江苏省 13 城市为例》，《经济地理》2019 年第 4 期。

刘洁、姜丰、栗志慧：《京津冀城市群产业—人口—空间耦合协调发展研究》，《中国软科学》2021 年第 S1 期。

刘乃郗、韩一军、王萍萍：《FDI 是否提高了中国农业企业全要素生产率?——来自 99801 家农业企业面板数据的证据》，《中国农村经济》2018 年第 4 期。

刘强、徐生霞：《中国区域协调发展及空间演进》，《统计与决策》2021 年第 1 期。

金其铭、张小林、董新编著《人文地理概论》，高等教育出版社，1994。

刘舜佳：《国际贸易、FDI 和中国全要素生产率下降——基于 1952~2006 年面板数据的 DEA 和协整检验》，《数量经济技术经济研究》2008 年第 11 期。

刘翔、曹裕：《两型社会视角下的区域协调发展评价研究——基于长株潭城市群的实证分析》，《科技进步与对策》2011 年第 6 期。

刘向东：《对接 CPTPP 完善中国竞争规则基础制度的建议》，《全球化》2022 年第 4 期。

刘绪贻：《田纳西河流域管理局的性质、成就及其意义》，《美国研究》1991 年第 4 期。

刘耀彬、易容、李汝资：《长江经济带区域协调发展的新特征与新路径》，《学习与实践》2022 年第 5 期。

卢曦、许长新：《长江经济带水资源利用的动态效率及绝对 β 收敛研究——基于三阶段 DEA-Malmquist 指数法》，《长江流域资源与环境》2017

年第 9 期。

鲁小波、皮特·斯特鲁奇科夫、陈晓颖：《区域协调发展背景下新疆旅游业平衡地区经济差距作用评价》，《西部经济管理论坛》2019 年第 3 期。

马振宁、米文宝：《人地关系论演变的历史轨迹及其哲学思考》，《城市地理》2016 年第 12 期。

毛泽东：《毛泽东文集》（第八卷），人民出版社，1999。

梅剑飞：《互联互通让长三角"抱"得更紧密》，《中国水运报》2022 年 8 月 15 日。

孟越男、徐长乐：《区域协调性均衡发展理论的指标体系构建》，《南通大学学报》（社会科学版）2020 年第 1 期。

聂长飞、冯苑、张东：《创新型城市建设提高中国经济增长质量了吗》，《山西财经大学学报》2021 年第 10 期。

彭劲松：《长江经济带区域协调发展的体制机制》，《改革》2014 年第 6 期。

戚聿东、肖旭：《数字经济时代的企业管理变革》，《管理世界》2020 年第 6 期。

邱子迅、周亚虹：《数字经济发展与地区全要素生产率——基于国家级大数据综合试验区的分析》，《财经研究》2021 年第 7 期。

任保平、李禹墨：《新时代中国经济从高速增长转向高质量发展的动力转换》，《经济与管理评论》2019 年第 1 期。

上海组合港管理委员会办公室：《长三角地区港口经济发展 2021 年回顾及 2022 年展望》，《集装箱化》2022 年第 Z1 期。

邵晖：《我国区域协调发展的制度障碍》，《经济体制改革》2011 年第 6 期。

沈玉芳、罗余红：《长江经济带东中西部地区经济发展不平衡的现状、问题及对策研究》，《世界地理研究》2000 年第 2 期。

石林、侯景新：《城市外向型功能对城市空间联系的影响——以长江经济带城市为例》，《上海经济研究》2016 年第 7 期。

孙海燕、王富喜：《区域协调发展的理论基础探究》，《经济地理》2008年第6期。

孙久文、蒋治、胡俊彦：《新时代中国城市高质量发展的时空演进格局与驱动因素》，《地理研究》2022年第7期。

孙久文、苏玺鉴：《新时代区域高质量发展的理论创新和实践探索》，《经济纵横》2020年第2期。

孙久文、张皓：《新发展格局下中国区域差距演变与协调发展研究》，《经济学家》2021年第7期。

孙军、高彦彦：《劳动力流动、增长极培育与区域协调发展——以江苏省为例》，《经济体制改革》2014年第2期。

孙耀武、胡智慧：《数字经济、产业升级与城市环境质量提升》，《统计与决策》2021年第23期。

覃成林、郑云峰、张华：《我国区域经济协调发展的趋势及特征分析》，《经济地理》2013年第1期。

王开科、吴国兵、章贵军：《数字经济发展改善了生产效率吗》，《经济学家》2020年第10期。

王露宁、朱海洋：《大型供应链企业数字化转型规划与实施路径》，《中国流通经济》2022年第4期。

王琴梅：《区域协调发展内涵新解》，《甘肃社会科学》2007年第6期。

王晓红：《加入CPTPP：战略意义、现实差距与政策建议》，《开放导报》2022年第1期。

王晓云、范士陈：《区域开发人地关系时空演进研究——以近现代海南岛为例》，《生产力研究》2012年第9期。

魏敏、李书昊：《新时代中国经济高质量发展水平的测度研究》，《数量经济技术经济研究》2018年第11期。

温珺、阎志军、程愚：《数字经济驱动创新效应研究——基于省面板数据的回归》，《经济体制改革》2020年第3期。

温珺、阎志军、程愚：《数字经济与区域创新能力的提升》，《经济问题探索》2019 年第 11 期。

吴晨、郑天：《迈向人民城市的复兴》，《北京规划建设》2018 年第 4 期。

吴殿廷、何龙娟、任春艳：《从可持续发展到协调发展——区域发展观念的新解读》，《北京师范大学学报》（社会科学版）2006 年第 4 期。

吴良镛：《人居环境科学导论》，中国建筑工业出版社，2001。

吴良镛：《人居环境科学的探索》，《规划师》2001 年第 6 期。

吴良镛：《山地人居环境浅议》，《西部人居环境学刊》2014 年第 4 期。

习近平：《高举中国特色社会主义伟大旗帜 为全面建设社会主义现代化国家而团结奋斗——在中国共产党第二十次全国代表大会上的报告》，《人民日报》2022 年 10 月 26 日。

习近平：《决胜全面建成小康社会夺取新时代中国特色社会主义伟大胜利》，人民出版社，2017。

习近平：《习近平谈治国理政》（第二卷），外文出版社，2017。

习近平：《习近平谈治国理政》（第三卷），外文出版社，2020。

夏永祥：《以长江经济带建设促进东中西部地区协调发展》，《区域经济评论》2014 年第 4 期。

冼国明、严兵：《FDI 对中国创新能力的溢出效应》，《世界经济》2005 年第 10 期。

肖宏伟：《乡村旅游发展对农民增收的影响研究——基于省际面板数据的空间计量分析》，《发展研究》2014 年第 11 期。

肖金成：《十六大以来区域政策的成效与促进区域协调发展的政策建议》，《西南民族大学学报》（人文社科版）2008 年第 2 期。

肖黎明、王彦君、郭瑞雅：《乡愁视域下乡村旅游高质量发展的空间差异及演变——基于黄河流域的检验》，《旅游学刊》2021 年第 11 期。

谢朝武、赖菲菲、黄锐：《疫情危机下旅游韧性体系建设与旅游高质量发展》，《旅游学刊》2022 年第 9 期。

熊励、蔡雪莲：《数字经济对区域创新能力提升的影响效应——基于长三角城市群的实证研究》，《华东经济管理》2020 年第 12 期。

　　徐长春、侯胜东：《我国加入 CPTPP 面临的主要机遇和重大挑战》，《全球化》2022 年第 4 期。

　　许丰功、易晓峰：《西方大都市政府和管治及其启示》，《城市规划》2002 年第 6 期。

　　许梦博：《充分发挥数字经济助推经济增长的重要作用》，《人民论坛·学术前沿》2021 年第 6 期。

　　许宪春、张美慧：《中国数字经济规模测算研究——基于国际比较的视角》，《中国工业经济》2020 年第 5 期。

　　杨保军、王军：《山水人文智慧引领下的历史城市保护更新研究》，《城市规划学刊》2020 年第 2 期。

　　杨德勇、贾丰源、卢帅瑜：《中国区域协调发展的现实困境及国际经验借鉴》，《区域经济评论》2022 年第 1 期。

　　杨慧梅、江璐：《数字经济、空间效应与全要素生产率》，《统计研究》2021 年第 4 期。

　　杨仁发、沈忱：《科技创新、政府干预与长江经济带区域协调发展》，《统计与信息论坛》2022 年第 3 期。

　　叶胥、杜云晗、何文军：《数字经济发展的就业结构效应》，《财贸研究》2021 年第 4 期。

　　张长征、李怀祖：《中国教育公平与经济增长质量关系实证研究：1978~2004》，《经济理论与经济管理》2005 年第 12 期。

　　张二震、戴翔：《外资高质量发展与产业竞争力提升》，《南开学报》（哲学社会科学版）2018 年第 5 期。

　　张帆、施震凯、武戈：《数字经济与环境规制对绿色全要素生产率的影响》，《南京社会科学》2022 年第 6 期。

　　张娟、李俊、李计广：《从 RCEP、自贸试验区到 CPTPP：我国服务贸易开放升级路径与建议》，《国际贸易》2021 年第 8 期。

　　张腾、蒋伏心、韦朕韬：《数字经济能否成为促进中国经济高质量发展的新动能?》,《经济问题探索》2021 年第 1 期。

张莹:《区域协调发展:战略演化、影响因素、绩效评价与政策设计》,《科技管理研究》2022 年第 17 期。

张勇:《借鉴高水平国际经贸规则 推进长三角统一开放市场体系建设》,《科技发展》2022 年第 1 期。

张于喆:《数字经济驱动产业结构向中高端迈进的发展思路与主要任务》,《经济纵横》2018 年第 9 期。

赵红、张茜:《外商直接投资对中国产业结构影响的实证研究》,《国际贸易问题》2006 年第 8 期。

赵宏中、雷春燕:《旅游发展、城市化对城乡收入差距的影响——基于 1996—2015 年省级面板数据空间计量研究》,《北京邮电大学学报》(社会科学版) 2019 年第 1 期。

赵家章:《社会资本、贸易与中国区域协调发展:理论分析及战略思考》,《经济社会体制比较》2014 年第 5 期。

赵磊:《旅游发展会影响居民消费吗? ——来自中国的经验证据》,《旅游学刊》2012 年第 6 期。

赵琳、徐廷廷、徐长乐:《长江经济带经济演进的时空分析》,《长江流域资源与环境》2013 年第 7 期。

赵涛、张智、梁上坤:《数字经济、创业活跃度与高质量发展——来自中国城市的经验证据》,《管理世界》2020 年第 10 期。

赵霄伟:《新时期区域协调发展的科学内涵、框架体系与政策举措:基于国家发展规划演变的研究视角》,《经济问题》2021 年第 5 期。

赵兴国、潘玉君、丁生:《云南省区域人地关系及其空间差异实证研究》,《云南地理环境研究》2010 年第 4 期。

郑自立:《文旅融合促进共同富裕的作用机理与政策优化研究》,《广西社会科学》2022 年第 9 期。

中共交通运输部党组:《努力当好中国现代化的开路先锋》,《求是》2022 年第 4 期。

钟宁桦：《农村工业化还能走多远？》，《经济研究》2011年第1期。

钟正生等：《国际视角下的灵活就业：现状、挑战与保障》，http://www.cf40.com/news_detail/12511.html，2022年4月16日。

周清香、何爱平：《数字经济赋能黄河流域高质量发展》，《经济问题》2020年第11期。

周毅仁：《加快构建更加有效的区域协调发展新机制》，《中国经贸导刊》（中）2020年第7期。

周忠宝、邓莉、肖和录、吴士健、LIU Wenbin：《外商直接投资对中国经济高质量发展的影响——基于Index DEA和面板分位回归的分析》，《中国管理科学》2022年第5期。

朱海艳、孙根年、杨亚丽：《旅游恩格尔系数对我国城乡居民生活质量和幸福度的跟踪试验》，《社会科学家》2018年第2期。

朱鸿飞、吕薇、李向平等：《发展与危机：长江流域发展战略思考》，上海人民出版社，1996。

朱江丽、李子联：《长三角城市群产业—人口—空间耦合协调发展研究》，《中国人口·资源与环境》2015年第2期。

祝合良、王春娟：《数字经济引领产业高质量发展：理论、机理与路径》，《财经理论与实践》2020年第5期。

〔美〕尼古拉斯·亨利：《公共行政与公共事务》（第7版），项龙译，华夏出版社，2002。

《马克思恩格斯文集》（第二卷），人民出版社，2009。

《十七大报告辅导读本》，人民出版社，2007。

Abe H., Alden J. D., "Regional Development Planning in Japan," *Regional Studies*, 1988, 22 (5).

Albrechts L., Healey P., Kunzmann K. R., "Strategic Spatial Planning and Regional Governance in Europe," *Journal of America Planning Association*. 2003, 69 (2).

Anselin L., "Local Indicators of Spatial Association-LISA," *Geographical*

Analysis, 1995, 27 (2).

Baral N. , Dhungana A. , "Diversifying Finance Mechanisms for Protected Areas Capitalizing on Untapped Revenues," *Forest Policy & Economics*, 2014, 41 (3).

Bond A. , Pope J. , Morrison-Saunders A. , Retief F. , "A Game Theory Perspective on Environmental Assessment: What Games are Played and What does This Tell Us about Decision Making Rationality and Legitimacy?" *Environmental Impact Assessment Review*, 2016 (57).

Bratianu C. , "Exploring Knowledge Entropy in Organizations," *Management Dynamics in the Knowledge Economy*, 2019, 7 (3).

Brian H. R. , Alan T. M. , "National and Regional Corporate Spatial Structure," *The Annals of Regional Science*, 2002, 36 (2).

Bryan B. A. , Crossman N. D. , "Systematic Regional Planning for Multiple Objective Natural Resource Management," *Journal of Environmental Management*, 2008, 88 (4).

Carranza T. , Manica A. , Kapos V. , et al. , "Mismatches between Conservation Outcomes and Management Evaluation in Protected Areas: A Case Study in the Brazilian," 2008.

Case A. C. , Rosen H. S. , Hines Jr J. R. , "Budget Spillovers and Fiscal Policy Interdependence: Evidence from the States," *Journal of Public Economics*, 1993, 52 (3).

Chen Y. Q. , Zhao L. M. , "Exploring the Relation Between the Industrial Structure and the Eco-environment Based on an Integrated Approach: A Case Study of Beijing, China, Ecological Indicators," *Biological Conservation*, 2014, 173 (8).

Counsell D. , Haughton G. , "Sustainable Development in Regional Planning: The Search for New Tools and Renewed Legitimacy," *Geoforum*, 2006, 37 (6).

Elhorst J. P. , Fréret S. , "Evidence of Political Yardstick Competition in

France Using a Two-Regime Spatial Durbin Model with Fixed Effects," *Journal of Regional Science*, 2009, 49 (5).

Golley J. , "Regional Patterns of Industrial Development During China's Economic Transition," *Economics of Transition*, 2002, 10 (3).

Griffith D. , Arbia G. , "Detecting Negative Spatial Autocorrelation in Georeferenced Random Variables," *International Journal of Geographical Information Science*, 2010, 24 (3).

Hao C. X. , Ge C. Z. , Qin J. L. , et al. , "Research on Environmental Quality Evaluation System of Coordinated Development of the Beijing-Tianjin-Hebei Region," *IOP Conference Series Earth and Environmental Science*, 2020 (513).

Lauridsen J. , Bech M. , Fernando L. , et al. , "A Spatiotemporal Analysis of Public Pharmaceutical Expenditure," *Annals of Regional Science*, 2010, 44 (2).

LeSage J. P. , Pace R. K. , "Introduction to Spatial Econometrics," *Boca Raton: CRC Press Taylor & Francis Group*, 2009.

Liberto D. A. , "Education and Italian Regional Development," *Economics of Education*, 2008, 27 (1).

Liu Y. Q. , Xu J. P. , Luo H. W. , "An Integrated Approach to Modelling the Economy-Society-Ecology System in Urbanization Process," *Sustainability*, 2014, 6 (4).

Lopotenco V. , Ciobanu G. , "Researching the Effects of Complex Systems Theory in Economics," *Cogito*, 2021, 13 (4).

Lu S. R. , Wang Y. W. , "Convergence, Technological Interdependence and Spatial Externalities: A Spatial Dynamic Panel Data Analysis," *Applied Economics*, 2015, 47 (18).

Mamat K. , Du P. J. , Ding J. L. , "Ecological Function Regionalization of Cultural Heritage Sites in Turpan, China, based on GIS," *Arabian Journal of Geosciences*, 2017, 10 (4).

McHarg I. L. , *Design with Nature*, New York: Natural History Press, 1969.

Miller D. Y. , *The Regional Governing of Metropolitan America*, Boulder Colorado: Westview Press, 2002.

Miller W. , Collins M. G. , Steiner F. R. , Cook E. , "An Approach for Greenway Suitability Analysis," *Landscape and Urban Planning*, 1998, 42 (2-4).

Morrissey K. , Donoghue C. O. , "The Irish Marine Economy and Regional Development," *Marine Policy*, 2012, 36 (2).

Opdam P. , Steingrover E. , Rooij S. V. , "Ecological Networks: A Spatial Concept for Multi-actor Planning of Sustainable Landscapes," *Landscape and Urban Planning*, 2006, 75 (3).

Petrosillo I. , Zurlini G. , Grato E. , et al. , "Indicating Fragility of Socio-Ecological Tourism-based Systems," *Ecological Indicators*, 2006, 6 (1).

Priemus H. , "From a Layers Approach Towards a Network Approach: A Dutch Contributions to Spatial," *Planning*, *Practice and Research*, 2004, 19 (3).

Roberts B. H. , Murray A. T. , "National and Regional Corporate Spatial Structure," *The Annals of Regional Science*, 2002, 36 (2).

Royuela V. , Garcia G. A. , "Economic and Social Convergence in Colombia," *Regional Studies*, 2015, 49 (2).

Tapscott D. , *The Digital Economy: Promise and Peril in the Age of Networked Intelligence*, New York: McGraw-Hill, 1996.

Wei Y. D. , "Investment and Regional Development in Post-Mao China," *Geography Journal*, 2000, 51 (3).

Zhang X. , Zhang K. H. , "How Does Globalization affect Regional Inequality within a Developing Country? Evidence from China," Palgrave Macmillan UK, 2006.

Zheng D. , Yu Z. , Zheng Z. , et al. , "The Driving Forces and Synergistic Effect between Regional Economic Growth, Resources and the Environment in the Yangtze River Economic Zone," *Journal of Resources and Ecology*, 2014, 5 (3).

图书在版编目（CIP）数据

长江经济带协调性均衡发展指数报告 . 2021~2022 /
成长春等著 . --北京：社会科学文献出版社，2023.9
　ISBN 978-7-5228-2108-5

　Ⅰ.①长…　Ⅱ.①成…　Ⅲ.①长江经济带-经济发展
战略-研究报告-2021~2022　Ⅳ.①F127.5

　中国国家版本馆 CIP 数据核字（2023）第 127227 号

长江经济带协调性均衡发展指数报告（2021~2022）

著　　者／成长春　徐长乐　叶　磊　孟越男　王桂玲　杨凤华

出 版 人／冀祥德
组稿编辑／邓泳红
责任编辑／吴　敏
责任印制／王京美

出　　版／社会科学文献出版社
　　　　　　地址：北京市北三环中路甲 29 号院华龙大厦　邮编：100029
　　　　　　网址：www.ssap.com.cn
发　　行／社会科学文献出版社（010）59367028
印　　装／三河市东方印刷有限公司

规　　格／开本：787mm×1092mm　1/16
　　　　　　印张：21.25　字数：324 千字
版　　次／2023 年 9 月第 1 版　2023 年 9 月第 1 次印刷
书　　号／ISBN 978-7-5228-2108-5
定　　价／98.00 元

读者服务电话：4008918866